Research on Civil Priority Right

民事优先权研究

孙东雅/著

中国法制出版社
CHINA LEGAL PUBLISHING HOUSE

前　言

PREFACE

民事优先权制度是对特殊的民事权利或权利人予以特别保护的制度，本书主要研究民事优先权中的优先受偿权。

溯源地看，民事优先权制度是民法上一项古老的制度，在罗马法、《法国民法典》、《日本民法典》和中国古代民事法律实践中都有详细的规定。近代以来，虽然民事主体法律地位平等和民事权利平等受到保护成为近代民法的基本思想。但是，以法国民法为代表的法国法系国家的民法典和《日本民法典》再次在法律上确立了民事优先权制度，并且有将其运用范围继续扩大的趋势。与此同时，也有学者认为优先权制度是一种过时的担保制度，认为其与近代民法上的平等保护、物权的公示公信原则不相容，对特殊的权利人予以优先保护与近代民法上的平等保护的理念也格格不入，优先权的无公示性也与担保物权的公示公信原则不相容，《德国民法典》就没有规定优先权制度。优先权制度在现代民法上的存废成了一个众说纷纭、莫衷一是的问题。虽然目前我国立法尚未专章规定优先权制度，但关于优先权制度的实践和讨论一直存在，本书就深入法日两国优先权基本理论和立法背景，探寻其背后的逻辑和考量，以期为民法典的编纂提供借鉴。本书就是对民事优先权制度进行系统研究的一个尝试。

本书共分为九章。

绪论部分介绍了本书的写作动机、写作过程和研究方法。

第一章为民事优先权概念，亦即本书中所述的“优先权”之定义。本章对优先权概念不同的说法进行了介绍和评析，区别了优先权与优先受偿权概念的关系，以及优先权与法定抵押权、法定留置权的关系。在第一章中，笔者将本书所研究优先权概念界定为债权人的特定债权基于法律的直接规定而享有的就债务人的全部财产或特定财产优先受偿的权利。民事优先权可分为一般优先权和特别优先权。一般优先权以债务人的全部资产为权利客体，特别优先权以债务人的特别动产或不动产为权利客体。优先权的性质是一种独立的权利，是担保物权的一种，具有法定性、物上代位性、从属性、不可分性、不以占有与登记为要件、变价受偿性等特点。本书就是在这一概念基础上对民事优先权进行研究的。此外，本章亦对当前各国民法典上的优先权种类进行了梳理。同时将优先权与优先受偿权进行比较，明确了两者的位阶。

第二章介绍了优先权制度的产生和各国的继受情况，对优先权制度的历史与现实进行了考察。在这一部分，笔者详细研究了优先权制度在古罗马时代的产生，得出优先权制度发轫于罗马法上的嫁奁制度以及“妻有物之诉”等相关制度；分析了优先权制度与其他担保制度的渊源关系；对法国和《日本民法典》的相关规定进行了实证考察；探析了大陆法系和英美法系各国对优先权制度的态度。同时笔者还仔细研究了中国古代法律规定和司法实践中的优先权现象，并实事求是地全面展示了我国当前各种法律、法规（不限于法律）中规定的属于本书优先权概念内涵范围内的各种权利的情况。通过研究笔者发现，优先权制度的产生亦具有多源性。其作为一项法律制度，背后有着各种价值论的交织与考量。另外，各国法律中对于优先权的规定尽管可能十分分散，且使用了不同的术语，但各国法律中对优先权的规定仍然具有原理上的普遍性，且这些来源不同的“优先权”的制度目的往往都在于促进社会公平正义、推定特定的社会政策、维护国家利益和公共利益。本章同时还对具体的一些优先权制度的立法考量展开研究。

第三章承接第二章关于优先权制度具有原理上的普遍性的观点，从前述的“促进公平正义、推行特定政策、维护国家和公共利益”的角度研究了优先权制度的立法理由，分析了优先权制度的社会经济基础，设立优先权制度的目的，优先权制度与债的平等性的破除，优先权法律制度对当事人法律调整的从一视同仁到区别对待的价值考虑，以及其他一些具体的优先权类型的立法考虑。

第四章研究了优先权的性质。评析了有关优先权性质的不同说法，指出优先权具有实体权利性、物权性、价值性、不可分性等特点，明确优先权实质上是一种担保物权。本章亦指出优先权的严格附随性也是其区别于其他担保物权的一个重要特点。优先权制度主要强调保护静态的债权安全，具体制度上兼顾交易安全。

第五章就优先权的效力和限制问题展开了讨论。优先权系立法者基于整个社会基本的价值判断，出于保护特定债权的立法考量。总体来说，优先权具有优先受偿性，优先权的优先受偿性与其他担保物权的优先受偿性之间的关系是本章研究的重点。因此，本章分别从优先权的优先权能、一般优先权之间的顺位、特殊优先权之间的顺位、不同种类优先权之间的效力冲突等一般问题以及无登记的一般优先权效力等具体问题进行了较为全面的论述；同时，本章亦着重研究了优先权与其他担保物权竞合时的效力问题。

第六章研究了关于优先权效力的几个特殊问题。包括动产优先权追及效力的限制、特殊优先权的即时取得制度、优先权的物上代位效力、未登记的一般优先权的效力、一般优先权行使的限制等，对优先权效力的特殊性进行了研究。

第七章是专门性的优先权的限制研究。优先权应当有优先性，但同时其又是国家对私主体之间交往的强制干预，因此需要限制。优先权作为法律赋予特定人的一种特权，如果法律对这种特权不加以限制就可能在优先权人和权利相对人、社会第三人之间造成权利失衡的现象。笔者从优先权担保的债权范围的限制、优先权行使期间的限制、优先权行使方式的限制、优先权所指向的标的物的限制以及优先权公示性欠缺问题的补救等方面探讨了优先权限制的问题，以探求既能实现法律设立优先权制度的目的、又能保障第三人的合法权益的优先权制度建构模式。

第八章研究了优先权的消灭与实现的问题。本章从一般担保物权的实现与消灭谈起，研究了优先权的消灭意义和原因，重点关注了优先权的实现原则，包括自救主义和司法保护主义，后者包括审判确权和执行分配，并对其进行了对比研究。本章提出，自救主义是优先权实现的一个特色。本章还对优先权实现方式进行了比较法研究，对拍卖和涤除两种方式进行了详细探讨，指出我国没有必要引入涤除制度作为优先权消灭的方式。此外，在这一章作者同时也研究了优先权的抛弃问题，认为优先权可以放弃。

第九章关注重点从一般的优先权转向了具体的优先权制度，即对税收优先权作了专门论述，对税收优先权的概念、性质作了明确的界定，探讨了税收优先权背后的理由。本章亦对税收优先权的效力和实施进行了专门论述。从各国立法例来看，国家对税收享有优先权是世界各国的普遍规定。作为优先权的一种，本书从将税收作为一种公法债权的角度对税收优先权进行了一些探索，对税收优先权的发展趋势进行了分析。这一部分具有一定的独立性，是笔者前面研究优先权基本理论在税收优先权方面的具体化。

第十章提出了我国优先权制度的立法设想，考虑到我国现行《民法总则》《物权法》并未对优先权制度作专门规定，笔者对王利明教授于2001年提出的《物权法草案建议稿》中有关优先权部分进行了评价，以此为基础对我国优先权立法进行了一些设想，亦提出了一定程度的具体化的优先权制度立法建议。在本部分，本书认为应当在未来的物权法修订或民法典完善中设定优先权制度。这种法定的优先权制度可以作为普通约定型的担保制度的补充，并提出，未来立法优先权的种类不宜过多，优先权制度应当周延、避免重复。物权法或民法典可对优先权的概念、特点、优先权所担保的债权的特点以及优先权与其他权利竞合时的顺位等基本问题作出规定，建立符合我国国情的优先权制度。

在附录部分，笔者添加了《日本民法典》、《法国民法典》、中国物权法草案建议稿以及《民法典物权篇（草案）》（征求意见稿），以求展现关于优先权制度的典型立法例和我国立法变化。

目　录

CONTENTS

第四章　优先权的性质

第五章　优先权的效力（一）——优先权的优先效力与不同权利之间的顺位

第六章　优先权的效力（二）——优先权的效力的几个特殊问题

第七章　优先权的限制

1

CHAPTER

第一章

民事优先权概念

一、优先权概念的不同说法

虽然大陆法系国家，诸如法国、日本以及承继法国法系的其他大陆法系国家的民法典中均存在有关优先权的专门规定，但溯源地看，优先权制度乃是滥觞于古代罗马。

优先权这个词是从外文翻译而来的，从语源的角度来看，"优先权"在拉丁文中表达为"Privilegia"或"Privilegium"，在法文中表达为"Privilèges"。在日语中，"优先权"被称为"先取特权"。我国《民法通则》以及 2017 年 10 月施行的《民法总则》没有对优先权作出专门规定，也没有优先权的定义。只是在《海商法》《民用航空法》《税收征收管理法》等法律中规定了船舶优先权、航空器优先权以及税收优先权，另外 1991 年施行的《民事诉讼法》（以下简称为"1991《民事诉讼法》"）和 2006 年施行的《企业破产法》中也曾有一些特殊债权的清偿顺序的规定涉及优先权的相关制度。因民事基本法中没有民事优先权的定义，国内学界对优先权的定义、理解和阐述也不一而足，主要有以下观点：

1. 优先权指的是法律的特殊保障，其突破了传统民法上的债权平等，旨在让特定债权人依法就特定物享有优先受偿之权利，具有对抗乃至是超越其他担保物权的力量。①

2. "优先权"是指在同一物上，先设定的权利优先于后设定的权利，有担保的权利优先于无担保的权利。②

3. 优先权是指权利效力的强弱，"物权的优先权，其基本含义是指权利效力的强弱，即同一标的物上有数个利益相互矛盾、冲突的权利并存时，具有较强效力的权利排斥或先于具有较弱效力的权利的实现"。③这里将物权的优先权定位为物权的优先效力。台湾学者史尚宽先生也是持这种观点，认为优先权是优先的效力。④

---

① 孙鹏、肖厚国：《担保法律制度研究》，法律出版社 1998 年版。

② 江平主编：《中国司法大词典》，吉林人民出版社 1991 年版，第 451 页。

③ 钱明星：《物权法原理》，北京大学出版社 1994 年版，第 34 页。

④ 史尚宽：《物权法论》，中国政法大学出版社 1994 年版，第 9 页。同样的观点在梁慧星主编的《中国物权法研究》，法律出版社 1998 年版，第 78 页中也给以肯定，但同书的 863 页却采纳了金世鼎先生对优先权的解释，这不能不说有所遗憾。

4.“优先权”（已被理论界和实务界）渐渐接受为专指特种债权人直接基于法律规定，而对债务人的全部或特定财产享有的优先受偿的权利。[①]

5. 把优先权分为广义上的优先权和狭义上的优先权，狭义上的优先权就是优先受偿权，是指根据法律规定的特种债权人就债务人的全部或部分财产优先受偿的担保物权。广义上的优先权包括优先受偿权、优先购买权、优先承担权、优先通行权等。[②]

6. 与此类似的还有认为，民事优先权，是一种根据法律规定或当事人约定，不同性质的若干民事权利发生冲突时，某一民事权利人的民事权利优先于其他民事权利人实现的民事权利。包含了几个方面的内容：（1）民事优先权从属于民事权利；（2）民事优先权具有“竞争性”；（3）民事优先权产生的方式有法律规定和当事人约定两种方式；（4）民事优先权是一个属概念，其种概念有特种债权优先权、担保物权的优先受偿权、优先购买权、优先承租权、优先承包经营权和优先申请权等。民事优先权具有物权性质，或者具有担保物权性质；（5）民事优先权根据其性质，由于其效力强于其他民事权利的效力，因此民事优先权是一种先于其他民事权利实现的权利。[③]

7.“优先权，是立法政策特别保护的结果，意指破除债权人平等原则，使特种债权人依法优先受偿的法定担保物权，其效力至为强大，可以对抗其他的担保物权。”[④]

8.“优先权是指特定债权人基于法律的直接规定而享有的就债务人的总财产或特定动产、不动产的价值优先受偿的权利。”[⑤]

9.“优先权，为按债务的性质，而给予某一债权人先于其他债权人、甚至抵押权人而受清偿的权利。”[⑥]

域外民法关于民事优先权的定义，当首推《法国民法典》之规定。该法典这样规定：“优先权，为按债务的性质，而给予某一债权人先于其他债权人、甚至抵押

---

① 曹艳芝：《优先权论》，湖南人民出版社 2005 年版，第 3 页。

② 杨振山主编：《民商法实务研究》（物权卷），山西经济出版社 1994 年 3 月版，第 298 页。

③ 蔡福华：《民事优先权研究》，第 7 页，人民法院出版社 2000 年版。

④ 孙鹏，肖厚国著：《担保法律制度研究》，法律出版社 1998 年版。

⑤ 崔建远：《我国物权法应选取的结构原则》，载《法制与社会发展》1995（3）。申卫星先生也持此观点，参见申卫星：《我国优先权制度立法研究》，载《法学评论》1997 年第 6 期，第 60 页。

⑥ 王利明主编：《中国物权法草案建议稿及说明》，中国法制出版社 2001 年版，第 512 页。

权人而受清偿的权利。”[1] 在原《法国民法典》第十八编“优先权与抵押权”被移入《法国民法典》第四卷“担保”的第二编“物的担保”中后，《法国民法典》将优先权仍旧定义为“因债权的品质（la qualité de la créance）而给予债权人先于其他债权人，甚至是先于抵押权人受清偿的权利”。总体来说，此处优先权的“先”在于优先于“其他债权人”，甚至是“抵押权人”。前已述及，《日本民法典》中的“先取特权”相当于优先权的规定。《日本民法典》首先明确，所谓“先取特权”是一种法定的担保物权，从这一角度出发，日本民法典将优先权（先取特权）定义为“先取特权人，依据本法（指日本民法典）及其他法律的规定，可以就自己的债权对其债务人的财产享有优先于其他债权人受偿的权利”。[2]

我国台湾地区有学者认为优先权这种称法，较日本的“先取特权”为安，但从特别法的规定及此种权利的内容，优先权尚不能将其含义完全表达，而“优先受偿权”的表述更为合适。据此认为优先受偿权，就是由法律所定特种债权者就债务人之全部或特定财产（动产或不动产）优先受偿之担保物权。[3] 除日本以外，《意大利民法典》的第 2745 条至第 2783 条亦对先取特权作出专门的规定，并明确“先取特权是法律鉴于债权原因而赋予”；对于法律规定的先取特权的设立，此种“赋予”可以来自当事人的合意，也可以来自公示的特别形式。[4]

由于判例法的传统等原因，英美法中没有专门的优先权制度，亦无系统的优先权理论，但英美法中也存在着与优先权制度功能相似的法律架构，或者是称为一些具体的“优先权类型”——例如留置权制度。[5] 在英美法中，留置权可由民事主体合意产生，也可以在特定的法律环境下，由法律的推定或规定产生。这样导致的一种结果是，英美法系的留置权分成了普通法上的留置权（possessory lien）和衡平法上的留置权（equitable lien）。在普通法意义上，留置权（即 possessory lien，或可称为“占有留置权”），顾名思义，要求留置物为债权人依法占有，但衡平法上的留

① 《法国民法典》第 2095 条。参见李浩培、吴传颐、孙鸣岗译：《拿破仑民法典》，商务印书馆 1983 年版。

② 《日本民法典》第 303 条。参见渠涛编译：《最新日本民法》，法律出版社 2006 年版。

③ 金世鼎：《民法上优先受偿权之研究》，载《现代民法基本问题》，（台湾）汉林出版社 1981 年版，第 142~160 页。

④ 《意大利民法典》第 2745 条。参见费安玲、丁玫译：《意大利民法典》，中国政法大学出版社。

⑤ 董安生：《英国商法》，法律出版社 1994 年版。

置权并不这样要求：即使债权人没有占有特定物，债权人也有权主张就该财务具有优先受偿权。[①]除此以外，前文提及的优先权在拉丁文中的另一种表达“privilegium”在《元照英美法词典》中也被解释为“（不以占有财产为条件的）特别留置权；特别请求权”[②]。

《牛津法律大辞典》对优先权是这样解释的，即优先权（Priority），是指在时间上先于他人的地位，或者指享有比他人更高权利的地位。优先常常是由诸如告知的时间或登记注册的时间这样的因素来决定的。在遗产管理破产公司清算和其他场合中，法律对特定债权人的权利请求规定了优先权。[③]

《布莱克法律字典》关于优先权有“priority”和“priority claim”两种说法。前者是说根据法律的相关规定，对于同一债务人，一些债权人可以先于其他一般债权人让自己所持之债得到清偿，这便是所说的优先权；后者则可译为“优先权主张、优先索偿”，是特指在企业破产程序及相关制度中，破产管理人可主张破产管理费用、职工雇员可主张未支付的薪酬工资及相关待遇保障利益（如雇员福利）优先于其他人（如一般债权人）的诉求得到清偿。[④]

除相关的法律辞典以外，考察英美法系下各国的破产法等相关法律，我们都能发现其中有对行政费用等“特种债权”的在先清偿地位的规定。破产法中的优先权制度正在叠床架屋地建构起来，甚至在美国的法院实践中，环境污染诉讼中治理环境污染的费用主张也享有此种优先权。[⑤]

二、对优先权概念不同说法的简单评析

从以上的各种定义中我们可以发现，对于优先权的概念存在几种观点。

第一，最广义的优先权概念。这种优先权可以是根据法律规定也可以是根据当

① 杨德齐：《知识产权优先权制度研究》，知识产权出版社 2010 年，第 62 页。

② 薛波主编：《元照英美法词典》，北京大学出版社 2017 年版。

③ 参见［英］戴维·M. 沃克：《牛津法律大辞典》，北京社会与科技发展研究所组织翻译，光明日报出版社 1988 年版，第 717 页。

④ Bryan A. Garner，Editor in chief，BLACK LAW DICTIONARY，the 7th EDITION，page240.

⑤ Grant Gilmore & Chares L. Black，The law of Admiralty，second Edition，The Foundation Press inc.，1975，pp.586~589.

事人约定，而且可以发生在不同性质的若干民事权利发生冲突时。优先权包含优先受偿权、优先购买权、优先承包权、优先申请权等[①]。这样的概念范围显得有些大，不仅有法律的规定又可以当事人约定，但却并不能涵盖税收优先权这样很难归入民事优先权的重要优先权。此外，由于其定义过宽，其内部不同种类的优先权历史沿革、制度原理以及价值迥异，对于优先权制度的具体建构及后续适用而言，此种优先权的概念或许无积极意义，甚至还会引起不必要的概念之争。

第二，认为优先权的概念指现有担保物权的优先效力，是物权优先于债权，以及物权之间的优先效力。[②] 这种说法将优先权解读为"物权的优先效力"，实际上是在用物权的优先性概念来替代优先权的概念，忽略了存在于一般物权以外的优先权类型。况且，以优先权称"物权的优先效力"在学理和立法上亦无法带来明显的益处，甚至会造成初学者概念的混乱——毕竟"权利"和"权利效力"是明显的具有不同内涵和外延的两个法律概念。总之，此种关于优先权的界定无疑是十分不妥当的。

第三，认为优先权的概念是特殊债权优先于一般债权或指特殊债权优先于一般债权甚至于担保物权，换句话说，是指特殊债权的一种效力。[③] 我们认为此种特殊效力说亦具有理论上的缺陷，不能自圆其说。原因在于，和前述第二点一样，将"优先权"解释为或等同于"优先效力"，从字面意义上就不太能够理解和接受，亦会造成理解上的混乱——若是如此，法律或法学家无须造出"优先权"一词。更重要的是，正如担保物权本身和其所担保的债权一样，优先权与其所担保的债权是两个不同的权利。如果优先权仅是特殊债权的一种效力，或者说是该种特殊债权的权能之一的话，那么该效力作为特殊债权的内容之一应伴随其始终，然而优先权却存在着自己独立的消灭原因：可以因一定期间内不行使而消灭，可以因债权人放弃而消灭。并且优先权的消灭并不能导致其所担保的债权消灭，只不过使该债权变成了普通债权而已。由此可见此等特殊债权之外尚有一个担保其优先受偿的权利——优先权。这些都说明，优先权并不是特殊债权的一种效力或权能，而是一项独立的权利。

---

① 蔡福华：《民事优先权研究》，人民法院出版社 2000 年版，第 7 页。

② 钱明星：《物权法原理》，北京大学出版社 1994 年版，第 34 页。

③ 史尚宽：《物权法论》，荣泰印书馆 1979 年版，第 230 页。

还有一种观点认为优先权是一种具有物权性质的独立的民事权利，是对特定的债权的一种保护。这种说法强调且相对正确地认识了优先权的物权性质和功能，但对优先权概念的内涵和外延没有特质性说明，需要进一步的诠释和补充。

三、本书所研究的优先权概念

对优先权概念作准确合理的定义，是研究的逻辑和概念起点，也是确保研究具有针对性和应用性的前提。事实上，从第一部分我们可以看出，域外立法对优先权的定义都大同小异，可以认为它们并不存在根本性的差异。笔者认为，在定义优先权时，应当事先考虑几个因素：其一是我国现行法的规定，以及目前业已建成的中国特色社会主义法律体系的现实存在；其二是未来法律理论、实践的发展之需求与趋势；其三是优先权制度本身作为一项源远流长、内涵丰富的制度，其自身亦具备的产生、发展、分化的历史路径和演化特征；其四是与已有的概念体系、与我国当前民事法律和未来民法典制定的体系衔接性与协调性，特别是考虑到《中华人民共和国民法总则》已于 2017 年 10 月 1 日正式施行；其五是优先权制度本身所具有的理论和现实价值。

前已述及，从世界民法历史来看，罗马法的有关规定可以说是优先权的起源了。① 但对其内容考察之后我们可以发现，罗马法中的相关优先权制度的旨趣应该是对特殊债权的一种保护，而非是物权的效力问题。“优先权的性质并非自始即为担保物权，其最初仅为具有优先效力的债权。当债权保护方法（尽管此种债权具有优先受偿力）不足以保护当事人利益并实现公平正义时，法律才赋予其以物权的效力。”②

优先权的相关制度在我国立法中除了一些散见的规定外，主要集中于《海商法》、《民事航空法》、1991 年的《民事诉讼法》。从前面介绍的内容我们也可以看出优先权制度的创设主要是对特种债权的一种保护，有些还涉及债权和已有担保物

---

① 申卫星：《优先权性质初论》，载《法制社会与发展》1997 年第 4 期，第 15 页；蒋人文：《论优先权》，载《广西师范大学学报：哲社版》1999 年第 2 期，第 12 页。

② 郭明瑞，仲相，司艳丽：《优先权制度研究》，北京大学出版社 2004 年版，第 21 页。

权的顺位问题。从法的发展来看，在二十世纪末二十一世纪初，彼时《中华人民共和国物权法》尚未制定，当时有学者就建议将优先权制度列入物权法，主张优先权属于担保物权之一种。[①] 目前看来，物权法已颁布施行十余年，优先权制度更需要考虑和已有的物权制度协调的问题，而不是仅仅关注物权之间的效力比较。还有从优先权的研究价值来看，如果只将优先权作为一种效力问题而非独立权利，那么相关的问题就很难解决。比如，如果仅仅只是效力，那么该效力作为特殊权利的内容之一应伴随其始终，然而优先权却有自己独立的消灭原因，还有优先权的追及力问题等，都无法用效力问题作出完满的解释。

因此，首先应当明确，本书所指的优先权，其性质是一种独立的权利。它的概念是指债权人的特定债权基于法律的直接规定而享有的就债务人的全部财产或特定财产优先受偿的权利。[②] 根据其可主张的对象范围可分为一般优先权和特别优先权。一般优先权以债务人的全部财产为权利客体，特别优先权以债务人的特别动产或不动产为权利客体。从效力上说，正如前述的《法国民法典》所言，优先权重点在"先于"受清偿。这一点也确认了优先权不仅可以对抗、超越一般债权，在满足特定条件的前提下，其甚至可以超越、对抗抵押、质押和留置等物权权利。由于它是对债权的一种担保，具有担保性，是担保物权的一种——或者更谨慎地说，在本节，我们至少可以认定，民事优先权具有担保物权或类似于担保物权的功能。而事实上，不少域外国家的立法就是将优先权制度置于物权编之下。

简单来说，经过考察我们可以发现优先权还具备以下特征：（1）优先权是一种法律规定之权利。优先权的发生来源于法律的直接规定，并非当事人之间约定创设即可。在法定要件达成时，优先权自然产生。（2）无须公示性。优先权的存在无须占有或登记，当然生效。优先权虽然具有担保物权的功能，但寻根究底，其仍为从属于主债权之从权利。优先权不要求事先的占有（交付）或在主观机关进行登记，这与质权及留置权迥然不同。优先权的设立，或基于公平正义的理念，或基于社会政策之考量，法律对其种类、内容和顺序都予以严格的限定，常常是以穷尽列举的

① 郭明瑞：《关于我国物权立法的三点思考》，载《中国法学》，1998 年第 2 期；王利明主编：《中国物权法草案建议稿及说明》，中国法制出版社 2001 年版，第 512 页。

② 作者基本上采取了王利明教授、申卫星先生以及台湾学者金世鼎先生的观点，但未用台湾"优先受偿权"的提法。

方式在法典中写明。[①]不过，法律为兼顾事实以及预防权利的滥用，为了保护第三人的利益，在立法例上亦对优先权的效力予以限制。（3）优先权具有物上代位性，如果优先权的权利客体（特定或全部财产）因第三人的侵权行为而遭受毁损，优先权的优先效力亦及于保险金、赔偿金或者补偿金。（4）优先权具有从属性，这一点和担保物权是相同的。没有债权的存在，优先权亦不能独立产生。在债的移转、消灭上。优先权亦随债权的移转、消灭而移转、消灭。优先权不具有独立性，不能与原债权分离而让与，当然也不能担保原债权以外的其他债权。（5）优先权具有不可分性。换句话说，至整个债权获得清偿之前，权利人可主张拍卖全部的标的物，并可以在拍卖标的物所得的全部价款中优先于他人得到清偿，不会出现被担保的债权消灭一半，对标的物的支配也减半的问题。[②]无论是债权的分割、部分转让、部分消灭还是标的物分割、部分转让、部分消灭，就优先权的行使效力而言均无影响[③]。（6）优先权具有变价受偿之特性，这是优先权的价值权性中除前述的物上代位性以外的另一特性。[④]以上有关优先权的性质我们还将在本书第四章进一步讨论。

应当说，优先权制度的创设，实乃立法权力行使者欲运用积极干预特殊的权利义务关系，以期为协调民事行为主体之间的利益关系提供一种专门化的行为准则，故基于一定的立法考量和政策判断，通过法律给予特定债权人以实现针对同一对象，相对于普通债权而言率先清偿债权的权利。

（一）优先权有以下含义[⑤]

1. 优先权是一种担保物权，来源于法律的直接规定

法国学者 M. Cabrillac 认为，优先权的第一特征就是法定来源（其他特征还包

---

① 郭明瑞、仲相、司艳丽：《优先权制度研究》，北京大学出版社第 2004 年版，第 7 页。

② ［日］我妻荣：《新订担保物权法》，申政武、封涛、郑芙蓉译，中国法制出版社 2008 年版，第 56 页。

③ 金世鼎：《民法上优先受偿权之研究》，载郑玉波：《民法物权论文选辑》（下），台湾五南图书出版公司 1984 年版，第 907~909 页。

④ 申卫星：《物权立法应设立优先权制度》，载王利明主编：《物权法专题研究》（下），吉林人民出版社 2001 年版，第 1421~1430 页。

⑤ 郭明瑞、唐广良、房绍坤：《民商法原理》（二），法律出版社 2000 年版，第 372 页。

括①凭债权的质量授予；②当然生效，即债权人不必办理什么手续、公告）[①]。优先权不能由当事人约定，而是由法律直接规定的，因而属于一种法定担保物权，这也是物权法定主义的典型表现。此外，我们需要明确，优先权作为一项法定的权利，其实际上包含了两层含义，一是优先权的产生需要严格依照法律，当事人不得意思自治创设某一种优先权。没有法定来源，当事人之间的约定只能发生债权上的效力而不能对抗第三人。如果法律规定的优先权产生的前提条件均已达到，那么优先权就自然产生，权利人亦得直接主张。二是优先权的受偿先后顺序也应严格按照法律的规定，且法律必须明确规定。从法定性的效果出发或从法定性上说，优先权更似我国物权法上的留置权。但两者不同的是，留置权要求债权人占有债务的财产，留置权的成立要以债权人占有债务人的财产为前提——占有消灭，则留置权也消灭，但是优先权产生及存续并不需要以权利人占有债务人的全部或特定财产为前提。这一关键区别我们将会在后文再次提及。

2. 优先权担保的是特种债权而非一般债权

被担保的债权的特殊性是优先权不同于一般的担保物权的另一特征，此种具有“特殊性”的债权在学理上被称为“特种债权”。单纯文本考察而言，“特种债权”的特别之处就在于立法特别关照了此种性质的债权，并赋予其持有人以优先权。然而立法为何关注此种债权、此种债权有何“性质”足以引起立法的特别规定则是深入理解“特种债权”意义的关键。从根本上说，优先权是法律根据立法政策，为维护社会公平和社会秩序而赋予特种债权的债权人的权利，其作用是对个别的特殊种类的债权加以特别的保护。优先权不是在当事人平等的基础上成立的，是对某一特定债权的特别保护。就其法定性而言，这也是优先权的法定性不同于留置权的法定性之处。换句话说，这些“特种债权”均与一定的社会政策或公共利益具有直接性的联系。法律对其的特别关照实质上是表彰这些债权背后所体现的价值追求。

这里所说的“价值追求”在不同的社会领域与生活层面发生着作用。举例来说，在当今世界，保障公民基本的个人生活与社会生活是一国政府的应有之义，也是“福利国家”口号的现实基本要求。人道主义思想、劳工基本待遇政策、公共利益优先原则等思想也在时刻影响着法律的制定。法律保障“特种债权”优先得到清

---

① 参见沈达明编著:《法国/德国担保法》，中国法制出版社2000年版，第92页。

偿根本目的是保障、维护、体现公平、正义的理念以及公共利益和社会利益的社会政策。各国民商法中，如破产法、海商法中有关雇员工资报酬、劳动保险费用及其他社会保障费用、债务人及其家属的必要生活费用、劳工伤亡的补偿费用等享有优先权的债权[①]，都是上述人权保障、公平正义理念的体现。

总之，优先权关注的是特种债权的利益实现，这并不是传统民法逻辑推演的结果，而是出于更广泛的价值论、社会追求意义层面的考量。这也使得优先权虽然极具担保物权的性能，却仍能具有独特意义进而明显地区别于担保法上一般的担保物权。

3. 优先权是以债务人的全部财产或特定财产担保特种债权

优先权标的为法律规定的债务人的财产，既可以是债务人的全部财产，也可以是债务人的特定财产，就此而言，这与一般的物权区别不大。但重要的是明确，无论是一部分财产还是全部财产，它们并不需要事先移交于债权人占有。因此从债权人无须占有标的物这一点来说，优先权不同于质权，而类似于抵押权。但优先权又与抵押权不同：优先权是法定的，其标的可以是债务人的全部财产，而抵押权一般为约定的，其标的一般只能是特定财产或特定物的集合。

此外，优先权同时区别于抵押权和质押权的一点是，优先权的标的物只能是债务人自己的财产，而不能是第三人的财产。而在抵押权、质权中，标的物可以是债务人的财产，也可以是第三人的财产。

4. 优先权权利的实现效果在于使债权人优先受偿

担保物权之所以能够发挥保障交易、提升信用的功能，其原因就在于该支配物具有交换价值，也就是说，担保具有变价性，或称为价值性。优先权理应承认并纳入该内涵，这是优先权能够具有担保功能的基本要求。在这个意义下，债权人可以凭借优先权之援助而得到债之救济，债权人通过行使优先权来保障其债权受偿。优先受偿是优先权设立的制度起点，也是优先权制度实现的关键职能和最终目标。如此说来，优先受偿在更大程度上是一种对权利行使效力、结果的确认和宣示。正是从这个意义上，有立法或有学者称优先权为优先受偿权。当然，这里需要提示，严格意义上说，优先权仅为优先受偿权中的一种，抵押权、质权、留置权也为优先受偿权，或具备优先受偿的权能。从这个角度来说，抵押权、留置权、质押权、优先

① 蔡福华：《民事优先权新论》，人民法院出版社 2002 年版，第 19 页。

权均是“优先受偿权”这个学理概念下的子集。本书中不会将“优先权”“优先受偿权”混同使用。

（二）优先权的种类[①]

优先权是国家基于立法政策上的考虑而规定的，其背后的立法考量诸多，从人权保障到社会利益、从个人生活到公平正义甚至是单纯的历史沿革等。通过考察他国的法律文本，我们可以发现，虽然各国优先权的制度设计往往同时见诸公法与私法，各国规定优先权的具体制度却不同，优先权的范围也大不一样。正如前述，这既与一国的立法政策有关，也与相关的担保制度有关。例如，对同一类债权关系的担保，有的规定为法定抵押权，或法定质权，或特别留置权，有的则规定为优先权，等等。

关于优先权的种类，从各国法律的规定看，一种较为有意义的分类方法是看优先权所指的客体。优先权有在债务人总财产上存在的，或称“优先权及于债务人的全部财产”的，称为一般优先权；优先权在债务人特定财产上存在的，称为特别优先权。特别优先权又根据物的性质的不同分为动产优先权与不动产优先权。

1. 一般优先权

一般优先权，是指以债务人的一般财产（或称总财产、全部财产）为标的的优先权，优先权人得以债务人的一般财产优先受偿。

依《日本民法典》第三百零六条规定，享有因下列原因发生的债权的人，就债务人的总财产享有先取特权，“下列原因”是指：①共益费用（指为各债权人共同利益而从事的对债务人财产的保存、清算或分配等相关的费用）；②雇佣关系（指存在于基于工资等其他债务人和雇主之间的雇佣关系而发生的债权）；③殡葬费用（限于举办殡葬费用的相当额度，也包括为债务人应扶养的亲族而举办的殡葬的费用中的相当额度）；④日用品的供给（债务人或应由其扶养的同居亲属及其家事使用人生活所必需的最后六个月的饮食用品、燃料及电气的供给）。[②]

在《法国民法典》上，立法首先对优先权进行了动产优先权和不动产优先权

---

① 郭明瑞、唐广良、房绍坤：《民商法原理》（二），法律出版社2000年版，第377页。

② 《日本民法典》第306到310条。（参见渠涛编译：《最新日本民法》，法律出版社2006年版。）

的划分，此下又对每个子项进行划分，具体分为了动产一般/特别优先权、不动产一般/特别优先权共四个小类。这似乎意味着《法国民法典》中没有创设基于债务人总财产（包括动产和不动产）的一般优先权。在动产优先权一节中，《法国民法典》规定（第2331条，原第2101条），对（债务人）一般动产享有优先权的债权是指以下所述并按下列顺位行使的债权：①诉讼费；②丧葬费；③最后一次生病引起的任何费用，无论生病的最后结果如何，就此费用应受清偿的各人有平等受偿权；④在不影响可能适用《劳动法典》第143—10条、第143—11条、第742—6条与第751–15条之规定的情况下：受雇人员过去一年以及当年的报酬；等等。需要注意的是，《法国民法典》第2331条所列的债权对债务人的一般动产享有优先权，也就是说，在出卖债务人的（一般）动产时，所得款项应首先（优先）按该条规定的顺序用于清偿本条所指的债权。[①] 在不动产优先权一节中，《法国民法典》规定（第2375条），对一般不动产享有优先权的债权是指：①诉讼费；②在不影响可能适用《劳动法典》第143—10条、第143—11条、第742—6条与第751—15条之规定的情况下：受雇人员过去一年以及当年的报酬；③由1939年7月29日"关于法国家庭与出生率"的法令第63条所设立因劳动合同引起的推迟支付的工资。其他还包括了配偶的债权、对实习青年人的补贴、因工作不稳定而应当给予的补偿金等。

《意大利民法典》亦对优先权作了规定。但需要提示的是，"优先权"一词在《意大利民法典》中的含义与法国民法有所区别，其外延具体包括了质权、抵押权和先取特权。《意大利民法典》第2741条第2款规定："优先权的法定原因有先取特权、质权、抵押权。"由此看来，《意大利民法典》上的优先权实质上是相当于前文提及的优先受偿权，是一个更为上位的概念。[②] 而本书所论及的意大利民法上的优先权应当是"先取特权"。在《意大利民法典》中，先取特权有三种，分别是动产上的一般先取特权、特定动产上的先取特权和不动产上的先取特权。很明显，《意大利民法典》未在不动产上施加一般性的先取特权。具体说来，动产一般先取特权主要包括了：①债务人所必要的入殓及安葬等费用（第2751条第1项）；②债务人生前6个月的医疗救治费用（第2751条第2项）；③在必要的限度内，在最后6个月内

① 罗结珍：《法国民法典》，北京大学出版社2010年版，第508页。

② 郭明瑞、仲相、司艳丽：《优先权制度研究》，北京大学出版社2004版，第32页。

为债务人及其家庭供给食物、衣服、住宿的债权；④雇员对用人单位的工资薪酬、劳动保障金、保险金和社保费用的请求权（第 2751 条附加条第 1 项）；⑤自由职业者和其他任何从事智力创造的人对其应得之最后 2 年内的报酬；⑥基于代理关系应得的提供服务的最后 1 年的佣金和因解除该代理关系所应给予的赔偿；⑦无论业主或承租者的自耕农债权、分益佃农、佃农或牲畜承租人或产品出售对价共享者的债权（第 2751 条第 4 项）；等等。

总体看来，在各国立法例上，一般优先权通常包括以下几种：（1）司法诉讼费用上的优先权，法院等其他机关可优先主张诸如破产费用等诉讼费用的债权。（2）为民法上特定债权人利益而设的优先权，例如职工工资和劳动保险费用的优先支付。（3）为民法上债务人利益而设的优先权，例如前文提及的优先保留债务人临死前特定阶段的医疗救治费用、负债人家庭生存必需的衣食宿费用。（4）共益费用的优先权，共益费用的范围主要包括为全体债权人利益而对债务人财产进行保存、清算或分配的有关费用。[①] 立法赋予此项债权优先权的理由是该费用的支出有利于全体债权人之利益。（5）为国家利益、公共利益设置的优先权能，如税收优先权。

2. 动产优先权

动产优先权是特别优先权下的一种子项，其以特定动产为标的，是指在债务人特定动产上成立的优先权。也就是说，在符合特定条件下，动产优先权人得以债务人的特定动产的价值优先受偿。

如果说对于一般优先权各国规定都还有普遍的一致性或趋同性的话，那么各国对于动产优先权的设置则可谓是各不相同，这也恰恰是各国不同的国家制度、社会习惯、民族传统、立法体例和现实要求迥异的直接体现。例如，《日本民法典》设定了以下几种动产先取特权：①不动产出租人就与租赁有关债权对承租人或次承租人之动产；②旅店就旅客食宿以及相关费用对旅客的行李；③承运人就旅客或货物运送及附属费用对所运送的物品；④动产存储费用以及为存储、追认或实行动产权利所支出的必要费用就该动产；⑤出卖人就所卖动产的对价和利息于该动产；⑥种苗或肥料的供给人就使用者土地上一年内产生的孳息；⑦农业劳役人最后一年，工

① 参见《日本民法典》第 307 条第 1 款。

业劳役人最后三个月的工资，就其劳动之孳息或工业产品。[①]依《法国民法典》规定，下列债权对债务人的某些动产有优先权：房屋及土地的租金对果实及存放物品、质权人对质押物、为保存物件支出的费用、尚未付款的动产的价金、旅馆主人对于旅客的供给、运输费用及附带费用、政府官员在行使职务中因滥用职权及渎职所发生的债权、因事故受损害的第三人及其权利继承人由此事故所发生的债权、家庭劳动者雇用助手的劳动契约所生的债务。

作为20世纪中后期制定的较为晚近的民法典，《阿尔及利亚民法典》中关于优先权的类别亦参考了法国优先权上的分类，分成了动产一般优先权、动产特别优先权、不动产特别优先权三种。动产特别优先权具体包括了：①因对动产进行必要的保管、修缮产生的费用对该动产享有优先权；②种子、化肥及其他肥料和杀虫药剂的费用，以及用于翻耕和收获工作的费用对其所适用收获物具有优先权；③ 2年期的房租或地租，或在租期少于2年的情况下整个租期的房租或地租，以及一切根据租赁合同应属出租人获得的利益，就该租赁地配置的可扣押的动产及就该土地产生的属于承租人的收获物的优先权；④旅店所有人因向旅客提供食宿、供应和一切服务而应收取的费用，就该旅客带入旅店或其附属设施的物品的优先权；⑤动产出卖人就其价金及从权利对该动产的优先权；⑥动产的共有人基于共有财产之分割及补足金之清偿，就其各自的请求对此等财产的优先权。

3. 不动产优先权

不动产优先权是特别优先权下的另一子项，不动产优先权以特定不动产为标的，是指在债务人特定的不动产上成立的优先权。不动产优先权人得就债务人的特定不动产的价值优先受偿其债权。

例如，《泰王国民商法典》第273条规定，[②]基于下列任何一种原因引起的债，债权人必然在债务人的特定不动产上享有优先权，即（一）保管不动产；（二）在不动产上承揽；（三）买卖不动产。其中，第一种情形适用于请求保管不动产的费用，第二种适用于请求在债务人不动产上承揽工作而应支付给建筑承揽人、设计师及承

① 参见《日本民法典》第312~321条。

② 《泰国民商法典》第273~276条。（参见周喜梅译、谢尚果审校：《泰王国民商法典》，中国法制出版社2013年版。）

揽人的承揽费，第三种适用于请求不动产的买卖价金及价金的利息。《阿尔及利亚民法典》第999—1001条亦对不动产的特别优先权作出了规定。《西班牙民法典》第1923条亦规定，基于不动产应向国家缴纳的前一个年度赋税而未缴纳的，国家对于该不动产具有优先权；保险物灭失后两年之内产生的保险金，及互助保险中，最近两年获得的红利；抵押权人或类似权利的权利人，只要其权利在产权登记中心登记或注册，则相对于被负担该权利的不动产具有优先权等。[①]

总体说来，各国法上规定的不动产优先权主要有以下几种：（1）不动产出卖的优先权，即不动产出卖人就其出卖不动产的价款及其利息债权，在该不动产上成立优先权；（2）购买不动产贷款的优先权，即贷与资金购买不动产的贷款人就其贷与的资金，在债务人购买的该不动产上成立优先权；（3）不动产施工的优先权，即工程师、建筑师，承揽人、泥水工人及其他工人就其因不动产施工而发生的债权，在该不动产上成立优先权；（4）不动产保存的优先权，即不动产保存人就不动产的保存费、追认或实施不动产权利而支出的费用，在该不动产上成立优先权。

我国现行法上未明确规定不动产优先权，但在实务上有的也承认不动产优先权的实践。我国合同法中也有规定不动产施工费用的优先权（即建设工程价款就该工程折价或者拍卖的价款优先受偿）的相关制度，即不动产的承揽人就其因建造不动产所产生的债权，得就该不动产上成立担保权，优先使其债权得到清偿。国家政策中规定的国有企业土地使用权上的破产企业职工安置费用优先权也是这种情况。

（三）优先权与其他担保物权的区别与规则准用

前已述及，无论是在权利类型、发生条件、权利效能还是背后的价值意义上，优先权与目前物权法上明文规定的担保物权存在着显著差别。例如，第一，担保物权，特别是抵押权和质押权，属于意定担保物权，它们均强调当事人的合意与约定，给予当事人意思自治的空间。当事人签订抵押合同或质押合同是设立抵押权或质押权的前提，而优先权则直接来自法律的规定，只要客观条件达成，无须当事人主观

---

① 《西班牙民法典》第1923条。（参见潘灯、马琴译：《西班牙民法典》，中国政法大学出版社2013年版。）

意思的介入即可发生。第二，由于在一般的担保物权中当事人有意思自治的空间，当事人可以合意选择债务人或第三人的某一特定财产作为抵押物或质押物。无论是用以抵押或用以质押，均不会以当事人的全部财产作为担保，而优先权则有很大的差别，即使是针对特定财产的特别优先权，该特定财产的选择不是由当事人合意决定的，而是由法律直接规定的。此外，一般优先权的指向客体是债务人所有的财产，这在一般的担保物权中是不可想象的。第三，担保物权之成立，无论是登记还是交付，均需要一定的公示手段，而优先权的发生，不需要公示。

前已述及，优先权不以占有为要件，不同于质权和留置权；不以登记为要件，亦不同于抵押权。一方面，优先权为法定担保物权，区别属于意定担保物权的质权和抵押权，与留置权相近；另一方面，优先权具有担保债权实现之功能，这些特种债权被赋予了物权的性质，比一般的债权优先提取而受偿，和一般担保物权一致，优先权也是一种变价性的权利，其注重的仍是物的交换价值而非使用价值，由此其也整体性地与用益物权区别开来。优先权可以以义务人的全部财产为权利客体，而其他担保物权一般只能以债务人的特定财产为权利客体。当然，优先权与其他担保物权的最根本区别在于优先权是为担保特殊债权而设定的，而其他担保物权是为担保一般债权，除保全之目的外，并无特别的理由。

但从另一方面讲，从司法实践与法律适用的角度来说，我们也必须承认，不动产上的优先权不以占有标的物为要件，与抵押权有相似之处，因此优先权制度未明确规定的内容，可适用抵押权的有关规定。① 动产上的优先权与留置权有类似之处，可适用留置权的一些规定。权利上的优先权与动产优先权类似也可适用留置权的一些规定。② 对此日本学界有较多论述。③

四、优先权与优先受偿权概念的关系

在日常用语意义上，优先权与优先受偿权所表达的意思似乎区别不大，甚至优

① 《日本民法典》第341条。

② 参见《日本民法典》第370、374、296条等的规定。

③ [日]柚木馨：《担保物权法》，有斐阁昭和33年版。

先受偿权的表达更为直白、明了——它在揭示优先权内容所指的同时也明确了优先权的效力与目的。由此我国也有学者认为两者是同一概念的不同表述。[①]但是，必须说明的是，两个概念含义的混同会误导人们对优先权和担保物权完整权能的理解。事实上，并不是只有优先权权利人才享有“优先地得到清偿”的权能——一般性的担保物权建构之目的也在于保障权利人能够得到优先受偿。

从比较法的角度上看，无论是优先权还是优先受偿权，拉丁文中一般用的均是“privilegium”一词。虽然也有国家（地区）的立法使用“优先受偿权”一词，并为其设立专节与保证、质权、抵押权并列（如我国澳门地区的“民法典”[②]），但这并不能掩盖我们此处所讨论的“优先权”与“优先受偿权”在本质上的含义区别。对于“privilegium”，日本将其译为“先取特权”，就此有台湾学者认为，日本所译之先取特权并不能表达优先受偿之意义，若译为优先权，虽较先取特权为妥，但按照台湾地区特别法对此权利规定，以及此种权利的内容为权利人有优先受偿之权利，如译为优先权，尚不能将其含义完全表达，因此以译为“优先受偿权”较为适宜。[③]

笔者认为，对法律术语的翻译，除应重在表达其内涵与逻辑关系外，还应注意将之与现有的法律术语区分开来，注意各术语在实践中的运用，不至于产生混淆和矛盾，更不应该由此引发不必要的概念之争。前已述及，无论是从法理上看还是从普通语义学上看，优先权包含着优先受偿的权能，担保物权也包含着优先受偿的权能，于此而言，只有将优先权与其他担保物权概念并列，方能体现优先权制度的独立性，亦不会造成概念混同的局面。法文中虽然统一使用“Privilèges”一词指优先权和优先受偿权，但法国民法中的优先权制度已包括抵押权和质权在内[④]，且视留置权与双务契约同时履行抗辩权同其性质[⑤]，因此无混淆之虞。上述台湾学者的观

---

① 陈本寒主编：《担保法通论》，武汉大学出版社 1998 年版，第 128 页。

② 《澳门民法典》第二卷“债法”的第一编“债之通则”的第六章“债之特别担保”中共有六节，分别是担保之提供、保证、质权、抵押权、优先受偿权和留置权。中国政法大学澳门研究中心、澳门政府法律翻译办公室编：《澳门民法典》，中国政法大学出版社 1999 年版。

③ 金世鼎：《民法上优先受偿权之研究》，载刁荣华主编：《现代民法基本问题》，台湾汉林出版社 1981 年版，第 142 页。

④ 尹田：《法国物权法》，法律出版社 1998 年版，第 459 页、第 477 页。

⑤ 史尚宽：《物权法论》，台湾荣泰印书馆 1957 年版，第 230 页。

点亦是从台湾地区的立法和实践出发，无可厚非。

此外，撇开对术语的翻译不论，单就认为“优先受偿权”等同于“优先权”，亦有过分局限于优先权人有就担保物的价值优先受偿的权利，而未注意抵押权人、质权人和留置权人亦享有类似的优先受偿的权利之嫌。考察我国实践中对“优先受偿权”一词的运用，在我国尚未建立独立的优先权制度的情况下，并非专用于指“优先权”这一独立的担保物权，更多的是用于指担保物权人基于担保物权的优先清偿效力而享有的就担保物的价值优先受偿其债权的权能。在这个意义上，优先受偿权不仅包括优先权，而且还包括抵押权、质权和留置权。

具体来说，在我国绝大多数的立法实践中，“优先受偿权”是与专为担保特种债权而设的“优先权”区别使用的，两者并非“同义语”。我国《担保法》的第三十三条、第五十五条、第五十六条、第六十三条和第八十二条已为抵押、质押和留置使用了“优先受偿”一词，此时若再生一“优先受偿权”一词，极容易给初学者造成误导。况且“优先权”一词业已被理论界和实务界渐渐接受为专指特种债权人直接基于法律规定而对债务人的全部或特定财产享有的优先受偿的权利，我国海商法和民用航空法也明确使用了“船舶优先权”和“民用航空器优先权”的概念。因此，在考虑了现实情况后，笔者以为，在我国的立法与实践中，应采用“优先权”的概念为当。

五、优先权与法定抵押权、法定留置权的概念辨析

另外，有学者认为优先权除其成立无须当事人约定外，在其他方面类似于抵押权，故又可称之为法定抵押权，是指与债务人特定动产或不动产有牵连关系的特定种类的债权按照法律的规定直接享有的优先受偿权，[①] 即依据法律直接规定在当事人之间产生的抵押权。这些学者由此认为优先权即法定抵押权或法定抵押权可以代替优先权。法定抵押权概念的提出似乎又给优先权概念的独立性带来某些危机。与此类似，也有人认为可用“法定留置权”来代替优先权。[②]

① 李开国:《民法基本问题研究》，法律出版社 1997 年版，第 371 页。
② 转引自季秀平:《优先权制度几个争议的问题》，载《法学》2002 年第 5 期。

从微观层面说来，学界对优先权制度意义的质疑主要来自两个方面。第一是对合同法第二百八十六条所述的“建设工程价款优先受偿”的性质的认定问题。有学者主张合同法第二百八十六条属于我国立法上“法定抵押权”，理由在于合同法某起草者明确该条款在起草、讨论、修改直至通过一直被理解成法定抵押权，没有任何关于该条款其他性质的认定。在立法例上，《瑞士民法典》第八百三十七条[①]和我国台湾地区的“民法典”也作了类似的规定，认定其为法定抵押权。

笔者认为，仅以当初起草者的意思即将合同法第二百八十六条认定为法定抵押权的规定是不合适的，且不说此种理由在法解释学上会面临的“作品一旦产生，作者就已经死去”的诘难，即使是在全国人大常委会法工委编写的《中华人民共和国合同法释义》中，全国人大法工委对第二百八十六条的解释亦未提到任何有关抵押的字眼，也未从抵押权角度予以解读。[②]

笔者在此处无意论证合同法第二百八十六的性质问题，因为我国目前立法上，既无关于优先权的明确规定，也无关于法定抵押权的明确规定，在本节讨论这个问题意义不大。笔者想要强调的是，即使合同法第二百八十六条最终被认定为是法定抵押权之体现，也不能抹杀优先权区别于法定抵押权的鲜明意义。

当然，笔者也承认，优先权与法定抵押权和法定留置权，都是根据法律的直接规定，对于依特殊事情成立之债权，于债务人特定之财产上，认有排他的优先受偿的权利。就此点而言，它们的确较为类似。特别是不动产优先权与法定抵押权都是以不动产为标的物，以致两者在适用范围上有一定的重合。例如，对于不动产建造人就其因建造不动产所产生的债权而在该不动产上成立的担保权，有的国家规定为不动产优先权，如法国和日本；有的规定为法定抵押权，如瑞士和我国台湾地区。此外，罗马法上一些为人而设之优先权在后世演进而为法定抵押权，如《法国民法典》第2400条即规定，夫妻一方的权利与债权对另一方财产享有法定抵押权，未成年人及受监护的成年人的权利和债权对于其监护人或法定管理人的财产享有法定抵押权，国家、省、市镇行政区、公共机构的权利与债权，对税收人员与会计人员

① 《瑞士民法典》第837条：为在土地上的建筑或其他工程提供材料及劳务或单纯提供劳务的职工或承包人，对该土地的债权；土地所有人为债务人，或承包人为债务人的，亦同。

② 胡康生：《中华人民共和国合同法释义》（第三版），法律出版社2013年版，第478~479页。

的财产享有法定抵押权等。这些法律规定的不同，既与一国的立法政策有关，也与相关的担保制度有关。[①]

而某些动产优先权和法定留置权来说也有一些相似之处。法国、日本民法典关于优先权的规定，有一些留置权的内容，如《法国民法典》第2332条第3项、第6项关于保存人、运送人就保存费、运输费对所保存物件和运输物品的优先权，就十分类似留置权。[②] 这主要是因为在法国留置权被认为与双务契约的同时履行抗辩权同其性质，不认为是独立的物权。[③] 这样，其中有一部分属于留置权的内容规定在了优先权的名下。而在日本虽有留置权的规定，但是留置权的效力仅限于留置，留置权人并无优先受偿权，所以尚须借助优先权来实现。

但是，笔者认为，法定抵押权制度和法定留置权制度与优先权制度仍有较大的不同，法定抵押权制度和法定留置权制度难以完全替代优先权制度。

具体来说，包括以下理由：

第一，在适用范围上，优先权的标的物要大于法定抵押权和法定留置权。法定抵押权作为基于法律规定而生之抵押权，其标的物仅限于不动产，而且仅与不动产优先权中的某些种类相重合；而法定留置权的标的物仅限于动产，不动产无所谓留置之可能，仅与动产优先权中的某些种类相重合，所担保的债权范围主要是运输合同、保管合同和承揽合同，比外国法上规定的优先权适用范围狭窄得多，远不符社会经济生活的需要。相比之下，优先权包括动产优先权和不动产优先权，其中又有很多不能为前两者所包容的优先权种类。

而且，按照我国留置权理论，留置权成立时留置物必须特定，而且留置权人必须占有留置物，无论此种占有是直接占有还是通过他人占有，对留置物的占有是留置权的成立要件和存续要件。一旦权利人失去物之控制，留置权也就不复存在。而优先权成立时并不要求标的物特定，亦不以占有或登记为要件。

---

① 王全弟、丁洁：《物权法应确立优先权制度——围绕合同法第286条之争议》，载《法学》2001年4期。

② 需要注意，《法国民法典》第2332条第六项“运输费用与附加费用，就所运输的物品优先权”之规定已由1998年2月6日第98~69号法律废止。（参见罗结珍：《法国民法典》，北京大学出版社2010年版，第511页。）

③ 史尚宽：《物权法》，荣泰印书馆1979年版，第438、444页。

第二，从效力位阶上看，两者虽然都有权优先于一般债权人受偿，但就与一般抵押权（法定抵押权仅能与一般抵押权发生竞合）的受偿次序而言，不动产优先权原则上优先于一般抵押权受偿。[①] 而法定抵押权性质上仍属于抵押权，在没有其他法律明确的规定下，在与其他抵押权发生冲突时，其需要遵守抵押权的一般顺位（按成立时间的先后），来决定其受偿次序。[②] 例如对于前述的《合同法》第二百八十六条，最高人民法院就曾于2002年专门出台相关批复明确承包人的优先受偿权优先于在建设工程上设定的抵押权。[③]

第三，从有无物上代位性来看，法定抵押权虽有物上代位性，但其适用范围极为狭窄。而法定留置权是针对动产的，留置权人一旦丧失对留置物的占有，留置权即消灭，无物上代位性——留置物被出卖、租赁、转让、毁损其直接导致的结果均是留置权的丧失。而优先权却被学界一致认可是有物上代位性的，就标的物被出卖、出租、毁损等产生的价款、租金和保险金、赔偿金，权利人均得有法律赋予之优先地位在先请求偿付。因此，笔者虽不抵否某人优先权与法定留置权之间的亲密关系，但绝不能同意像某些学者所说的以“法定留置权”取代优先权。[④] 此种论断既忽视了法定留置权有限适用之余地，又对优先权作了极为促狭之理解。

第四，按我国现行的《物权法》和《担保法》等的规定，留置权人对留置物的占有必须是基于合同约定，否则不成立留置权。而优先权的成立则不受此等限制，它不以对标的物的占有为要件。在特别优先权中，优先权人对标的物的占有可以是基于合同的约定，也可以是基于无因管理（如为他人饲养牛而产生的问养费用返还请求权就该小牛享有的优先权），甚至可以是一种事实上的牵连关系（如不动产出租人优先权），目的是充分地保护债权人的利益。由此可见，优先权所担保的债权范围较留置权要广（仅就动产特别优先权而言），其调整的领域远非留置权所能涵盖和代替。

---

① 金世鼎:《民法上优先受偿权之研究》，载郑玉波主编《民法物权论文选辑》，台湾五南图书公司1980年版，第926页。

② 谢在全:《民法物权论》(下)，中国政法大学出版社1999年版，第693～695页；谢与龄编著:《民法物权》，台湾五南图书出版公司1981年版，第196页。

③ 参见《最高人民法院关于建设工程价款优先受偿权问题的批复》(法释［2002］16号)，最高人民法院，2002年6月11日通过。

④ 转引自季秀平:《优先权制度几个争议的问题》，载《法学》2002年第5期。

第五，即使在设立法定抵押权制度而未建立独立的优先权制度的国家和地区，也在其他法律中规定有优先权的某些具体内容。如我国台湾地区，除规定有法定抵押权外，还在“海商法”第24条规定有船舶优先权，“矿场法”第15条规定有矿工工资之优先权，“强制执行法”第29条规定有强制执行费用及取得执行名义之优先权，等等。可见，实际生活中有许多情况需要优先权制度来加以调整，特别是一般优先权，更是国家为体现公益、维护公平正义所必须，而法定抵押权制度对这些则无能为力。

第六，从我国当前立法的实证考察来看，无论是担保法还是之后出台的物权法，均要求设定抵押权需要订立书面抵押合同，亦未规定例外条款，从这个意义上，笔者认为我国目前担保法体系中尚未考虑设定法定抵押或容许法定抵押现实情形之存在，如此看来，优先权制度的存在则更具有了独特意义。

总之，优先权与法定抵押权和法定留置权制度存在着明显差异。“优先权……，从开始就预想为了实现个别的、具体的目的而发挥作用。”[①] 可以说，优先权制度的建构和优先权的研究是为实现对债权人进行周密保护的新的努力方向，体现了法制日益精巧化、细致化的趋势。

优先权旨在破除债权平等原则，赋予特殊债权人以优先于其他债权人而受清偿的权利，以保护这些具有特殊社会基础的债权人。其设立的社会基础，或者是基于公共利益和国家利益的要求，或者是基于一定社会政策的要求，或者是基于“共有”观念、“质权”观念的要求，或者是基于维护债务人生存权的需要而设立，具有较强的公益性，是一项极具社会使命任务和人道主义精神的法律制度。其调整范围之广，维护社会公平、正义作用之显著，远非法定抵押权制度和法定留置权制度所能及。

在我国现实社会生活中，存在许多亟待优先权制度调整而为法定抵押权和法定留置权制度所鞭长莫及的问题，因此，我国应选择建立独立统一的优先权制度，其不仅能涵盖法定抵押权和法定留置权制度的大部分内容，发挥其相应的社会作用，而且能调整很多法定抵押权制度和法定留置权制度所无法调整的社会关系，维护公共利益，推行社会政策，主持公平正义，发挥出法定抵押权制度和法定留置权制度所不能替代的巨大的社会作用。

---

① ［日］高岛平藏，《担保物权法论》(1)，成文堂，第147页。

CHAPTER 2

第二章 优先权制度的产生与各国继受

西方优先权起源于罗马法之 Jus Protimisees。其来源有三：习惯、皇帝敕令、司法独创，主要针对丧葬费用、被保证人之损害赔偿等情形。罗马法之优先权制度于中世纪传入意大利，形成 Jusretrductus 学说。后又由意大利传入法国，列入《法国民法典》第三编《财产取得法》第 18 章，位居抵押权之先，规为担保物权。后《日本民法典》效仿《法国民法典》于“物权编”第 8 章列名为“先取特权”，视其具有物上代位性和不可分性。①

一、罗马法上的优先权制度与担保制度

前已述及，从法的渊源的角度看，罗马法上的优先权制度，有基于习惯者，有以告示为之，亦有来源于皇帝的敕令。可以说，此时的优先权制度就已经有别于罗马法下一般的权利义务安排并且也显现出“特权”之性质。总体来看，罗马法上的优先权包含诸多，既包括对特定人（身份）而设立的优先权制度，也有对特定的事情而创设的优先权。就对人创设而言，既包括为债权人利益而设，也包括为债务人利益而设。② 享有优先权的债权人，在债务人财产不足以清偿时，有优先于其他债权人之地位主张债权人清偿。例如入殓安葬费、妻之嫁奁之偿还、被监护人或被保佐人对于监护人或被保佐人之损害赔偿、银行存款人对于银行存款之偿还、国库对于纳税义务人的税捐，均有优先受偿的权利。③ 优先权制度的产生与罗马法上的抵押制度有着密切的联系，性质上有诸多的相似之处，所以，研究优先权制度起源首先要对罗马法中担保制度的产生、发展作一深入探讨。

（一）罗马法中担保制度的产生

罗马法中担保制度经历了从信托到质押再到抵押的发展过程。信托是指一方当事人通过要式买卖和拟诉弃权的市民法转让方式将标的物转移于他方，他方则凭信用在约定的情况下将原物归还原主。以担保为目的的信托被称为信托质（fiducia），

---

① 刘云生、宋宗宇：《中国古代优先权论略》，载《重庆大学学报·社科版》2002 年 3 期。

② 金世鼎：《民法上优先受偿权之研究》，载郑玉波：《民法物权论文选辑》（下），台湾五南图书出版公司 1984 年版，第 902 页。

③ 蔡福华：《民事优先权新论》，人民法院出版社 2002 年版，第 24 页。

是罗马法担保制度中最原始的担保形态，广泛地用于融资、寄托，甚至夫权、解放和遗产继承。由于信托质要按要式买卖和拟诉弃权的形式进行，而按罗马法的规定，要式买卖和拟诉弃权只能在罗马市民中使用，而不能由外国人使用；同时，信托质以权利的转移为成立条件，债权人背信弃义，则债务人极有可能遭到标的物不能收回的危险；此外，由于信托质往往伴有标的物的占有转移，不利于对标的物的充分利用，并且会因此而影响债务人的清偿能力。所以，至阿尔卡地乌斯（Arcadius，东罗马皇帝）和霍诺里乌斯（Honorius，西罗马皇帝）时（公元5世纪中叶），虽还偶有采用，但自此以后终归消失。[①]

取代信托质的担保形式是占有质（pignus）。罗马法中的占有质与今天所谓的质押相似，即，债务人或第三人为了担保债务的履行而将一定的财产交付债权人占有，在不能履行到期义务时，债权人可以出卖质物以清偿债务。占有质与信托质的差别在于，前者不转移担保物的所有权，而只转移占有；而在后者，则转移标的物的所有权，往往同时还伴有占有的转移。最初的质权仅具有留置的效力，质权人是否具有变价权，由当事人在质押合同中约定。后裁判官确认，在当事人没有相反约定时，推定质权人有此项权利。至优帝一世时质权人的变价受偿权已成为质权的当然条件。“为了使债权人行使权利不受阻碍，并使债务人不轻易丧失他对物的所有权，朕以宪令规定了质押物的固定方式，借以充分保证债权人和债务人的双方利益。”[②]至此，罗马法中的质押制度遂至完善。

由于质押担保以转移占有为特征，因而，使用质押担保往往会影响担保物的利用，而且，对于担保物来说，不论其价值多大，只能为一项债权担保，而不能在同一质物上设置复数的质权，故对其价值的充分利用也会产生制约，影响所有人的融资能力和清偿能力。鉴于质押制度的这些缺陷，至共和国末期，罗马法中便演化出一种新的担保形式——抵押。并且，自此以后，抵押和质押便成为罗马法中并驾齐驱的两大担保制度。

一般认为罗马法中的抵押制度从渊源上来源于希腊。通过共和国末期裁判官活

---

① 周楠:《罗马法原论》,（上册），法律出版社1994年版，第391~392页。

② 周楠:《罗马法原论》，商务印书馆1994年版，第394页。

动而形成一项制度。[①] 按照罗马的惯例，佃户租佃地主的土地进行耕种，必须先预付佃租或提供充分的担保——出质，而当时的罗马农民大多非常贫穷，除农具及家畜以外，没有其他财产可以供出质，以农具和耕畜质押又会影响耕作。故至共和国末期，大法官萨尔维（Salvius）发布命令，许可农业用地的租借人以带入该地的动产为土地租金的担保，与土地所有人签订契约，约定不付租金时，出租人可将该担保物予以扣留，并予以出卖。此项令状后被称为“萨尔维亚奴令状”（interdictum salvianum）。但这种担保不具有对抗第三人的效力，若担保物的所有人将该标的物出卖给第三人，地主便不能对该物行使权利。为了解决这一问题，萨尔维又承认了对于第三者也可以提起担保物返还请求的萨尔维亚那诉权（actio serviana）。据此，即使担保物落入第三人的手中，地主也可以对第三人和佃农提起萨尔维亚那之诉，追回担保物而将其扣押，并对其进行处分，优先满足自己的租金债权。此可谓罗马法中抵押权制度之嚆失。[②]

（二）罗马法中的法定抵押权与优先权

罗马法中的抵押权包括约定抵押和法定抵押。

约定抵押通过契约的方式设定，抵押权具有附从性，故设定抵押权必须要有被担保债权的存在，但其所谓债权既可以为现存的债权，也可以是将来债权或自然债。作为担保合同标的的抵押物必须为流通物；至于为有体物抑或无体物、单一物还是集合物、现有物还是将来物、单一所有物还是共有物，则在所不问；用益物权、永租权、地上权等权利也可以作为抵押之标的；约定抵押权的设定依当事人的意思表示而发生效力，无须进行公示；设定人需要对担保物有处分权，无处分权的人设定的抵押权无效。[③]

优先权制度发端于罗马法的法定抵押制度，最初设立的优先权有妻之嫁资返还优先权和受监护人优先权。[④] 罗马法最初设立优先权制度的目的在于保护弱者，维

---

① 查士丁尼:《法学总论》，商务印书馆 1990 年版，第 70 页。

② ［日］柚木馨:《担保物权法》，有斐阁昭和 33 年版，第 140 页。

③ 许明月:《抵押权制度研究》，法律出版社 1998 年版，第 14 页。

④ 金世鼎:《民法上优先受偿权研究》，载刁荣华《现代民法基本问题》，汉林出版社 1981 年版，第 142~143 页。

护公平正义和适应事实的需要。

罗马婚姻实行嫁资制。嫁资（亦有称之为“嫁奁”）（dos 或 causa dotis）制度是罗马早期婚姻制度中至关重要的一部分。在嫁资制下，妇女在出嫁时自己带到丈夫家一笔财产或特有产，似乎从那时起人们就习惯称此为嫁资。嫁资制度在当时的罗马不仅仅是一项单纯的法律制度，而是一种颇有生命力的社会制度。女子给夫家带去嫁奁的目的是维持婚姻生活所需，因此对于夫家而言该笔财产不能被理解为“获利”。“嫁资关系使得丈夫合法地取得妻子为维持婚姻生活（ad sustinenda onera matrimonii）而转交给他的财产。”[①] 丈夫在婚姻关系存续期间取得嫁资中所包含的权利，成为嫁资的所有主，于此丈夫有绝对之权利而妻无干涉之可能。不过罗马早期的婚姻多为“有夫权之婚姻”，此种婚姻下，妻子的财产全由丈夫或丈夫之家长所有，妻子虽然可以取得夫家的继承权，但是离婚时无权主张返还原属自己的财产。[②] 不过此时的罗马法民风保守，除了妻子一方有重大过错外，丈夫一般不得休妻。此时婚姻关系几乎就成了永久性的关系，即使丈夫死亡，妻子也和子女一样对丈夫的财产有继承权，不会走投无路、无法维持生计。有夫权婚姻是罗马早期最主要的婚姻制度，在这个制度下，丈夫不得随意休妻，如果被休，依习惯、宗教戒规、亲属会议的意见或具体的情况，丈夫要给一笔生活费用。[③] 妻子丈夫死后亦得继承丈夫财产，因此即使最初的嫁奁不可取回，于妻子一方亦无大害。因此这个制度大约持续了五个世纪之久。

然而，“风俗的淳朴使得在罗马法的一个很长历史时期中离婚是罕见的……似随着罗马势力在世界上的扩张，厚颜无耻的堕落侵袭着罗马，离婚也随之增长”。[④] 社公风气的变坏，导致丈夫休妻现象增多，而且仅允许妻子带走衣服和部分日常用品。此种行为虽受监察官的干预，但最多限于“丧廉耻”的宣告。在夫家没有给予必要的生活费用时，被休的妇女常常走投无路，穷困潦倒。当离婚变得频繁并且不再像早期那样被习惯所承认的原因加以正当化时，遭休弃的妻子所蒙受的损失和丈夫的获利也都成了不正当，人们竭力设法解决这一问题。

---

① ［意］彼德罗·彭梵德:《罗马法教科书》，黄风译，中国政法大学出版社 1992 年版，第 166 页。

② 周楠:《罗马法原论》，商务印书馆 2005 年版，第 202 页。

③ 周楠:《罗马法原论》，商务印书馆 2005 年版，第 209 页。

④ ［意］彼德罗·彭梵德:《罗马法教科书》，黄风译，中国政法大学出版社 1992 年版，第 158 页。

帝政以前，除设定嫁资时约定返还外，妻子对嫁资没有任何权利，嫁资的所有权属于丈夫。自《优利亚嫁奁法》以后，妻子对嫁资开始享有以下几种权利，优帝一世规定，夫因濒临破产，丧失支付能力而影响嫁资返还的，妻子有权立即请求返还嫁资。①

在保护妻子利益方面，共和国末年，有“要式口约诉”（action ex stipulatu）和仲裁，但“要式口约诉”属于严法诉讼（judicia stricta），其须事先已订有要式口约，后者则对仲裁人裁决的效力又须经双方协商同意。如事前未订要式口约，事后夫对仲裁的裁决又不愿执行，则女子的利益仍得不到保障。大法官法为了补救这一缺陷，创造了“妻财诉”（actio rai uxoriae），规定在没有要式口约约定返还嫁资的情况下，妻子可提起该诉，以追索嫁资。② 在“要式口约诉”中，嫁资的返还只是一种普通债权。而在“妻财诉”中，按大法官法规定，返还嫁资的权利属于优先债权，它优于普通债权，但后于抵押债权。对嫁奁中的意大利土地，因其不能为抵押权的标的，故丈夫即使得到妻子的同意而设定抵押，由于其设定是无效的，故妻子可不受其约束而主张优先权。③ 到了优帝时代，“妻财诉”制度进一步改革与发展。起初，优帝规定妻子在请求返还嫁奁时，就离婚时现存的嫁奁，享有抵押权。之后，优帝承认妻子对于丈夫的全部财产，就其嫁奁返还享有担保权益。而且该项担保是“法定抵押权”（优先权）。此项法定抵押权的效力始于婚姻关系之建立且享有“最优之特质”：即妻或其继承人请求返还嫁奁前，如果丈夫已经对其财产设定了抵押的，妻子一方的法定抵押权足以排除前述抵押。④

也就是说，“为了保障嫁资的退还，早在古典法上妇女对于丈夫的所有债权人来说，享有索要优先权（Privilegium exigendi），包括针对那些用嫁资款购买的物品”。⑤

罗马法认为监护制度“应当真正有助于受监护人的利益”，所以特别强调“监护人所承担的妥善管理义务和对受监护人的保护义务，并且随着国家介入的不断加强和逐渐发展，每一种保护也正在自己的范围内扩展”。为防止监护人浪费或毁坏

---

① 周楠：《罗马法原论》，商务印书馆1994年版，第192页。
② 周楠：《罗马法原论》，商务印书馆1994年版，第194页。
③ 周楠：《罗马法原论》，商务印书馆1994年版，第198页。
④ 陈朝璧《罗马法原理》，法律出版社2006年版，第395页。
⑤［意］彼德罗·彭梵德：《罗马法教科书》，黄风译，中国政法大学出版社1992年版，第166页。

受监护人的财产，罗马法规定监护人对因故意和过失造成监护人财产损坏的，应负赔偿责任，为了保障受监护人求偿权的实现，“还允许受监护人享有‘索要优先权’”。[①] 受监护人的求偿权就加害于的财产优先于监护人的其他债权人而受清偿。

以上两项“索要优先权”便是现今优先权的雏形。依罗马法的有关规定，法定抵押权（优先权）具有优先于约定抵押权的效力。

优先权制度自罗马法确立以来，不断发展成为一个完整的法定担保物权体系。除了以上妻之嫁资返还优先权和受监护人求偿优先权之外，还逐步设立了国库对于纳税人的税收优先权、丧葬费用优先权等就债务人的总财产上存在的一般优先权，另外还出现了诸如城市土地的出租人对承租人以稳定方式带入的物品享有的优先权；乡村土地的出租人对土地的孳息享有的优先权；受监护人对任何人用他的钱购买的物享有的优先权；受遗赠或遗产信托受益人对继承人或其他受托人通过继承取得的财物享有的优先权；还有贷款人对用贷款盖成的建筑物享有的优先权等就债务人的特定动产与不动产上存在的特别优先权，从而使优先权制度成为一个完整的体系。[②]

罗马法上的优先权制度依法律的规定而产生，优先权制度又进一步分化为一般优先权和特别优先权制度，一般优先权以债务人的全部财产为标的，根据罗马法的规定，国库对债务人的债权、妻对于嫁妆及对于夫管理特定财产的债权、未成年人、被监护人和被保佐人对于监护人和保佐人因监护和保佐关系而发生的债权，未成年人对因家长保管其外来财产不善而对家长的债权、寺院因永租人对其租佃的财产保管不善而产生的对于该永租权人的债权，均可在债务人的全部财产上产生法定的一般优先权。法定的特别优先权是指债权人依照法律规定而直接在债务人的特定财产上取得抵押权或优先权。根据罗马法，房屋的出租人对于其租金债权可以在承租人置于租赁房屋内的财产上取得法定抵押权或优先权；土地出租人对于佃租人在土地上的收获物享有法定抵押权或优先权；因翻造修建房屋而借款时，出借人就其借款债权对于该房屋享有法定抵押权或优先权。[③]

---

① ［意］彼德罗·彭梵德：《罗马法教科书》，黄风译，中国政法大学出版社 1992 年版，第 166 页。
② 申卫星、傅穹、李建华：《物权法》，吉林大学出版社 1999 年版，第 387 页。
③ 周楠：《罗马法原论》，法律出版社 1994 年版，第 395~398 页。

从上述罗马法中嫁奁返还制度和监护制度的发展史中我们可以看出，优先权并非天然地存在于法律体系中，从更为宽泛的意义上讲，优先权的出现，某种程度上就是为了弥补、矫正社会急速发展过程中出现的某些与现行法律出现冲突的地方。另外，我们也可以看出，罗马法上“优先权”的性质，亦经历了实质性的变化。当债权保护方法不足以保护当事人利益并实现公平正义时，优先权便从享有“优越地位”的债权发展成为担保物权——法定抵押权甚至是优先于其他抵押权的法定抵押权。具体来看，罗马法上创设的优先权制度，此种权利有为人而设的，有为事而设的。为人而设的，又分有为债权人利益而设的及为债务人利益而设的。其内容为享有此种权利的债权人于债务人之财产上不足清偿其债务时，有优先于其他债权人受偿的权利。罗马法上最初的优先权有妻之嫁资返还优先权和受监护人求偿优先权。为人而设的优先权不随债权的移转而移转，后在《法国民法典》中再次演进为法定抵押权。①

（三）罗马法中的抵押权和优先权制度的特点

罗马法中的抵押权和优先权具有不可分性的特点，债权未得到全部清偿时，抵押权和优先权人仍可就其未得到清偿的部分对抵押物全体行使抵押权和优先权。同时，抵押权和特别优先权具有追及效力，抵押人将抵押物转让时，抵押权和优先权可以对抗第三取得人。罗马法中的抵押权和优先权也具有优先受偿的效力，抵押权和优先权人在债务人不履行义务时，可以将标的物变卖而从其价款中使自己的债权获得优先的清偿。到帝政时期，抵押权和优先权人经常在抵押合同中加入没收条款（1ex commisoria，即流押契约或绝押契约），规定债务人不履行合同时，债权人可直接取得担保物的所有权。但至君士坦丁一世时期，此种约定被禁止。就抵押权和优先权及于抵押物的范围来说，抵押权和优先权不仅及于抵押物本身，而且及于抵押物的从物、从权利、添附物，抵押物发生分离，抵押人可就分离各部分行使抵押权和优先权。②

---

① 金世鼎：《民法上优先受偿权之研究》，载郑玉波等著《现代民法基本问题》，台湾三民书局1980年版，第142~143页。

② 参考周楠：《罗马法原论》，法律出版社1994年版，第399~404页。

综合观之，罗马法中的担保制度具有以下几个最明显的特征，这几个特征既是罗马法抵押权制度这种较初级的担保制度的特点，也是罗马法优先权制度包括后世其他继受罗马法而设立的优先权制度的特点。

第一，缺乏担保公示制度。罗马法中的抵押权设定契约不需要任何方式，对外部没有任何程度的公示。虽在民间，采用了古希腊广泛使用的在抵押土地上树立抵押碑柱的方式对抵押权进行公示（即在抵押土地上立碑对抵押权设定的事实和日期进行记载），但在法律上，这种方式一直未得到明确的承认。至莱奥一世时，始规定抵押契约应交国家机关备案，或由三个以上信誉良好的人的签名，但这项制度仍只流于形式。由于罗马法中缺乏必要的公示制度，抵押权的存在不能为公众所知，一方面抵押权的效力受到影响，另一方面，对于交易的安全亦尤为不利，抵押权人随时都有可能因第三人或其他人主张权利而使其权利受到威胁。

由于抵押权公示制度的欠缺，罗马法中的抵押担保可谓是一种极不安全的担保。同一物上数个抵押权竞合的时候，其相互的顺位依“时间早，权利强”（prior tempore potior iure）酌常规来处理，其所谓时间，并非进行公示的时间，而是相互所为的非正式的意思表示时间。由于缺乏公示制度，抵押人完全可以与其他人串通设立假抵押权或对抵押权的设定时间进行修改。

同时，与国库债权、嫁资返还优先权类似的法定抵押权，不论其时间先后，通常认为其有优先效力，因而，抵押权人的利益更会因此类“一般抵押权（优先权）”的存在而完全覆灭。此外，由于公示制度的欠缺，抵押权人的一般债权人对于债务人的财产的真实状况不可能全面地了解，其债权的安全也会因此而大受影响。总之，罗马法上的抵押权制度忽视了交易的安全的利益，从社会交易角度来看，是一种不安全的物的担保。[①] 如上所看到的，优先权制度具有背离公示原则的特点，所以，有人认为优先权制度其意义与近代的担保制度不相容，是落后了的制度。[②] 事实上，优先权制度的全盛时期是近代的公示制度成立以前的，受罗马法影响的国家。

但是，从另一方面看，优先权制度的基础是应特殊保护的债权（债权人），这

---

① ［日］柚木馨：《担保物权法》，有斐阁昭和 33 年版，第 141 页。关于共同抵押的界定，理论上有复数抵押权说、单一抵押权说和折中说，详见谢在全《民法物权论》271 页。

② ［日］近江幸治：《担保物权法》，早稻田大学出版社，第 31 页。祝娅、王卫军、房兆融译，法律出版社，2000 年版。

是有广泛社会意义的。优先权的这方面机能，在现代社会仍然有强烈的社会需求。事实上，罗马帝国崩溃后，近代继受罗马法的大陆法系国家，不只是在民法，在其他方面的特别法中也规定了许多优先权。从某种意义上可以说，这种现象是经济和社会政策在法律方面的体现，仍然是一种蕴涵着广泛社会需求的法律制度。

第二，担保标的物范围极为广泛。罗马法中的担保标的物范围十分广泛，任何具有流通性的财产都可用于抵押，法律几乎对抵押物的范围没有作任何限制，特别是动产，极易隐藏、转移、毁弃或与其他物发生混同，使担保的效力受到一定的影响。

第三，未严格遵守特定原则。在罗马法中，大量的法定抵押权（优先权）是以债务人总财产为抵押物的。未充分考虑到标的物的特定原则。并且，法定抵押权（优先权）又具有优于约定抵押权的效力，法定抵押权（优先权）的成立一般不需要任何公示，特定财产和一般财产都可以成立法定抵押权（优先权），在保障了优先权人利益的同时，一般债权人也经常因为法定抵押权人（优先权人）行使抵押权而受到损害。①

目前许多国家优先权制度依然具有罗马法中担保制度的缺乏公示制度、担保标的物的范围广泛、未严格遵守特定原则等特点，显示了优先权制度与罗马法的担保制度的密切联系。罗马法中的法定抵押制度，也是罗马法优先权制度以及后世其他继受罗马法而规定的优先权制度的产生、发展的直接法律背景。

二、法国法中的优先权制度

在资产阶级大革命后，欧洲大陆进入了资本主义时期，开始编纂所谓的“资本主义的民法典”。此外，在法国大革命所宣扬的“人人平等”“自由博爱”的精神下，罗马法上的嫁奁制度，以及包括作为优先权起源的“妻财诉”的相关制度虽然被废弃，但优先权的精神和原理却被保存并在新的社会背景下得到发展。究其原因，优先权制度所赖以生存的社会基础并未完全消失，只要现实社会中还有一般的担保物权无法足够保障的“特种债权”实现的情形存在，社会的公平正义无法精准、实际地体现在每一位社会成员身上时，优先权制度仍旧会在各国的民法典中占有一席之

① 许明月:《抵押权制度研究》，法律出版社1998年版，第16页。

地，焕发出勃勃生机。

（一）《法国民法典》制定前的担保制度

法国在民法典颁布以前，曾发生过大规模的罗马法继受运动。罗马法继受导致了以罗马法为蓝本的新的抵押制度建立。在这种制度中，公示（publicete）原则和特定（specialite）原则尚未完全建立。《法国民法典》颁布前，仅在北部习惯法地区，还分别存在着法国固有法中的 nantissenent 制度和 approriance 制度——不动产物权变动的公示制度的痕迹。但就总体而言，罗马法中的所谓“黯然中成立的抵押权”在这里完全被移植过来。同时，特定原则也与罗马法一样被忽视，罗马法中的以债务人的总财产为标的设置的一般抵押权（hypothe que genrale）在这里得到了完全的再生。

（二）《法国民法典》制定时的担保—抵押制度

受法国大革命的影响，所有权绝对、契约自由成为法律的指导思想，立法思想类似罗马法，侧重于对财产的静的安全的保护，而对于社会交易所要求的动的安全的保护，人们并没有表现出很大的热情。但在学界和司法实务界进行广泛的争论以后，抵押中的公示原则和特定原则最终得到了采用，但《法国民法典》对这两原则的采用都不彻底。

在《法国民法典》中，除了约定抵押（hypotheque conventionnelle）之外，还存在裁判上的抵押权（hypotheque judiciaire）和法定抵押（hypothe~quel~gale）。约定抵押，又被称为“契约上的抵押”，是指基于法律行为及契约的合意（convention）而生的抵押权。裁判上的抵押权，是指通过判决或裁判上的行为（jugements ou actes judiciaires）所生的抵押权。它是对于债务人取得给付判决的债权人或经法院承认或检证（reconaissances ou verifications）的私署证书（sous seing privé）债权人于债务人的财产上所取得的抵押权，此为法国古法中的一般抵押权在民法典中的残余。

罗马法上的优先权有妻之嫁资返还优先权和受监护人求偿优先权，这种为人而设的优先权不随债权的移转而移转，后在法国法中演进为法定抵押权。[①]

---

① 金世鼎：《民法上优先受偿权之研究》，载郑玉波等著《现代民法基本问题》，台湾三民书局1980年版，第142~143页。

法定抵押权（优先权制度），是指通过法律所生的抵押权。它主要有在夫的财产上所存的妻的抵押权，以及监护人的财产上成立的未成年人和禁治产人的抵押权。这是一种对于因无行为能力者之夫或监护人对于无能力者财产管理不当而使无行为能力人应当取得的损害赔偿请求权给予特别保护为目的的罗马法传统制度，充分地体现了对财产静的安全的尊重的思想。

法国民法在约定抵押权和裁判上的抵押权中严守公示原则，"登记才可对抗"的观念已经深入法国立法者和执法者的思维和行动中。在法国法下，约定抵押是一种物权，因为该权利的标的指向的是一项财产的交换价值而非某个人的给付，而"优先受偿权是此项特征的主要后果"。[①] 就公示原则而言，只有在抵押权登记局（bureau de la conservation des hypothe~que）进行登记的抵押权才能取得对于第三人的对抗效力。抵押权人相互间的顺位，也根据抵押登记的日期的先后来确定。而不依抵押权设定证书或判决的日期来决定。然而，妻、未成年人、禁治产人的法定抵押权（优先权制度）则于其原因发生的时候发生，未经登记，对于第三人也具有对抗的效力。夫及监护人对于该抵押权有进行登记的义务，但未经登记不影响抵押权的效力。这是考虑到无行为能力人的抵押权保存登记的困难而作出的例外规定，当然它的存在也会对第三人造成重大的不测之损害。

在约定抵押中，特定原则得到了严格的遵守，抵押权仅能就特定的债权在特定的不动产上设定，抵押权仅能于现在的财产上有效，而原则上不能及于将来的财产。[②] 不过，需要注意的是，约定抵押虽要求抵押权指向的是特定财产，但这并不意味着限制用以抵押财产的数量。特定原则是约定抵押区别于法定抵押和裁判上的抵押的关键之处，只有约定抵押明文规定受特定性原则的约束。[③] 正如对于妻及未成年人等的法定抵押权不存在任何意义上的特定性——一方面，作为妻的资格中应属于妻的债权以及基于未成年人、禁治产人的监护所取得的一切债权都属于被担保债权，不论其为现在的债权还是将来的债权，也不论债权额的多少；另一方面，法定抵押权中，抵押物则可以为债务人现在所有的不动产和将来将取得的不动产的总体。

---

① 沈达明编著:《法国/德国担保法》，中国法制出版社2000年版，第160页。

② 《法国民法典》第2192条。

③ 沈达明编著:《法国/德国担保法》，中国法制出版社2000年版，第161页。

应当说，在前述三种类型抵押中，就与优先权的关系而言，法定抵押权问题是最绕不过的一个主题。《法国民法典》第2400条（原第2121条）列举了享有法定抵押权的权利与债权，具体有：①配偶对另一方财产的权利与债权；②未成年人或受监护的成年人的权利和债权对于其监护人或法定财产管理人的财产；③国家机关与公共机构对税收和会计人员的财产；④受遗赠人的权利和债权，根据第1017条的规定，对于继承的财产；⑤第2331条第2、3、5、6、7和8项所列的权利与债权。而《法国民法典》的第2331条规定的就是一般动产的优先权。由此看来，即使在标的范围上有所区别，法定抵押权和优先权两者在很大程度上是相似的。例如，从设立原因来说，两者都是为了保障特种债权的实现进而保障特定债权人的利益；从创设途径上来说，两者都来自法律的直接规定，无须当事人合意或另行签订抵押合同或其他手续；从适用的债权的范围角度看，两者有很大一部分是重叠的；最后，两者的效力顺位也来自法律的直接规定，一般的权利顺位原则似无用武之地[①]。正是因为在法国法上法定抵押权与优先权制度如此近似，以至于沈达明先生说法定抵押"是法律创造的设定在不动产上物的担保，与不动产上的优先权完全相同"[②]，但沈达明先生亦明确指出，两者"唯一的区别在于登记的效力"[③]。按照现行的1955年法，公告原则强制性地适用于所有的不动产物权之成立和转移。法定抵押权如欲保存其效力，必须在登记处进行登记保存。

其实，溯源地看，本身优先权制度和法定抵押权在罗马法上就是前后衔接、相互包含、先后承继、发展的一个制度，继受了罗马法的法国民法亦携带着此种"基因"。二战后，法国的民法典修订委员会在对民法典进行大规模的修订工作时，就有对是否保留法定抵押权——与此相并列的还有不动产一般优先权进行过激烈的探讨。[④]

具体到优先权的种类，法国民法大体亦仿罗马法，将优先权分为一般优先权和特别优先权。一般优先权是指存在于债务人全部财产上的优先权，主要包括司法费用优先权、税捐优先权、工资和劳动报酬优先权、丧葬费用优先权、医疗费用优先

---

① 曹艳芝：《优先权论》，湖南人民出版社2005年版，第29页。

② 沈达明编著：《法国/德国担保法》，中国法制出版社2000年版，第161页。

③ 沈达明编著：《法国/德国担保法》，中国法制出版社2000年版，第161页。

④ 许明月著：《抵押权制度研究》，法律出版社1998年版，第26页。

权、生活费用优先权、共益费用优先权、劳工意外死伤补偿费优先权、被保险人对人寿保险公司的债权之优先权等。特别优先权则是存在于债务人特定财产上的优先权，依其客体不同，又可分为动产优先权和不动产优先权。动产优先权主要包括不动产出租人对承租人置于其不动产上的动产之优先权、旅店主人对顾客携带的物品之优先权、运送人对其运送的动产之优先权、因公职人员渎职的被害人对公职人员保证金之优先权、动产保存人对其保存的动产之优先权、动产出卖人对其出卖的动产之优先权、耕地出租人对收获物之优先权、种子、肥料或农药提供人对收获物之优先权、农工业劳役人就其工资对收获物之优先权等。不动产优先权主要包括不动产保存人优先权、不动产修建人优先权、不动产出卖人优先权、不动产资金贷与人优先权、共同继承人就补偿金对其他继承人继承取得的不动产之优先权、共有物分割人就补偿金对原共有的不动产之优先权等。上述优先权大部分为民法典所规定，亦有由其他法律所规定者，如税捐优先权系由法国税法规定。此外，共有物分割人补偿金之优先权系为法国判例所创，乃是适应实务需要而产生，表明优先权制度在实践中得到发展，更趋成熟和完善。

（三）法国民法上的优先权种类图示

《法国民法典》确立了所谓的“法国模式”的优先权制度，而后比利时、意大利、荷兰、葡萄牙等国从之。根据学者考察，法国模式的特色在于：（1）在民法典中，对优先权进行专章专节的规定。例如在《法国民法典》中，优先权被编入第三卷“取得财产的各种方式”，与质押、抵押并列；（2）明确优先权的定义及效力，明确其优于其他债权人，甚至包括了其他担保物权人；（3）从性质上来讲，优先权同抵押权、质押权等一致，均属于担保物权的一种，编排体例上一般也与其他担保物权并列；（4）一般优先权和特别优先权是优先权的基本分类，此外，特别优先权还进一步区分动产优先权和不动产优先权；（5）结构体例上，分为优先权的一般规定、各类具体优先权的适用以及优先权的顺位等等。[①]

① 参见郭明瑞、仲相、司艳丽：《优先权制度研究》，北京大学出版社 2004 年版，第 23 页。

具体来说，《法国民法典》上的优先权种类如下[①]：

		债权之种类	标的物	立法意旨	条　文
一般优先权	1.	共益费用（司法费用）	债务人总财产	社会政策之考量	ξ2101①
	2.	丧葬费用	遗产或亲属之总财产	社会政策之考量	ξ2101②
	3.	最后医疗费用	遗产	社会政策之考量	ξ2101③
	4.	受雇人之工资	雇用之总财产	社会政策之考量	ξ2101④
	5.	日常必需品之货款	债务人之总财产	社会政策之考量	ξ2101⑤
	6.	劳工意外死伤之补偿费	雇用人之总财产	社会政策之考量	ξ2101⑥
	7.	被保险人对人寿保险公司之债权	保险公司之总财产	当事人意思之推测	ξ2101⑦
	8.	家庭津贴	债务人之总财产	公平原理 产业之奖励	ξ2101⑧
动产优先权	1.	不动产租赁之租金	不租人置于该不动上之物料地上之收获物	公平原理	ξ2102①
	2.	种苗之债金	因种苗所生之果实	公平原理	ξ2102②
	3.	动产保存之费用	该动产	当事人意思之推测	ξ2102③
	4.	动产买卖之债金及利息	该动产	当事人意思之推测	ξ2102④
	5.	旅馆食宿费	旅客之行李	人民权利之保障	ξ2102⑤
	6.	旅客或行李之运费	通用人的占有之行李	公平原理	ξ2102⑥
	7.	因公务员职务上过失所受损害之赔偿请求权	公务人之保险金	公平原理	ξ2102⑦
	8.	受害人对加害人之请求权	加害人之保险金	公平原理	ξ2102⑧

① 王志诚，《优先受偿制度之研究》，载自苏永钦主编，《法律学研究》第7辑（民法论文选辑），第199页。

续表

		债权之种类	标的物	立法意旨	条 文
不动产优先权	1.	不动产买卖之债金及利息	该不动产	公平原理	ξ2103①
	2.	不动产买卖资产之债权	该不动产	公平原理	ξ2103②
	3.	共同继承人之权利瑕疵担保请求权	分割之不动产	公平原理	ξ2103③
	4.	建筑师、工程师承揽人、泥水匠及其他工人之报酬	该不动产（工作物）	公平原理	ξ2103④
	5.	报酬提供人之债权	该不动产（工作物）	公平原理	ξ2103⑤
	6.	请求分割遗产之继承债权	该不动产	公平原理	ξ2103⑥

（四）19世纪后法国有关优先权制度的变化和发展

19 世纪 30 年代产业革命后，资本主义生产方式的广泛运用使法国经济得到很快的发展，随之而来的便是对资本需求的显著增加。在这种经济状态下，随着不动产金融的发展，人们渐渐地感到民法典中公示制度不完备的麻烦，因而法国立法当局自 1841 年以来屡屡有对其予以改正的打算。1855 年 3 月 23 日法国颁布了《关于抵押权登录的法律》（*loi sur latran scription en matie re hypothe caire*），根据这项法律，所有权以及抵押权等权利的设定及权利的转移的行为未经登录不得对抗第三人（第 1、3 条）。《关于抵押权登录的法律》在对约定抵押权公示进行强化的同时，对于优先权的登记免除也增加了诸多重要的补充。例如，法定抵押权（优先权）登记在婚姻、解除、监护及禁治产终了时起享有为期一年的犹豫期，在这一期间进行登记的，抵押权取得溯及力而自始有效，其顺位以引起法定抵押权（优先权）发生的原因发生之日为标准确定，若至此时未登记，则以其登记的日期为标准确立其顺位，仅在婚姻继续期间及无行为能力存续期间法定抵押权（优先权）的登记可以免除。①

① 许明月：《抵押权制度研究》，法律出版社 1998 年版，第 21 页。

另外，在《法国民法典》颁布之后，19 世纪的法国立法又先后设立了一些新的优先权项目。这些新设立的优先权在性质上依然是按照《法国民法典》中对优先权的分类——一般优先权、特殊优先权来界定的，但补充、增加了许多新的优先权项目，包括一些公法性质的债权——如刑事诉讼费用优先权、税收优先权等种类。

1807 年 9 月 5 日法律第 1、第 2 条规定国库对于国家会计人员之全部动产有优先受偿权。同时，1807 年 9 月 5 日法律第 2 条规定了刑事诉讼费用之优先权。

1892 年 11 月 30 日法律规定了最后医药费用优先权，优先权的范围包括医师诊金、看诉酬金、药品及住院费用等费用。所谓最后医药费用优先权，即医生（医院）在病人死亡时，对死者的财产享有医药费优先权。对此项优先权，法国各界有一定的争议，有人认为，医师未将病人治好，反而对医生以特别保护，特别明定不问医治结果如何，均有优先受偿权，殊不合理。[①]

乳母薪金优先权，此种优先权，为 1874 年 12 月 23 日法律所创设。该法仅适用于在家收养婴儿之乳母。如其为婴儿亲属雇用之乳母，则适用受雇人之规定。

劳工意外死伤之补偿费优先权。1898 年 4 月 9 日法律修订了法国民法典第 2101 条第 6 款的规定，以保障受雇之劳工对于雇用人应给付因在其工作时发生死伤之医药费用之补偿费不致落空。[②]

另外，在法国，对于船舶、航空器这类动产，根据法律规定需要登记确定财产权。法国法律很早就承认可以在这些动产上设立抵押权和优先权。1885 年 7 月 1 日的法律（《河川船舶登记及河川抵押权相关的法律》）及 1824 年 5 月 31 日的法律（与航空器相关的法律）就确立了船舶和航空器相关的抵押权制度和优先权制度。[③]

---

① 金世鼎：《民法上优先受偿权研究》，载刁荣华《现代民法基本问题》，汉林出版社 1981 年版，142~143 页。

② 金世鼎：《民法上优先受偿权研究》，载刁荣华《现代民法基本问题》，汉林出版社 1981 年版，142~143 页。

③ 关于法国法中的抵押制度的衍变主要参照李浩培、吴传颐、孙鸣岗翻译：《拿破仑法典》，商务印书馆 1983 年版；马育民译：《法国民法典》，北京大学出版社 1982 年版；［德］K. 茨威格特、H. 克茨：《比较法总论》，贵州人民出版社 1992 年版以及许明月：《抵押权制度研究》，法律出版社 1998 年版等资料。

（五）20世纪法国的有关优先权法律的发展

第二次世界大战以后，法国设立民法典修订委员会，开始着手对民法典进行大规模修订工作，对于法定抵押权——与此相并列的还有不动产一般优先权——的存废问题曾进行过激烈的讨论。

如上所述，由于《法国民法典》优先权制度与抵押制度存在一定的紧张关系，尤其是在公示原则和担保标的物特定原则方面还存在着许多令人不满意之处。于是，在1938年6月1日的法律、1942年9月3日的法律、1953年的法律等对于妻的法定抵押权制度进行了变更。其中1942年的法律对妻的无行为能力制度予以废除，夫亦可以在妻的财产上设定抵押权，即夫妻可以相互在对方的财产上存在法定抵押权。1953年的法律对涉及妻的法定抵押权的民法典第2135条进行了修改。最终，法典修订委员会采纳了彻底消除其内在的缺陷的激进主张，其具体的表现是1955年1月14日的《关于不动产公示的法令》（*decret relantif a la publicite fonciere*）的公布，该法是特定原则和公示原则完备的划时代的立法。

法国1959年新修正之民法第2121条规定，在民法第2101条所列之八种债权中，除司法费用及受雇工人之工资两种债权外，要产生优先权之效力，须经登记始及于债务人总财产中之类不动产。[①]至于司法费用及受雇人工资两种债权之一般优先权，则已修正为不动产一般优先权（privileges speciaux sur les immeubles）（参阅法国民法第2104条及第2107条）。[②]值得注意的是，法国民法第2101条所列之八种一般优先权，其效力当然及于债务人总财产之动产上，只是在对不动产的效力上，增加公示性要求，进一步谋求与第三人利益之衡平。

这一次的法律修订中，妻的法定抵押权（优先权）改正得最多：首先，妻的抵押权的登记，从原则上说在婚姻存续中以及婚姻解除后一年以内存在，其效力自登记日开始发生，嫁资及夫妻财产契约也可于婚姻前进行登记，在此情况下，自举行婚姻仪式之日起产生法律效力，妻对于夫及继承人提出的债权存在请求权时，可于其请求提出之日起进行假登记，同时，夫妻财产契约中对妻的法定抵押权（优先权）不得进行不为任何形式的登记的约定，民法典第2139条和2141条的改正使因对妻

---

① 参阅星野英一:《民法论集（第2卷）》，有斐阁，1970年版，第140页。

② 参阅星野英一:《民法论集（第2卷）》，有斐阁，1970年版，第140页。

的保护而造成的夫的不动产的交易障碍被扫除。与此同时，对特定原则也进行了进一步的强调，妻对夫现存的全部不动产应进行登记，将来的不动产亦应进行补充登记，才能成立抵押权，而且不仅有不动产的特定化要求，债权的特定金额也要求进行登记。对于未成年人及禁治产人的法定抵押权（优先权）来说，登记免除制度被完全废除，并对其登记的手续和要件等问题作了详细的规定。

这次改革的结果使得原法典中关于担保公示制度存在的问题得到根本的解决。不论抵押权的类型如何，包括优先权在内，都需要以登记的日期为抵押权顺位的确定日期。另外，在登记涂消、登记手续、登记的更新等方面，也在原有基础上得到重大改善。可以说，自 1807 年《法国民法典》实施以来，经过一个半世纪的反反复复，优先权制度在《法国民法典》中逐渐得到完善。

进入 20 世纪以来，法国民事立法中又零星规定了一些新的优先权种类，主要有：被保险人对于人寿保险公司的债权优先权，1938 年 6 月 14 日法律进一步完善了被保险人优先权的规定，使之一般化，并由国家对于各种保险及储蓄机构的保险资金统一监督，保障使被保险人优先受偿。家庭服务津贴优先权，1932 年 3 月 11 日法律规定（插入于《法国民法典》第 2331 条第 7 及第 8 款中）了家庭服务津贴优先权。

此外，法国判例创设了共有物分割人补偿金之优先权。该优先权是适应实务需要而产生的，表明优先权制度在实践中得到发展，更趋成熟和完善。[①]

20 世纪以来的法国税法也增加补充了一些有关国库与税收的优先权类型，主要有以下规定：

《法国一般税法法典》规定的优先权：1.《法国一般税法法典》第 1920 条规定，对于直接税，赋予国库自登载于征收簿册起，两年内有优先权。2. 该法典第 1926 条对于按件征收之税捐，授予国库自应缴纳之日起，两年内有优先权。3. 该法典第 1929 条对于遗产税及有价证券税的征收，授予税务稽征处优先权。4. 该法典第 1928 条还规定了间接税优先权。类似的《法国海关法》也规定了一些新的优先权

① 王全弟、丁洁：《物权法应确立优先权制度——围绕合同法第 286 条之争议》，载《法学》，2001 年 4 期。

种类，例如，《法国海关法》第 379 条授予法国海关以关务行政费用优先权。[①]

应特别注意的是，法国还把对某些债权的直接诉权的操作看作与优先权有相类似的效果。[②]所谓“直接诉权”，就是允许债权人以其自己的名义（而非在《法国民法典》第 1166 条规定的基础上通过代位的方式），向第三人行使其债务人的债权。收取的款项须不“通过”债务人的财产，即行使直接诉权的债权人可因此而避免与其他债权人发生冲突。

直接诉权并不是优先权所特有的，因为优先权必须以同一债务人的数个债权人之间的“争夺”为前提，而通过直接诉权，债权人可就第三人的财产中应支付给其债务人的财产而获得清偿。

直接诉权包括以下几种情形：《法国民法典》第1753条赋予所有人的一项对“次承租人”（其承租人的债务人）的直接诉权；该法典第 1798 条赋予承揽人的雇工对该工作的定作人的直接诉权；第 1994 条赋予委托人对代理受托人履行委托合同的当事人的直接诉权；同样，在损害中受损的第三人享有对赔偿责任的保险人行使直接诉权（《法国保险法》L124—3 条）；在转包的情形中，如果承包人未对“次承包人”支付，其可对定作人行使直接诉权（1975 年 12 月 31 日法律第 12 条）；国库为获得各种捐税的支付，对纳税人的债务人可行使直接诉权，等等。

三、德国法中的担保与优先权制度

（一）普鲁士法中的担保制度与优先权制度

17 世纪以后，德国开展了大规模的罗马法继受运动。进入 18 世纪后，罗马法的继受中断，德国固有法的发展再次恢复。18 世纪，普鲁士实行封地的自由化改革，土地所有人对于其土地的处分限制被解除，迅速发展的消费经济使以土地为担保而进行融资的需要增强，作为消费金融媒介的抵押权需要在法律上进行新的处理，其重要表现就是 1722 年《抵押权及破产令》的颁布。该法律规定了抵押权和优先权。并且规定不问成立时间和登记日期的先后，法律承认优先权在效力上优先于抵押

---

① 尹田：《法国物权法》，法律出版社 1998 年版，第 470 页。

② 尹田：《法国物权法》，法律出版社 1998 年版，第 472 页。

权。应该说，这是在德国法中较早确立优先权制度并明确规定优先权与抵押权效力对比的法律之一。

18 世纪中叶，德国社会融资从以前的短期消费融资向长期的生产性融资转变，在这种情况下，对抵押权的安全性的要求进一步加强，抵押权制度的作用某种程度上从保障单独债权安全向投融资媒介的作用发展，公示、公信原则的强化已势在必行。1750 年普鲁士颁布了《抵押权令》规定，约定抵押权和法定抵押权（优先权）的获得必须以登记为要件。在优先权制度中贯彻了公示原则，而且，优先权与其他权利相互间的顺位先后也根据登记的先后来进行决定。①

（二）《德国民法典》中的担保与“优先权制度”

《德国民法典》中的抵押制度是在普鲁士法律的基础上构筑起来的，具有自身独特的特征。德国民法中规定的抵押担保制度包括丰富的种类，按照不同的标准，存在不同的分类。②

根据抵押担保是否依附于债权，可分为抵押权（1113 条）、土地债务（Grund schuld，1191 条）、定期金土地债务（Rentenshuld，1199 条），这三种担保权之间可相互转化。流通担保权和保全担保权。作为投资收回的手段，为实现流通的安全而设定的担保权为流通担保权。而仅仅以担保债权为目的而没有流通期待的担保物权为保全抵押。证券担保权和登记担保权。根据担保权是否通过证券形式予以标明，可将德国法上的不动产担保物权分为登记担保权（Brief pfandrecht）和证券担保权（Buch pfandrecht）。保全抵押权则只能成立登记抵押，登记抵押权与证券抵押权也可以进行类型的转换（1116 条）。证券担保权无须进行登记便可进行多次辗转的转移，它以实现担保权的流通性为目的。他主担保权和所有人担保权。担保权从其性质上来看一般为所有者以外的其他人拥有，这种担保权即为他主担保权（Frend pfandrecht）。在德国法中则另有担保权属于所有人自己的情况，这种担保权便为所有人担保权（Eigentumer pfandrecht）或称为广义的所有人抵押（Eigentumer hypothek）。

---

① 许明月：《抵押权制度研究》，法律出版社 1998 年版，第 21 页。

② 许明月：《抵押权制度研究》，法律出版社 1998 年版。

总的来说，《德国民法典》中设立的担保制度具有以下特点：

一是德国民法中规定的担保物权（主要是不动产担保权）立法较为重视担保权的价值权的性质，重视担保权制度作为投资收回的手段，使担保物权实现了高度的流通性。在法律条文的规定上，以确保流通的安全而设定的流通担保权为主。在《德国民法典》中没有专门规定为确保特殊债权人利益、实现社会正义为主要目的的法定担保权及享有特权的优先权。

二是德国民法强调特定原则与公示制度的机能。担保物权仅能于特定的动产或不动产上设定，不承认在债务人总财产上设立的一般抵押权或优先权。在重视公示制度的机能（近代化方向的机能）构成了民法制度的德国民法中，废除了与此相悖的特权制度（以罗马法为基础的普通法时代曾被承认），在不影响公示原则的情况下，优先受偿权作为法定质权（gesetzliches Pfandrecht）只不过分布在几个规定中。[①]

对《德国民法典》进行文本考察可知，其并未在任何部分专章设立优先权制度，这似乎有些不寻常。应当说德国毗邻法国，其在法律上所继受的在很大程度上也是罗马法。17 世纪时，德国对罗马法轰轰烈烈的继受甚至颠覆了历史上自己形成体系的德意志法，但为何在优先权制度上两国如此迥异甚至是截然相反的呢？究其原因，是被德国承袭的罗马法在历史的发展过程中已经接受了诸多其他文化意识、思想观念的改造，如日耳曼的普通法和潘德克吞（Pandekten）法学的影响。亦有学者指出，“（《德国民法典》没有相应的优先权制度）其主要规定让于破产法，唯以法定质权之名，有类似两三规定而已”。[②] 德国民法没有把优先权作为一项独立的权利加以规定，只是赋予了个别特种债权以优先受偿效力，而且仅限于动产优先权。《德国民法典》第 559 条第 1 款规定：“土地出租人应租赁契约所生的自己的债权，对于承租人置于该土地上的物有质权。”第 585 条规定：“耕作地的用益出租人的得对全部租金行使之，此质权扩及于土地果实”；第 704 条第 1 款规定：“店主因其对住宿的债权或其他为满足客人的需要而提供给客人的给付，连同垫款，对客人携入的物品，享有质权。”《德国民法典》的以上几项规定，虽然名为质权，但就其内容而言，与法国、日本民法中规定的不动产出租人优先权和旅店主优先权十分相似。

---

① ［日］尾崎三芳：《德国关于法定担保确的展开过程》，载《早大大学院法研论集》，第 19 号。

② 史尚宽：《物权法论》，荣泰印书馆 1979 年版，第 230 页。

此外，《德国民法典》中还并用担保与破产手段解决特殊债权效力问题。法国法上的一般优先权制度是用来解决与特定财产无牵连的特殊债权的优先受偿问题的，是以保护社会弱者为立法宗旨的，其制度设计体现的是一种人文关怀以及对社会公平的价值追求。德国社会同样存在弱者、社会公益之需，他们的特殊债权同样需要特殊保护，需要优先受偿。但是坚持物债二分、物权特定原则的《德国民法典》不能承认优先权为法定担保物权，如此一来便不能将其写进物权编。对此，德国是交给破产法等程序法去解决的。德国立法者认为，人们通常所说的债权不管成立在先还是在后均一律平等受偿，是不够准确的。债权成立时间不同，清偿期也会不同；先进入清偿期的债权先行清偿。正由于这一点，各国法律对于债的充抵一般都施加限制性条件，即只有已届清偿期的债权才能冲抵，未届清偿期的债权不能与已届清偿期的债权冲抵。所谓债权不管成立在先还是在后均一律平等受偿的说法，省略了适用条件，即在债务人破产时。只要债务人有充足的清偿能力，债权人优先受偿还是劣后受偿，并无多少实际意义。但债务人一旦丧失清偿能力，则优先受偿和随后受偿便有了区别。这时，才有保护特殊债权人的客观需要。要保护特殊债权人就要排除债权平等原则，在无法通过法定担保这种间接方式排除债权平等原则时，最佳的方法便是在破产法中采取直接方式，即通过法律的直接规定来解决与特定财产无牵连的特殊债权的优先受偿问题。[①]

这些规定反映了《德国民法典》在担保制度设计上的指导思想不同于强调保护特殊债权人利益、侧重保障债权静的安全、强调担保的附随性为价值取向的思路，所以优先权制度在《德国民法典》上没有直接性的采用就不足为奇了。

四、优先权制度在其他各国的立法体例

优先权自在罗马法确立以来，世界各国民法对其继受程度各不相同。法国、日本继承的较多，分别在各自民法典中设专章对优先权（先取特权）予以规定，并有新的发展。而且，有些国家不仅民法有所规定，在特别法规定者也为数不少。使其

① 孙新强:《破除债权平等的两种立法体例辨析——兼论优先权的性质》，载《现代法学》2009年6期，第182~183页。

成为一项成熟的法律制度。[①]

基本上来说，就债务人不特定的总财产上存在的优先权被称为一般优先权，包括诉讼费用优先权，工资和劳动报酬优先权，丧葬费用优先权，医疗费用优先权以及债务人及其家属的日用品供给优先权等；就债务人特定财产上存在的优先权被称为特别优先权，特别优先权又因其客体的不同而分为动产优先权和不动产优先权。动产优先权一般包括不动产出租人优先权，耕地出租人优先权，种子、肥料、农药提供人优先权，动产出卖人优先权，旅店和饮食店主人优先权等；不动产优先权一般包括不动产修建人优先权、不动产资金贷与人优先权和不动产出卖人优先权等。

（一）日本优先取偿权之种类

日本自明治维新后所订立的民法典，以德、法民法典为蓝本，但其优先权的规定，是将法国民法中的优先权制度基本不变地继承下来，也对优先权（日本法称“先取特权”，本节论述亦采用“先取特权”）予以专章规定，位于第二编“物权编”的第八章，位列质权（同编第九章）和抵押权（同编第十章）之前，留置权（同编第七章）之后。前已述及，《日本民法典》中的优先权制度承袭法国，属于法国模式。“先取特权”这一章共分为四节，分别对先取特权的内容、种类、顺位及效力作了极其详尽的规定，总则明确了先取特权的定义以及其两个重要性质：物上代位性与不可分性，更加鲜明地表达了对先取特权在日本民法体系中的定位。值得一提的是，有诸多学者表示，《日本民法典》上的“先取特权”一词才是拉丁语上“privilegium”的最佳表述，只是囿于现下的语言习惯而使用“优先权”之表述。

《日本民法典》对《法国民法典》的优先权种类作了较大的突破与改变。在《法国民法典》上，立法首先进行了动产优先权和不动产优先权的区分，在其下再深入各自划分一般优先权和特别优先权，因此共有四种类别的优先权。而《日本民法典》将前者的一般优先权合二为一，不再区分动产/不动产的一般优先权，以债务人的

---

① 金世鼎：《民法上优先受偿权研究》，载刁荣华《现代民法基本问题》，汉林出版社1981年版，第144页。

“总财产”的一般先取特权代替。因此，先取特权的种类有三类，即（1）一般先取特权，包括共益费用、受雇人的报酬、殡葬费用、日用品的供给；（2）动产先取特权，包括不动产的租赁、旅客的宿泊、旅客或货物的运送、公职人员职务上的过失、动产的保存、动产的买卖、种苗或肥料的供给、农工业的劳役；（3）不动产先取特权，包括不动产的保存，不动产的工事、不动产的买卖。动产先取特权和不动产先取特权，称为特别先取特权，先取特权的顺位依次为共益费用、特别先取特权、一般先取特权。

需要注意的是，虽然前述“《日本民法典》是将法国民法中的优先权制度基本不变地继承下来”，但两者还是有一定的差异，特别是在优先权制度的编排体例上。诚如前述，《日本民法典》中，“先取特权”一章与质权、抵押权、留置权并列，成为担保物权的一部分①。此外《日本民法典》中也没有像《法国民法典》那样规定与先取特权，特别是与不动产先取特权内容重复、难以区别的法定抵押制度。

值得一提的是，由于《日本民法典》制定相对较晚，其已经能够关注到社会正在飞速发展的现实情况，社会经济发展和政策的需求更多地体现在优先特权的相关制度中。《日本民法典》较之《法国民法典》另一进步是其对先取特权的顺位和效力作了明确统一的规定，解决了先取特权竞存时的处理，以及各债权人之间利益平衡的问题。②在“先取特权”一章的最后，《日本民法典》明确规定了先取特权的效力。包括先取特权的追及力、先取特权与其他担保物权的顺序、先取特权的登记与保存、一般先取特权的行使方式。

日本优先取偿权之种类图示③

---

① 当然这一点也被德国学者批判，他们指出，日本法上的一般先取特权不具有特定性、追及性，无法称之为“物权”。（参见梁慧星、陈华彬：《物权法》，法律出版社 1997 年版，第 22 页。）

② 曹艳芝：《优先权论》，湖南人民出版社 2005 年版，第 46 页。

③ 王志诚：《优先受偿制度之研究》，载自苏永钦主编，《法律学研究》第 7 辑（民法论文选辑），第 197 页。

		债权之种类	标的物	立法意旨	条文
一般先取特权	1.	债权人共益费用	债务人之总财产	公平原理	第 307 条
	2.	受雇人之工资（最后六个月）	雇用人之总财产	社会政策之考量	第 308 条
	3.	债务人及其应扶养亲属的丧葬费用	遗产或亲属之总财产	社会政策之考量	第 309 条
	4.	为债务人及其应扶养的同居亲属、佣人提供日用品的债权	债务人之总财产	社会政策之考量	第 310 条
	5.	国税优先权	纳税人总财产	社会政策之考量	税收征管法第 8 条
	6.	地税优先权	纳税人总财产	社会政策之考量	地税第 14 条
	7.	健康保险费征收金优先权	投保人总财产	社会政策之考量	健康保险管理办法第 11 条第 3 款
动产先取特权	1.	不动产租赁租金	土地上之建筑物出租房屋之留置物	当事人意思之推测	第 312、314 条
	2.	旅馆食宿费	旅客之行李	当事人意思之推测	第 317 条
	3.	旅客或行李运费	运送人所有之行李	当事人意思之推测	第 318 条
	4.	因公务员职务上过失所受损害之赔偿请求权	公务员之保证金	人民权利之保障	第 319 条
	5.	动产之保存费用	该动产	公平原理	第 321 条
	6.	动产买卖之债金及利息	该动产	公平原理	第 322 条
	7.	种苗肥料之债金	因种苗、肥料所生之果实	公平原理与产业之奖励	第 323 条
	8.	农工业劳工工资	因劳动所得之果实或制品	公平原理与社会政策之者量	第 324 条
不动产先取特权	1.	不动产保存之费	该不动产	公平原理	第 326 条
	2.	不动产工事费用	该不动产（工作物）	公平原理	第 327 条
	3.	不动产买卖之债金及利息	该不动产	公平原理	第 328 条③

需要注意的是，在《日本民法典》中，在物、债二分法的前提下，先取特权制度与意定担保产生了最根本性的分野。《日本民法典》中的担保物权最终由留置权、先取特权、质权和抵押权构成，其中前两项属于法定担保物权，后两项属于意定担保物权，由于留置权的成立要求较高，作用有限，先取特权最终作为一项法定担保制度而与意定担保分庭抗礼，在维护社会的公平与最大福祉方面发挥着重要的作用。

欧洲大陆其他各国民法对优先权制度的规定各不相同。罗马法系的各国民法由于深受法国民法典的影响基本都规定了优先权制度。只是在优先权的种类和效力上有所不同。

（二）《瑞士民法典》中的优先权制度

《瑞士民法典》没有统一的优先权制度，但在瑞士民法中规定的担保制度中包含优先权性质的规定。

瑞士民法中规定的担保制度包括登记担保权（Grundp fand verschreibung）、债务证券（Schuld brief）和 Guit 三种。在其中的登记担保权部分，由于受法国法的影响规定了法定不动产担保制度。[①] 瑞士民法中的法定抵押权大体相当于本书所说的“不动产优先权”制度。法定抵押权（优先权）的规定也是瑞士民法受法国民法影响的表现之一。

法定不动产担保权（gesetzliches Grund pfandrecht）。出卖人对于出卖的土地、共同继承人及其他共同权利人因分割而对原属共同所有的土地的债权、为在土地上建筑提供材料及劳务的人的因上述行为而发生的债权对于该土地都可享有法定抵押权。《瑞士民法典》第 837 条以“法定不动产抵押权”之名规定了三项不动产特别优先权制度：（1）土地出卖人就出卖土地的债权对所出卖的土地享有优先受偿的权利；（2）共同继承人及其他共同权利人，因分割共同土地所形成的债权，对原属共同所有的土地享有优先受偿的权利；（3）为土地上的建筑或其他工程提供材料或劳务的职工或承包人，对该土地享有优先受偿权。《瑞士民法典》第 712 条第 9 款规

① 许明月：《抵押权制度研究》，法律出版社 1998 年版，第 41 页。

定的“法定质权”，从性质上讲也属于优先权。[①]

另外，还有一些个别优先权分散地规定在《瑞士民法典》中。《瑞士民法典》第211条和第224条规定了妻之携入财产返还优先权，第456条规定了被监护人对监护人或监护主管官厅官员的财产享有损害赔偿请求优先权。

此外，法定抵押权还可以因一定的公法上的原因而发生债权的场合发生，但瑞士民法中，除因公法上的原因而发生的法定抵押权可以不进行登记以外，其他法定抵押权都应登记。

（三）其他法国法系国家有关优先权制度的继受

相比较之下，其他法国法系国家有关优先权制度的继受更多一些。[②]

《意大利民法典》在第六编“权利的保护”中的“财产责任、优先权的原因和财产担保的保护方法”一章中规定了先取特权。[③]“先取特权是法律鉴于债权原因而赋予。法律规定的先取特权的设立可基于当事人的合意；也可基于公示的特别形式。”规定了动产先取特权、不动产先取特权，以及先取特权的顺位，包括与刑事扣押措施的关系，以及适用《欧洲煤钢联营公约》第49—50条规定产生的债权与意大利国家增值税债权的关系。[④]《意大利民法典》上的一般先取特权原则上仅在动产上存在，不动产一般先取特权仅在例外情况下成立，并且只对普通债权人有优先受偿权。特别先取特权中动产特别先取特权与《法国民法典》规定相同，不动产特别先取特权对国家的某些特定债权可以享有，并且不需要登记。

《比利时民法典》基本上仿效法国，将抵押权与优先权列为一章予以规定，而且其关于不动产特别优先权，增加了两种：一是赠与人对于受赠人因为负担所发生的债权，就所赠与的不动产上存在的优先权；二是共有人对于共有不动产分割所发

① 申卫星、傅穹、李建华：《物权法》，吉林大学出版社1999年版，第388页。

② 德国学者茨威格特和克茨教授认为欧洲的比利时、荷兰、卢森堡、意大利、西班牙、葡萄牙，南美的巴西、阿根廷、智利以及大洋洲的一些国家的民法典，深受《法国民法典》的影响，构成罗马法系中的法国法系。参见潘汉典等译：《比较法总论》，贵州人民出版社1992年版，183~217页。

③ 费安玲、丁玫译：《意大利民法典》，中国政法大学出版社1997年版，第720页。

④ 《意大利民法典》第2745~2783条。

生的补偿金债权，对所分割的不动产所享有的优先权。[①]

《荷兰民法典》也规定了优先权制度，但与《法国民法典》略有不同，动产出售人对于所出售的动产有优先权，不动产出售人对于其所出售的不动产无优先权。分割人或赠与人对于分割或赠与的不动产也无优先权。一般优先权均优先于特别优先权。按其第 1180 条第 2 项规定，除明白为相反规定的外，质权及抵押权均优先于优先权。[②]

《葡萄牙民法典》没有一般优先权之规定，有特别不动产优先权之规定（第 879 条）。关于不动产优先权分为三类：不动产上三年内赋税之优先权，不动产上三年内保存费用之优先权及司法费用之优先权（第 887 条）。优先权无须登记（第 1006 条）。关于一般及特别动产优先受偿权之规定，与法国民法法典大致相同。

西班牙一八八九年民法典上优先权没有采用《法国民法典》上优先权定义。可能受《智利民法典》之影响，仅将优先权视作债权优先受偿之位次排列。并且规定优先权，仅存在于某些动产或某些不动产上（第 1921 条—第 1924 条）。关于享有优先受偿权之特定债权，包括国库一年内赋税之债权，保险人之债权，抵押债权人之债权，曾经查封、扣押或执行而已登记于土地登记册上之债权，以及修理费用之债权（第 1923 条）。

智利立法，扬弃优先受偿权之观念，而其民法典将享有优先权的债权合并规定。有优先受偿权之债权共分四类：第一类为司法费用、丧葬费用、最后医药费用、国库税款等之债权；第二类为质押债权、旅社及运输费用之债权；第三类为抵押债权；第四类为妻对夫，子女、未成年人及禁治产人对于其父、监护人或保佐人等之债权（第 1147 条—第 1472 条、第 2474 条、第 2477 条、第 2481 条）。第一类优先权的债权人对于债务人全部财产有优先受偿权，但若债务人的不动产设有抵押权的，则抵押债权优先于此类债权（第 2478 条）。第四类债权人对于债务人全部财产有优先受偿权，但若某些财产已为第三人占有，则无追及权，其位次居于前三类债权之后。第二类及第三类债权之优先受偿权，系对于特定财产有优先受偿权。该类债权之优

---

① 金世鼎：《民法上优先受偿权研究》，载刁荣华《现代民法基本问题》，汉林出版社 1981 年版，144 页。

② 蒋人文：《论优先权》，载《广西师范大学学报（哲社版）》，1999 年 2 期。

先受偿权与《法国民法典》上所说的优先权的意义大不相同。

《阿根廷民法典》，关于优先权大半采用《法国民法典》之制度。例如关于不动产的优先权，亦如法国民法法典有出卖人、继承人及分割人、工程师及承揽人，对于有关的不动产有优先受偿权之规定。阿根廷民法典另外增加了赠与人的优先受偿权（第3957条）。

《巴西民法典》，对于优先受偿权之效力限制颇严，虽动产或不动产，有优先的债权人，仅能优先于一般债权人，而相对于有质权或抵押权的债权人，则无优先受偿权。[①]

五、英美法中的优先权现象

（一）名为留置权的优先权“lien”

英美法系没有明确的物权观念，也没有统一的优先权制度，但在一些留置权制度中包含着优先权的内容。在《元照英美法词典》中，“lien”被同时译为“留置权”和“优先权”。究其原因是出于立法沿革与交易惯例的社会基础不同。“lien”在英美法中含义实际上是很宽泛的，并不仅仅限于大陆法上所理解的“留置”之义，它实际包括了大陆法系中的其他担保权制度。[②]可能的一种分类方法是，英美法上的lien包括普通法中的占有留置权（possessory lien）、衡平法上的留置权（equitable lien）、海事留置权（maritime lien）和制定法上的留置权（statutory lien）[③]。在上述留置权中，以占有标的物为成立条件的普通法上的留置权（possessory lien）与大陆法中的留置权相似。[④]例如，法定留置权中的土地所有者就租金债权对承租人物品的留置权（landlord’s statutory lien）和建筑施工承包人、劳动者和提供材料人对

① 金世鼎：《民法上优先受偿权研究》，载自郑玉波主编：《民法物权论文选辑》，五南图书公司1984年版，第906页。

② 《北京大学法学百科全书》编委会：《北京大学法学百科全书》，北京大学出版社2004年版，第609页。

③ 张辉：《船舶优先权制度研究》，武汉大学出版社2005年版，第41页。

④ 沈达明、冯大同：《国际资金融通法律与实务》，对外贸易教育出版社1985年版，第213~214页。

修建物享有的留买权（mechanic's lien）。[①] 占有留置权因债权人失去留置物的占有而丧失。衡平法上的留置权（equitable lien），不限于留置物必须在权利人的占有之下——它不须对留置财产的实际占有即可产生，其标的通常为不动产，而且在留置财产转让的情况下，留置权人有权对一切知悉该项财产设为担保的受让人主张其留置权。[②] 海商法中的"海事留置权"（maritime lien），其中有的具有占有性，有的则不在债权人占有下，如船舶碰撞中对有过错船舶要求财产赔偿优先受偿权。债权人通常仅能就留置物所涉及的特定债务行使留置权，即行使特定留置权（particular lien），法律一般并不支持债权人对债务人先前所欠的其他类似债务也一并行使留置权，即行使概括留置权（general lien）。法律允许的概括留置权仅存在于习惯上有此先例的某些特定行业，如律师、银行、旅馆、码头和代理商。[③] 显然英美法上 lien 的内涵以上特征已经远远超出了大陆法系留置权的内涵，具有了优先权的特点，应为优先权。例如，土地出卖人在土地买卖合同交换后到买受人全部偿付价款前，对出卖的土地享有衡平法上的留置权，合伙人退伙时对合伙资财所具有的衡平法上的留置权等，都应属于优先权。

值得一提的是，2006 年美国《德克萨斯州财产法（Texas Property Code）》规定了承揽人的"法定担保权"，即承揽人对以下情况拥有担保权：（1）对于房屋或铁路之建造或修缮、为改善河川泛滥而建造堤防，提供劳务或材料之人；（2）基于与所有人或其代理人、委托人、承揽人、次承揽人之契约，提供劳务或材料之人。即使材料尚未交付，制造材料之人也有担保权。该权利无需登记，类似法国民法中的优先权。

（二）破产法上的优先权制度

英美两国除了以上名为留置权的优先权以外，均在各自的破产法中，通过对特殊债权以及司法费用等优先清偿顺位的规定，确立了破产法上的优先权制度以

---

① Roger A.Cunningham William B.Stoebuck Dale A. Whitman：The Law of Property，West Publiching Co.1984，P369。

② Robert N. Corley William J. Robert：Principle of Business Law，Prentice Hall，1979，P469~472。

③ 参见《元照英美法词典》对 lien 一词的解释。《元照英美法词典》，法律出版社 2003 年版，第 847~848 页。

保障某些"特种债权"的持有人的最大利益。此种优先权亦被称为"优先给付权"(preferential payments)。例如，在美国破产法中，对于无担保的债权人清偿，法律采用了等级优先制。无担保债权可以大体分为具有优先权的无担保债权（第一等级优先至第八等级优先）和普通的无担保债权。只有在前一优先债权人得到完全清偿后，下一等级的优先债权人才可以开始分配剩余财产。只有在有优先权的无担保债权被清偿后，普通的无担保债权才有清偿之可能。在具有优先权的无担保债权中，第一等级的债权是破产案件审理中的行政费用；第二是从强制清算申请提出后至债务人被宣告破产时债务人在正常业务活动中形成的债权；第三是债务人欠其雇员的工资和其他劳务报酬；第四是债务人雇员的福利，包括应由雇主支付的福利基金、退休基金、医疗保险、人寿保险等；直至第七等级是某些政府税收；第八等级是一种特殊的银行保证金。[①]

（三）包含有优先权内容的扣押权

此外，在英美法系，在普通法的漫长历史发展中还产生了包含有优先权内容的扣押权（hypothec 或 hypothecation），其中的法定扣押权类似于动产优先权，除扣押权人不能擅自转让扣押的财物外，有权将该特定财产优先清偿其债权，包括码头管理人和仓库管理人之扣押权、运输入扣押权、旅馆扣押权、律师扣押权、银行扣押权、代理人扣押权等。除此之外，在衡平法扣押权中，有一种衡平法扣押权产生于土地的买卖，即有效买卖契约中的出卖人对出卖的不动产有一种默示的扣押权，数额以未偿付的买价为限，若买受人违约，出卖人可直接把财产另行出售，并用出售所得来抵偿买价。[②] 如果说普通法中的法定扣押权更像是一种迫使债务人还债的法律手段，那么，这种默示的衡平法扣押权原则上就是不动产优先权了。[③]

纵观世界各国和地区关于优先权制度的立法，可谓千姿百态。优先权制度的发展经历了一个曲折的道路，发展成为今天这样一个复杂的局面。有的国家在民法典中明确规定了统一的优先权制度，如日本、法国、意大利、比利时、荷兰等，有的

---

① 潘琪:《美国破产法》，法律出版社 1999 年版，第 135~142 页。

② 周楠主编:《民法》(国外法学知识译丛)，知识出版社 1981 年版，第 128~132 页。

③ 王全弟、丁洁:《物权法应确定优先权制度》，载《法学》2001 年 4 期。

虽然没有在民法典设立统一的优先权制度，但在民法典中分散地规定着个别优先权制度；如瑞士，或者在特别法中设立了具体的优先权制度，如我国台湾地区；有的从债权的角度出发，或者作为债权的特殊效力或者作为特殊债权的受偿顺序，对优先权制度的内容予以规定，如德国、英国、美国等。而且有些优先权制度在各国民法典分别衍化为不同的权利，如德国、瑞士的法定质权（包括罗马法后期也以法定质权之名规定了一些优先权制度），我国台湾地区和英美国家的法定留置权或衡平法上的留置权，瑞士、法国和我国台湾地区的法定抵押权等。

尽管世界各国（地区）对优先权制度的继受程度各有不同，但不论以何种名义、何种形式，各国都在其法律体系中落实了优先权制度的具体内容，这是优先权制度在社会实际生活中之生命力的反映。优先权制度在大陆法系和英美法系均发挥着重要的作用，是一种生命力极强的法律制度，法律是为解决实际问题、应实践需要而存在和发展的，优先权制度之所以具有如此强的生命力，正是在于其适应了法律调整实际生活的需要。作为社会关系调整器的法律，面对这种社会物质生活条件的强烈需求不能熟视无睹。①

六、我国有关优先权的规定

（一）中国古代民事法律、民事习惯中的民事优先权现象

中国古代优先权起源甚早，我国古代优先权（从广义上说）之种类主要包括优先承买权与优先受偿权两类。

1. 优先承买权

优先承买权包括以下类型：

亲族优先权，亲族相互间相关亲族财产所享有的优先权利。邻业优先权，此类优先权主要表现为不动产物业之变更方面。“卖田问邻，成券会邻，古法也。”上手业主优先权（含地基业主优先权），不动产转让必先尽亲房，但民间习俗仍赋予上手业主相应优先权。承佃人优先权，即佃户对东家的产业有优先购买权。共产业主

① 申卫星、傅穹、李建华：《物权法》，吉林大学出版社 1999 年版，第 392 页。

优先权，该类优先权可细分为家庭、家族共有财产优先权，合伙共有优先权以及公产、祖业共有人优先权三种。承租人优先权，主要有两种：一种是承租人对不动产物业之优先承租权，另一种是当业主出卖出典其物业时，承租人有优先购买承典权。信用买卖特殊债权人优先权，古代信用买卖主要指预买与赊买两种，其契约债权人享有的是一种优先购买权。[①]

2. 优先受偿权

优先受偿权可分为三类：一是基于债的担保行为而引致的债权人的优先权，包括典权优先权。二是由于赊买而引致的特殊债权人的优先权。三是由古代的一些民事法律、司法审判实践或一些惯例所确定的特殊债权的优先权。

在第一类中，中国古代习见的是抵押、典当、留置、质举之类的担保优先权。

唐宋至明清诸朝之动产质权有“质”“当”“典”“解”“押”诸多名称，原理大致相同，即债权人占有债务人一定财产，当其不能履行债务时得以其占有物优先受偿。若约定有期限，逾期不赎，则当主得“下架”亦即“流当”，由此取得当物之所有权，但当变卖所当之物不敷清偿母利者，或当物已然贬值或灭失，则无权请求追偿母利或追加担保。[②]

优先购买权和中国古代常见的抵押、典当、留置、质举之类的担保优先权与本书研究的对象不同，[③]这里不作详细论述。

优先受偿权的第二类是赊买契约债权人优先受偿权。即债权人（出卖人）在交付货物后，其所有权亦随之转移给债务人（买受人）。当债务人不能如期清偿债务，其只能行使债上请求权，即要求债务人支付贷款或要求保证人（赊买契约按宋代法律规定必须要有担保人并对担保人之条件作了严格规定）履行保证责任，而不能要求债务人返还货物，因为货物已按契约规定移转至赊买人之手，而赊买人则有权对货物进行处分并承担相应风险，故赊买人实际上已成为货物的实际所有人。出卖人此时享有的较一般债权人为优位的权利仅是一种债权请求权而非物权支配权和请求返还权。这一点与现代契约中保留所有权之信用买卖差异甚大。就优先权而言，如

① 资料来自叶孝信主编：《中国民法史》，上海人民出版社 1993 年版。

② 有关内容参见孔庆明、胡留元、孙季平主编：《中国民法史》，吉林人民出版社 1996 年版。

③ 参见“本书研究对象”一部分。

债务人（买受人）于所买受货物上设有抵押等担保物权，则债权人（出卖人）得就该担保物权所实现之收益有优先于其他债权人受偿。易言之，出卖人得就所售货物之价金优位于其他债权人享有优先受偿权。①

从现代意义上看，我国古代法上的赊买契约中的债权人优先权颇有一些类似现代民法上的“动产买卖优先权”的意味。

优先受偿权的第三类是由古代的一些民事法律、司法审判实践或一些惯例所确定的特殊债权的优先权。主要包括官债优于私债、无息之债优于有息之债等，某种意义上说，这一类情况可能是我国古代法律文化和法律制度中赋予特种债权以优先权——优先受偿的突出表现。

我国西周时期债法已初具规模。当时有息借贷称为“傅别”，无息借贷称为“书契”，成为古典契约的两大类别。《周礼》规定：“凡民之贷者，与其有司辨而授之，以国服为之息。”所谓“辨”，《说文》释为“判”。段注云：“傅别，故书作傅辨”，是知“判”“别”“辨”音同义近，系指官、民立约，各执其一。所谓“国服”，郑玄云：“贷者，谓从官借本贾也，故有息，使民弗利，以其所贾之国所出为息也。假令其国出丝絮，则以丝絮偿，其国出葛，则以葛偿。”至于无息借贷则多以契约形式将官有之物“平颁”予民，“施其惠，散其利，而均其政令。凡用粟，颁而秋敛之”。以上两种均系官贷，其偿还请求权优位于民间之债上请求权，并且无息之债之偿还优位于有息借贷。此点演化至唐代形成定制，官方债权优于民间债权自不必论。于民间相互借贷场合，官方对债权的保护首先置重于无息借贷，对有息借贷不予保护，仅依债权人自力救济且不许擅自牵掣债务人资财充抵债务。唐《杂令》规定：“诸公私以财物出举者，任依私契，官不为理。”②

这无疑以官方法律之强制力将无息借贷债权人之请求权置于有息借贷债权人之上。从现在角度来看，就是赋予了某些特种债权（无息借贷之债权）优于普通债权（有息借贷的债权）。

此外，日本民法上的三种不动产先取特权——不动产保存、工程建筑、不动产

① 刘云生、宋宗宇，《中国古代优先权论略——概念·源流·种类》，载《重庆大学学报·社科版》2002年3期。

② 《宋刑统》卷26，《杂律·受寄财物辄费用门》引唐《杂令》。

买卖中的债权人的优先权（日民 325 条 1—3 项），实则也是通过设立广义的留置权以优先行使债权。考诸中国古代习惯法亦有类似规定。如业主夺佃时永佃权人可要求业主给付相关费用，否则得以留置占有。换言之，其留置权之效力优先于其他佃户、承租人之佃种经营权和承租使用收益权，非常类似于上述不动产优先权。[①]

3. 我国古代优先权制度的非法定性和民间立法特色

需要指出的是，优先权于近、现代欧陆各国确实是一种法定特权，但在中国古代重视礼教、轻视法治的思想指导下，[②]民事法律制度普遍不发达，优先权在其历史发展过程中，其产生与行使是否仅以成文的官方法律规定为准绳、民间习惯法层面的优先权是否具有效力？就是一个值得考虑的问题。

实际上，数千年中国民法发展史，实际上是官方法律文化对民间习惯法认同、抑制的互相循环发展过程，认同者多而抑制者少。自优先权诞生以来至民国时期乃至现代乡村社会中，优先权并非只以官方成文法为唯一行使根据，习惯法在更多场合支配着优先权之产生与行使。[③]

正如弗里德曼（Lclwrence M · Friedman）教授所说的，法律应由实体、结构、文化三方面构成。所谓实体，系指法律制度的实际规范（actual rules），亦即一个法律制度的“作为”（does），不仅包括正式的官方规范和成文规范，也包括“活”的法律，即起作用的规范或行为模式（Pattern of behavior）。所谓结构，则指一贯的持久的法律制度（institution）体系。而文化则指公众或部分公众对法律之态度、评价、意见和预期。[④]

依弗氏之见解，优先权制度之范围不仅包括官方或成文法规范，亦应当包括民间法（Folk Law）规范或习惯法规范。考察中国古代优先权之形成过程，习惯法层面之优先权原则和制度行之既久，浸成风习，且行之有效，足以维系民间经济之正常运转，故官方成文法予以甄别吸纳，而尚未被成文法吸纳部分则以“活法”生存于民间经济生活之中，补充调剂成文法之缺漏与偏失。

---

① 有关内容参见孔庆明、胡留元、孙季平主编：《中国民法史》，吉林人民出版社 1996 年版。

② 参见郭成伟：《中华法系精神》，中国政法大学出版社 2001 年版。

③ 刘云生、宋宗宇：《中国古代优先权论略——概念 · 源流 · 种类》，载《重庆大学学报 · 社科版》2002 年 3 期。

④ L.M. 弗里德曼：《法治：现代化和司法》，傅郁林译，北大法律评论 1998，2（1）：298。

从这一意义上讲，我国古代的优先权法律制度，习惯法不仅是成文法之源头，而且官方成文的优先权规定也仍籍以民间习惯弥补缺失。总而言之，我国古代优先权制度有着鲜明的民间立法特色。

（二）我国法律、部门规章和司法解释中有关优先权的规定

我国民法对优先权未作规定，仅在1991《中华人民共和国民事诉讼法》和《中华人民共和国企业破产法》中，将其作为特殊债权的清偿顺序予以规定，并未确认为一种独立的权利。虽然我国民法没有设立统一优先权制度，但近年来在特别法中具体优先权制度却呈现出蓬勃发展的势头，1993年7月1日施行的《中华人民共和国海商法》和1996年3月10日施行的《中华人民共和国民用航空法》，分别确立了船舶优先权和民用航空器优先权两个特别法上的优先权制度。1995年10月1日施行的《中华人民共和国担保法》确立了土地使用权出让金优先权。可以说，沉睡多年的优先权制度在当代中国又抖落了历史的尘埃，焕发出时代的风采。

尤其是随着我国民法典立法步伐的加快，对优先权这样一项传统的法定担保物权的深入研讨，已经成为一个不容回避的话题，适时地摆在了我国民法学工作者的面前。

但通过法条的检索，在我国法律中使用“优先”字样的法律有2300多篇。有“优先服务”“优先发展”“优先保障”“优先降落”“公交优先”“优先支付”“优先受偿”等。而使用“优先权”的法律大概有80多篇。优先权并没有在《中华人民共和国民法通则》《中华人民共和国民法总则》中出现，而主要是在《中华人民共和国海商法》《中华人民共和国专利法》《中华人民共和国民用航空法》《中华人民共和国税收征管法》等特别法中加以规定。

1. 1991年施行的《中华人民共和国民事诉讼法》中的有关规定

我国1991年施行的《中华人民共和国民事诉讼法》曾规定了企业法人破产还债程序。其中第203条和204条规定了有关优先权的内容：银行和其他债权人享有就其设定的抵押物或者担保物优先受偿的权利；破产财产优先拨付破产费用后，按照下列顺序清偿：（1）破产企业所欠职工工资和劳动保险费用；（2）破产企业所欠税款；（3）破产债权。其中担保债权在其担保额度内是不在破产财产的

范畴之内的。[①]

类似的规定在之后的《中华人民共和国破产法》《中华人民共和国商业银行法》以及《中华人民共和国保险法》中都有所体现。[②] 在《中华人民共和国商业银行法》中优先的项目有所不同：商业银行破产清算时，在支付清算费用、所欠职工工资和劳动保险费用后，应当优先支付个人储蓄存款的本金和利息。

我国民事诉讼法还规定，被执行人未按执行通知履行法律文书确定的义务，人民法院有权查封、扣押、冻结、拍卖、变卖被执行人应当履行义务部分的财产。但应当保留被执行人及其所扶养家属的生活必需品。被执行人及其扶养家属的生活必需品，要从被执行人的财产优先提取，实际上是一种保护债务人生活而设立的债务人生活费用优先权。[③]

2.《中华人民共和国海商法》和《中华人民共和国民用航空法》中的有关规定

我国《中华人民共和国海商法》第二章第三节规定了船舶优先权的有关内容。第 21 条规定“船舶优先权，是指海事请求人依照本法第二十二条的规定，向船舶所有人、光船承租人、船舶经营人提出海事请求，对产生该海事请求的船舶具有优先受偿的权利”。船舶优先权的项目有：（1）船长、船员和在船上工作的其他在编人员根据劳动法律、行政法规或者劳动合同所产生的工资、其他劳动报酬、船员遣返费用和社会保险费用的给付请求；（2）在船舶营运中发生的人身伤亡的赔偿请求；（3）船舶吨税、引航费、港务费和其他港口规费的缴付请求；（4）海难救助的救助款项的给付请求；（5）船舶在营运中因侵权行为产生的财产赔偿请求。[④]《中华人民共和国海商法》第 25 条还规定：“船舶优先权先于船舶留置权受偿，船舶抵押权后于船舶留置权受偿。”

《中华人民共和国海商法》将船舶优先权的性质定位在“优先受偿权”。它的特征有：（1）是基于法律的规定。这些优先权的有关项目的成立无须当事人之间

---

① 《中华人民共和国民事诉讼法》第 203~204 条。

② 参见《中华人民共和国企业破产法》第 113 条、《中华人民共和国商业银行法》第 71 条、《中华人民共和国保险法》第 91 条的规定。

③ 《中华人民共和国民事诉讼法》第 244 条。

④ 《中华人民共和国海商法》第 22 条。

订立合同或作出约定，也无需履行有关的登记手续，也不以占有为前提，基于法律规定，随着债权债务关系的实际产生而自动产生。（2）需要特别的程序和特定的行使对象的。《中华人民共和国海商法》第28条规定船舶优先权应当通过法院扣押产生优先权的船舶行驶。（3）在一定的条件下消灭。《中华人民共和国海商法》还规定船舶转让时，船舶优先权自法院应受让人申请予以公告之日起满六十日不行使的消灭。当然，这种消灭只是优先权的消灭，作为债权还是存在的。①

《中华人民共和国民用航空法》第三章第三节规定了民用航空器优先权。和《中华人民共和国海商法》一样，将优先权定位在“优先受偿权”的性质上。但是其优先权的项目有所不同：（1）援救该民用航空器的报酬；（2）保管维护该民用航空器的必要费用。不同于《中华人民共和国海商法》的是，《中华人民共和国民用航空法》中规定的民用航空器优先权需要登记才能产生。规定上述债权人应当自援救或者保管维护工作终了之日起3个月内，就其债权向国务院民用航空主管部门登记。而且就此项登记程序作出了例外规定。②

3.《中华人民共和国税收征收管理法》中的规定

《中华人民共和国税收征收管理法》规定了税收优先权。《中华人民共和国税收征收管理法》规定税务机关征收税款，税收优先于无担保债权，法律另有规定的除外；纳税人欠缴的税款发生在纳税人以其财产设定抵押、质押或者纳税人的财产被留置之前的，税收应当先于抵押权、质权、留置权执行。纳税人欠缴税款，同时又被行政机关决定处以罚款、没收违法所得的，税收优先于罚款、没收违法所得。税务机关应当对纳税人欠缴税款的情况定期予以公告。③

4.刑法中规定的优先权

民事优先权基本上由民法规定，但刑法上也有优先权的规定。如我国刑法规定，“承担民事赔偿责任的犯罪分子，同时被判处罚金，其财产不足以全部支付或者被判处没收财产的，应当先承担对被害人的民事赔偿责任。”“没收全部财产的，应当对犯罪分子个人及其扶养的家属保留必需的生活费用。”④

① 《中华人民共和国海商法》第26条。

② 参见《中华人民共和国民用航空法》第18~25条。

③ 《中华人民共和国税收征收管理法》第45条。

④ 参见《中华人民共和国刑法》第36条第2款、及第59条的规定。

5. 担保法中规定的土地使用权出让金优先权

1995 年 10 月 1 日施行的《中华人民共和国担保法》确立了土地使用权出让金优先权。明确规定土地使用权出让金优先于抵押权受到清偿，即拍卖划拨的国有土地使用权所得价款，在依法缴纳相当于应缴纳的土地使用权出让金的款额后，抵押权人有优先受偿权。①

6. 信托法、合同法有关优先权的规定

此外，在《中华人民共和国信托法》中规定受托人因处理信托事务所支出的费用，对第三人所负债务，以信托财产承担。受托人以其固有财产先行支付的，对信托财产享有优先受偿的权利。② 在《中华人民共和国合同法》中规定了承包人就建设工程款的优先受偿权；③ 职务技术成果的完成人就职务作品转让时的优先受让权等。④

7. 部门规章和司法解释中有关优先权的规定

此外，在国家经贸委、中国人民银行等六部门发布的《封闭贷款管理办法》中规定了商业银行在对亏损严重，按正常情况无法获取贷款，而政府决定救助的国有工业企业等特定情况下发放"封闭贷款"时，贷款银行对该"封闭贷款"的回收也有优先权。⑤ 尽管该规定是一种"经济法"意义上的规定，但也颇有一些像法国民法典中规定的"贷款人优先权"。

最高人民法院对由中国农业发展银行发放的政策性的"粮棉油收购资金贷款"，原则上也保证优先受偿；对借款企业因其他案件涉及的法律诉讼一般不对该企业从农业发展银行处获取的政策性收购资金及由该项资金形成库存的粮棉油采取财产保全措施和执行措施。⑥

---

① 参见《中华人民共和国担保法》第 56 条。

② 《中华人民共和国信托法》第 37 条。

③ 《中华人民共和国合同法》第 286 条。

④ 《中华人民共和国合同法》第 326 条。

⑤ 参见《封闭贷款管理办法》第 14 条的规定，"贷款在封闭运行期间，贷款人不得从专户中扣取老的贷款和欠息；企业不能用其支付拖欠的工资，不得用专户上的资金支付企业的其他债务支出；有关部门不能从专户中扣收老的欠税及各种费用；司法部门不应以企业其他债务纠纷为由，冻结封闭贷款账户和扣收专户资金（由最高人民法院另行发文）"。这里不评价部门规章是否能设定物权性质的"专户资金优先受偿权"，也不评价该"办法"是否有特殊的效力。此办法已失效。

⑥ 参见《最高人民法院关于对粮棉油政策性收购资金形成的粮棉油不宜采取财产保全措施和执行措施的通知》（2000 年 11 月 16 日，法［2000］164 号）。

此外在1986年颁行的《中华人民共和国民法通则》中规定了共有人的优先购买权（第78条），在《中华人民共和国合伙企业法》中规定了合伙人的优先受让权（第22、43条），在《中华人民共和国专利法》中规定了优先申请权，在《中华人民共和国农村土地承包法》中规定以其他方式承包农村土地，在同等条件下，本集体经济组织成员享有优先承包权（第47条），在《中华人民共和国合同法》中规定了承租人的优先购买权（第230条）。当然这些与本书所说的优先权不是一个概念。

综上，无论是20世纪颁行的《中华人民共和国民法通则》还是晚近施行的《中华人民共和国民法总则》，它们均未对优先权作出专门规定，现行的《中华人民共和国物权法》《中华人民共和国担保法》也没有明确提及优先权，遑论将其作为一个独立的法律概念或法律制度。但不能否认的是，我国的确存在着某些具体的优先权制度，如：《中华人民共和国企业破产法》对特殊债权的清偿顺序作了明确规定；《中华人民共和国海商法》（第二章第三节）确立了船舶优先权；《中华人民共和国民用航空法》（第三章第三节）设定了民用航空器优先权；《中华人民共和国担保法》中明确了土地使用出让金的优先权；《中华人民共和国税收征收管理法》（第45条）规定了税收优先权；最高人民法院的司法解释（法释〔2002〕16号）亦明确了建设工程价款的优先受偿权。[①]

（三）我国台湾地区有关民事优先权的规定

1.“中华民国民法典”及“土地法”规定的优先权

“中华民国民法典”及“土地法”则认可了如下数种优先权（广义上的优先权）：典权人之留买权（“民法典”第919条）；共有人优先承购权（土地法第34条）；地上权人、典权人或承租人及基地所有权人之优先购买权；耕地承租人之先买权（同上第104条）；永佃权人之先买权（同上第124条）。我国台湾地区“法律”上的这些规定，既吸收了西方民法之先进理念，也合理利用了传统民法文化资源。

2. 我国台湾地区特别法中有规定的优先权

我国台湾地区“民法典”对优先权未设规定，仅在特别法中有规定。具体有：

---

① 参见《最高人民法院关于建设工程价款优先受偿权问题的批复》（法释〔2002〕16号），最高人民法院2002年6月11日通过。

"海商法"第24条规定的船舶优先权;"捐税征收法"第6条规定的税收优先权;[①]"矿场法"第15条规定的矿工工资优先权;"强制执行法"第29条规定的强制执行费用优先权;"实施平均地权条例"第32条规定的土地增值税优先权;[②]"保险法"第124条规定的人寿保险要保人、被保险人、受益人对于保险人为被保险人所担保的责任准备金有优先权等。[③]此外,我国台湾地区有关规定,"军公教"等公务机构从业人员,医师、律师、会计师等专业人员,及公司董事、监事、经理人人员不享有工资优先权。[④]

3. 以法定留置权和法定抵押权形式规定的优先权

此外,一些传统的优先权制度在我国台湾地区"民法典"中以法定留置权和法定抵押权作了规定。例如,我国台湾地区"民法典"第445条规定的不动产出租人法定留置权;第612条规定的旅店、饮食店和浴堂主人之法定留置权;第647条规定的运送人及承揽运送人之法定留置权和第513条规定的承揽人就承揽关系所生之债权,对于其工作所附之定作人的不动产所享有的法定抵押权。此种法定留置权和法定抵押权虽名为留置权或抵押权,但与留置权和抵押权的常态有很大的区别。以法定留置权为例,我国台湾地区"民法典"所规定的几种法定留置权,并不要求留置物与债权有牵连关系,不以留置权人取得对留置物的占有为必要。[⑤]这些特征都突破了留置权的内涵。显然非一般留置权所能涵盖,观其内容,实为优先权。

(四)我国澳门地区有关民事优先权的规定

在澳门回归之前,其所施行的是葡萄牙民法的相关规定。总体来看,澳门法律体系沿袭了葡萄牙以成文法为其主要法律渊源的大陆法系的特点,本土化了的"五大法典"[⑥]是以葡萄牙相应的法律为蓝本拟就的。[⑦]首先需要注意的是,无论是在澳

---

① 参见王至诚:《优先取偿权制度之研究》,载苏永钦主编《法律学研究》(第7辑,民法论文选集),台湾国立政治大学法律学研究所。

② 史尚宽:《物权法论》,荣泰印书馆1979年版。

③ 陈荣宗:《破产法》,三民书局1986年版,第330页。

④ 周贤日:《我国港台地区欠薪保障基金制度比较研究》载《比较法研究》2010年6期。

⑤ 史尚宽:《物权法论》,荣泰印书馆1979年版。

⑥ 指《澳门刑法典》《澳门刑事诉讼法典》《澳门民法典》《澳门商法典》和《澳门民事诉讼法典》。

⑦ 赵秉志总编:《澳门民法典》,中国人民大学出版社1999年版,第111页。

门地区“民法典”（下称“澳门民法典”）中还是在《葡萄牙民法典》中，与本书所讨论优先权概念内涵相同的概念表述是“优先受偿权”。在《葡萄牙民法典》中，“优先受偿权”和质权、抵押权和留置权并列被归入到“第二卷　债法”下的“债之特别担保”。优先受偿权被定义为（第 733 条）“法律基于债权形成之原因而赋予特定债权人优先于其他债权人受偿之权能，而该优先受偿权之成立无须取决于登记”。《葡萄牙民法典》中优先受偿权的种类有三类，分别是动产优先受偿权（包括动产一般优先受偿权和动产特别优先受偿权）和不动产特别优先受偿权，也即该民法典未如《法国民法典》般设置“不动产一般优先权”。在《葡萄牙民法典》上，动产一般优先受偿权包括了①国家及地方自治机关之债权（第 736 条）；②其他类型的债权（第 737 条），具体包括了殓葬债务人之开支所生债权、债务人及其应扶养之人最近六个月的医疗开支、生活必要开支所生债权；③因劳动合同或因违反、终止该合同而生之属于受雇人之最近六个月之债权。[①]

在立法体例上，“澳门民法典”与《葡萄牙民法典》大有不同，其只规定了两类优先权：动产一般优先受偿权和特别优先受偿权，不再特意区别动产、不动产特别优先受偿权，原因或许在于“澳门民法典”亦强调优先受偿权之成立无须登记，为使第三人免遭财产风险，乃作此修改。

在内容上，“澳门民法典”与《葡萄牙民法典》相差并不大，在动产一般受偿权部分，“澳门民法典”仅将殓葬债务人之开支所生债权顺位移至最后，具体的子项并没有修改；在特别优先受偿权部分，结合实际情况删去了《葡萄牙民法典》第 739 条和 740 条关于针对农用房地产孳息和都市房地产租金的优先受偿权的规定。

总体而言，“澳门民法典”上优先受偿权（优先权）制度呈现出如下特征：①优先受偿权种类较少，明显地有别于法国和日本的立法。②优先受偿权制度虽然简洁，但却“五脏俱全”，形成了完整的优先权制度体系。无论是一般规定，还是具体的优先受偿权以及优先受偿权的效力、顺位、消灭等问题，澳门民法典均作了明确的回应。③承袭《葡萄牙民法典》，在规定优先受偿权的同时，也专节规定了法定抵押权（“澳门民法典”第 699 条至 704 条），且并未偏废优先受偿权和法定抵押权任何一方，两者发挥各自的优势，共同发挥着保障特种债权得以实现的作用。

---

① 唐晓婧等译：《葡萄牙民法典》，北京大学出版社 2009 年版。

从另一角度来看，法定抵押权制度的存在也解释了为何“澳门民法典”上优先受偿权制度较为简单的原因。

（五）优先权在其他国家的立法例

《泰王国民商法典》中对优先权作了较为详尽的规定，直接规定优先权的条款有49条之多。《泰王国民商法典》的起草是在充分调研国内习俗和梳理国内法律、案例的基础上全面借鉴德国、法国、日本的民法典及其他国家的立法经验上完成的。[①] 但是，与法国、日本和葡萄牙的编排体例不同，《泰王国民商法典》中，“优先权”虽以专章规定，并与留置权并列，但却置于“债的效力”一章下。不过，虽然在编排体例上有所不同，泰国民法下的优先权的制度架构并未有较大差异。特别地，在论及优先权效力时，《泰王国民商法典》确立了一般优先权的清偿顺序（“一般优先权人须先以未设立特定担保的不动产清偿债务”），明确了不动产优先权登记对抗效力（“未登记的不动产优先权能对抗无担保债权人但不能对抗已登记的外部第三人”）等。

位于地中海中心的岛国马耳他共和国也制定了民法典。《马耳他民法典》沿袭法国模式，优先权和抵押权并为一章进行规定，在优先权种类上与日本类似，分为一般优先权、动产特别优先权和不动产特别优先权。在优先权与法定抵押权的关系上，《马耳他民法典》（第2022条）亦明确“对不动产享有优先权的债权人，对承受优先权的不动产享有特别法定抵押权”[②]。

除了上述各国以外，阿根廷、巴西、荷兰、意大利和阿尔及利亚等国的民法典中亦对优先权作了专门规定，有的在前面的章节已经介绍，此处不再赘述。

---

① 周喜梅译：《泰王国民商法典》，谢尚果校，中国法制出版社2013年版。

② 《马耳他民法典》第2022条。（参见李飞译：《马耳他民法典》，齐云校，厦门大学出版社2012年版。）

3

CHAPTER

第三章

优先权立法理由

一、优先权制度的社会经济基础

法律是一种制度性事实，具备二元性。法律本身并不单是逻辑推演的产物，更是一定的经济基础、社会历史、文化、社会意识融合、交织的结果。这对于优先权制度来讲尤为如此。从罗马最初的嫁奁制度和“有夫权之婚姻”，到后来的“妻有物之担保”和“妻财诉”，优先权制度本身就是随时代的发展而不断演进，回应着现实需求。法律绝不是冷冰冰的文字，亦非只是当权者之控制工具，其背后的价值论基础才是让法律为人信守、为人尊重的根本理由，才是最终成为“慈母般的关怀”的最终奥义。因此，深入理解优先权制度，在考察其历史的发展和现状的同时，又需以价值论为导向对其背后的文化内涵和哲学追求进行考察。

在研究优先权的立法基础之前，首先要明确，法律制度的立法基础是指该法律制度本身所具有的内部质的规定性及其潜在功能，具有全局性、抽象性，内在性之特点，而法律制度性质的外化则表现为该制度具体的特征和作用。我们不能只看到其表层特征和作用，而应当从法的经济基础、法律文化等深层原因去研究和揭示优先权制度的立法基础。

要想理解优先权产生的基础，就要遵循马克思主义创始人的那句话：“法的关系正像国家的形式一样，既不能从它们本身来理解，也不能从人类的一般发展来理解，相反，它们根源于物质的生活关系。”[①] 尤其是对作为“以法律形式表现了社会的经济生活条件”[②] 的民法的一项制度进行研究，更应如此。优先权的产生根源在于它所赖以存在的社会物质生活条件。

制度是文化价值内涵的外显化，文化价值目的通过制度而实现。制度法学认为：法律是一种制度性事实，具有双重性质：它既是一种作为逻辑结构的理论性存在，又是一种作为社会现象的实体性存在。[③] 研究优先权制度的设立缘由，我们不仅要从法的经济基础的角度看，还要从法背后的文化价值内涵来分析。

---

① 《马克思恩格斯选集》第2卷，人民出版社1964年版，第82页。

② 恩格斯：《费尔巴哈和德国古典哲学的终结》，载《马克思恩格斯选集》第4卷，人民出版社1964年版，第248页。

③ ［奥］M. 魏因·贝格尔：《制度法论》，周叶谦译，中国政法大学出版社1994年版。

二、设立优先权制度的目的

制度目的，是一制度建设者无法回避的问题，亦即制度建构的出发点和落脚点。大至国家根本大法，小至部门规章、村规民约，均需有明确的制度目的以作为自身的立身之本、发展之基。事实上，在前面的讨论我们已经或多或少地触及到了优先权制度的精髓。总体说来，优先权无非是“基于特定的政策目的而产生的，有利于保护弱小债权人的债权，有利于维护社会的公平正义，有利于保护公权力（如税收债权）、公共事业债权人的利益，从而促进了投资活动”。① 具体讲，设立优先权制度的目的主要有以下几点：

（一）优先权制度是实现社会实质公平的重要法律手段

何谓公平正义？似乎没有任何人能给予一个权威的、无可辩驳的定义，亦无任何国家宣称自己的法律制度能够达到终极的公平正义。现代社会的复杂性、多层次性、发展不平衡性与立法者（人们）有限知识和能力之间产生了巨大的落差与矛盾。如何解决“书本上的法律”和“实践中的法律”的对立，如何使公民在现代社会真正地得到公平地对待，如何破除法律僵化适用的弊端，是每一个国家立法者都要思考的问题。

提及近代民法的基本原则，人们必论及平等，因为只有承认法律上的人人平等，法律才可以公平公正地对待每个人进而保障正义的实现。然而，传统民法上的平等概念在进入现代社会后似不足用：传统民法语境下的“人”是个体之人、高度抽象之人、理性智慧之人和自私自利之人。② 在这样的背景下，民法上的平等只能是抽象意义上的人人平等，并且这个“人”必须是“理性”的。在这个意义上，我们可以说传统民法上的平等观是形式上的平等观，也被称为“消极平等观”，即认为立法者不做某些事，不对市民的生活进行干预，充分信任并尊重市民，不制定针对特定人（群）的法律即可达成平等。然而，随着社会的发展和历史的演进，传统民法

---

① 参见［日］高岛平藏：《物权法的世界》，第 357~358 页；［日］椿寿夫：《担保物权法》，第 304 页。转引自邓曾甲：《中日担保法律制度比较》，法律出版社 1999 年版，第 86~88 页。

② 非贬义。意指每个人都追求利益最大化。

定义下的“人人平等”与其预想的情况渐行渐远。社会生活的复杂性与快速变化性，使得人与人之间经验、智力、机遇、知识等各种要素的差异变得异常巨大。比起封建时代的奴隶制，民法倡导人人平等固有其重要意义，但是当法律上的平等无法给现实的人的生活带来平等，甚至会导致严重不公平和不正义时，就会引发经济上的强势一方对弱势一方的支配，人们又从“契约”回到了“身份”。同时这也使得社会矛盾激增，人们对法律失去信心和尊敬。而当法律不再为人所信守时，整个社会发展也就难以为继。

正因为如此，近代民法向现代民法转变的重要一点就是从个人本位转向社会本位，逐渐从形式平等走向了实质性的平等。根据相关学者的论述，实现实质的平等（立法者要积极作为的平等）的领域主要有二：其一，满足基本需要的领域，包括精神上（如人格权，其必须绝对且不可剥夺地为人所持有）和物质上的（即人们生存和发展的权利平等，包括健康、住房、教育、工作等）；其二，为了社会稳定的需要“拉平”或“颠倒”行动（或理解成“扶助政策”）。①

因此，在现代国家，“公平”已经不再是一个线性的、形而上的指向，而是已发展为一个多层次多维度的价值理念，具体包括了权利公平、效率公平、分配公平（结果公平）、人道主义公平等几个层次的公平，它们相互联系，互为一体，构成了完整的社会公平体系。权利公平、效率公平和机会公平构成了社会的形式正义，分配公平和人道主义公平构成了社会的实质正义。

其中，权利公平是基础，没有权利公平的存在，便不会有效率公平，更不可能实现分配公平（结果公平）、人道主义公平；效率公平是根本，没有效率公平，机会公平、分配公平（结果公平）、人道主义公平至多只能在低水平上实现；分配公平（结果公平）是目标、是实质，缺乏分配公平（结果公平），权利公平就成为虚架子，效率公平也失去意义并最终要遭到破坏。对于现代社会来说，这几个层次的公平缺一不可。既要大力强化权利公平这一基础，又要充分考虑效率公平这个根本，还必须努力实现分配公平（结果公平）之目标（最终实现物质上共同富裕，精神上共同享受），此外，还要尽力提供人道主义公平以为补充。这就必须通过建立符合市场经济要求的以权利公平、效率公平、分配公平（结果公平）和人道主义公平为

① 徐国栋：《民法哲学》（增订本），中国法制出版社 2015 年版，第 131 页。

基本内容的社会公平运行机制来实现。①

权利公平。在现代社会，社会公平首先意味着社会权利上的公平，它承认并保证社会中每一个人具有平等的生存、发展权（即公民权平等）。也就是要求社会中的制度安排和非制度安排给每个人的生存、发展权力是平等的，劳动的权利、受教育的权利、职业的选择权等不能受家庭背景、种族、性别以及资本占有状况等的限制和影响。

权利平等体现在民法上就是指民事主体享有独立的法律人格，在具体的民事财产流转关系中互不隶属，地位平等，能独立表达自己的意志，其依法取得的权利平等地接受法律保护。②或者说，是指交换双方在法律上必须具有自己的人格，都是独立的民事主体，能够在平等的基础上参与民事流转。③总的来说，当事人身份平等就是法律地位的平等，是民事权利能力的平等，实际上就是机会平等。机会公平是私法上公平的本质体现。④

效率公平。在现代社会，人的生存、发展权利的实现是以经济的发展和效率的提高为基础和前提的。发展是现代所面临的最根本问题，而效率作为投入与产出的比率则近乎天然地与发展联系在一起。抛开效率而言社会发展、人的发展、社会公平是失之偏颇也是没有意义的。效率作为工业革命和物质文明发展的产物，不仅具有历史的必然性和合理性，而且构成了现代各种社会制度和社会秩序以及社会发展和人的发展的物质基础，并在一定程度上决定着该社会之价值标准和道德标准。在平均主义公平观那里，虽然对于一定范围内的每一个个体（人或小集团、小群体）而言可能是平等的、公正的，但由于必然带来低效率，因而对于整个社会的发展来说，它就属于不公平，因为低效率必然在整体上阻滞社会包括人本身的发展。这就是说，从社会发展史角度看，平均主义是一种不公平的观念。因此，在现代社会里，避开效率，不以效率为基本内容的公平观实际上不具有共同的价值基础，不可能真正是社会公平观。可见，效率作为经济社会发展和人的权利实现的基础，决定了效率本身就是公平的重要方面。

---

① 肖玉明：《论社会公平的重建》，载《党政干部论坛》，1999年3期，第38~41页。

② 吴茂见：《市场经济立法要首倡民法的平等原则》，载《现代法学》，1994年第3期。

③ 徐国栋：《民法基本原则解释》，中国政法大学出版社1992年版，第58页。

④ 杨振山：《民法法治中的公平与效率》，载《中国民事与社会权利现状》，昆仑出版社2001年版。

在现代社会，效率就意味着竞争和发展，因而效率公平的实质就是竞争公平和发展公平，在合同法中，合同自由的目的在于效率。[①] 意思自治为基础的合同制度就是社会公平竞争的法律基础。正如法国学者佛鲁尔和沃倍尔指出的那样："合同与公正这两个概念的一致性，如同方程式般严密。"[②] 概言之，近代民法认为当事人自由订立的契约本身就体现了正义，因此它追求的是形式正义。

分配公平（结果公平）。社会公平的实现最终必然体现在分配即财富的占有上，因而分配公平是社会公平的根本内涵和最高层次。正如迈克尔·D. 贝勒斯指出的那样，"公平分配就是平等分配，除非有充分理由实行另一种可选分配"。[③] 但是，结果公平不能促进生产力发展，本质原因在于生产资料公有与劳动力私人性的矛盾，在一个没有竞争的社会，人们更多地会选择休闲，而不是更多地选择奉献。结果公平造成的效率低下，又使公平失去了物质依托。[④]

但是，在任何社会里，分配上的均等化社会心理倾向即财富占有上的相对平等要求都是存在的。换言之，都存在分配公平（结果公平）的问题。奥塔·魏因贝格尔也曾指出"仅仅以形式上的考虑为基础的正义理论是站不住脚的，还必须把实质性的正义理想考虑在内"。[⑤] 而且，分配是否公平，往往对社会制度和社会秩序的维护与稳定起着决定性作用。这可能正是我国改革选择"效率优先、兼顾公平"战略（虽然效率是第一位的、主要的政策目标，但仍要照顾到社会公平）的社会背景。

人道主义公平。就人而言，都有一个生存和发展的问题，在现代社会人的生存权、发展权必须得到尊重和保护。对于社会中缺乏参与社会选择、社会竞争的能力亦即劳动能力的人以及遭遇各种灾难的人，社会（国家）必须给予帮助、照顾，提供人道主义公平，为其生存、发展提供基本物质条件。这有利于社会之稳定。

分配公平（结果公平）和人道主义公平共同构成了社会实质公平。当然，分配制度、分配政策对于分配公平的实现也起着直接的极为重要的作用。但是，优先权

---

① 杨振山：《民法法治中的公平与效率》，载《中国民事与社会权利现状》，昆仑出版社 2001 年版。

② 尹田编：《法国现代合同法》，法律出版社 1995 年版，第 20 页。

③ ［美］迈克尔·D. 贝勒斯：《法律的原则——一个规范的解释》，中国大百科全书出版社 1996 年版，第 11~12 页。

④ 杨振山：《民法法治中的公平与效率》，载《中国民事与社会权利现状》，昆仑出版社 2001 年版。

⑤ ［奥］M. 魏因·贝格尔：《制度法论》，周叶谦译，中国政法大学出版社 1994 年版。

制度对维护结果公平和人道主义公平无疑具有重要的作用。

分配公平（结果公平）的实现有赖于社会公平机制的建立和完善，关键是塑造社会公平的基础，即在全社会确立和保护权利公平，并在效率公平、机会公平的基础上实现。正如有学者指出的那样："形式正义意味着对所有人平等地执行法律和制度，但这种法律和制度本身却可能是不正义的，所以形式正义不能保证实现实质正义，但形式正义可以消除某些不正义。"[①]从这个意义上讲，以权利平等、契约自由为基础的私法制度在社会中具有基础性作用。

缺乏分配公平（结果公平），权利公平就成为虚架子，效率公平也失去意义并最终要遭到破坏。我们要正视契约当事人间经济地位不平等的严峻现实，正视竞争带来的两极分化，也就是结果上的不平等，坚持形式正义同时也要追求实质正义。对于现代社会来说，这几个层次的公平缺一不可。既要大力强化权利公平这一基础，又要充分考虑效率公平这个根本，还必须努力实现分配公平（结果公平）。从这个意义上讲，以区别对待、保护弱者为重要职能的优先权制度是有存在价值的，也是不可替代的。

市场经济要求公平、公正，体现在民法上，就是要求民事主体地位平等，权利平等。然而，由于"近代民法基础的两个基本判断即所谓平等性和互换性已经丧失，出现了严重的两极分化和对立"。[②]因此，拥有强大经济实力的一方，其地位总是要高于经济条件差的一方，这在企业主劳动者两者之间的关系上表现得最为明显，劳动者在劳动条件、安全条件和卫生条件差的环境中劳动是随处可见的。劳动者的工伤、疾病、失业等得不到保障也是大量存在的，这有悖于市场经济对公平、公正追求的初衷。因此，必须抛弃形式上的公平、追求实质意义上的公平。对弱者的一些民事权利予以特殊的照顾和保护，就成为市场经济追求公平而在民法上所作的必然选择，也是现代民法追求实质正义理念的一个鲜明的体现。20世纪是一个两极分化、贫富悬殊、社会动荡以及各种社会矛盾、社会问题日益尖锐的时代，21世纪也将同样存在上述问题，为了平衡各种利益，提高社会成员的福利水平，赋予弱者的一些民事权利有优先权，是各国民商立法所作的一个现实努力。

① 沈宗灵主编：《法理学》，高等教育出版社1994年版，第49页。

② 梁慧星主编：《民商法论丛》（第7卷），法律出版社1997年版，第241页。

从价值角度看，优先权体现的是一个公平与效率的冲突问题，法律赋予特殊债权以一般优先权，是由于该特殊债权人与债务人之间原本存在着某些特殊的社会关系，法律认为，为实现实质性的公平与平等，对这种特殊的社会关系有加以特别保护的必要，一般优先权的规定正是法律对实际平等的追求，但是一般优先权毕竟是一项特权，一般优先权的实现是以牺牲其他债权的实现为代价的。特别是，一般优先权的不适当规定对交易安全和资金融通的妨碍必定会造成对效率的极大危害。然而，从协调的立场上看，当我们强调实际公平的合理性时，也决不能忽视效率目的的合理性。鉴于一般优先权对交易安全和资金融通的妨碍，从兼顾效率的目的出发，一般优先权的种类设置不仅应受到严格限制，而且一般优先权在其权利行使的方式上同样应有限制。[①]

可以说，优先权制度创设之价值抉择目标是破除“债权平等原则”，达成国家对私人之间契约的干预，以“对等对待”（Treat as an equal）取代“平等对待”（Equal treatment），以实质正义代替形式正义。[②]

（二）基于一定社会政策的要求而设立优先权制度

“社会政策”是一个含义不确定的词，它似乎可以被理解成超越了法律，并且具有不断发展性的一种精神和原则，它可以引导立法、执法和司法。我国学界有学者认为社会政策的主要领域有人口生育政策、社会保障政策、文化教育政策、环境保护政策、医疗卫生政策、劳动就业政策等。[③]英国学者马歇尔在其《社会政策》一书中将社会政策定义为“关于政府行动的政策，即政府通过向市民提供服务，从而对他们的福利产生直接影响”。[④]虽然优先权制度源于古代罗马，但是正是由于后世许多社会政策的存在，才促进了各种新型的具体优先权的产生。

19 世纪的法律思想，在法的目的上肯定个人自由的极度发挥为金科玉律，并以此为定法的最高指导原则。结果就是在急剧发展的工商业社会，产生了尖锐的矛盾和严重的社会问题，法律非但未能完成个人自由充分的发展，而且有害于个人与

---

① 左平良：《优先权立法构想》，载《当代法学》，2001 年第 4 期。

② ［美］M.D · 贝勒斯：《法律的原则》，张文显等译，北京中国大百科全书出版社 1996 年版。

③ 宁国良主编：《社会政策学概论》，湘潭大学出版社 2010 年版，第 30 页。

④ T. H. Marshall. Social Policy. London：Hutchinson University Press，1965：pp7.

社会健全地发展。

20世纪以来，在寻求解决社会问题、缓和社会矛盾的途径中，法律思想发生了根本的转变。民法对新的身份关系的调整是要使个人自由意志的发挥与社会性要求相协调，当"契约"与"身份"产生冲突时，"身份"优于"契约"，对债务人的平等保护转为特殊情况下对特殊债务人给予特别保护。"合同法已不再被认为是一种消极的，其主要作用仅是执行当事人经选择而达成的协议的一种工具。现在的趋势是把合同法看作达到公平的一种积极工具。"① 达成公平的目标，只靠合同自由是远远不够的，法律选择了从个人与社会相协调的角度对社会生活进行调整。

大多数西方学者认为，市场机制主要解决效率问题，而政府行为则要侧重解决社会公平问题。如果说前者是经济运行的基本问题，那么后者则是社会运行的基本问题，二者共同构成经济运行的环境系统，是融为一体的。社会公众对不公平的承受能力是有限的，否则就会造成严重的社会冲突和秩序混乱。② 因为多种经济和法律原因的存在，保护劳工利益成为二战以来世界各国普遍的基本社会政策。③ 正如王泽鉴教授指出的那样，"保护劳工系现代社会法治国家之基本任务"。④ 究其原因在于保护劳工权益有利于保证经济的可持续发展、社会稳定，并且这也是近现代国家人权发展的基本要求。此外，包括人道主义政策、环境保护政策在内的许多社会政策在一国法律的发展和完善历程上都具有其积极意义。政策的实施需要法律的依托，因此对于如何保障劳工权益、如何保障基本人权、如何促进环保事业，优先权制度都需要给予充分的回应。

具体来说，下列原因经常成为拖欠工人工资损害劳工利益的因素，也是设立工资优先权制度的重要考虑：⑤

A. 劳动力市场的供需状况导致劳动者的弱势地位

① ［英］P. S. 阿蒂亚：《合同法概论》，程正康等译，法律出版社1982年版，第13页。

② 参见刘溶沧主编：《中国：走向21世纪的公共政策选择》，社会科学文献出版社1999年版。

③ 当然，制定保护劳工政策的政治因素，比如社会政治局势、竞选政策等以及社会国家对工人地位的定位等政治原因对这些政策的影响可能更大。

④ 王泽鉴：《民法学说与判例研究》第一册，第510~515页；梁慧星：《民法学说判例与立法研究》，中国政法大学出版社1993年版，44~45页。

⑤ 该部分主要参考韩长印：《破产优先权的公共政策基础》，载《中国法学》，2002年第3期。当然，我国现在还大量存在黑心老板故意拖欠民工工资的情形。

如果劳动力市场是由供方寻求需方，则供需双方的谈判条件对工资的确定并不起决定性作用，它主要取决于需方所提供的类似于格式合同条款的工资条件。也就是说，需方在决定是否雇用雇员的同时也就决定了工资的标准，雇员只有决定是否接受雇用的自由，基本上没有进一步谈判或者讨价还价的可能。反之，如果劳动力供应市场是处于卖方市场，则工资数量的决定权与是否就业就可能由双方的谈判来决定。

就世界各国劳动力市场的供求状况而言，失业、半失业和隐性失业等不充分就业的现象将是长期普遍存在的，“是一个世界性难题”。早在二十世纪初，就有观点认为，“十五”期间我国失业率上升将成必然趋势。[①] 与劳动力的过剩和相对过剩直接关联的是职工在劳动合同谈判中的被动地位，除了极少数有特殊技能的职工外，多数职工很难就工资的标准及支付条件进行平等的协商和谈判，在劳动关系中先天就处于一种弱势地位。

B. 工资拖延风险防范手段的先天性欠缺

工资拖延的客观可能性是由劳动付出的连续性以及工资支付的非连续性决定的。劳动本身是一个持续的过程，一般情况下，劳动报酬是按照劳动时间而不是按照劳动产品来支付的，而工资的支付多数情况下并不是按照小时、日甚至周进行计算而随时发放的。许多企业的工资是在劳动付出之后发放的（后发薪），还有名目繁多的年终奖励等，这实际上是企业透支职工的劳动或者说是企业借用劳动者工资的过程。而且，企业如果拖欠职工工资，职工为了避免失去工作，一般不会马上采取法律措施来诉要工资甚至申请企业破产。这样，如果企业财务状况继续恶化，工人工资的支付情况将更为严峻。

首先，工资债权具有实务中的无担保特点，与其通过合同约定对工资的担保条件进而通过司法来实现这种担保，远远不如通过立法来一揽子加以解决来得经济，应该说，设定职工工资法定优先权制度是一种有价值的解决方式。

其次，现行制度没有可以买取的拖延工资的保险险种，其原因在于企业风险的变动不居性、工资拖欠额的事先不确定性、保险费率计算方面精确度的缺失和保险费负担和分摊方面确定平衡点的复杂性。

---

① 参见 2001 年 3 月 26 日《人民日报》。

再次，前述几种影响工资拖延的因素虽然比较严重，但却不能借助罢工等极端的方式加以解决，因为鼓励工人以离职或者罢工的方式抗拒拖延工资，不仅对国家财富的创造和个人收入的保持和增加都是有代价的，同时对社会的稳定及公众赖以建立在这种稳定基础上所可能享受到的福祉也是有害无利的。

C. 职工对企业的“人身依附”状况

职工的人力资本（也即职工的技能）可分为两种类型，一种是专长于公司的人力资本，这种资本的价值对公司较之于对社会更大；另一种是一般人力资本，其对公司的价值与对社会的价值相当。按照著名经济学家、诺贝尔经济学奖得主加利·贝克尔的分析，一般情况下，企业会尽可能节省或者降低一般培训的支出，并在可能的情况下提升特殊培训的开支，则从企业中轮换出的失业工人对其他职业的适应力就会降低，相应地转换工作的机会就会很小，而固守在原企业并遭受拖欠工资的可能性就会很大。①

当职工在确定劳动合同关系的谈判中没有支配能力或者缺乏谈判优势而形成工资待遇的不佳状态后，他们为了自身的利益可能辞去低工资工作而向高工资工作转换。但这种转换的概率主要是由转换的成本决定的。通常情况下，劳动力的“低流动率与高工资相联系，而高流动率与低工资相联系”②，但当工作转换和流动的成本较高时，低流动率恰巧给企业提供低工资率创造了条件，其结果是，维持现状并被迫接受企业提供的低工资待遇或许比转换工作更为合算。而我国长时期推行的高就业低工资政策所形成的惯性心理，使职工对企业形成的带有“人身依附”性的依赖便成为一种惯常现象。职工对企业的“人身依附”状况使拖欠工资对工人的影响更为严重。

D.“工薪阶层”对工资风险的承受能力

前文已经述及，对于雇员来说，企业破产不仅意味着可能丧失未得到支付的工资，而且实际上失去了工作的职位和未来的收入，毕竟雇员是靠其固定的收入来维持生计的，如果职工在失去工作职位的同时再丧失已经被企业通过“事先透支职工

---

① Alan Schwartz，A contract theory approach to business bankruptcy，The Yale Law Journal. v. 107 no 6 Apr. 1998. pp1818~1819.

② ［美］伊伯格·史密斯：《现代劳动经济学——理论与公共政策》（中译本），中国人民大学出版社 1999 年版，第 5 页。

劳动”的方式而“借用的工资”，则意味着依赖已被透支的工资支撑的那一时间段的生计将没有着落。①

正如王泽鉴教授所讲的那样，“工资是劳力之对价，是劳工生活唯一之依赖，不具有优先效力，实不足保护劳动者生存之基本权利”。②

此外，从现实考虑出发，在雇主破产的情况下，一般来说，雇主经常负债甚巨，相比之下，雇主拖欠工人工资数量一般有限。如果在对雇主进行破产清算时，各债权人的债权，按比例分配清偿的话，工资债权由于数额所占比例甚微，则按比例分配，工人得到的清偿将微不足道。因雇工一般为经济弱者，加以特别保护，授予受雇人在分配其他债权人之前，先受清偿，确实也是理中之义。③

劳动工资优先权的目的在于推行保护劳工这一社会政策。工资为劳工之报酬，为劳工生活之所依赖。在其未受清偿前，虽构成工场资金之一部分，但本属于劳工所有，不容任意剥夺，必须特予保护，始足实现社会正义。这对于社会主义市场经济日益深入，破产制度的实施逐步展开的今日中国，尤为必要。当今世界，各国政府都把保障公民个人的基本生活，不断提高全体社会成员的物质生活待遇，促进社会福利水平的提高当作一个重要任务。第二次世界大战后，世界各国相继提出了“福利国家”口号的现实努力。为此，世界各国都制定了诸如人道主义政策、劳工基本待遇政策等。这些社会政策的推行，必须借助于法律手段。各国民商法中，如破产法、海商法中有关雇工工资报酬、劳动保险费用、债务人及其家属的必要生活费用、劳工意外伤亡的补偿费用等享有优先权的规定，正是推行社会政策的体现和保障。

实证考察来看，保护劳工这一社会政策也已经具体地体现在不少国家优先权立法上——“工资薪酬优先权”或类似的优先权。例如在美国破产法中，债务人欠其雇员的工资和其他劳务报酬就是排在破产案件审理的行政费用和从强制清算申请提出后至债务人被宣告破产时止债务人在正常业务活动中形成的债权之后的“第三等级优先”的无担保债权。破产法如此规定的目的无非就是保障职工免予遭

① 杨继绳：《为什么凯恩斯在中国“水土不服”》，载《经济学茶座》第1辑，山东人民出版社2000年版，第8页。

② 王泽鉴：《捐税工资与抵押权》，载《民法学说与判例研究》，三民书局1984年版，第339页。

③ 王泽鉴：《捐税工资与抵押权》，载《民法学说与判例研究》，三民书局1984年版，第337页。

受因公司破产而丧失经济来源的困虞。紧接在该雇员工资之后的优先的无担保债权仍是和职工相关：职工福利，一般是指由雇主支付的福利基金、退休基金、医疗保险、人寿保险等。《马耳他民法典》中亦设定了此种优先权，但同时设定了一些限制。该法典第2003条规定佣人的工资是对一般的所有财产享有优先权的债权，但在第2007条法典又明确规定"享有优先权的佣人的工资仅为在债权人顺位的竞争开始之前两个月或者在债务人死亡之前的两个月的工资"。《阿尔及利亚民法典》第993条亦规定，对于债务人的全部动产或者不动产，服务人员、职员、工人以及其他一切工薪人员负欠的最后12个月期间的薪水及任何性质的工资所生之债权享有优先权。

综上我们可以看出，各国在保障工薪债权（如一般都赋予工薪债权以一般优先权）的同时也进行了利益平衡，对工薪债权的优先权能作出限制。即使是前述美国破产法上的"第三""第四"等级优先的无担保债权，在行使过程中也面临着时间（例如需就破产申请前九十日发生的）和数额（例如不超过2000美元）上的限制。

此外，在美国的法院实践中，环境污染诉讼中治理环境污染的费用主张也享有优先权，这无疑是保护环境政策在优先权制度中的体现。① 在破产法之外，在中国的合同法中亦存在着优先权。前述的合同法第286条所述的建设工程价款优先受偿权便是明例之一。全国人大常委会法制工作委员会的释义也表达了在起草本条时的类似的立法考量：以法律之力赋给承包人就工程价款之优先受偿之地位，既能够稳定建设工程市场，同时又保障了建筑工人的工资不至因发包方之原因而被拖欠，进而影响到个人和家庭生活甚至波及社会稳定。②

（三）基于公共利益和国家利益的要求

对于国家利益，大多数人并不陌生，这是因为国家利益有着鲜明的载体和主张途径。然而对于公共利益，人们对其的认知却往往不太清晰。事实上，早在古罗马

---

① Grant Gilmore & Chares L. Black, The law of Admiralty, second Edition, The Foundation Press inc., 1975, pp.586~589.

② 胡康生:《中华人民共和国合同法释义（第三版）》，法律出版社2013年版，第479页。

时代，法学家乌尔比安就以“公共利益”和“私人利益”来区分定义公法和私法。罗马法中国库对于纳税人的税收优先权的设立基础之一就包括公共利益。[①]《元照英美法词典》将 public interest 定义为①应予认可和保护的公众普遍利益；②与作为整体的公众休戚相关的事项。因此，在理解为公共利益和国家利益而设的优先权时，可以从以上两个角度出发。

司法费用优先权、税金优先权是为了保障国家司法活动和行政管理活动正常运转而设立的，其目的是维护社会公共利益。社会公共利益是社会全体成员的共同利益，包括社会经济秩序、安全程序、社会福利和细致的公共服务等。社会公共利益要求个人利益与社会公共利益相协调。是满足公共需要的最主要的手段，具有很强的公益性。因此，法律赋予国家税收这种公法上的债权以优先权，作为维护社会公共利益所需要。《中华人民共和国企业破产法》第 113 条、《中华人民共和国海商法》第 22 条以及《法国民法典》第 2098 条，均有税收优先权的规定。因此，优先权制度是国家维护社会公共利益的一种法律保障制度。

在本节，笔者并不想陷于公益和私益孰高孰低问题的争论当中，但是这里对公益的强调并非认为公共利益绝对地高于私人利益，也不认为所有涉及国家利益的权利都应当较私权利优先得到保护，只是提出在一定的条件下可以赋予其较私人利益具有一定的优先性。因为国家于社会的存在是个人存在的基础，而且对公益的保护可以使其更有效地保障私人利益的实现。而且和私人利益相比这种公益性的实现是由国家来实现的。而人们对于国家权力的行使又有法定性的要求，不能像私人保障自己的债权那样进行约定。因此，需要在法律上规定更多的解决途径，立法者在以公共利益、国家利益为名创设优先权时，应当特别谨慎以防止以公共利益为名过度侵犯国民的私人自治的空间。

最后需要强调的是，优先权制度的建构目的往往不是一元的，无论是为了公平正义，还是社会政策抑或是公共利益、人权保障等，他们在很大程度上有着交叉和融合。本节分点论述只是为更精确地剖析优先权制度意义的不同方面，并无严格界定各种优先权各自“专有目的”以明“各自相异”之意。

---

① 周楠：《罗马法原论》，法律出版社 1994 年版，第 395~398 页。

三、优先权的特殊调整方式

为实现上述立法目标，优先权制度调整方法从重视“契约”的自由和平等到重视“身份”因素，破除债的平等原则，从一体对待为区别对待，给弱者以特别保护。以“对等对待”（Treat as an equal）取代“平等对待”（Equal treatment），来实现优先权制度创设之价值目标——以实质正义代替形式正义。[①]

（一）优先权制度与债的平等性的破除

1. 债权平等原则

物权具有绝对性及排他性，同一标的物上虽可以设定多个内容不冲突的限制物权，但应依该物权设定或登记先后顺序确定其清偿顺序。反之，债权仅具相对性，无排他的效力，具有平等性。根据这一原则，不论债权的种类如何，债权发生的时间先后，债权人的情况如何，其相互之间都不存在固有的债权优先于其他债权的属性。债务人在债权发生后，便以自己的全部财产担保债权的实现。当其财产不能清偿全部债务时，债权人应按照各自的债权金额的比例，从债务人的财产中获得清偿。[②] 即对同一债务人的数个普通债权，无论成立先后顺序如何，其效力一律平等，无先后优劣之分。债权的平等性表现在：当债务人破产，其财产不足以清偿全部债务时，应就债务人的财产总额，在数个债权人之间按债权比例进行分配。[③] 数个债权，不论其发生先后，均以同等地位并存，即债权具有平等性。[④]

王泽鉴先生用典型例子作说明。例如，甲先后出卖某屋给乙、丙、丁时，其买卖契约均属有效，各债权亦立于平等地位；乙、丙、丁均得向甲请求交付该房屋，并移转其所有权。设甲将屋所有权移转于丁时，乙、丙的债权虽发生在前，仍不能向丁主张任何权利，仅得依债务不履行规定向甲请求损害赔偿。又设甲先后向乙、

---

① ［美］M.D. 贝勒斯：《法律的原则》，张文显等译，北京中国大百科全书出版社 1996 年版。

② 史尚宽：《物权法论》，荣泰印书馆 1979 年版，第 226 页。

③ 王丽萍：《债法总论》，上海人民出版社 2001 年版，第 11 页。

④ 台湾大法官释字第 484 号解释其理由，谓：“在一物数卖之情形，其买卖契约均届有效成立，数买受人对出卖入不妨有同一内容之债权，本诸债权平等原则，其相互间并无排他之效力，均有请求所有权移转登记之权利。”引自王泽鉴：《债法原理》，中国政法大学出版社 2000 年版。

丙、丁借款时，乙、丙、丁对甲的债权亦居于平等地位。债务人应以其全部财产对每一个债务的履行，负其责任。某债权人先为强制执行而受清偿时，其他债权人，纵其债权发生在前，亦仅能就剩余财产受偿。债务人破产时，债权不论其发生先后，均依比例参加分配。[①]

债权平等原则是民事主体平等原则在债权领域中的延伸，既然每一民事主体是平等的，则其按照自己的意思对债务人发生的债权与其他人基于同样的基础而与债务人发生的债权，应当具有相同的法律效果。故实际上债权平等来源于债权人平等。债权平等原则在债务人破产时得到充分的体现。对于破产债权，不论债权人为何人，债权发生的先后，债权金额的多少，债权人都享有平等的受清偿权，即债权人按各自债权比例对破产财产进行分配。

2. 债权平等原则的破除

然自古以来，债权平等原则都不是绝对的。在罗马法中，国库税收的债权就具有优于一般债权的效力。在现代立法中，基于对劳动者的利益的特殊保护，劳动者对于雇主的债权，一般也承认其享有优先于其他债权的效力。

其实，任何形式的担保物权，其对债权的担保功能，都是通过赋予特定债权人一定的、优先于一般债权人的权利而实现。从这个意义上说，担保物权制度的存在，实际上是债权平等原则的否定。对债权平等原则的否定，可以是公法上的否定，也可以是私法上的否定。罗马法上的国库债权、现代法中的雇工债权，对于这类债权优先效力的赋予主要是基于国家及公共利益的需要，可谓债权平等的公法的限制。对于债权平等的公的限制的基本理论基础是公的利益优先于私的利益。通过担保物权对债权平等进行限制，其并非为了公共利益的需要，而是基于当事人间的约定。其目的不是保障公共利益，而在于担保债权人的个人利益，此可谓对债权平等原则的私的限制。

担保物权的设定与公法债权优先权的设定，可能会影响一般债权人的利益，这些“特权”的存在将使用于一般债权担保的责任财产因担保权的设定而大大减少，因而使一般债权人债权不能受全部清偿的风险大大增加。破除债的平等原则的合理性问题，或者说，对于抵押权制度、优先权制度乃至整个担保物权制度存在的合理

① 王泽鉴:《债法原理》，中国政法大学出版社2000年版，第10页。

性问题，许多学者作了精辟的解释。

美国学者 Philip R. Wood 在论述担保权益（security interest）的理论基础（rationale）时，从担保权功能的角度来看待担保权存在的合理性问题，对担保权存在的合理性提出了以下几个方面的理由：（1）担保可以避免一连串的、多米诺式破产；（2）在债务人破产的情况下保护债权人的利益；（3）鼓励、促进投资和资本化；（4）降低信用成本；（5）谁为财产支付了价格，谁就取得对该财产的权利；（6）体现信用交易的公平性；（7）鼓励私力救助，摆脱经济困境；（8）担保为一种防御性保护措施，特别在项目融资中，更为如此。①

对于担保权（一般担保权和法定优先权）存在的合理性，笔者认为，还有以下的理论依据，即财产处分独立性理论。也就是说，财产权利人在法律赋予的财产权的范围内，可以对其财产进行自由的处分，此为财产权的基本内容。故在债务人依法丧失对财产的处分权之前（比如被破产清算时），有权对自己的财产进行自由的处分。只要债务人处分自己财产的行为没有损害其他债权人的权利，即没有侵害债权。债务的发生并不直接妨碍债务人对其财产的处分权，因而，债权人不能基于其债权的存在而限制债务人处分财产。担保权的设定，具有财产处分行为的性质，不应受到债权人干涉。

（二）从契约到身份，法律调整从一视同仁到区别对待②

英国法学家梅因在其《古代法》中将法律从古代向近代资本主义社会的发展概括为“从身份到契约”的运动过程。③六十多年前，亚伦在为《古代法》一书所作的导言中饶有趣味地提出了“究竟有没有从契约到身份的相反运动发生过”的问题。本书作者认为答案是肯定的。④这反映了民法需要将“身份”因素导入，给“弱者”群体以特殊的保护，这也是优先权法律调整的重要方式之一。

---

① Philip R Wood：Comparative Law Of Security and Guarantees，Sweet and Maxwell，1995. pp. 1.

② 本部分主要参考柳经纬、邓小荣：《从契约到身份——现代民法之重要课题》一文。

③ ［英］梅因：《古代法》，沈景一译，商务印书馆 1984 年版，第 96~97 页。

④ 许多学者都有这类看法，如柳经纬、邓小荣：《从契约到身份——现代民法之重要课题》，载《民商法纵论——江平教授七十华诞祝贺文集》，中国法制出版社 2000 年版；董保华：《社会法原论》，中国政法大学出版社 2001 年版。

（三）从身份到契约与从契约到身份

1. 从身份到契约

“从身份到契约”是19世纪英国历史法学派的奠基人和主要代表梅因（Henry Maine）关于法律发展史的一个著名命题。梅因在《古代法》一书中指出，古代社会是一个“许多家族的集合体”，家族构成社会的基本单位。正如他在“契约的早期史”的研究中所指出的，一个人的社会地位在“出生时就不可改变地确定了”。在古代社会向“现代社会”（梅因所处的近代资本主义社会）的发展过程中，家族的依附关系逐渐消灭，取而代之的是个人义务的增长，“个人”不断替代“家族”而成为社会的单位。在“现代社会”，契约成了构造和维系社会关系的纽带。在分析了社会发展的这一变化后，梅因精辟地总结道：“我们可以说，所有进步社会的运动，到此为止，是一个从‘身份到契约’的运动。”①

“从身份到契约”这一命题，揭示了到19世纪资本主义社会为止人类法律发展史的一个侧面，阐明了人类从奴隶社会、封建社会过渡到“自由”资本主义社会的历史进步意义。无疑是梅因对法律史学说的重大贡献。②

“从身份到契约”这一转变使近代民法体系演变为以当事人的意思自治为其核心，当事人通过合同制度自行设定权利义务。契约自由成了民法的灵魂，合同法成了民法的重要内容。债权人的平等保护这些法律关系也逐渐建立起来了。

“从身份到契约”这一转变大大鼓励了人们积极开拓、创造财富的积极性，成为“做大蛋糕”的方法。民法既有解决公平的功能，又有促进效率的功能。③在商品经济中，意思自治导致契约，契约的总和是市场。身份平等的人投入市场，才能追求利益的最大化。④“与其喋喋不休地争辩国民财富的分配，倒不如集中所有的人来增加国民财富要明智得多。……有了一个较大的‘蛋糕’，就不难让每个人分到较大的一份，如果只有一个较小的‘蛋糕’，尽管讨论了怎样分法，总不可能使每人多得一点。”⑤

---

① 梅因：《古代法》，沈景一译，商务印书馆1984年版，第96~97页。

② 何勤华：《西方法学史》，中国政法大学出版1996年版，第320页。

③ 杨振山：《民法法治中的公平与效率》，载《中国民事与社会权利现状》，昆仑出版社2001年版。

④ 张俊浩：《民法学原理》，中国政法大学出版社1997年版，第22页。

⑤ ［英］艾哈德：《来自竞争的繁荣》，商务印书馆1987年版，第13页。

2. 从契约到身份

近代民法以契约自由为核心筑起完整的体系。但是这一自由暗含着当事人地位平等这一前提。需指出的是，近代民法上的当事人地位平等，是一种抽象的人格平等，即一种无“身份”差别的平等。但事实上，人总是处在一定的社会经济条件下，而有不同的社会经济地位。不同经济地位的人们之间存在着事实的不平等。这种不平等关系并不否定被支配的一方仍然是法律上独立的主体，但是，在这种不平等关系下，对于处在强势地位的一方来说，契约自由是真实的；但对于弱势的一方而言则是不得已而为之的。这种情况下，不考虑债权人之间这种事实的不平等，一味强调债权平等将带来事实的不平等，将造成社会弱势群体的利益严重受损害。

现代法上的身份与古代法上的身份有其共通的一面，即它们都表明一种地位的差别。但是，两种身份存在着本质的区别：古代法上的身份意味着等级、特权和依赖的存在，意味着一部分社会成员对另一部分社会成员实行经济和超经济的奴役和剥削，意味着不平等。而新的身份关系意味着当事人经济地位的差别，意味着法律上平等和事实上平等的背离。现代法进行新的身份调整是从法律上平等走向事实上平等的途径，是创造公平、减少不平等的手段。

（四）从契约到身份所反映的法律价值取向

在“从身份到契约”的社会运动中，契约自由逐步取得了在民法上的核心地位。它是自由市场经济社会各种因素综合作用的结果，它既满足人们的现实需要，又负载人们的理想追求。同样，在“契约到身份”的运动中出现的发挥身份在现代契约法中的重要作用也是现代市场经济社会发展变化的集中体现。它表明人们对契约的更高价值追求，即对契约正义的追求。“从契约到身份”的运动包含着法律价值取向的深层变化。[①]

1. 从抽象人格到具体人格

“从身份到契约”的运动表明，在契约社会，人人都被确认有独立的法律人格，

---

① 柳经纬、邓小荣：《从契约到身份——现代民法之重要课题》，载《民商法纵论——江平教授七十华诞祝贺文集》，中国法制出版社 2000 年版。

对彻底消除家族身份的阴影，无疑是有进步意义的。“从身份到契约”的运动也暗示了“机会均等”的价值观念。机会均等，包括社会成员在享受教育、就业、投资等方面的机会平等。但是，机会均等要带来事实的平等存在一个暗含的前提——个人天赋能力和后天条件的相等或相当。而这是不存在的，人的智商有高有低，后天条件也不相同，如每个人继承遗产、家庭地位、教育条件的不同等。因而，强调机会均等必将带来事实上的不平等。

梁慧星先生在述及民法模式由近代模式向现代模式演变时，曾指出，基于自由平等的法人格，由于对一切人作抽象的对待，在多种法律关系中，造成了社会的经济强者对社会经济弱者的支配，反过来动摇了民法的根基，其结果，导致从抽象的法人格，分化出若干具体的法人格。①

所以，民法应当从抽象的法律人格中，分化出具体的人格，以削弱直至消除事实的不平等。根据当事人的具体人格，法律对强者课以更多的义务，对弱者则赋予更多的法定权利，从而使得人格平等不再是抽象的平等而具有具体平等的意义，人格平等的内涵得到深化。

2. 从一体保护到区别保护

在契约自由之下，法律采取一体保护的方式以便实现当事人为自己通过契约创设的社会地位。但是契约自由也带来了很多问题，出现了提倡权利保护向弱者倾斜，树立弱者保护的意识，出现了权利保护的崭新模式。越来越多的人意识到，弱者保护已成为现代民法的重要理念和艰巨任务。②优先权制度破除债权平等的原则，给优先权人以特别保护，正是这一思想的反映。此外，现代法律强化对消费者、劳动者和中小企业的保护，也是这一思想的反映。

3. 从自由放任到国家干预

在自由资本主义时期，自由竞争被奉为公理，契约自由则成了市场坚实的法制基础，国家成了“守夜人”。但是，任何自由都容易被肆无忌惮的个人和群体所滥用，正是近代法的自由放任，从而造成了众所周知的恶果。自由资本主义时期的国家将促进自由视为政府的首要任务，而“一个把不干预私人活动确定为政府政策的主要

---

① 梁慧星主编：《民商法论丛》（第7卷），法律出版社1997年版，第242页。

② ［日］星野英一：《私法中的人——以民法财产法为中心》，载《民商法论丛》第8卷，第185页。

原则的社会制度，可能会产生一种高度不平等的社会形式”。[①]

但是，自由放任的消极面逐渐显露，一方面，国家加强了对经济生活的全面干预，经济法、劳动法、社会保障法、环境法纷纷出台，大大限制了契约自由的活动空间。在合同法领域，“合同扬弃了它作为本质的个别契约自由，而成为以遵从社会普遍意志为前提而设定权利义务的一种方式”。[②]另一方面，国家借助身份对契约进行干预，调整强者与弱者、组织起来的人和未组织起来的人之间的利益平衡，身份成为国家干预的重要媒介。法律设定优先权制度对特殊债权人、债务人进行特别保护，也就成为这种干预的重要方面。

四、一些具体优先权制度的立法考虑

优先权制度，总的来说是基于一定社会政策的要求，为保护公共利益和国家利益，或者为实现社会实质正义而设立。规定优先权制度的一些国家为实现优先权制度的立法目标，对特殊债权采取破除债的平等原则，对债的当事人从一体对待为区别对待的方式，给弱者以特别保护，建立了许多具体的优先权类型。这些具体的优先权制度的设立，一方面为实现社会实质正义等“根本性”的目标，另一方面又有一些具体的立法考虑。笔者认为，主要包括以下原因：

（一）基于“共有”观念而设立

有观点认为，耕地出租人优先权、种子出卖人优先权的设立，是因为没有耕地出租人和种子出卖人向债务人提供耕地和种子，债务人根本就不可能有收获，耕地出租人、种子出卖人提供了“原因力”。所以就收获物而言，在观念上可视为耕地出租人或种子出卖人与债务人的“共有物”。一旦确认了这一点，则对于共有物之分割，“共有人”自然优越于其他债权人。因此，就债务人利用债权人的耕地和种子所生产的收获物，耕地出租人和种子出卖人就其债权有优先

---

① 博登海默：《法理学—法哲学及其方法》，中国政法大学出版社1999年版，第242页。

② 史际春、邓峰：《合同的异化与异化的合同》，载《法学研究》第19卷第3期。

受偿的权利。[①]

借款人就所借资金购买的不动产可视为贷款人与借款人的“共有物”，所以贷款债权对该不动产应享有优先权；不动产工程人员（包括工程师、建筑师、承揽人等）对其所修建的不动产，可视为不动产工程人与债务人的“共有物”，因为没有不动产工程人员的劳动和资金的投入，此项不动产就不会存在，所以不动产工程人员就其债权对该不动产应享有优先权[②]；动产、不动产出卖人就所出卖的动产或不动产也应视为出卖人与买受人的“共有物”，所以就此物的价金，出卖人应优先于其他债权人而受清偿。

只有赋予耕地出租人、种子出售人、不动产资金贷与人和不动产工程人员以优先受偿权，他们才会有信心从事此项事业，才会调动他们的积极性，所以，此种基于“共有”观念或“准共有”而成立的优先权，具有促进特种事业发展的功能。[③]可以看出，在此种观点下，法律所创设出的“优先权”制度成为产业经济的一种激励措施。

但笔者认为，外国法中规定的几种由于债权人的劳务或财物加入债务人财产而使其增值或增加而设定的或基于“共有”观念设立的优先权在现代担保制度较为完善的情况下是值得考虑的。首先，从形式上来说，将一项法律制度从“民众有信心……有积极性从事此事业”或“为促进特种事业发展”的角度予以解读，似乎关涉到了法社会学之法律解释方法。此种解释方法区别于单纯的形式概念推论，虽具有积极意义，但诚如王泽鉴先生所言，此种解释方法本身亦含有若干困难：所谓法

---

① 申卫星、傅穹、李建华：《物权法》，吉林大学出版社 1999 年版，第 415 页；金世鼎：《民法上优先受偿权之研究》，载刁荣华主编：《现代民法基本问题》，台湾汉林出版社 1981 年版。

② 也有人认为，这种“不动产承揽人优先权”主要是为保护建筑工人的工资债权。参见曹诗权：《对合同法第 286 条的定位》，载《法制日报》2000 年 10 月 22 日。也有人认为该优先权是为了“保护工人工资、建筑业的发展和社会秩序权，并是一种类似留置权的权利”，参见汪治平，《关于建设工程价款优先受偿权问题的批复的理解》，载《人民司法》2002 年第 6 期。梁慧星教授也基本是这种意见。参见梁慧星：《合同法第二百八十六条的权利性质及其适用》，载《山西大学学报（哲学社会科学版）》2001 第 24 卷第 3 期。另外，在法国，这种优先权只能设定于有关工程对不动产所赋予的增值部分。参见尹田：《法国物权法》，法律出版社 1998 年版，第 502 页。

③ 王泽鉴：《关于矿工工资优先受偿权之探讨》，载《民法学说与判例研究》（第一册），中国政法大学出版社 1998 年版，第 496~503 页。

律之社会作用，在从事法社会学实际调查前，容易流为主观判断，欠缺实证基础。[①]更重要的是，从实质意义上来说，民法本身就是调整民事主体交往活动的法律，有交往就会有资源、信息和资金的流动，债法中除不当得利和侵权之债外，几乎所有的债权都可以解释为因债权人的劳务或财物加入而成立，尤其是在常见的买卖关系中。若赋予动产、不动产出卖人优先权，则将使大部分债权成为优先权，如此一来作为特殊担保的优先权也将失去其特殊性，沦为普遍意义的担保。现存的优先权制度或是担保物权都已经失去了其原有独特的制度意义，更无法想象在一个绝大多数债权均享有优先权的社会中民商事活动将如何进行。

并且，由于动产、不动产出卖人的优先权未经公示不具有追及力，与债权本身所具有的一般担保（以债务人的一般财产为担保）相比，并不具有优越性，没必要作为一种优先权而设。且优先权的本质在于基于社会正义或特殊社会政策依法律规定直接打破债权平等原则，属平等原则和自愿原则的例外，优先权这样的设立宗旨与普遍赋予动产、不动产出卖人以优先权无疑是相悖的。

况且，动产、不动产买卖人之间并不存在必然的强者——弱者的地位关系，动产、不动产出卖人的利益完全可以通过买卖双方自由设定定金、抵押、质押等其他担保的方式来实现减少交易风险的目的。我们实在没有必要引入缺少公示性并可能会影响到第三人利益的优先权来达到这种目的。

（二）基于扩大的留置权观念而设立

基于扩大的留置权观念而设立，且这些优先权采用“私力救济”更为经济，也符合人们的日常观念，通过适用留置权的原理亦能达成较适宜的理解。例如，不动产出租人在承租人不付租金时，可以对不动产承租人置于其所承租之不动产上的物品进行扣押并行使优先权，优先于其他债权人受偿。类似的情形还有旅店主人对于客人所携带之行李或其他对象有优先权，运送人对于托运人因运输契约所发生之债权，就托运标的物的优先权等情况。

笔者认为，上述几种情况，极其类似于留置权的规定，可以说是对留置制度的扩大运用而规定的优先权。“这些优先权不能由当事人约定，而是由法律直接规定

① 王泽鉴:《民法学说与判例研究》，中国政法大学出版社 1998 年版，第 500 页。

的，因而它不同于由当事人约定的抵押权、质权，而类似于留置权。”[①]也有学者称之为“特殊留置权”。[②]

留置制度各国规定差异较大，法国法、德国法以及意大利民法中将留置视为债的同时履行抗辩效力，且无优先受偿效力。我国民法借鉴瑞士和日本民法的规定，将留置作为担保物权的一种，并规定了严格的适用范围。在英美法系中，有相当于大陆法上留置权之“lien”，包括普通法上之留置权、衡平法上之留置权以及海上留置权三种。前已述及，普通法上的留置权，亦称占有的留置权，以物之占有为必要，不包含就物受清偿的权能之单纯的留置权。对于动产出卖人之留置权，承揽契约上承揽人之留置权，代理人之留置权，旅店主人之留置权，运送人之留置权等，均属占有的留置权。这类留置权十分类似于大陆法系中规定的动产、不动产优先权。衡平法上之留置权，不以物之占有为必要，对于知道留置权的存在而取得留置物之人，均可主张留置权，故留置权系为衡平的利益而获得物权的效力。海上留置权，即海事优先权。

民法所以设立留置权制度，乃基于公平之原则。因为债权人既占有债务人之物，对债务人之债权又与该物有牵连关系存在，则于债权未受清偿前，若须先返还占有物，则使债权难于甚至无从获得清偿，实非公平之道。[③]故法律乃给予债权人，于债权未受清偿前，可以留置其物的权利，以间接迫使债务人清偿债务。倘债务人仍不履行，则可就留置物折价、变价、拍卖并优先受偿，以使其债权获得满足，如此方能维持其公平，不至于一方履行债务而置他方之债务于不顾。可见，留置权具有极强的实现公平之权能，为民法公平原则之一具体表现。在这一点上，优先权与留置权有很多相似之处。

这些类型的优先权具有很强的私力救济性，这也与留置权很类似。民事救济分为私立救济和公力救济两类。[④]私力救济与公力救济为一对应的范畴。私力救济即自力救济，指权利人自己采取措施保护自己权利的行为，而公力救济为权利人的权

---

① 参见王利明主编:《中国物权法草案建议稿及说明》，中国法制出版社 2001 年版，第 513 页。

② 参见梁慧星、陈华彬:《物权法》，法律出版社 1996 年版，第 389~390 页；董开军:《债权担保》，黑龙江人民出版社 1995 年版，第 197~198 页。

③ 郑玉波:《民法物权》，三民书局 2003 年版，第 342 页。

④ 参见杨振山、龙卫球:《民事救济制度简论》，载《法学研究》1993 年第 3 期。

利受到侵害或有被侵害之虞时，权利人行使诉权，诉请法院保护自己的权利。这些类型的优先权基本都是以占有标的物为条件的。占有，在民法上往往被赋予特殊的效力，如权利推定性、返还请求权等，尤其值得注意的是，占有人为保护自己利益，通常可以采取自力救济的方式（或者说，私力救济的方式）。依各国或地区立法例，占有人的自力救济权主要包括自力防御权和自力取回权。自力防御权指占有人对于侵夺或妨害其占有的行为，得以己力进行防御的权利。自力取回权指占有人在其占有完全被侵夺或妨害后，可以己力回复原有状态的权利，即占有人可取回其物。①

当不动产出租人、货物运送人以及旅店经营人在债务人不履行义务时，可以扣留债务人的动产，并以此行使优先权。②优先权人的这种做法，无疑具有很强的私力救济性，且为优先权所担保的债权及其与物的关联均存在，在给付请求遭到拒绝时，该救济权内容遂迅速发动。这些特点与留置权的自力救济性几乎完全一致，都是一种对与债权有牵连关系之物的继续占有，蕴含着强烈的私力救济精神。

当然，值得一提的是，优先权和留置权的最终实现，要通过对留置物的变价和受偿，而这一系列活动可能会有法院等公力的介入；且当优先权和留置权本身受到侵害时，亦会有国家公力的介入，故不能说留置权和优先权本身即为私力救济权。③

除前述私力救济性外，优先权和留置权亦都具有很强的法定性。优先权具有法定性可以从多方面来理解，包括法律为弱者提供“特权”（Privileges），保障优先权人的利益；对优先权人进行一定限制，以平衡优先权人与债务人优先权人及其他债权人之间的关系考虑等。留置权也具有法定性，不能由当事人自行约定，只能由法律规定产生。④

笔者认为优先权和留置权制度具有法定性还可从其具有私力救济性方面理解。所谓“有权利即有救济，民事权利必然包含着法律救济力，这是民法的常则，也揭示了民事权利的完整结构”。⑤在民事权利的救济方式中，公力救济是保护民事权利的主要手段，现代社会之法治文明，在很大程度上体现为以公力救济取代私力救

① 张俊浩：《民法学原理》（三版），中国政法大学出版社2000年版，第530页。

② 参见《法国民法典》和《日本民法典》的有关规定。

③ 孙鹏、肖厚国：《担保法律制度研究》，法律出版社1998年版，第266页。

④ 郭明瑞主编：《民法学》，北京大学出版社2001年版，第278页。

⑤ 杨振山、龙卫球：《民事救济制度简论》，载《法学研究》1993年第3期。

济，即使公力救济不能取代私力救济，法律也会为私力救济设立种种限制，以使其在良性的轨道上运作，这种限制包括对救济之权利范围、救济的方式、救济的强度等方面。此处所指的法定性，即法律对具有私力救济性的留置权适用范围的限制，换言之，在何种情形下运用这些权利以及怎样运用概由法律作出规定。

对“基于默示的质权设立优先权”说法的辨析

也有学者认为上述类型的优先权是基于明示或默示设定“质权”的观念而设立的。[①] 但笔者认为，尽管质权与留置权在很多地方有相似之处，如，留置权与质权都是动产担保物权，在债权得不到清偿时都可直接就标的物受偿等。但是，民法上质权制度与留置权制度仍有较大的不同，两者不能混淆。

留置权与质权有以下的区别：[②]

1. 质权是由质权人与出质人间之质权合同（特殊情况下也可基于单方行为，如遗嘱）设立的，而留置权则是在符合一定条件时，依法律规定当然成立的。自《法国民法典》以来的现代民法规定的优先权，均是“法定型”优先权，不存在“约定型”优先权。

质权可由两者合意产生，留置权只能由法律规定产生。对于由合意产生的权利，当事人对自身以及对方的权利义务都有清醒的认识，对于权利实现不能的风险也有预测的可能，当事人基于这些认识，“主动地”设定权利与义务。而留置权是依照法律规定产生的，是当事人“被动地”获得的权利。“主动型”的担保物权既可为保全债权而设，又可作为融资手段。“被动型”的担保权主要价值在于保全权利。[③]“主动型”的担保权和“被动型”的担保权反映了不同的法律价值取向。对于优先权而言，其主要价值无疑在于保障优先权人的权利实现，而不是让优先权人拿法律赋予的“特权”去进行交易谋利。所以从这一点上来看，优先权更类似于留置权而不是质权。

---

① 很多学者持这一观点，参见张俊浩：《民法学原理》（三版），中国政法大学出版社，第 512 页。申卫星、傅穹、李建华：《物权法》，吉林大学出版社 1999 年版，第 415 页。金世鼎：《民法上优先受偿权之研究》，载刁荣华主编：《现代民法基本问题》，台湾汉林出版社 1981 年版。蒋人文：《论优先权》，载《广西师范大学学报：哲社版》，1999 年第 2 期。

② 孙鹏、肖厚国：《担保法律制度研究》，法律出版社 1998 年版，第 266 页。

③ 参见本书“优先权的附随性”部分内容。

2. 质权在质权人丧失对物的占有时，并不即时消灭，只有在质物不能请求返还时，才归于消灭。故质物被侵夺时，质权人可根据质权请求返还，返还后其质权仍继续存在，并非成立新的质权。[①]而留置权因占有的丧失而消灭，故留置物被侵夺时，只能依占有的规定提出占有返还之诉，而不能根据留置权请求返还，在依占有之诉恢复占有时，可成立新的留置权。在这里，特别优先权与留置权类似，因标的物占有的丧失而不存在。[②]

3. 质权人在债权已届清偿期而未受清偿时，就可以当然行使质权；而留置权在债权已届清偿期而未受清偿时，还必须具备法律规定的条件（主要指留置物之变价及留置权所担保债权之优先受偿尚需经过一定的催告期限），才可以行使。

笔者认为，对于上述的几种优先权，尽管债权人因债务人不履行债务获得优先权，也不应当直接处理标的物，而应当经过一个催告期间，再行使优先受偿权为宜。

通过法国和日本民法以及我国台湾地区“民法”对于这些类型优先权的规定来看，均十分类似于民法留置权的一些种类，均为法律规定而产生的“法定型”权利，如果解释为默示的质权而不是留置权，笔者认为确实有些舍近求远，抛弃了更相类似的比较。

而且，也从未见任何学者除了在论述优先权性质之外的任何地方提及过“默示的质权”，用一个其他任何地方都没出现过的概念来解释另一个概念，有循环解释之嫌。

也有学者认为法律设置这些优先权类型是为了“有利于促进此种事业的发展”。[③]换言之，是为了发展运输业、旅店业等。笔者认为，这种看法殊为不妥。部分理由已在前面有所提及，本节以下再作进一步论述。

优先权制度在客观上确实有“保护”或“促进”相关事业发展的作用，但是，笔者认为这并不是设立优先权制度的主要目的。从根本上来讲，民法在本质上是“自由的财产流转法”，在于由经济活动的当事人根据市场供求关系和价格信号，自由自主地开展活动，以此达到资源的合理配置，这是由市场经济和商品经济内

① 郑玉波:《民法物权》，三民书局2003年版，第345页。

② 参见《法国民法典》有关规定。

③ 金世鼎:《民法上优先受偿权之研究》，载刁荣华主编:《现代民法基本问题》，台湾汉林出版社1981年版;［日］林良平,《注释民法》(八)，有斐阁，第90~91页。

在的平等和自由竞争要求决定的。[①] 另外，优先权制度在性格上具有“被动性”，其设立的立足点在于保全特定债权，而不在于鼓励、促进或发展某项事业。换言之，优先权制度自其创设之初便以担保特种债权为任务，这也是其法理上的正当性的根本基点，忽略了这一点，却鼓吹优先权在促进产业兴盛方面的作用，只能是舍本逐末、买椟还珠。另外，若真要促进特定产业之成长，法律上亦有足够之方法为之，大至专门立法，如企业促进法，小至放宽产业监管、财政转移支付、给予政策补贴、实行行业自治，抑或是充分发挥民法上的那些能够成为融资工具的权利制度的功能，如抵押、质押等。凡此种种，均不至于求助于偌大民法体系下一个细微的优先权制度。

（三）基于保护债务人的需要，维护社会善良风俗

优先权和一般担保物权都有保障债权人利益的作用。除此之外，优先权还具有维护债务人利益的特殊作用。一般来说，在债权债务关系之中，人们总是天然地倾向于关于债权人利益之维护，法律亦为债权保护设置重重保障：无论是代位权还是撤销权，抑或是从人保到物保的担保制度架构。然而，在出现极端情形之时，债务人的利益也应当纳入立法者的考量。

如债务人及其所抚养家属的的生活必须费用要优先保留，使债务人及其家属能够及时得到治疗或获得生活必需品，来满足医疗和生活需要。债务人丧葬费用优先权，一般指债务人死亡或债务人特定亲属死亡因而支出丧葬费用的债权人对债务人的一般财产享有的优先权。[②] 表面上看，此处还是保障债权人之利益，让丧葬服务者（即债权人）能够及时得到偿付。而事实上或曰在另一个方面，丧葬费用优先权却是为保障债务人利益：因为若无此优先权，那些负债之人或其家人死亡后丧葬服务者恐其无法偿付会拒绝提供服务，结果就是逝者暴尸荒野。设定丧葬费用的优先权，有利于逝者尽早入土为安。

与此同时，法律设立丧葬费用优先权，也有利于维护社会的善良风俗。诚如前述，罗马法中对丧葬费用优先权的设立，就是为了使债务人能够及时筹款迅速安葬，

---

① 潘静成，刘文华：《经济法》，中国人民大学出版社 1999 年版，第 87 页。

② 郭明瑞、仲相、司艳丽：《优先权制度研究》，北京大学出版社 2004 年版，第 54 页。

这其中也寄含着人们对基本的人格的尊重，是道德要求在法律上的诉求。[①] 可以说，丧葬费用优先权的设立是出于人道主义考虑，是活着的人对死去的人的一种“终极关怀”。[②] 我们常说，法治优于人治在于法治不受人的感情影响，不受私欲的限制和破坏。这只是说法律的适用是普遍的、统一的，不受个人感情的影响，但决不意味着法律本身是无感情的、冷冰冰之物，法律应该成为推行自由、平等、美德，尊严等美好品德的工具，应该是倾注了人类美好愿望和企盼的。[③]

类似地，为债务人及家庭提供生存必需品的债权人、为债务人及其家人提供医疗服务的债权人，对债务人的一般财产也享有优先权。因为法律理解到债务人其虽在法律上负有对债权人给付之义务，但这并不意味着其人格低常人一等。债务人（包括其特定亲属）自身生存、发展的权利亦应得到保障。如不授予前述几种优先权的担保，在社会保障制度尚不完善的背景下，负债之人最终的局面便是饥时无食果腹、病时无人医治、死后无人入殓——这些都是文明社会和善良风俗所不能容忍的。我们知道，“法是善和正义的艺术”，法律应该在促进人性解放和人的发展方面做出其特有的贡献。

优先权制度的设立就代表着人们在这方面的希望和努力，从而使其成为一项极具社会使命任务和人道主义精神的法律制度。

（四）为保护债权人的共同利益而设立

此处的共同利益不同于前述的“公共利益”。共益费用优先权是为了全体债权人的共同利益而设立的，它是全体债权人实现其债权的先决条件，自然应由全体债权人负担。

具言之，共益费用就是指在特定程序中，为所有债权人的利益之维护、实现而支付的一些费用。比如破产程序中所产生的破产费用，船舶优先权中的关于海难救助的救助款项和民用航空器优先权中的救援该民用航空器的报酬和保管维护该民用航空器的必要费用都是基于此种考虑。这些费用要么是为了增加此物的价值，要么

---

① 参见王晶：《论税收优先权》，资料来自“中国民商法律网”，网址：http://www.civillaw.com.cn/。

② 参见蔡福华：《民事优先权新论》，人民法院出版社 2002 年版，第 233 页。

③ 申卫星、傅穹、李建华：《物权法》，吉林大学出版社 1999 年版，第 417 页。

是维持此物的价值或者是为了挽救此物的价值，总之都是为了全体的债权人的利益，或至少客观上、直接或间接地维护了全体债权人的利益。因为归属于债务人的任何财产都是和债权人利益息息相关的。需要提示的是，如果某些费用是针对特定的财产发生的，其客观上也产生了有利于所有人债权人利益的效果，就不属于共益费用。具体说来，包括诉讼费用、清算费用、保存费用在内的共同费用的产生都是为了全体债权人的利益，属于共益费用。

共益费用既是为全体债权人之利益发生，由全体债权人予以负担自无异议。然而问题在于如何让债权人予以负担。立法没有采用授予共益费用债务人向全体债权人追偿的权利——这样不仅费时费力，也难以计算每个人具体的追偿额。因此立法采用了赋予共益费用优先权方法：共益费用债权人享有优先于其他所有债权人而向债务人求偿之地位，债务人向其偿付后乃可就其剩余财产向一般债权人清偿。我国的《中华人民共和国破产法》《中华人民共和国海商法》《中华人民共和国民用航空法》等均对此有规定。《日本民法典》《法国民法典》《西班牙民法典》和《马耳他民法典》等国外立法例，也有关于共益费用共同承担、优先支付的规定。赋予共益费用的优先权，是各国民商事立法的共同价值取向，成为各国立法者的共识。

另外，设立共益费用优先权有助于将“不良债权”限定在一定范围，避免将可能难以得到全部清偿的“清算费用不良债权”扩大到为债务人共同利益服务的其他人身上，导致没有人愿意从事“善后工作”进而引起更大的损失。这样规定避免了更大范围人员成为“不良债权”的受害者。从另一个方面来说，立法授予共益费用求偿的优先权的客观积极意义也在于其能够激励人们为集体之利益从事以避免群体陷入“集体无意识”的状态，这在很大程度上有利于降低不利影响，整体性地提升集体效益与社会效益。

例如，债务企业甲欠银行乙贷款 1000 万元，欠企业丙往来款 200 万元，均无担保，现甲自有资产价值 600 万元。因甲资不抵债，乙和丙向法院起诉，申请甲破产还债。法院收取诉讼费、执行费等合计 30 万元，评估机构丁收取评估费 10 万元，资产过户机构戊的过户费用为 10 万元，清算组清算费用（含雇佣 5 名工作人员工资）10 万元。如果赋予为全体债权人（乙和丙）利益而支出的诉讼费、执行费、评估费、过户费以及清算费用以优先权，在债务人资产价值范围内优先得到清偿，则该破产程序最终债权没有得到全部清偿的只有乙和丙两人；如果法律不赋予共益费用优先权，将上述诉讼费、执行费、评估费、过户费以及清算费用视为普通债权，与其他债权按比例平等清偿。因为债务人资不抵债，所有债权人只能平等地按比例清偿。那么，最终，得不到完全清偿的不仅包括原来的债权人乙和丙，法院、评估机构丁、资产过户机构戊、清算组以及清算组的5名雇员的利益都将受到损害，“不良债权人”数目从原来的2人扩大到10人。从经济学的角度看，这样做的结果，扩大了波及面，使更多的人成为受害者，无疑具有更大的“不经济性”。而且，如果这样做，也必然导致没有人愿意从事“善后工作”，导致法律秩序混乱，引起更大的社会问题。

五、设立优先权所考虑的具体价值的交织性

当然，设立优先权所考虑的具体价值有时是交织在一起的，同一优先权的设立可能同时就有多种因素的考虑。需要重点关注的是，这些利益的保护是不是必须通过优先权来实现，其他的担保物权是否能够实现相应的功能？也就是优先权制度独立存在的意义。

应该说，设立优先权制度所考虑的因素有些确实也可以通过其他民事制度得到实现。但是通过前面我们对担保物权和优先权的比较可以发现，优先权制度具有自己独特的特点，优先权有时具有担保物权无法实现的作用。

比如说，担保物权在法律规定的基础上，需要当事人之间的特别约定，而优先权保护的债权中的债权人通常不具备更好的约定的条件。比如工资的拥有者就很难就自己的工资单独和工资的发放者进行担保的约定。国家虽然拥有很大的权力，但也很难就每一笔债权做出相应的担保处理，而且担保的实现也是很复杂的过程，担保本身也是针对特定的担保物而言的，不像优先权可以在法律中规定一般的优先权，针对债务人所有的财产设定。

还有就是基于效率的考虑。担保物权的设定不仅需要定约时的谈判，而且需要登记机关的登记，对于像海难救助这样的费用就很难得到保障。而这样的费用如果无法得到保障，就可能没有人愿意进行这样的救助工作，那么最后危及的是所有债权人的利益。这对于整个社会都是没有效率的。而且优先权不仅仅可以像担保物权那样优先于一般的普通债权，还可能在法律上实现优先于担保物权的安排。况且未

来的债权的发生、债权的大小都是不确定的，在法律上对未来发生的债权提前在法律上做出安排，也是对效率的一种追求。

总之，优先权的价值体现了法律上的价值：正义、公平、效率，这些价值是通过不同的制度安排来实现的。这种制度也并非要对原有的制度尤其是担保物权制度加以否定，而是对整个民事权利体系的优化。

（一）优先权制度的安全价值

价值，是表示“物的有用或使人愉快的属性”，[①] 法律作为人创造的客体，一经制定便独立于人之外，与人形成主客体关系，即与人存在价值关系。它越能满足人的多种需要，就越具有价值。优先权制度具有广泛的价值，安全价值是优先权制度的突出价值。安全作为法律之一基础性价值，为无数的法学圣哲所首肯。英国著名法学家霍布斯认为“人之天性，有争之因三焉：一曰竞争，二曰疑忌，三曰荣誉。第一之争为求利，第二之争为求安，第三之争为求名”。[②] 为此，霍布斯为后世留下了一句不朽的法律格言“人的安全乃是至高无上的法律”。[③] 边沁认为，在不违反安全的原则下，立法者才应该尽量提倡平等，也就是说，安全与平等相比较，安全是第一位的，平等是第二位的，当安全与平等发生矛盾，平等要服从于安全。[④] 在现代社会，安全不仅包括生命健康安全，还包括财产安全和秩序。英国法学家边沁认为，法律的四项目标为生存、平等、富裕、安全，并且认为，生存与富裕都不太需要法律，凡人都知道尽力去保养生命，满足生活，法律只是间接地促进和保障他们。而安全和平等是四项目标中最重要的，特别需要法律的保障。边沁所说的安全包含着身体、名誉、财产、职业不受内乱外患的侵扰。美国现代法哲学家博登海默认为，安全如同自由、平等一样，都根植于人性的个人主义成分之中。“追求安全的欲望促使人类去寻找公共保护，以抵制对一个人的生命、肢体、名誉和财产所

---

① 《马克思恩格斯全集》，第 26 卷，人民出版社 1964 年版，第 139 页。

② 法学教材编辑部：《西方法律思想史资料选编》，北京大学出版社 1983 年版，第 183 页。

③ Thomas Hobbes，De Cive，ed. S. P. Lamprecht，Pt.II.xiii.2，New York，1949。转引自博登海默：《法理学——法哲学及其方法》，中国政法大学出版社 1999 年版，第 293 页。

④ The Theory of Legislation，ed，C. K. Ogden（London，1931），p98。

做的非法侵犯……”[①]

安全作为法律的价值既包括法律能直接确认和保护人们的生命、财产、自由等，保证人们的安全，满足人们的安全需要；也包括法律能对各种行为及其法律后果进行明确的法律宣示，使法律具有可预见性，人们在行为之前可以预计法律对自己行为的态度，而不必担心来自国家强制力的突然打击。[②]优先权制度在保障债权安全上具有独特的作用。

具体来说，优先权制度保障债权安全的价值主要体现为以下几方面。

1. 促进债务人加强管理，诚信履行债务，以实现债权。

优先权作为担保的一种，以债务人全部或特定之财产为担保。无论该财产是否移转占有，其使用、收益、处分等权能都受到极大限制。这虽然不利于债务人利用该财产生产和经营，但从另一角度看，债务人要尽早回复物之所有权完整，充分发挥该财产对自己的效用，债务人必须时刻注意保持自己的履约能力。为此，债务人必须有效利用自己可支配的财产，提高现有资产的保值、增值能力。这些行为无疑会有利于债务人经营管理水平的提高和债务履行能力的维持，有助于实现债权人预期之给付目的。

2. 在债权实现遇到困难时，救济债权损失、替代债之给付。

债在本质上为可期待之信用，即首先确认让渡商品与实现价值存在时间差的合理性，确认经济利益暂时不平衡的合理性，但同时又力图保证这种差距可以消除。[③]在债的关系中，由于这种时间差的存在，债权的期待有可能得不到满足。也就是说，如若债务人不履行债的给付，在没有其他法律措施的情况下，债权人的目的无从实现。在这种情况下，优先权人可以根据优先权的效力，从债务人的全部或部分特定化的财产的价值中优先受偿，从而起到替代债务人原有给付之效果，都能实现或变向实现债权人预期之目的。尽管这是一种被动实现债权的手段，但无论如何，仍为

---

① Abraham H. Maslow, Motivation and Personality, 2d ed.（New York, 1970）, pp. 39~41; Erik H. Erikson, Childhood and Society, 2d ed.（New York, 1963）, pp. 138, 412; Andrew S. Watson, Psychology for Lawyers（New York, 1968）, pp. 196~197; James S. Plant, “A Psychiatrist’s Views of children of Divorced Parents”, 10 Law and Contemporary Problems 807, at 812~814（1944）。

② 卓泽渊：《法律价值》，重庆大学出版社 1994 年版，第 12 页。

③ 杨振山：《社会主义初级阶段理论与我国民法学》，载《中国法学》，1988 年第 5 期。

确保债权安全富有实效的手段，是优先权制度保障债权安全价值的重心所在。

（二）优先权制度保护静的债权安全，兼顾交易安全

法的安全包括静的安全与动的安全。[①] 所谓静的安全亦称“所有的安全”或“享有的安全”，指对本来享有之利益，由法律加以保护，不容他人任意夺取，俾得安全之谓。

所谓动的安全系对取得新利益之活动加以保护而得安全之谓。而取得新利益之活动，是交易的代名词。交易系指私法上财产变动关系的双方意思行为，故动的安全亦称交易安全。交易安全实质上是对交易中善意无过失者之保护。交易安全之所以受保护，是因为交易人在交易中善意无过失。也就是英美法中“欲请求衡平法院救济者，必须自己清手”（He who comes with equity must come with clean hands）的原则。[②] 从而实现法律之正义精神。

在此交易安全观念引导下，世界范围内开始出现了一系列强化交易安全之立法，如法律行为中的表示主义立法、公示主义、公信原则之立法、善意受让制度之立法、向准占有人清偿之立法、表见代理之立法、无行为能力制度限制之立法等。[③]

静的安全与动的安全共同组合成法的安全。一般担保制度的安全价值，有人认为是静的安全，但多数学者认为一般担保制度既保护静的安全，但主要体现为保护动的交易安全。[④] 在现代社会担保制度日益成为融资手段的情况下，尤为如此。

相比之下，优先权制度的安全价值，以个别调整、区别对待等方式，通过确保债权安全来实现公平和社会正义的目的。保护的对象多为社会弱者，保护的利益多为法律明确宣示和保护的应得利益或现有利益，相对来说是静的利益，是对“本来享有之利益”进行保护，而非侧重对“交易预期利益”或是“交易秩序”。优先权制度对特定债权人或债务人给予特殊保护的“特权”更是不宜作为交易条件或交易对象。所以，总的来说，优先权制度的安全价值主要应为静的安全，而非交易安全。

---

① 郑玉波：《民商法问题研究》（一），台湾三民书局 1979 年版，第 39 页。
② 何孝元：《诚实信用原则与衡平法》，台湾三民书局 1979 年版，第 159 页。
③ 孙鹏：《交易安全及其民商法保护论略》，载《法律科学》1995 年第 5 期。
④ 参见董开军：《债权担保》，黑龙江人民出版社 1995 年版，第 35~39 页。

当然，从优先权制度的法定性、顺位确定性等方面来看，优先权制度对社会交易安全、善意第三人的保护等动的安全价值也有所考虑，但这些制度不能代表和反映优先权制度的全貌和整体风格。或者说，优先权制度在宏观上为保护静的安全之法，具体制度上亦兼顾交易安全。

4

CHAPTER

第四章

优先权的性质

一、优先权性质的争议

优先权的性质是一个颇具争议的问题，给优先权定性远比认识它要困难得多，以至于优先权被人称为“难于开垦的法律领地”。[①]前已述及，《中华人民共和国民法通则》《中华人民共和国民法总则》对优先权未作规定，《中华人民共和国企业破产法》《中华人民共和国海商法》和《中华人民共和国民用航空法》是将其作为特殊债权的清偿顺序予以规定，并未确认其为一种独立的权利或独立的制度。对优先权性质的认识，学界有不同的观点：

第一种是特殊效力说。该学说认为优先权是特殊债权的一种特殊效力——优先受偿效力，如德国民法明确认为优先权是特殊债权所有之一种效力；[②]《智利民法典》则将优先权与其所担保之债权合并规定，将优先权作为特种债权的一部分，不认其为一种单独的权利。[③]郑玉波先生认为，（广义的）优先权分为物权优先权和债权优先权两大类。物权优先权指担保物权，乃债权指从权利，而标的物易属特定，如抵押权、质权、留置权以及海商法上之优先权；债权优先权并非担保物权，仅为债之一种效力，故原则上无特定之标的物，如人寿保险要保人之优先权、劳动报酬之优先权等。[④]

第二种是清偿顺序说。该学说也不认为优先权是一项独立之权利，而是特殊债权之间的清偿顺序。基于这种认识，许多国家如英美包括我国等都曾在《中华人民共和国民事诉讼法》《中华人民共和国企业破产法》等程序法中，从债权清偿顺序的角度来规定优先权的内容。以上两种否定优先权作为独立权利的学说，或者认为优先权是特殊债权的特种效力，或者认其为特殊债权的清偿顺序，都不承认这些特殊债权之外还有一项单独的权利。

第三种是独立权利说，认为优先权是特定债权人基于法律的直接规定而享有的

① D. R. Thomas，“Maritime Lien”，Stevens & Sons Limited. London，1980. P12.

② 史尚宽：《物权法论》，荣泰印书馆 1979 年版，第 230 页。

③ 金世鼎：《民法上优先受偿权研究》，载刁荣华《现代民法基本问题》，汉林出版社 1981 年版，第 142~143 页。

④ 郑玉波：《论租税债权与优先权》，载郑玉波《民商法问题研究》，台湾三民书局 1983 年版，第 620 页。

就债务人的总财产或特定动产、不动产的价值优先受偿的权利。优先权是一种法定担保物权。[①]法国、日本、意大利等国家的立法持此种观点。

事实上，不仅优先权是这样，实务界和理论界对于各国法律普遍规定的“船舶优先权”的性质的认识也是如此。美国、加拿大等国认为船舶优先权是以船舶为客体的特殊的财产权（a special property right in a ship）。[②]而在英国，尽管也曾有法官认为，船舶优先权是一种特殊的财产权或“他物权”（a jus in re aliena）。[③]但在1980年发生的The Halcyon lsle一案中，枢密院的五位大法官以3比2的微弱多数判定，船舶优先权仅为一种程序性权利（a procedural remedy）。[④]有的英美法学者赞同这一观点，有的则表示质疑。有学者认为，“英国这一做法与外国海事法院将船舶优先权当作一种实体权利，进而适用其准据法的大趋势，形成了强烈的反差”。[⑤]

我国海商法学者，有的认为船舶优先权是一种程序权利；有的认为是一种实体权利；还有的则认为，二者兼而有之。[⑥]这一争论直到《中华人民共和国海商法》定稿时依然存在，而最后定稿的《中华人民共和国海商法》对此船舶优先权的性质采用了回避态度。[⑦]

首先，我们认为特殊效力说站不住脚。因为优先权与其所担保的债权是两个权利。如果优先权仅是特殊债权的一种效力，那么该效力作为特殊债权的内容之一应伴随其始终，然而优先权却存在着自己独立的消灭原因：可以因一定期间内不行使而消灭，可以因债权人放弃而消灭。如《中华人民共和国海商法》第26条规定，船舶转让时，船舶优先权自法院应受让人申请予以公告之日起满六十日不行使的，船舶优先权消灭。又如加拿大《魁北克民法典》第2727条规定，不动产建筑人或修建人之法定抵押权（legal hypothecs）在工作完成后的三十日内未作登记的，即

① 崔建远：《我国物权法应选取的结构原则》，载《法制与社会发展》，1995年3期。申卫星先生也持此观点。王利明主编：《中国物权法草案建议稿及说明》，中国法制出版社2001年版。

② Henry Campbell Black: Black's Law Dictionary，West Publishing CO.，1979，p. 873. 以及 The Ioannis Dasklelis，Lloyd's Law Rep. 1974，1，P. 174。

③ The Ripon City，Lloyd's Law Rep. 1897，p. 226.

④ Lloyd's Law Rep. 1980，2，p. 332.

⑤ D. R. Thomas，Maritime Liens，London Steven & Sons，1980，p23.

⑥ 参见中国海商法协会主办：《中国海商法年刊》，大连海运学院出版社1990年版，第185页。

⑦ 参见交通部政策法规司、交通部交通法律事务中心编：《海商法条文释义》，人民交通出版社1993年版，第16页。

告消灭；在工作完成后的六个月内，债权人不对不动产所有人提起诉讼或未就该抵押权之行使作预告登记者，该法定抵押权亦告消灭。[①]优先权的消灭并不能导致其所担保的债权消灭，只不过使该债权变成了普通债权而已。可见此等特殊债权之外尚有一个担保其优先受偿的权利——优先权。当然，不能否认的是特殊债权的产生或消灭会对优先权的产生或消灭造成根本性的影响[②]，但这亦不足以否认优先权的独立性。至少民法上还有主权利与从权利之分，或许这也恰好证明二者具有主从法律关系[③]。此外，从权利产生的角度来看，“特种债权”一般均是通过合同、侵权行为或其他法律事实而产生的；但优先权是基于法律的直接规定而产生的。从权利的内容来看，特种债权本质仍为债权，体现的或者强调的是一种相对性，即特殊债权的债权人只能请求债务人履行债务；而优先权关注的不再是债务人是否履行债务的这种行为，其直接指向债务人的一般财产或特定财产，享有就该财产的交换价值优先受偿的权利。

此外，王泽鉴先生在对“1967年度台上字第2043号判决”进行评释时亦指出，台湾地区“海商法”上之优先权和“矿场法”上之优先受偿权（如矿工工资优先受偿权）与抵押权确有不同：如就标的物而言，“民法”上之抵押权系以特定之不动产为客体，而法定优先受偿权系存在于债务人特定财产或全部财产之上。但二者皆优于一般债权受偿，故均有对世效力，具有物权性，因此台湾地区学者多将优先受偿权与抵押权并列，认为其系担保物权的一种形态。[④]这些都说明，优先权并不内在地从属于债权，亦非特殊债权的一种效力，而是一项单独的权利。

其次，清偿顺序说也是不妥当的，且不说它仅是规定在程序法中的清偿顺序，因其没有相应实体法依据，而给人一种“无源之水”的感觉。单是说优先权的内容，也绝非一个清偿顺序所能规定得了的。实际上，清偿顺序只是优先权中的一个内容——优先权的顺位而已，除此之外优先权还有物上代位性和一定条件下的追及性，甚至某些动产优先权还有占有扣押标的物的权能。此外，清偿顺序说仍然把优

---

① 孙建江、郭站红、朱亚芬译：《魁北克民法典》，中国人民大学出版社2005年版，第330页。

② 如《魁北克民法典》第2659条：法律赋予特定债权的优先权，在引起债权的债消灭时，当然终止。（孙建江、郭站红、朱亚芬译：《魁北克民法典》，中国人民大学出版社2005年版，第323页。）

③ 宋宗宇：《优先权制度研究》，西南政法大学博士论文，2006年，第59页。

④ 王泽鉴：《民法学说与判例研究（一）》，中国政法大学出版社1998年版，第499页。

先权限定在债权范围内，它无法解决优先权与其他担保物权的效力比较问题。

否认优先权为一项权利的立法和学说，主要是受优先权的法定性和从属性的影响。因其法定性，优先权随着特殊债权的发生而必然发生。若无特殊债权之产生，一般也就不会有相应的优先权；因其从属性，作为一种从权利，优先权从属于其所担保的债权。正是这两点导致人们以为它是特殊债权的一种效力而非脱离特殊债权外的一项独立权利。但我们应清醒地认识到，优先权的法定性和从属性并不能影响其作为一项单独的权利而存在。我们应拨开优先权上的迷雾，还其真面目。

二、优先权实体权利性

优先权作为一项权利，是实体性权利，还是程序性权利?

笔者认为，实体法和程序法是“按照法律的内容所作分类”。① 一般认为，能直接对当事人之间的法律关系产生实质性的影响的，决定当事人在实体法上的权利、义务的多少、有无，直接关涉权利人的人身权益和财产权益的，为实体性权利。相反，权利的设定并不实质性、直接性地影响当事人之间的法律关系，其表现的是程序法上的权利义务，只是为了保障实体性权利行使或为公正之目的而设定的，为程序性权利。从另一方面来讲，我们也可以按照法律关系的内容不同，将法律关系分为实体法律关系和程序法律关系。一般来说，实体法律关系受实体法调整，程序法律关系受程序法调整。在这个意义上，我们可以说实体权利存在于实体法律关系中，而程序权利则存在于程序法律关系中。以民事法律关系和民事诉讼法律关系这两种典型的实体法律关系和程序法律关系为例，二者的区别主要表现在法律关系的四要素方面：

第一，主体不同。民事法律关系的主体“是民事法律关系的参加者，即在民事法律关系中依法享受权利和承担义务的人，包括自然人和法人”。② 而法院并不是这一法律关系不可缺少的必要主体。而“民事诉讼法律关系的主体是诉讼权利义务

---

① 参见中国大百科全书编辑委员会编《中国大百科全书·法学卷》，中国大百科全书出版社 1984 年版，第 80 页。

② 参见《中国大百科全书·法学卷》，第 417 页，另见《民法通则》第 2 条以及第二章和第三章的规定。

的担当者。凡是在民事诉讼中享有诉讼权利、承担诉讼义务的人（法院、法人、非法人团体和个人），都是民事诉讼法律关系的主体”。[①] 法院是这一法律关系必不可少的主体。

第二，客体（或曰标的）有别。民事法律关系的客体，“即民事主体的权利、义务共同指向的事物（对象）。通常是指物（财产）、行为和精神财富等”。[②] 而民事诉讼法律关系的客体，就是主体之间诉讼权利和义务所指向的对象，也即待裁决的、实体的民事法律关系。“人民法院与当事人之间诉讼权利和义务所指向的对象，是要确定案件的事实真相，解决民事权益争议。”[③]

第三，内容相异。“民事法律关系的内容指民事权利和义务。”[④] 一般表现为物权、债权、知识产权、人身权等，以及与此相对应的义务。而“民事诉讼法律关系的内容，就是主体之间由民事诉讼法确认并保障其实现的诉讼权利诉讼义务。主体不同，享有的诉讼权利和承担的诉讼义务也各不相同。”[⑤] 一般表现为法院享有的审理、裁判等权力及当事人享有的起诉、上诉、申请回避等权利，以及与此相对应的义务。

第四，权利设定的效果不同。能直接对当事人之间的法律关系产生实质性影响的，为实体性权利，如所有权的设定，使权利人拥有某物，享有占有、使用、收益和处分该物的权利，而其他人不得妨碍，双方之间原有的法律关系发生了实质性变化，此为实体性权利。相反，权利的设定并不直接影响当事人之间的法律关系的实体内容，只是为了实体性权利行使的方便或公正而设定的权利，或者为实现实体性权利而设定的权利为程序性权利。例如申请回避的权利，其设定和行使本身并不直接影响当事人之间的法律关系的内容；当事人之间的权利义务关系不会因申请回避权利的行使，而发生实质性变化。[⑥]

---

① 参见柴发邦主编:《民事诉讼法学》，法律出版社 1987 年版，第 41~42 页。

② 参见中国大百科全书编辑委员会编:《中国大百科全书·法学卷》，中国大百科全书出版社 1984 年版，第 417 页。

③ 参见柴发邦主编:《民事诉讼法学》，法律出版社 1987 年版，第 44 页。

④ 参见中国大百科全书编辑委员会编:《中国大百科全书·法学卷》，中国大百科全书出版社 1984 年版，第 417 页。

⑤ 参见柴发邦主编:《民事诉讼法学》，法律出版社 1987 年版，第 43 页。

⑥ 申卫星、傅穹、李建华:《物权法》，吉林大学出版社 1999 年版，第 393 页。

此外，通过权利产生的时间和空间这一维度，亦可明确优先权非程序性权利。优先权是当特定债权出现时，就依法产生了。换言之，在特种债权产生之时，其就受到了优先权的潜在保护，只不过优先权真正实现、发挥作用之时是在诉讼过程中，但这并不意味着优先权始于诉讼活动。前已述及，程序性权利则产生于程序性的法律关系中，如民事诉讼法律关系。优先权并不起源于此，因此其并非程序性权利。

基于以上分析，可以认定优先权为实体性权利。就特别优先权而言，由于其权利客体特定，优先权人可以占有支配债务人的特定动产或不动产，并就其价值优先受偿。这些权利内容的加入，显然已经直接性地改变了当事人之间的原债权债务关系，构成了直接的实质性影响，成为实体性权利。就一般优先权而言，虽然债权人对债务人的财产并不能直接支配，但仍有对抗力，在债权未受清偿之前，可以对抗其他债权人，甚至可以对抗享有担保物权的债权人而优先受清偿，否则能与普通债权人一起平等受偿。这显然已经在原有的债权债务关系加入了新内容，产生了实质性的影响，构成实体性权利。

三、优先权的担保物权性

明确了优先权属于实体性权利之后，接下来应该弄清在整个实体性民事权利体系中优先权的位置。优先权作为一项实体性权利，属于财产权自不待言，但在财产权中究竟为何种性质的权利？属于债权还是物权？立法和理论上有不同的意见。在立法上，法国、日本民法典将优先权定位为物权，其理由是优先权所具有的优先受偿性，是物权的基本属性，也是物权与债权相区别的重要标志，法律赋予某种债权以优先受偿效力，事实上就肯定了该项请求权具有物权的性质。另一种是以德国为代表的国家，前已述及，德国民法典中没有专门有关优先权的规定，以德国为代表的国家，认为优先权的实质性破除了债权平等之原则，赋予特种债权人以优先受偿之权利，但特种债权不过是推行社会政策和基于社会公共利益的结果，并不改变特种债权的债权性质。[①] 在理论上，学界对优先权作为一项独立权利的性质认知也

① 陈本寒主编：《担保法通论》，武汉大学出版社 1998 年版，第 129 页。

不同。有观点认为其是一种债权[①]，亦有观点认为其是物权化了的一种债权[②]，第三种观点认为其属于一种物权[③]。晚近以来，学界对优先权性质的认识又进一步深化。有学者提出，优先权各有基础，应进行类型化的分析，不能求其性质上的统一[④]：优先权应视具体的情况，或区分为债权性质的优先权和物权性质的优先权[⑤]，或依优先权具体种类，如特定优先权、一般优先权分别进行性质界定[⑥]。最近还有学者提出，优先权既不是物权或担保物权，亦非债权或特种债权，更不是一种简单的顺序或程序性权利，其实际上是法律依据特定立法政策而特别创设的一种救济权，而且这种救济权充分具备形成权的基本特征，实质上是救济权中的形成权。[⑦]

我们认为优先权属于物权，是一项担保债权实现的担保物权。

认定优先权属于担保物权，首先要看优先权是否具备担保物权的性质。对于担保物权的性质，学说理论众说纷纭，大体上包括：担保物权的从属性、不可分性、物上代位性、价值性、变价性和物权性等。[⑧]

由于各种特性是从不同层面对担保物权进行的抽象，使得担保物权的性质缺乏系统的分类和概括，为此，有学者主张认识担保物权的性质，应沿着如下线索进行：第一，从功能上看，担保物权是一种担保债权实现的权利，具有担保性，为担保权；第二，从内容上看，担保物权是一种变价性的权利，即价值权：法律关注的不是物的使用价值，而是其交换价值；第三，从权利的归属上看，担保物权是一种支配性的权利，即物权。由此确定担保物权的本质属性应当是担保物权的物权性、价值性和担保性。其中担保物权的物权性具体包括担保物权的法定性、优先性、支配性，

---

① 可参见陈本寒：《优先权的立法定位》，载《中国法学》，2005 年第 4 期。

② 参见杨仁寿：《海商法论》，台湾三民书局 1985 年版，第 64~65 页，第 85 页。

③ 参见桂裕：《海商法新论》（“民国”六十九年四月版），第 150~151 页；施智深：《海商法》，第 334~335 页；张东亮：《船舶优先权之确立与实施》，载《法学丛刊》第 109 期。

④ 参见鲍轶欣：《民事优先权性质研究》，中国政法大学博士论文，2008 年，第 19 页；宋宗宇：《优先权制度研究》，西南政法大学博士论文，2006 年，第 68 页。

⑤ 郭明瑞、仲相、司艳丽：《优先权制度研究》，北京大学出版社 2004 年 7 月，第 40 页。

⑥ 进一步参见鲍轶欣：《民事优先权性质研究》，中国政法大学博士论文，2008 年，第三章和第四章。

⑦ 可参见田野：《优先权性质新论》，载《郑州大学学报（哲学社会科学版）》，2016 年 3 月期。

⑧ 史尚宽：《物权法论》，荣泰印书馆 1979 年版，第 231~234 页。王利明：《物权法论》，中国政法大学出版社 1998 年版。谢在全：《民法物权论》（下），三民书局 1992 年版，11~14 页。郭明瑞：《担保法原理与实务》，中国方正出版社 1995 年版，3~9 页。[日]近江幸治：《担保物权法》，早稻田大学出版社，祝娅、王卫军、房兆融译，法律出版社 2000 年版。

排他性和追及性；担保物权的价值性（价值权性似乎更为妥当，以下称价值权性）。包括变价受偿性和物上代位性；担保物权的担保性包括从属性和不可分性。[①]

我们认为，以上这种认识担保物权性质的方法，清晰而全面地概括了担保物权的性质，下面将按照以上担保物权的性质对优先权进行分析。[②] 同时，也在价值层面对优先权制度保障债权安全的价值进行一些初步的探讨。

（一）优先权的物权性

日本学者近江幸治在讨论优先权（先取特权）的法律性质时明确指出，先取特权的物权性主要表现为两点：一是先取特权的本体是优先受偿权，因而对第三人会产生强烈的物权效果。有些先取特权，如不动产保存费用以及不动产工事费用的先取特权，如果进行了登记的话，甚至优先于抵押权。二是追及效力。而先取特权的担保物权性则表现为担保物权的三大属性——附随性、不可分性和物上代位性，对先取特权而言，都是适用的。[③] 下详述之。

1. 优先权的法定性

担保物权的法定性在这里是指物权法定主义，即物权的类型和各类型的内容都由法律规定，而不允许当事人自行创设。[④] 物权法定原则在各国民法著述中均被认为是物权法最重要的基本原则，[⑤] 具有"确保物权之特性，建立物权体系"的功能。[⑥] 法国、日本等设立优先权的国家明确规定优先权为物权。我国除了特别法，如《中华人民共和国海商法》《中华人民共和国民用航空法》明确规定了船舶优先权和民用航空器优先权以外，没有设立统一的优先权制度，但尽管如此，并不影响我们对优先权性质的讨论。考察各国优先权立法例，可以知道优先权不仅应法定，而且是一种法定性极强的物权；不仅优先权的性质和内容要法定，而且享有优先权的债权以及优先权的顺位也要法定，以至于经常被人称为法定优先权。

---

① 董开军：《论担保物权的性质》，载《法学研究》，1991 年 3 期。

② 本部分主要参考申卫星、傅穹、李建华：《物权法》，吉林大学出版社 1999 年版，第 395~403 页。

③ ［日］近江幸治：《担保物权法》，祝娅等译，法律出版社 2000 年版，第 32~33 页。

④ 张俊浩主编：《民法学原理》，中国政法大学出版社 2000 年版，第 388 页。

⑤ 中国物权研究课题组（负责人：梁慧星）：《中国物权法草案建议稿》，社会科学文献出版社 2000 年版，第 101 页。

⑥ 谢在全：《民法物权》（上册），中国政法大学出版社 1999 年版，第 41 页。

优先仅之所以具有如此强的法定性，是因为优先权是基于特殊的社会政策和理由而规定的，已经超出了对私益的保护，几有公益、救济之性质。也正因如此，优先权一经规定，即不可不赋予其物权的效力，倘不予以物权的效力，则难以达到其设定的宗旨。

2. 优先权的优先性

尽管有学者主张物权优先性的说法不一定准确，[①] 但在目前，大多数学者仍认为物权具有优先性。优先权的基本内容就是排斥第三人而优先取得。当然这里也需要注意，优先权并不排斥所有权人或者其他处分人的处分权，恰恰相反，只有在处分人处分标的物时优先权人才能够、也才有必要排斥第三人而优先取得价款或者标的物。[②]

物权的优先说有单一说和双重说之分。单一说，即指主张物权的优先性仅指物权优先于债权的效力。如史尚宽先生认为，“优先的效力，谓物优先于债权的效力”[③]，或者主张物权的优先性仅指物权间的优先效力。[④] 双重说主张物权优先性不仅指物权优先于债权之效力，也包括物权相互之间的效力。目前，双重效力说为通说。[⑤]

但不论按何种学说考察，优先权都具有优先性。首先，优先权在效力上优先于普通债权；其次，在优先权内部，不同的优先权效力强弱不同，而且一般优先权和经过登记的不动产优先权，在效力上优先于包括抵押权在内的一般担保物权，被称为超级优先权（Super Priorty）或第一位的（First Class）、神圣的（Sacred）优先权。

---

① 参见孟勤国：《物权二元结构论》，人民法院出版社 2002 年版，第 87~89 页；戴孟勇《物权的优先效力：反思与重构》，载《中美物权法国际研讨会论文集》；李锡鹤：《物权优先之所在》，载《法学》，2002 年 3 期。

② 孙宪忠：《中国年物权法总论》（第三版），法律出版社 2014 年版，第 174 页。

③ 史尚宽：《物权法论》，中国政法大学出版社 2000 年版，第 10 页。

④ 参见史尚宽：《物权法论》，中国政法大学出版社 2000 年 1 月第 1 版，10~11 页；张俊浩主编：《民法学原理》，中国政法大学出版社 1991 年 10 月第 1 版，361~363 页；李开国：《民法基本问题研究》，法律出版社 1997 年 8 月第 1 版，279~280 页；郭明瑞、唐广良、房绍坤：《民商法原理（二）》，中国人民大学出版社 1999 年第 1 版，43~44 页。

⑤ 参见王泽鉴：《民法物权》第一册，中国政法大学出版社 2001 年 10 月第 1 版，61~62 页；谢在全：《民法物权论》上册，中国政法大学出版社 1999 年 1 月第 1 版，32~35 页；钱明星：《物权法原理》，北京大学出版社 1994 年 1 月第 1 版，34~35 页；王利明：《物权法论》，中国政法大学出版社 1998 年 4 月第 1 版，第 27~30 页；陈华彬：《物权法原理》，国家行政学院出版社 1998 年 4 月第 1 版，92~95 页；江平主编：《民法学》，中国政法大学出版社 2000 年版，326~328 页。

这足见优先权之优先性。

3. 优先权的支配性

物权一般被定义为直接支配物、享受其利益而具有排他性权利，[①]支配性是物权的核心和灵魂。担保物权也应具备支配性，但是担保物权系以支配物之交换价值为内容之物权。[②]所以，其支配性注重的不是对担保物的实体控制，而是追求支配物之交换价值以实现债务清偿。[③]其重点在于担保物之处分及收益。[④]作为担保物权的优先权，是指可以对债务人的特定财产或者总财产的交换价值排他地优先受偿，并且不需要借助于债务人的给付行为，得以自己的意思而享受物之利益，体现了其支配性。

否认优先权是一种物权的学者认为，物权的支配性是物权人能够以自己的意思对物依法占有、适用、收益和处分，因此优先权不具有对物的支配特征。对此，应当说明的是，对于动产优先权，不论标的物辗转落入何人之手，优先权人均可行使追及权。可以说，这种“追及力”正是权利主体对于权利客体支配力的表现形式之一。同时，优先权的享有人可以通过一定的法律程序，扣押及拍卖债务人财产，从而构成对债务人财产法律命运的一种决定。而这种“决定”，在一定程度上显示了权利主体对权利客体的支配力所在。因此，我们不能因为优先权的“支配”特征不如所有权的“支配”特征表现得那样充分和强烈，就否认其物权性。况且抵押权、留置权等其他物权的“支配”特征也都无法与所有权相媲美。

4. 优先权的排他性

有学者认为，物权的排他性是物权的最本质特性，是物权与债权的主要区别。[⑤]排他性是支配性的补充和延伸，系指物权排除干涉、独立存在，也称独立性。[⑥]优先权作为“排他权”，说的就是优先权的实现不依赖于他人的意思，而且必须排斥他人的意思才能实现权利人的全部利益。但是理论界也有学者认为，优先权不具有

① 郑玉波：《民法物权》，三民书局1988年版，11页。

② 王泽鉴：《民法物权》第1册，中国政法大学出版社2001年第1版，61~62页。

③ 董开军：《论担保物权的性质》，载《法学研究》，1991年3期。

④ 史尚宽：《物权法论》，中国政法大学出版社2000年1月第1版，第12页。

⑤ 杨振山：《作为民法财产权体系的核心，物权与债权的关系》，载《中国民事与社会权利现状》，昆仑出版社2001年版，第81页。

⑥ 史尚宽：《物权法论》，荣泰印书馆1979年版，第230页。

排他性，[①] 因为“物权的排他性是指在同一物之上不能同时并存两种以上内容完全相同的物权”，而“优先权则可同时并存在同一财产上”。我们认为，此种观点对排他性这一概念作了狭隘性理解，不足以否认优先权的排他性特征。实际上，准确地说，物权的排他效力是指在同一标的物上，不能同时成立两个以上内容互不兼容的物权。[②] 譬如，担保物权因系以物的交换价值为内容，可在同一不动产上设定数个抵押权。

排他性包括特定性和位次性。优先权具有位次性，自不待言，唯一的问题是优先权的特定性，物权的特定性是指标的物的特定化，就特别优先权而言，客体为特定的动产或不动产，只有特定性。而一般优先权的客体是债务人不特定的总财产，何以体现其特定性，对此，史尚宽先生曾指出，一般物权须于成立时其标的物为特定，而担保物权以于实行时特定为已足。[③] 因为物权标的物特定化的目的在于满足物权人的支配权，用益物权和所有权以物之使用收益为内容，故以对标的物的有形支配为必要，借其存在而获取利益，所以此种物权成立时必须特定化，方能满足物权人的利益；而担保物权唯以取得该物所保有的交换价值为目的，以将它拍卖而从其卖得价金中优先清偿被担保债权为内容，担保物权存在时无价值取得可言，故无须对其作有形的支配，其价值之取得借其消灭即实行时而实现。所以，一般优先权的特定是以优先权实行时债务人的总财产的价值之特定来体现的。

5. 优先权的追及性

物权的追及效力，是指物权一经成立，其标的物无论辗转于何人之手，物权人均可以追及物之所在而直接支配其物的效力。[④] 担保物权以变价权和优先受偿权为其内容，该种类型的物权一经设定，即成为担保物权人对特定担保物的支配权，而非仅仅针对物之所有人的相对性权利。优先权的追及性问题，不能简单地比照一般类型的担保物权进行理解。就动产存在的优先权，不论特殊优先权，还是一般优先权，一般来说，不具有追及性，该动产被让渡给第三人后，就该动产存在的优先权

---

① 田野:《优先权性质新论》，载《郑州大学学报（哲学社会科学版）》，2016 年第 2 期，第 46 页。

② 王泽鉴:《民法物权》，北京大学出版社 2009 年版，第 46 页。

③ 史尚宽:《物权法论》，荣泰印书馆 1979 年版，第 9~11 页。

④ 刘家安:《物权法论》(第二版)，中国政法大学出版社 2015 年版，第 44 页。

消灭。[①] 如《日本民法典》第 333 条规定，先取特权，在债务人将其动产交付于第三人之后，不得就该动产行使；《阿尔及利亚民法典》第 985 条规定，优先权对动产的诚信占有人不具有对抗力。但法国的司法实践却与前两者不同。法国民法典虽对追及权问题未作明文规定，法国法院的判例却认为税务署的税款债权人享有的优先权具有追及性[②]。此外，由于法国从 1534 年到 1763 年在加拿大魁北克省的殖民统治，《魁北克民法典》强烈地承袭了法国法上的法律传统，该民法典第 2654 条附 1 条亦明确规定，市和学校理事会对财产税的优先权构成物权。并强调“此等优先权授予其持有人对应税财产的追及权，何人持有此等财产，在所不问”。[③]

不动产一般优先权较之动产优先权的效力要强，一般认为可以对抗无担保之债权人，并且可以追及没有登记的第三人。不动产特别优先权人按照法律规定的期间和方法进行登记后，具有很强的追及性，甚至可以对抗抵押权人。[④] 特别法上规定的船舶优先权甚至被称为“不能消除的权利”（An Indelible Right）。[⑤] 如《中华人民共和国海商法》第 26 条就明确规定，船舶优先权不因船舶所有权的转让而消灭。

（二）优先权的价值性

担保物权的价值权（Wertrechte）性质，无例外地受到各国学者的普遍认同。“价值权性……，也是所有物的担保的共同属性。”[⑥]

价值权性质又称为换价性或变价受偿性，是担保物权的本质。作为价值权，担保物权不以取得标的物的占有、使用、收益为内容，更不以取得标的物所有权为目的，而仅是为了控制标的物的交换价值，以保证在债务人不履行债务时，担保物权人能够以标的物的价值优先受偿。就担保物权的变价受偿性而言，在债权关系正常

---

① 刘得宽：《民法诸问题与新展望》，中亨有限公司 1979 年版，第 335~336 页。

② 金世鼎：《民法上优先受偿权之研究》，载郑玉波主编：《民法物权论文选辑》（下），台湾五南图书出版公司 1985 年版，第 920~921 页。转引自陈本寒主编：《担保法通论》，武汉大学出版社 1998 年版，第 134 页。

③ 孙建江，郭占红，朱亚芬译：《魁北克民法典》，中国人民大学出版社 2005 年版，第 322 页。

④ 史尚宽：《物权法论》，荣泰印书馆 1979 年版，第 230 页。

⑤ D. R. Thomas，Maritime Liens，London Steven & Sons，1980，p23.

⑥ ［日］柚木馨：《担保物权法》，有斐阁昭和 33 年版，第 3 页。

发展的情况下，债务人履行了给付义务，担保物权也就失去了意义。[①]

担保权的价值性，是指担保权是对担保物价值的支配权，其所支配的对象不是担保物的实体，而是其价值。价值权性是担保物权与用益权的根本区别，用益物权在于取得对权利客体实体支配，以获得其使用价值，即通过用益权设定，而使权利人得以对标的物的实体进行利用，并通过此种利用而获得利益。用益物权必以对权利客体的利用为内容，由于用益物权以此为目的，必然要以对权利客体的实体的支配为条件。

担保物权作为一种价值权，其给予权利人的利益并不表现在对于标的物的实体的支配，并通过这种支配而获得标的物的效用，而在于在特定情况下，权利人得通过对担保物价值的把握而实现对于一定价值的损失的弥补，正因为如此，在一般情况下担保物权被用来作为对特定债权的担保。当然，担保债权只是担保物权功能的一种应用，对价值的支配利益还可以用于其他目的，比如说，担保物权还可以作为投资的对象。

价值权性质是担保权最基本的特性之一，其他特征大多来源于此。担保权的价值权性质主要表现在以下几个方面。[②]

第一，担保权的设定，并不以担保物的权利的转移或担保物的占有转移为条件。但作为担保权标的的担保物必须具有交换价值，无交换价值，则担保权的设定将无任何意义。

第二，担保权设定后，担保人仍可对担保物进行占有和使用，但担保人不得使用依一般交易习惯不应采用的方式使用担保物，使担保物的价值严重减损。

第三，在担保权实行时，担保权人应从标的物的价值中获得清偿。

第四，当担保物的价值灭失时，担保权人的权利也将因其价值的丧失而丧失。当担保权的价值不能实现时，担保权人的权利也将无法实现。

第五，担保物之实体消灭时，若存在担保物的价值代表物或替代物，则担保权仍可于其上而存在。担保物的实体形态发生变化，并不影响担保权人的权利，此即担保权的物上代位性。

---

① 郭明瑞：《民法学》，北京大学出版社 2001 年版，第 251 页。

② 许明月：《抵押权制度研究》，法律出版社 1998 年版，第 84~85 页。

担保物权系以支配物之交换价值为内容的物权，担保物权人对客体财产的支配，不在于支配其实体以取得使用价值，而在于支配其交换价值，得以直接从其价值受偿，所以担保物权之本质为价值权。同样道理作为价值权，优先权主要表现为变价受偿性和物上代位性。

1. 优先权的变价受偿性

变价受偿性是担保物权价值性的集中表现，不同于用益物权的实体利用性。作为担保物权的优先权也具有变价受偿性，而且变价受偿权能是优先权的核心，优先权设立的目的就在于当债务人的财产不足以清偿全部债权时，优先权人有权申请法院变价拍卖标的物，并就其价值优先受偿。

价值权的实现，以清算为原则。在通常情况下，须向法院申请并由法院来执行，并采用变价的方式进行。由优先权人从优先权标的物价款中优先清偿。在特殊情况下，经当事人协议虽可由担保权人取得担保物，但亦应采用清算原则，对担保物进行折价。无论采用哪种方式实行担保权，都应通过清算确定担保权担保债权的金额和担保物的价值（在拍卖、变卖时，担保物的价值通过市场交易而确定），直接转移担保物的所有权而替代债务的清偿，不符合担保权的价值权性质。

需要指出一点，对优先权标的物的变价拍卖虽然须向法院申请并由法院来执行，这并不影响其物权性，因为拍卖之申请无须债务人的同意即可为之变价拍卖。申请的目的主要在于为谋求公正或手续上慎重，并维持社会经济秩序起见，借国家公法上的权能来实施拍卖。①

2. 优先权的物上代位性

所谓物上代位性，是指担保物权的效力及于其标的物之替代物。一般物权以物之使用、收益为内容，属于实体物权，所以其标的物应自始特定，标的物一旦灭失，实体物权因尢法实现而消灭；而担保物权属于价值权，追求标的物之交换价值以实现债务清偿，其所关注的是标的物交换价值的存在，若标的物实体被出卖、出租、毁损或灭失，就其价金、租金、赔偿金、保险金上仍然应存在担保物权。可见，物上代位性是价值权的应有之义。

优先权具有物上代位性，优先权对因其标的物的出卖、出租、毁损或灭失而使

① 刘得宽:《民法诸问题与新展望》，中亨有限公司 1979 年版，第 332~337 页。

债务人获得的金钱或者其他物上，以及在优先权标的物上设立物权的对价，仍然可以行使。[①]《日本民法典》第 304 条明确规定：（1）先取特权，对债务人因其标的物变卖、租赁、灭失或毁损而应受的金钱或其他物，亦可行使。但是，先取特权人于支付或交付前，应实行扣押；（2）关于债务人于先取特权标的物上设定物权的对价，亦同。

一般说来，物上代位性仅对特别优先权成立，就债务人总财产成立的一般优先权，由于债务人应得之金钱或其他代位物亦包括于总财产中，故不成问题。[②]

（三）优先权的不可分性

担保物权的不可分性系指直到被担保的债权全部获得清偿时止，任何担保物权的效力都可及于全部标的物，无论担保物权所担保的债权是否部分得以履行或担保物是否被分割或部分灭失，均不会使部分标的物脱离担保物权的约束。[③]优先权具不可分性。[④]优先权有数个标的物时，优先权就担保债权的数额及于各标的物之上。优先权以债权存在为限，得就标的物全部受偿并以标的物的存在为限，得为其债权全部行使权利，其债权一部消灭或者标的物一部灭失，对优先权不产生影响。[⑤]

优先权的标的物的物上代位物应当也受优先权不可分性的约束，因为物上代位物是因为原标的物出卖、租赁、毁损、灭失得到的对价或补偿，是原标的物的变形物，仍担保原优先权的债权，所以不可分性原则也应适用于代位物。

1. 对优先权不可分性的限制[⑥]

一般优先权人行使优先权时应先就不动产以外的财产受偿，就不动产受清偿时，应先就未设定特别担保的部分受偿。因为不动产价值巨大，对债务人的生产生活有较大影响，如债务人其他财产可以清偿优先权人，则应优先由其他财产清偿，

---

① 参见陈国柱译：《日本民法典》，313 条、336~360 条、304 条、305 条，吉林大学出版社 1993 年版。

② ［日］近江幸治：《担保物权法》，祝娅、王卫军、房兆融译，法律出版社 2000 年版，第 33 页。转引自郭明瑞、仲相、司艳丽：《优先权制度研究》，北京大学出版社 2004 年版，第 42 页。

③ ［日］我妻荣：《新订担保物权法》，申政武、封涛、郑芙蓉译，中国法制出版社 2008 年版，第 45~53 页。

④ 参见陈国柱译：《日本民法典》，313 条、336~360 条、304 条、305 条，吉林大学出版社 1993 年版。

⑤ 金世鼎：《民法上优先受偿权之研究》，载刁荣华主编：《现代民法基本问题》，145 页、148 页。

⑥ 金世鼎：《民法上优先受偿权之研究》，载刁荣华主编：《现代民法基本问题》，第 148 页。

这样有助于保护债务人利益。就不动产清偿优先权时，先就未设定担保的部分清偿有利于平衡其他债权人的利益。这样的清偿原则为从实体法到执行程序法等大量立法所采用，应当成为优先权实现的规则。[①]

2. 准用共同抵押行使的限制

不动产上的优先权准用抵押权的有关规定，可准用共同抵押行使权利的限制。即债权人就同一债务的担保在债务人数个标的物上有优先权，债权人可就各不动产的价值来实现其债权，也可就标的物的一部分来实现其债权。此时，若被该债权人用以实现债权的标的物上还有其他人对其享有后顺序的优先权，则后顺序优先权人可以就前一债权人享有优先权的其他标的物代位行使自己的优先权。

举例如下：债权人甲对债务人乙有一万元之债权，而此债权依法律规定有优先权之存在，而且以债务人乙之 A 房屋及 B 房屋为担保债权之标的物；则甲之一万元债权额由 A 房屋及 B 房屋各负担五千元；丙及丁对于乙之 A 房屋亦各有三千元债权及四千元债权，且其债权均有优先权之存在；若依法律之规定，甲、丙、丁之优先权依次为第一位次，第二位次及第三位次；若甲对 A 房屋行使优先权，且债权全部受清偿时，则丙，丁可代位甲对于 B 房屋之优先权，则丙可分配三千元，丁可分配二千元。

优先权的不可分效力主要是保证优先权担保的债权得到清偿，满足设立优先权的特定政策目的，同时也符合担保物权的一般规定。近来有专家学者认为应弱化担保物权的不可分性。[②]但笔者认为，对于优先权这样一个公益性较强的法定担保物权，应将其不可分性贯彻到底。

对照担保物权的性质进行分析可知，优先权基本上具备担保物权的性质，只是在支配性、特定性以及追及性方面有些不充分，有人也是基于其支配性不强、客体不特定（仅指一般优先权）和有限的追及性而否认其为一种物权。

应当指出，其实并非所有的担保物权都具备以上全部性质。就追及性而言，留置权会因留置权人丧失对留置物的占有而消灭，在质权人丧失其质物的占有而不能返还时，该动产质权也会消灭，可见留置权和质权亦欠缺追及性；就支配性而言，

---

① 《日本民法典》第 335 条也作了这样的规定。

② 崔建远：《抵押若干问题之我见》，载《法律科学》1991 年第 5 期。

抵押权因抵押权人不占有抵押物，同一般优先权一样显得支配性不强。此外，在约定担保权领域，其从属性日益被突破，不可分性也日渐弱化，但这些特点都不能否认留置权、质权和抵押权为担保物权，因为这些特性都是担保物权的外在特征，并非担保物权的本质。我国学者刘得宽先生曾以“占有”“拍卖申请权”“优先清偿权”以及“追及性”等为标准对担保物权进行考察，发现每一种标准都会有一些担保物权不符合，由此断定按以上标准判断担保物权的物权性，犹有不够充分之处，并指出担保物与其所担保的债权虽都以价值之移转为目的，然而债权价值的移转须藉债务人的给付行为才能实现。而担保物权则以拍卖担保物并以其价值清偿所担保之债权为目的，非以直接对物的所有人请求给付为内容。权利人得直接从标的物取得一定量的价值，而不需借助于债务人的行为。[①] 由此可知，物权与债权之间一个重要的区则在于，权利的实现是否需要以他人的行为为媒介，或曰是否需要他人的配合。物权作为对标的物的支配权，它不需借助于他人的行为即可实现，此为物权最本质的特征，凡是具备此一本质特征的权利都应属于物权。至于各种物权之间的不同特性的区别与有无，并不影响它们作为整个物权体系的一部分，相反却证成了物权种类的多样性。我们不能因为事物的多样性而否认其统一性。

按照以上担保物权的本质进行分析，优先权人可以自行将标的物拍卖，从所得价金中优先受偿。在这一点上看优先权人具有直接支配标的物的交换价值的权利（支配权）的个性，充分体现了其物权性。[②] 至于前述优先权的特殊性，只能证明其不同于其他担保物权，而不能否认其物权性。

（四）优先权的附随性

近代担保物权从属性的弱化与优先权的从属性——普通担保物权的价值利用性与优先权的权利保全性。

1. 担保物权的从属性

担保物权是以担保债权实现为目的之权利，因此担保性是担保物权最为直接的属性。担保物权的担保性表明其与相应的债权是息息相关的，从而使得二者在许多

① 参见刘得宽：《民法诸问题与新展望》，第 335、332、337 页，中享有限公司印行，1979 年版。

② ［日］远藤浩，川井健等：《新版民法》（3），有斐阁从书，32 页、50~53 页、45~46 页。

方面呈现出一定程度的共性。[①] 正是由于二者之间这种天然的联系，使得担保物权的担保性具体表现为从属性和不可分性。

担保物权的从属性（Akzessorit）又称为附随性、附属性、伴随性，是指担保物权系以确保债权的实现为目的的权利，是其所担保的主债权的从权利。一般地说，担保物权的从属性表现在成立上的从属性、处分上的从属性和消灭上的从属性。成立上的从属性指担保物权的成立应以相应的债权成立为前提条件，随主债的产生而产生，不能脱离债权而单独设立；处分上的从属性是指担保物权应随同主债权的转让而转让，不能与主债权分离而单独转让；消灭上的从属性是指担保物权随主债权的消灭而消灭，主债权不存在，担保物权不能存在。[②] 对于担保关系的从属性特征，我国《担保法》在多处作了明确的表述，如该法第 5 条规定，担保合同是主合同的从合同，主合同无效，担保合同无效。担保法另有约定的，按照约定。

我国台湾学者谢在全先生也认为，担保物权的附从性包括担保物权的成立上的附从性、担保物权发生上的附从性以及担保物权消灭上的附从性。[③]

德国著名民法学者海德曼（J. W. Hedemann）认为，担保物权的附从性具有以下内容：[④]

第一，任何应担保之债权不存在时，担保物权也决不能成立。

在大多数国家中，对于担保物权设定上的附从性并无明文规定，判例学说则根据担保物权的担保权性质而认有设定上的附从性存在。我国《担保法》第 52 条规定，担保物权随债权的存在而存在。依其文义，则担保物权当然具有设定上的附从性。在德国立法中虽承认担保物权可为将来债权而设定，但对于普通担保物权，同样认有设定上的附从性存在。在将来债权不成立时，担保物权将因此而转化为所有人土地债务。故在一般情况下，担保物权设定上的附从性在各国判例学说上多采肯定立场。依担保物权成立上的附从性，在债权不存在时，设定的担保物权应为无效。

---

① 有关担保物权与债权之共性，参见刘得宽：《民法诸问题与新展望》，台湾中享有限公司印行 1979 年版，第 337 页。

② 郭明瑞主编：《民法学》，北京大学出版社 2001 年版，第 251~252 页。

③ 谢在全：《民法物权论》，三民书局 1992 年版，第 27~32 页。

④ J. V. Hedemann，Sachenrecht des Brgedichen Gesetzbuch l950s. 328f. 参见刘得宽：《担保物权之附从性与特定性》，载郑玉波主编：《民法物权论文选辑》（下），第 593 页。

第二，担保物权设定后，债权发生变化，如债权之增额或减额，担保物权也会随之而变化。

第三，由债务关系产生抗辩权时，抵押人得援用其抗辩权，对抗担保物权之实行。

第四，债权的权利人变更时，担保物权也当然会因此而转移于新权利人。

这包括担保物权随债权发生转移，担保物权处分上的附从性。担保物权不得脱离债权而单独转让。首先，债权人不得自己保留债权而将担保物权转让其他人；其次，债权人也不得自己保留担保物权而将债权转让其他人；再次，担保物权人不得将担保物权和债权分离而将其分别转让给不同的人。担保物权不得脱离债权而为其他债权担保。即担保物权人不得将担保物权单独为其他债权担保，而自己保留债权，也不得将担保物权单独保留，而将债权为其他债权作担保。

第五，债权消灭时，担保物权便无存续之可能。

担保物权消灭上的附从性，是指担保物权随被担保债权的消灭而消灭。而在其他许多国家，则被担保债权消灭后，担保物权将随之消灭。我国法律也坚持担保物权附从性，依《担保法》第 52 条规定，主债权消灭的，抵押权也消灭。在特定情况下，我国也承认所有人担保物权。[①]《最高人民法院关于适用〈中华人民共和国担保法〉若干问题的解释》（法释〔2000〕44 号）第 77 条的规定可视为这种例外情况。[②]一般情况下主债权因混同而消灭时、抵押权也随之消灭。但是，如果抵押物上存在数个抵押权，前手的抵押权与主债权混同消灭时，后手的抵押权即升进顺序，将会损害因混同而成为抵押物所有人的抵押权人利益。因此法律有必要规定，此时抵押权不消灭，抵押权人就自己的抵押物仍享有抵押权。法定原因主要包括被担保债权消灭，抵押权与所有权混同，抵押权的绝对抛弃。德国民法和我国台湾地区“民法”规定，成立所有人抵押，以发生混同时为限。所有人抵押权由法律直接规定而成立，不以合同方式约定成立。[③]

---

① 郭明瑞：《担保法原理与实务》，中国方正出版社 1996 年版，第 110 页。

② 《担保法司法解释》第 77 条规定“同一财产向两个以上债权人抵押的，顺序在先的抵押权与该财产的所有权归属于一人时，该财产的所有权人可以以其抵押权对抗顺序在后的抵押权”。

③ 李国光、奚晓明、金剑锋、曹士兵：《关于适用〈中华人民共和国担保法若干问题的解释〉理解与适用》，吉林人民出版社 2000 年版，第 281 页。

担保物权的附从性乃担保物权的担保权性质决定的一种属性。担保物权既为担保一定债权的实现而设，则其对于担保债权便具有密切的依赖性，故一般认为，被担保债权为主权利，而担保物权则附随受担保债权而存在，是被担保债权的从权利。担保物权的附从性在近代立法中首先为法国民法所确立，后为日本及我国台湾立法所继受。我国立法采法、日立法主义，故一般认为，担保物权的附从性是担保物权的基本特征之一。①

在德国，属于广义的担保物权范围的土地债务（Grundschuld）和定期金债务（Rentenschuld），不具有附从性，而狭义上的担保物权则具有严格的附从性。但土地债务及定期金债务与担保物权可以相互转化，因而，就总体而言，德国民法中的抵押具有一定的独立性。②

传统民法上的担保物权的从属性是有深刻原因的，体现了传统担保物权以保全债权实现为首要目标的价值取向。

2. 担保物权附从性缓和与独立化倾向

担保物权的附从性强调担保物权对债权的依赖和不可分离。但是，严格固守担保物权的附从性，为债权实现提供保障的同时，也出现了一些新的问题。

乍看起来，强调担保物权的附从性，有利于加强对所担保的具体债权的保障。但是，由于种种原因，实际中经常出现债务人自身财产和担保财产价值之和依然不能确保主债权完全实现的情况。换句话说，由于各种原因，单个担保物权对债务的担保能力是有限的。强调担保物权对具体债权债务关系的附从性，不利于诸多的担保权形成合力，互相支撑，在流动中规避风险和化解风险。

同时，过度强调担保物权的附从性对担保物权的流动及担保物权自身价值的充分发挥也形成了一定的障碍。随着现代市场经济的发展，人们逐渐认识到，担保物权本身是有价值的，而根据担保物权的附从性原理而建构的担保物权制度日益暴露出其影响其价值发挥的弊端。

过度强调担保物权的附从性所引起的与现代经济的诸多矛盾，最终引起了一场对担保物权附从性立法与理论进行全面声讨和批判的运动。构成这一运动主旋律者

---

① 参见许明月：《抵押权制度研究》，法律出版社 1998 年版，第 87~88 页。

② ［日］柚木馨：《担保物权法》，有斐阁昭和 33 年版，第 196 页。

有二：一为附从性缓和理论；二为担保物权独立化理论。[①]

所谓担保物权附从性缓和理论，是在承认担保物权的附从性前提下，认为应从更为宽泛的意义上重新对担保物权的附从性进行界定。担保物权的附从性不应理解为担保物权与债权自始至终地伴随存在，只要担保物权人在依担保物权取得交换价值时担保物权与债权同时存在便可，无须对担保物权的设定、转移及消灭上附从过于苛求。[②] 即在设定担保物权时，无须有现实债权的存在，为将来债权提供物权担保亦无不可；担保物权的转移也可以不附随主债权而单独进行；债权消灭，担保物权仍可在一定条件下存在。但在担保物权实行时，必须有债权的存在，担保物权人就抵押物取得交换价值之时债权的存在和确定，是判断担保物权的附从性的最低标准。

担保物权附从性缓和理论对现代担保物权立法和司法实践产生了重大的影响，推动了担保方式的发展，为融资提供了许多新的选择。担保物权附从性缓和理论及由此建立起来的一些制度典型地反映了担保物权制度（相对于优先权制度）在现代社会越来越从保障债权实现的功能转向成为融资手段的重大转变。例如，在担保物权附从性缓和理论下，日本为解决金融危机中积淀下来的不流通债权问题，于1931年、1932年分别通过了《抵押证券法》和《不动产融资及损失补偿法》，这对缓解金融危机起了关键作用。[③]

第一，根据担保物权附从性缓和理论，最高额抵押的合法性和有效性得到了立法的肯定。该理论大大方便了这种性质的抵押权的设立，为企业融资提供了一种新的担保方式。

第二，对于一般之将来债权设定担保物权的承认。在现代经济生活中，抵押担保在金融借贷中运用最为广泛，而依金融交易之惯例，若借款人不能提供充分的担保，银行将不予贷款，故往往担保物权设定在先，而借款合同的签订、成立及借款的交付在后，若严格解释担保物权的附从性，则先设定的担保物权将会因为债权的不存在而无效。贷款人的利益将处于不保之境地。故在各国判例中一般都承认在特

① 许明月：《抵押权制度研究》，法律出版社1998年版，第90页。

② 参见［日］柚木馨：《担保物权法》，有斐阁昭和33年版，第191页。

③ ［日］近江幸治：《担保物权法》，法律出版社1998年版，第222页。

定情况下，债权为将来债权时，仍可就此项债权的担保而设定担保物权。①

第三，登记流用制度在一定范围获得承认。根据担保物权的附从性，债权消灭以后，担保物权随之消灭，故有关该担保物权的登记也将因为担保物权本身的消灭而失去效力，不得流用于对其他债权的担保。对于同一债权人的债务人来说，在前项借款清偿以后，借款人又向债权人重新借款时，或对债权人还有其他无担保债权时，当事人若为此债权设定担保，必须重新进行登记，此对于当事人来说甚为不便。故理论上基于对担保物权的附从性缓和解释，承认在特定条件下，可以对登记进行流用。②

第四，在债权因无效而消灭时，担保物权并不当然消灭。在债权无效时，若担保物权人对于债务人已经为给付，债权人对债务人享有返还请求权和损害赔偿请求权，原债权虽然消灭，担保物权仍可就此项返还请求权和损害赔偿请求权而存在。③

然而，担保物权附从性缓和理论仍然在承认附从性的前提下解决担保物权与被担保债权的关系问题，此种安排虽然可以使担保物权在一定的情况下与被担保债权分离，但担保物权仍然可以说是一种附从性权利。担保物权对债权的附从，一方面会妨碍担保物权的自由流通，另一方面，担保物权作为一种财产权，其自身的投资利用价值也不能得到发挥。一般用益物权其本身就具有一定的价值，故可以作为投资的客体在不同的主体间自由地转让，而担保物权则只有附债权才能作为投资的对象。从实际效果来看，《日本民法典》虽有来自附从性缓和理论的改造，也在立法上创设出了特殊抵押制度，在一定程度上缓解了不动产融资的经济需求，但实践证明，附从性缓和理论的作用是有限的。“在坚持附从性缓和理论的前提下，日本不可能解决不动产担保的证券化和流通力问题。”④

一些学者认为，担保物权的本质并非其对债权的附从性，而是其价值权性和物权性。根据担保物权的物权性，担保物权乃一种对物的支配权，而根据担保物权的价值权性，这种对物的权利不是对物的实体的支配权，而是对物的价值的支配权，

---

① ［日］大审院明治38年12月6日判决，明治40年3月25日判决，明治43年10月14日判决，大正2年5月8日判决，大正14年9月24日判决等。

② 许明月：《抵押权制度研究》，法律出版社1998年版，第91页。

③ 我国《担保法》第5条也有此类规定。

④ 陈本寒：《担保物权法比较研究》，武汉大学出版社2003年版，第74页。

担保物权虽为担保物权，但应当像用益物权一样，能够独立于其他权利而存在；担保物权所体现的利益应当能像用益物权那样作为独立的交易客体而在不同的主体间自由地流通和转让。唯有如此，独立的物权性质才能得到充分的体现。此即为担保物权独立性理论。

担保物权的独立性理论的基本理论基础有二：一为担保物权的物权性；二为担保物权的价值权性。前者决定担保物权独立的意义，而后者则为担保物权独立的前提。担保物权独立性理论的核心内容是实现担保物权与被担保债权的绝缘，使担保物权成为一种纯价值权。这种纯价值形态的担保物权可谓担保物权发展的更高级的形态。资产证券化这种方式成为战后金融创新的一种重要成就，在金融市场上发挥了巨大的作用。①

3. 担保物权附从性的弱化背后的价值取向

可以这么说，随着担保物权附从性的弱化，今日担保物权的性质，已渐次由保全的性质而变为价值权之独立的权利之性质，从而使担保物权的从属性在某些场合得以破除。②

在近代法上，随着资本主义的不断发展，抵押权的发展遵循这样一条法则，即从以确保债权履行为目的的保全抵押（Sicherungs hypothek），发展为把握抵押不动产所具有的交换价值并使之流通于金融交易市场，充当投资者现金投资媒介手段的投资抵押（Anlage—hypothek）。③

事实上，早在德国民法典制定之初，立法者就意识到担保物权的巨大融资功能。因此，德国民法以独立性抵押（或称流通抵押，Verkehrsypothek）为原则，而以附属性抵押（或称保全抵押，Sicherungshypothek）为例外。而采取附属性立法的法域为适应资本营运，逐渐增强了担保物权的独立性。④在流通抵押（或者称证券式抵押）下，为主债权提供担保抵押权，可以脱离主债权而独立存在，并可作为投资标的自由转让。此时抵押权的功能已不再停滞于对既存债权的责任补充，而是作为金钱借贷的媒介，是资本投资和不动产所有者金融中介的法律手段。此种意义上的

① 许明月：《抵押权制度研究》，法律出版社 1998 年版，第 91 页。

② 史尚宽：《物权法论》，荣泰印书馆 1979 年版，第 231~232 页。

③ 胡宝海：《现代金融担保法研究》，中国社会科学出版社 1999 年版，第 23 页。

④ 廖焕国、谢伟：《论担保物权的现代发展趋势》，载《社会科学家》，2006 年第四期，第 96 页。

抵押权或许被称为投资抵押更为适宜。投资抵押已非以债权的存在为前提且从属于债权的担保权，而视为媒介债权成立的法律手段更为确当。信用关系由人的信用转变为物的信用，以及现代金融资本主义的发展，使抵押制度由保全抵押转换为投资抵押，不动产的金钱化成为现在的重要问题之一。①

日本民法学者我妻荣教授进一步指出，13 世纪以前的不动产担保是把握不动产的物质价值的不动产质，伴随货币经济的发展，把握不动产担保价值的抵押权制度确立起来，该抵押权的重点在于它作为土地所有者的金钱借贷手段，为保全抵押。18 世纪中叶以后，资本主义的发展使抵押权的重点移转到货币所有者的金钱投资上，保全抵押转变为投资抵押权、流通抵押权。抵押权成为近代物的担保制度的核心，不仅其债权担保的功能日臻完善，而且，伴随近代法的发展，拓开了抵押制度的新天地，抵押权脱离其隶属债权担保唯一目的的从属地位，发展成为把握标的财产具有的交换价值，使之流通于金融交易市场，充当投资媒介手段的独立制度。②

4. 法定优先权的附从性及背后的原因

一般担保物权独立性增强、附从性减弱的现象只适用约定担保场合。而对于依照法律特别规定成立的法定优先权，附从性不仅没有削弱，反而更为或更需要突出。有学者指出“正是因为优先权是法律为保障某种权利的优先实现而赋予权利人的另一个权利，所以它才是一种独立权利类型，但不是独立物权，而是附属物权”。③这也正如谢在全教授所说的法定担保物权乃特为担保一定债权而发生，“故其从属性特别强烈。”④

优先权作为担保物权是一项从权利，以其所担保的债权为主权利，故非有债权，优先权不能独立存在；债权消灭时，优先权也消灭。一般情况下，优先权随其所担保债权的移转而移转。就优先权的从属性而言，尽管有人认为，为特定人而设立的优先权，如妻之嫁资返还优先权，被监护人优先权等不具有从属性，但一般认为优先权是要保护特定债权本身，不应该认为是专属地拥有特定债权的债权人的担保物

① ［日］石田文次郎：《投资抵当权研究》，有斐阁昭和 7 年，第 119 页。转引自胡宝海著：《现代金融担保法研究》，中国社会科学出版社 1999 年版，第 23 页。

② ［日］我妻荣：《债权在近代法中的优越地位》，中国大百科全书出版社 1998 年版，第 50~51 页。

③ 孙宪忠：《中国物权法总论》（第三版），法律出版社 2014 年版，第 173 页。

④ 谢在全：《民法物权论》，三民书局 1992 年版，第 7 页。

权，认为优先权应该具有从属性。因为尽管优先权表面看来是为特定债权人而设立的，但实质上是基于这些债权人之债权的特殊性而设立的。对特定债权的保护比对特定债权人的保护，使优先权更具说服力，而且债权的转移并不能改变其特殊基础，所以仍然应该具有伴随性。①

优先权应当具有严格的从属性，而且优先权也不宜像其他可以价值权化的担保物权一样，与债权分离而单独让与。

尽管世界各国（地区）对优先权制度的继受程度各有不同，但不论以何种名义、何种形式，优先权制度的设立或是为了保护社会弱者，或是为保护特殊债权，是一种社会关系调整性的法律。优先权制度为特殊债权人赋予了特权（priority，priority claim）。这种特权是为了维护社会正义、保护弱者、实现社会公平而由法律特别赋予的，是一种兜底性的、保障性、救济性的规定。这些规定实际上给予了优先权人特殊的法律地位，优先权人不能将这种法律地位作为某种资源或可交换的价值，转让这种特殊的法律地位，用法律给予的特权牟利。

作为法定担保物权的优先权仍然具有严格的从属性，体现了优先权较强的担保性，仍以担保债权实现为主要价值取向。②

四、优先权是否可以抛弃

优先权是一种法定权利，优先权因法律规定而产生。各国优先权制度一般均规定优先权不因法律行为而产生。合同作为法律行为之一种，依法律行为不发生优先权的原则，债权人间固不得依合同成立优先权，这是没有疑问的。

但是，对于依法律规定有优先权的债权人与无优先权的债权人之间约定排除他们之间的优先权的合意，或优先权人向他人（债务人或优先权人的同一债务人的其他债权人）单方面作出的抛弃其法律所规定的优先权利益时，有优先权的债权人与无优先权的债权人之间排除优先权的约定或优先权人单方抛弃优先权意思的表示是否有效，就是一个值得认真研究的问题。

---

① ［日］林良平：《注释民法》（八），有斐阁，第89页。

② 申卫星、傅穹、李建华：《物权法》，吉林大学出版社1999年版，第400页。

对于这个问题，日本学者的研究较为深入，他们的看法具有一定的代表性。当然，日本学者之间的意见也是不一致的。①

1. 绝对有效说

持这种观点的日本学者认为，优先权人与无优先权的债权人间只有优先受偿与否的间接关系，而非债权人与债务人之间的直接关系。依民法权利行使自由原则及合同自由原则，优先权人与无优先权的债权人合意放弃优先权的行为或优先权人单方作出的抛弃优先权的行为应认为有效。

2. 绝对无效说（全部无效说）

持这种观点的学者认为，优先权是依法律规定始能成立，优先权的权利性质、优先顺序等均属强行规定，不得依法律行为使其发生，亦不得依法律行为（如通过合同之合意行为或单独之抛弃行为）使这些内容不发生或发生变化。另外法律赋予优先权乃基于公平原则、公益原则、社会政策推行原则、善良风俗保护原则或对国家社会有莫大利益之产业或事业保护原则等对特殊的权利或利益进行保护，若得权利人任意抛弃或权利人与其他人合意使其不发生，则与优先权制度设立立法意旨有违。应理解为这些法律行为（通过合同之合意行为或单独之抛弃行为）不发生优先权抛弃的效果。

3. 相对有效说（一部有效说）

持这种观点的学者认为对于优先权人与无优先权的债权人之间排除优先权的约定或优先权人单方抛弃优先权意思的表示的效果不能一概而论。某些限于特定事由发生的优先权，不得发生之合意或抛弃行为，其余事由所生之优先权，则可由当事人自行决定是否发生效力。

而对何种事由发生之优先权，不得合意或抛弃优先权利？学者之间也有不同看法，一般认为，以下优先权如果优先权人与他人约定放弃或自行抛弃也未尝不可：（1）为债权人特别利益说：认为若某种优先权系为债权人之特别利益所生之优先权，其抛弃或不发生之合意可生效，其他依公益之理由所生之优先权，则不生效；（2）公平原则以外之事由说：认为对于基于公平原则产生的优先权，其抛弃或不发生之合意不生其效力，但若系公平原则以外之事由所产生之优先权，则可生其效力；（3）

① ［日］中島玉吉：《民法释义·物权卷》（下），有斐阁1980年版，第757页。

非保护弱者之事由说：认为某些优先权若系保护弱者之事由所产生之优先权，其抛弃或不发生之合意不可生其效力，但若系非以保护弱者之事由所产生之优先权，则可生其效力。[①]

具体到我国司法实践，实务界对于建设工程款优先受偿权是否能够放弃存在争议。一种观点认为，建设工程款优先受偿权是一种法定的权利，立法目的在于保障广大建筑工人工资的发放，涉及公共利益，施工方不可放弃；另一种观点认为，建设工程款优先受偿权虽通过法律明文规定，但同样是一般的民事权利，根据法律规定权利人可以放弃自己民事权利，符合私法自治的原则；第三种观点折中认为在施工方已通过其他方式妥善解决建筑工人工资、建筑材料货款等，不影响社会公众利益时，方可认可建设工程款优先受偿权的放弃，但该种观点在实践操作中自由裁量程度较大，可执行性有待商榷。

最高人民法院于2016年10月审结的大连安泰建设有限公司与大连中裕嘉合房地产开发有限公司建设工程施工合同纠纷二审案。该案中施工方诉开发商请求支付建设工程款，并就建设工程优先受偿。本案第三人为开发商的债权人，已就债权进入强制执行程序。施工方在另一个融资项目中已承诺放弃建设工程款优先受偿权，第三人以此为由提出抗辩，最高人民法院认可了建设工程款优先受偿权可以放弃。

最高人民法院认为，建设工程款优先受偿权作为一种民事权利可以放弃，不违反法律规定。主要理由如下：首先，建设工程款优先受偿权虽然是法律赋予建设工程施工人的法定权利，但同时属于具有担保性质的民事财产权利。权利人可以自由选择是否行使或是否放弃。其次，放弃优先受偿权并不必然侵害建设工程承包人或建筑工人的合法权益，承包人或建筑工人的合法权益还可通过其他途径的保障予以实现。

放弃建设工程款优先受偿权产生的法律后果是什么？由于建设工程款优先受偿权是一种类似担保物权的民事权利，是对物而非对人的，放弃优先受偿权即产生类似抛弃物权的法律效果，一经作出优先受偿权即灭失，因此不存在能否对抗债权的

① ［日］中岛玉吉：《民法释义·物权卷》（下），有裴阁1980年版，第758页。

问题，因此可知即使是针对某一笔债权放弃优先受偿权，其效力也同样适用于其他所有债权。同样的，为放弃优先受偿权设置期限，在实践中是否能够被认可也有待商榷，如参考担保物权，担保物权灭失后再行设立，会影响其他担保物权的顺位、从而影响其他担保权人的利益，因此无法直接恢复原有的担保物权。综上所述，最高院在本案中支持及了建设工程优先受偿权可以放弃的观点，并且参考担保物权认为优先受偿权放弃即灭失，对其他债权人的利益提供了保障。

我国台湾地区“最高法院”的多数判决亦认为承揽人优先权可以抛弃，甚至得预先抛弃。台湾地区“最高法院”第八庭第二次表示见解时提到法定优先权，“虽在保护承揽人利益，唯究与公益无涉，自非不得由承揽人事先予以处分而为抛弃之意思表示”。台湾地区“最高法院”二〇〇五年台上字第四〇七号民事判决则谓：

“按修正前‘民法’第五百十三条之立法理由为：承揽人为定作人于不动产上施作工作者，就其承揽关系所生之债权，对于其工作所附之定作人之不动产，应与以法定之抵押权，以保护其利益。可知承揽人对于定作人所有之工作物之法定抵押权，系以保护承揽人之工程款债权之个人法益为其主要目的，非不得由承揽人抛弃之。倘承揽人明知有此权利，但为确保其对定作人之工程款债权得以早日实现，于无待法定抵押权之行使前，即向金融业者以抛弃就定作人所有工作物之法定抵押权为条件，以换取定作人得经由该金融业者取得资金之意思表示，自难谓该抛弃之意思表示，于承揽人及金融业者之间不生债之效力。”

还有一个台湾地区的判例更为有趣，不同法院，甚至“最高法院”不同庭、不同时间认定都不一致，三次将高等法院判决废弃、发回重审，最终仍认定可以放弃[①]。

承揽人于一九九六年四月间承揽定作人的别墅兴建工程，定作人则就所需资金向甲公司申办融资贷款。甲公司为保障其对定作人的建筑融资贷款债权，于同年月间，先将打字部分以外空白的抛弃法定抵押权切结书交给定作人的负责人，由该负

① 黄健章：《台湾不动产工作优先权的理论与实务》，台湾大学硕士论文。

责人交给承揽人填就后，再由承揽人交给定作人的负责人转交甲公司。

嗣后，承揽人以其就该承揽建筑的房屋享有法定抵押权为理由，向法院声请拍卖抵押物，进而以第一优先债权声请强制执行。甲公司则认为承揽人之声请侵害伊之权益，于是以承揽人为被告，先位声明求为确认承揽人之法定抵押权不存在，备位声明求为命承揽人应办理法定抵押权登记及抛弃登记。法院则见解不一：

1. 高等法院认为预先合意排除法定抵押权，系属有效；2. 台湾地区“最高法院”第一次表示见解时认为不许当事人以特约阻止此项法定抵押权之产生，并认为该切结书系记载：“……。此致甲公司。”承揽人似未对“定作人”为抛弃的意思表示，而将原判决废弃，发回重审；3. 高等法院更一审改认为承揽人不得预先抛弃法定抵押权，且承揽人未对“定作人”为抛弃的意思表示，亦无办理抛弃登记的约定；4. 台湾地区“最高法院”第二次表示见解时则认为承揽人得预先抛弃法定抵押权，且该切结书于定作人与甲公司间似生债之效力，而将原判决废弃，发回重审；5. 高等法院更二审即不再谓承揽人不得预先抛弃法定抵押权，而认为承揽人未对“定作人”为抛弃的意思表示，难认已生抛弃的效力；6. 台湾地区“最高法院”第三次表示见解时又认为，承揽人对“甲公司”（由乙公司承当诉讼）抛弃，系属有效。

依笔者所见，对于优先权人与无优先权的债权人之间排除优先权的约定或优先权人单方抛弃优先权意思的表示的效果确实不能一概而论，相较之下，相对有效说似较妥当。至于因为何种事由发生之优先权，合意或抛弃行为不可生效力，借鉴上述三种看法，笔者认为，还可从以下思路考虑决定约定排除的行为或单方抛弃行为的效力：

1. 因意思推测原则所成立之优先权，则基于合同自由原则，其抛弃或排除优先效果的合意，应认为有效。

2. 系因意思推测原则以外之事由所成立之优先权，则因涉及国家或社会之利益及法律公平妥当原则之维持，其不发生之合意或抛弃行为不能认为可生效力。

五、优先权之标的物

优先权之标的物，并不限于动产、不动产等有体物而已，无体物也可为其标的物，如债权、股份、著作权等权利或利益均包括在内。①

但依优先权种类之不同言，其标的物范围亦不一致。

1. 一般优先权：一般优先权的标的物包括优先权成立时之债务人之总财产。②换言之，一般优先权的标的物除了动产、不动产有体物外，还包括债权、著作权及其他无形之权利或利益。

2. 动产优先权：动产优先权的标的物限于债务人之特定动产。③

3. 不动产优先权：不动产优先权的标的物限于债务人之特定不动产，不包括其他财产。④

（一）优先权标的物的性质

优先权之标的物，其性质如下：

1. 优先权不以占有标的物为要件之性质。从这一点上看，优先权与抵押权相似。抵押权制度中抵押人对于债务人或第三人不移转占有而供担保的不动产，得就其价金享有优先于其他债权人受清偿权利，也即抵押权不以占有其标的物为其要件。优先权的这一特点与动产质权及留置权不同。因为就动产质权言，即质权人为担保债权，占有由债务人或第三人移交的动产，并可就其变现所得价金，有优先受清偿之权；对于质权，质权人设定质权，需以移转占有标的物而生效力，质权人不得使出质人代自己占有质物。就留置权言，债权人占有债务人的动产，在具有下列情况时，于未受清偿前，得行使留置权：即债权已届清偿期者，债权的发生与该动产的占有有牵连关系者，对该动产的占有非因侵权行为而发生。此外动产质权与留置权均因占有之丧失而归消灭；故动产质权及留置权均以占有其标的物为其要件。⑤

2. 优先权标的物具有物上代位之性质。即优先权人对于其标的物因出卖、出租、灭失、毁损，债务人因此所得之金钱或其他之物，仍可行使其权利。⑥当然，优先

① 参见吴文梁：《我国民法是否应增设优先权之一般规定》，台湾大学硕士论文，1975年，第13页。

② 参见《日本民法典》第306条。

③ 参见《日本民法典》第311条。

④ 参见《日本民法典》第325条。

⑤ 参见《日本民法典》第295、342条及第369条，中国台湾地区“民法”第960、884、885、928、898、938条及《日本民法》第295、342条及第369条，及我国担保法的有关规定。

⑥ 参见《日本民法典》第304条。

权标的物的物上代位性原则对于一般优先权，则无适用之余地。这是因为债务人因标的物之出卖、出租、毁损、灭失所得之金钱或其他之物仍为一般优先权的标的物，一般优先权以债务人之总财产为其标的物，债务人对第三人所取得之债权自得为其标的物。详细论述参照本书“优先权物上代位权与优先权追及效力的关系”部分。

3. 优先权标的物具有公示性薄弱之性质。就动产优先权言之，有动产优先权之债权人，虽未占有债务人之动产，仍可对该动产行使优先权，因优先权不以占有标的物为其要件，故其公示性遂甚为薄弱。在一般优先权，虽就债务人之不动产，未为登记，仍可对抗无特别担保之债权（《日本民法典》第 336 条前段），故一般优先权人对债务人之不动产行使其优先权，并不以登记为其要件。[①] 虽然就不动产优先权言，对其标的物虽须经登记始生保存效力，总的来说优先权（除了不动产优先权外）之公示性显得较为薄弱。

4. 优先权标的物具有不可分的性质。即优先权人，就债权之全部得对于标的物之全部受清偿。[②]

值得注意的一点是，对于一般优先权，以债务人之总财产为其标的物，优先权人可就债务人之总财产行使其优先权。这里的所谓“就债务人总财产行使其优先权”就系对各个财产各自行使其权利，抑或将这些财产总括为一体而行使其权利，有不同的看法。

有人认为，对于一般优先权，优先权人应当就各个财产各自行使其权利。即认为一般优先权人对债务人之总财产（包括动产、不动产、债权及其他财产权），应就各个财产各自行使权利，而不可视为一体行使权利。其依据是一般优先权对债务人之不动产，须经登记，始可对抗已登记之第三人（《日本民法典》第 336 条），故一般优先权对数不动产行使权利时，对各不动产须均已经登记后，始可为之，由此类推可知一般优先权人须就债务人之各个财产行使其权利，似较妥当。

也有人认为，对于一般优先权，优先权人应当将债务人的财产视为一体而总括行使权利。即认为一般优先权人对债务人之总财产，应将之视为一体，不应分别单独行

---

① 当然，根据具体情况不同，一些国家的立法亦要求某些不动产特种债权进行登记，如《法国民法典》第 2103 条规定的不动产优先权。此类优先权经登记机关登记后，优先权才发生效力。由此可以看出，优先权并非完全不具有公示性。

② 参见《日本民法典》第 305 条。

使权利。因为一般优先权只是以债务人之全部财产即包括动产、不动产、债权及其他财产权等多种财产权为其标的物而已，仍只是一个优先权，而非数个优先权，故不能对债务人总财产分别行使权利，应将总财产（包括多数财产）视为一体而行使权利。①

依笔者之见，对于一般优先权的标的物如何行使权利，在考虑前述的优先权行使的顺序限制的情况下，应分别言之：

优先权人若是以债务人总财产中的不动产为其标的物行使权利时，则应对各个财产分别行使其权利。因为按照日本民法中的有关规定，一般优先权对债务人之不动产须为登记，始可对抗已登记之第三人；故若对债务人总财产中的数个不动产行使优先权时，就各个不动产，均须为保存登记，始可行使其权利。

优先权人若是以债务人总财产中的不动产以外之财产为其标的物时，则应将这些财产视为一体而总括行使权利。因为从优先权的公示要求来看，不动产以外之财产（如动产或债权是）并无公示方法，既不须以占有其标的物为要件，且不须为保存登记，无法也没有必要分开行使权利。故优先权人将债务人的其他财产视为一体而行使其优先权。

（二）优先权标的物需具备的要件

一般来讲，优先权之标的物需具备下列之要件：

1. 优先权的标的物须为债务人之积极财产。亦应以债务人之现有财产，如债务人之动产，不动产、债权或其他之财产权。若系债务人之消极财产（即债务人之债务）自不得为优先权之标的物。

2. 优先权的标的物须属于债务人之财产。亦即优先权只可对属于债务人所有之财产行使其权利。在这一点上优先权与质权及抵押权不同，因为质权及抵押权可以第三人之动产或不动产为其标的物；而与留置权相似，因为留置权只可以债务人之财产为其标的物，不可以第三人之财产为其标的物。也正是由于此原因，优先权无物上保证之规定。②

---

① 吴文梁：《我国民法是否应增设优先权之一般规定》，台湾大学法学研究所硕士论文，1975 年，第 13 页。

② 参见《日本民法典》第 342、369、295 条及我国台湾地区“民法”第 860，884、928 条及第 879 条等的有关规定。

5

CHAPTER

第五章

优先权的效力（一）

——优先权的优先效力与不同权利之间的顺位

一、优先权的优先效力

担保物权的典型特点，系被担保的债权人得就一定范围的物及财产（担保物）的价值优先受偿，此亦为担保物权价值性的体现。[①] 优先权是以优先受偿为内容的担保物权，设立优先权的根本目的在于保障优先权人有就其担保物的价值优先受偿其债权的权利，也就是说，债权人是通过行使优先权来保障其债权受偿的，因而优先权也为一种价值权、变价权。正是从这个意义上，有的人称优先权为优先受偿权。

通观各国法律对于优先权的优先受偿效力的规定，大同小异。《意大利民法典》第 2741 条规定："债权人对债务人的财产享有同等的受偿权，但不妨碍优先权的法定原因。先取特权、质权及抵押权是优先权的法定原因。"[②]《阿尔及利亚民法典》则在其第 982 条中规定，"优先权为法律根据特定债权的性质赋予的优先受偿权。任何债权均可依法律规定被赋予优先权"。[③]《泰国的民法典》则在第六目优先权的第 251 条中规定"优先权人，根据本法典或其他法律的规定，在债务人的财产上享有优先于其他债权人从该财产获得债务清偿的权利"。[④]

优先受偿权作为优先权的邻近属概念，优先受偿权与优先权之间系包含与被包含的关系，作为上位的优先受偿权亦可用以体现抵押权、质权等担保物权的部分权能。相比较来说，比起抵押权、质权等物权相关规范上所规定的担保物权，优先权的优先效力有其特殊性，换言之，优先权的优先受偿效力是法律出于一定的立法考量而基于某种特定债权的性质，直接在法律中予以法定并直接赋予债权人的，不以行为主体之间的约定为充分必要条件，而抵押权、质权等担保物权的优先受偿效力则可溯至行为主体之间的约定，并按照当事人之间的约定发生其欲追求的法律效果，实乃意思自治原则的体现。

优先权的优先性表现在各种方面。首先，优先权在效力上优先于普通债权；其次，在优先权内部，不同的优先权效力强弱不同，而且一般优先权和经过登记的不动产优先权，在效力上优先于包括抵押权在内的一般担保物权，被称为超级优先权

① 郭明瑞、仲相、司艳丽：《优先权制度研究》，北京大学出版社 2004 年版，第 117 页。
② 陈国柱译：《意大利民法典》，中国人民大学出版社 2010 年版，第 486 页。
③ 尹田译：《阿尔及利亚民法典》，厦门大学出版社 2013 年版，第 138 页。
④ 周喜梅译、谢尚果审校：《泰王国民商法典》，中国法制出版社 2013 年版，第 58 页。

（Super Priorty）或第一位的（First Class）、神圣的（sacreed）优先权。足见优先权之优先性。

此外，优先权的优先受偿力的实现，仍需符合特定要件，简而言之，包括以下几个层面：其一，有效存在的优先权。此系优先权发生效力的充分必要条件，也即优先权所担保的债权有效存在且满足法律规定的特种债权的范围，必须严格遵从法定原则。其二，债务人的债务履行期限届满。在债务履行期限届满之前，债务人享有期限利益，可能体现为货币的时间价值等，故债务履行期限是否届满系判断清偿责任是否起始的标准。当债务履行期限未到或债务履行期限虽到但未届满时，优先权的行使存在障碍。其三，债务人未履行债务。优先权既然最接近担保物权，则因担保权的附随性，若主债权因债务人履行债务而终止，则优先权亦不复存在。其四，须非因债权人方面的原因导致债务未履行。若债务未履行的状态系由债权人原因导致，而非债务人一方的原因，那么导致债务未履行的事由在债权人的控制之下，则依据公平原则，不得对债务人苛以与其行为不相匹配的责任，故优先权人不得行使其优先受偿权。

二、优先权之间的顺位

民事优先权顺位一词，来源于《法国民法典》中的规定，《日本民法典》中也有顺位规定。我国台湾地区学者称顺位为位次，《中华人民共和国继承法》和《中华人民共和国破产法》等则称为顺序。尽管上述顺位、位次、顺序称呼不同，但它们的含义是相同的。为了统一表达的需要和方便，笔者认为称顺位较为适当，因为这种称呼符合习惯和约定俗成。

有的学者认为，从顺位的性质来看，顺位应当包含如下意思：[①]（1）顺位是不动产特有的法律制度，动产一般没有这一制度。（2）顺位是为不动产的他物权或称之为限制物权的权利以及其他类似权利而设，所有权一般无顺位。（3）顺位由登记而生，某一权利的精确顺位依不动产登记簿为准。

笔者认为，把民事优先权顺位归结为不动产特有制度和民事优先权顺位由登记

① 孙宪忠：《德国当代物权法》，法律出版社1997年版，第150页。

而生是不全面的。实际上，动产和不动产中的优先权都有顺位问题，法国民法典、日本民法典、瑞士民法典以及我国的民商法，都有动产和不动产的优先权顺位的规定，且民事优先权的顺位由于有动产优先权的顺位而无需登记，即顺位并不一定都由登记而生。因此，民事优先权的顺位，既包括不动产优先权的顺位，也包括动产优先权的顺位，既包括依登记而产生的权利之间的顺序问题，也包括非因登记而产生的权利的顺位问题。

所谓顺位，指的是对他人的财产所享有的权利，在该财产上所承担的一系列他人权利的顺序中的位置。民事优先权顺位问题，实际上是民事优先权之间的冲突，依其性质确定其位次的问题。[①]

法律根据权利性质的不同设计出了以下各种用于确定顺位的原则[②]：

第一，成立在先，行使在先原则。该原则体现了顺位的自然要求，先来后到，符合一般民事行为进行的顺序性，亦不与行为主体从事民商事交易行为的预期相悖，故成立在先行使在先原则在一般情况下应用颇广，尤其在担保物权的实践方面，且自罗马法以来被广泛践行，为不同国家制度所继受和发展。根据该原则发展之初产生并被沿用的"期先者其权优"（prior tempore potior jure），同一标的物上设定有多个抵押权的，则各抵押权人权利的优劣，原则上以抵押权设定的先后顺序为准，设定在先的优于设定在后的抵押权而受偿。[③]例如，我国《担保法》第五十四条规定："同一财产向两个以上的债权人抵押的，拍卖、变卖抵押物的所得的价款按照以下规定受偿：（一）抵押合同以登记生效的，按照抵押物登记的先后顺序清偿；（二）抵押合同自订立之日起生效的，该抵押物已登记的，按照本条第（一）项规定清偿。"在担保法司法解释中，对于如何认定登记的顺位亦加以明确，当事人同一天在不同的法定登记部门办理抵押物登记的，视为顺序相同。因登记部门的原因致使抵押物进行连续登记的，抵押物第一次登记的日期，视为抵押登记的日期，并依此确定抵押权的顺序。

第二，成立在后，行使在先原则，即倒序原则。其典型体现为船舶优先权，作

① 蔡福华：《民事优先权研究》，人民法院出版社 2000 年版，第 123 页。
② 孙新强：《破除债权平等法则的两种体例之辨》，载《现代法学》2009 年第 6 期。
③ 周枏：《罗马法原论（上册）》，商务印书馆 2014 年版，第 449 页。

为一种特殊的法定优先权，发生在最后的债权不仅确保船舶的最终安全，同时客观上也为成立于船舶之上的在先的船舶优先权的存在提供了现实的基础，在比较法上称为“保全优先权”（The Preserving Lien）。保全优先权优先于其他所有既有的船舶优先权受偿，即使是船员工资优先权也得位居保全优先权之下。不过，不是在所有情况下都能适用本原则。成立在后，行使在先原则仅适用在船长费用开支优先权、救助优先权和共同海损分摊优先权，并且当且仅当上述三类优先权在发生时间上后于其他优先权时方得适用。倒序原则应用颇广，为各国法律所继受和发展。当存在不同项目船舶优先权竞合的情况时，倒序原则对于确定各优先权的效力而言举足轻重。在我国海商法中，倒序原则亦得以体现，该法第 23 条规定个别船舶优先权适用倒序原则，此项法律规定的目的为维护船舶的航行秩序，并推行和发扬鼓励救助遇难船舶的精神。①

第三，不分成立先后，平等行使原则。平等原则的典型体现为债权的平等性，换言之，遇有多个债权时，不考虑哪个债权早成立，哪个债权晚成立，它们在法律上的效力都是没有差别的。也就是说，债务人默示以其所有的财产（责任财产）为承担一切债务清偿责任的基础，在债务清偿方面，根本没有“时间先，效力先”的适用余地。如果多个债权人的债权指向债务人的同一个给付，则多个债权人处于平等的地位，成立在先的债权并不享有优先得到给付的效力。与债权的平等性相对的是物权的优先性规则。当一物之上可以并存性质上不相排斥的多个物权时，这些物权须遵循“时间在先，效力优先”的规则。其次，在海商法中亦存在同等地位原则，也即确定第 22 条第 1 款规定的船舶吨税、引航费、港务费等这几项船舶优先权的受偿顺序时，无论发生的时间顺序，同时受偿，不足受偿的，依比例受偿。

第四，同时成立，射幸原则。有时相互冲突、竞存的权利同时成立，但权利客体或标的却是唯一的，无法分割。此时，适用上述任何一种原则都不适当。这种情形下谁优先行使权利的问题便只好交由“运气”去解决，即法律令权利人以抽签的方式决定其权利顺位。当两个申请人同时就同一项商标提出申请时，实行登记在先原则的各国商标法即采用这种方法来确定申请权的顺位。例如，根据《中华人民共和国商标法》第 31 条规定：两个或者两个以上的商标注册申请人，在同一种商品

① 张辉：《船舶优先权研究》，武汉大学出版社 2005 年版，第 121 页。

或者类似商品上，分别以相同或者近似的商标在同一天申请注册的，各申请人应当自收到商标局通知之日起 30 日内提交其申请注册前在先使用该商标的证据。同日使用或者均未使用的，各申请人可以自收到商标局通知之日起 30 日内自行协商，并将书面协议报送商标局；不愿协商或者协商不成的，商标局通知各申请人以抽签的方式确定一个申请人，驳回其他人的注册申请。商标局已经通知但申请人未参加抽签的，视为放弃申请，商标局应当书面通知未参加抽签的申请人。

民事优先权的顺位，实际上是为了解决在同一财产上（动产或不动产）存在两个或两个以上民事权利时，这些民事权利在实现过程中的先后顺序问题。建立民事优先权的顺位的法律制度，就是使冲突的民事权利遵循一定的规则或原则，来确定每个民事权利实现的机会和顺序。本文研究的顺位问题，不仅包括优先权（同种类、不同种类）之间的顺位问题，也包括优先权与其他担保物权之间的优先顺序问题。

（一）一般优先权之间的顺位

一般优先权是对债务人的总财产优先受偿的权利，欲比较一般优先权之间顺位，或者一般优先权之间竞存问题，表面上是一个物上存在着相同的的权利孰优孰劣、孰先孰后的问题，与一国立法者的价值判断与立法考量休戚相关。

因优先权的存在造成其他债权难以实现之虞，事关公平公正等民法基本价值理念，必须严格遵从法定原则，进一步分析，既然一般优先权的博弈系背后立法政策的竞争，则一般优先权的顺位亦应当由法律加以规制。因各国社会基础和现实环境的差异导致立法考量不同，故在立法决定中一般优先权的分类相去甚远，在一般优先权的顺位的立法方面更是截然不同。

在法国民法上，一般优先权的顺位为：（1）诉讼费用优先权；（2）丧葬费用优先权；（3）医疗费用优先权（最后一次生病引起的任何费用，无论生病的最后结果如何，就此费用应受清偿的各人有平等受偿权）；（4）劳动工资优先权；（5）生活用品优先权；（6）礼会救济金优先权；等等。[①] 但法国破产法向来给民法上各种担保物权的执行带来一些变形，破产法一般优先权的受偿顺序为：（1）工资优先权；

---

① 《法国民法典》第 2331 条（原第 2101 条），参见罗结珍译：《法国民法典》，北京大学出版社 2010 年版，第 508 页。

（2）诉讼费用优先权；（3）税款优先权；（4）社会保险金优先权。[①] 在法国，工资优先权被称为超级优先权，体现了法国对工人工资的重视。按照日本民法典第三百〇六条的规定，一般优先权的受偿顺序为：（1）共益费用优先权；（2）被雇人工资优先权；（3）殡葬费用优先权；（4）日用品供给优先权。[②]

意大利民法典关于一般优先权的顺位的规定，尤为详细，覆盖面颇广，辐射市民社会的常见领域，其第四分节关于“先取特权的顺序”部分，明确了有两种“债权”超越了其他所有的债权，一是诉讼费用优先权，二是第2751条附加条中规定的有动产一般先取特权的债权。诉讼费用优先权优先于任何其他债权，即使是设定了质权或抵押权的债权，而第2751条附加条中规定的有动产一般先取特权的债权顺序如下：其一，第2751条附加条第1项规定的债权，也即属于雇员的任何行使的应得报酬和因终止劳动关系的效力而应得的全部补偿，以及因雇主少付报酬而遭受的损失、法定社会保障金和保险金的雇员的债权以及因无效的或者可撤销的解雇而产生的损害赔偿的债权。其二，第2751条附加条第2项和第3项规定的债权，其第2项具体为自由职业者和其他任何从事智力创造的人在提供服务的最后两年内的酬金，其第3项具体为基于代理关系应得的提供服务的最后一年的佣金和因解除该代理关系所应给予的赔偿。其三，第2751条附加条第4项和第5项规定的债权，其中第4项具体为无论是业主还是承租者的自耕农债权、分益佃农、佃农或牲畜承租人或产品出售对价共享者的债权以及分益佃农或者佃农的债权，其第5项为手工业企业和生产与劳动合作公司或者合作社基于提供服务和成品出售所产出的债权。值得注意的是，特别法规定的优先于任何其他债权的先取特权处于诉讼费用先取特权和第2751条附加条的先取特权之后。除了上述第2777条规定的诉讼费用优先权和部分债权费用优先权以外，第2778条规定了对同一财产者诸债权有一般先取特权或者特殊先取特权时，按照下列顺序行使优先权：其一，由惨淡经营、高龄和生存责任强制保险的机构、团体或专门基金会包括其替代或者补充者的债权。其二，当先取特权分别实施于不动产上的孳息、不动产租金和房租时的不动产税的债权。其三，给付的债权和保管费用及改良费用的债权。其四，社会保障和扶助机构和团

① 沈达明、郑淑君：《比较破产法初论》，对外贸易教育出版社1993年版，第398页。

② 梁涛译：《最新日本民法》，法律出版社2006年版，第69、70页。

体欠缴费用的债权以及从权利，但以债权总额的50%的范围内为限。其五，由犯罪引起的对假扣押财产的债权。其六，对损害赔偿的债权。其七，设备销售者或者预付价金的银行的债权。其八，永佃土地的租金的债权。其九，根据惯例必要的丧葬费用优先权，即丧葬费、治疗费和用于供给的费用与抚养费的债权。其十，国家对直接税的债权。此外，其他顺位还包括国家的债权、地方政府对税的债权，此处不再列举。①

根据《阿尔及利亚民法典》的相关规定，判断同一财产上存在数个一般优先权时，孰优孰劣的原则为：第一顺序为全体债权人的共同利益的保存费用和诉讼费用优先权；第二顺序为因税费及其他任何性质的负担国库应该征收金额的优先权；第三顺序包括三种优先权，应按比例清偿，具体为服务人员、职员、工人以及其他一切工薪人员享有的最后十二个月期间的薪水及任何性质的工资优先权，为债务人及其负责扶养的其他人提供的最后6个月的食物和衣着费用的优先权，债务人应向其家庭成员支付的最后6个月的扶养费用优先权。②

一般优先权之间何者受偿顺序在先，何者在后，完全视各种社会关系在立法者的价值排序中的位置而定，决定于各国迥异的立法政策，并且与不同市民社会基础上的价值判断息息相关。③

（二）特别优先权之间的顺位

特别优先权是针对债务人的特定财产（包括动产、不动产、知识产权）能够处于优势地位先于其他债权人得到清偿之权利，因特别优先权系基于法律的直接规定而产生，各国关于特别优先权的立法考量和立法政策五花八门，难以成体系加以周延比较和分析，故笔者仅尽绵薄之力以期管中窥豹。

从优先权创设的不同基础分而论之：

基于设定留置权的扩大理由而创设的优先权发生竞合时，依照一般的倒序原则决定它们的顺位，即按后成立的留置权优先受偿。

---

① 费安玲、丁玫译：《意大利民法典》，中国政法大学出版社1997年版，第722~732页。

② 郭明瑞、仲相、司艳丽著：《优先权制度研究》，北京大学出版社2004年版，第131、132页。

③ 申卫星：《我国未来民法典应设立优先权制度》，资料来自中国民商法网，网址：http://www.civillaw.com.cn/。

基于债务人财产增位或增加之理由而创设的优先权发生竞合时，一般先发生的债权的优先权优先于后发生的，因为没有在先的行为，便没有在后的债权。例如，动产或不动产数次出售后形成的数个出卖人优先权中，第一出卖人的优先权应优先于第二出卖人，第二出卖人优先权优先于第三出卖人，依此类推。另外，种子出卖人的优先权应优先于耕地出租人优先权，因为种子出卖人的债权较之耕地出租人更难以保护，种子出卖人的地位较之耕地出租人为弱，应优先保护。[①] 此外，还有一个重要的理由，即种子出卖人具有更为直接的作用，所以其优先权效力亦强于耕地出租人。[②]

同样道理，动产或不动产继续出卖多次，其出售人应得之价金，对于该动产或不动产均有优先受偿权，第一出卖人优先于第二出卖人优先受偿，第二出卖人优先于第三出卖人受偿，其余依次类推。[③]

基于保存费用的理由而创设的优先权发生竞合时，适用倒序原则。（Last in Time is First in Right）即后发生的债权优先于先发生的债权受偿。其理由在于若无在后者支付保存费用，支付费用，支付费用在先者，则无以行使优先权。

并且，共益费用优先权，对于受其利益之总债权有优先之效力，[④] 所谓总债权自包括权利质权，故共益费用之优先权自应优先于权利质权。

此外，笔者试图从特别优先权的标的物是否为不动产的角度，分别就动产和不动产两种特别优先权进行了讨论。特别动产优先权之间的顺位仅指在同一特定动产上存在数个优先权时，各个动产特别优先权孰优孰劣的判断原则。此外，不动产特别权的顺位系在同一不动产上发生数个优先权时孰优孰劣的判断根据，亦因不同法域社会基础和立法政策迥然不同，自然导致不动产特别优先权的顺位或者竞合的效力的准则大相径庭。

在特别动产优先权的顺位方面，法国民法典对动产买卖优先权与不动产租赁优先权竞合时的顺序明文规定，“出卖人的优先权只能在房屋所有人或农场所有人的优先权之后行使，但如出卖人能证明房屋所有人或农场所有人知道其房屋或农场配

---

① 参见《法国民法法典》第 2102 条第 1 款。

② 尹田:《法国民法上的动产优先权制度》，载《外国法学研究》，1997（1）。

③ 《法国民法法典》第 2103 条第 1 款也是如此规定的。

④ 日本民法三二九条第二项但书。

备的家具与其他动产物品不属于承租人时，不在此限”。[①] 实际上，法国民法典虽然规定优先权债权人数是根据优先权的不同性质确定孰优孰劣，但实践中的区分标准含糊不清，究其原因，乃系实践中鲜有发生优先权冲突的情形，故实践中的区分标准并非至关重要，且可根据动产优先权所担保的债权的性质对动产特别优先权相互竞合时孰优孰劣加以判断。此外，其他潜在因素可能包括法国动产特别优先权的客体在实践中为优先权人所控制，极大地降低了动产优先权竞合的概率，再者，动产特别优先权缺乏随时追及物之所在的效力，因此发生动产优先权的标的物为转移至第三人时，优先权通常不得追及而发生效力，故亦在一定程度上降低了动产特别优先权出现竞合的概率。[②]

我国针对特殊动产的优先权的顺位亦有规定，具体体现在《中华人民共和国海商法》《中华人民共和国民用航空法》中，如《中华人民共和国海商法》规定一般情况下在船舶运输中发生的人身伤亡的赔偿请求会优先于海难救助的救助款项的给付请求得到清偿，其他顺位可详见《中华人民共和国海商法》相关规定，本文不予赘述。《中华人民共和国民用航空法》规定救援民用航空器的报酬与保管维护该民用航空器的必须费用之间，实行成立在后，行使在先原则，即倒序原则。

在不动产特别优先权之间竞合的效力方面，《法国民法典》中设定了七种类型的特别不动产优先权，如欲维持不动产特别优先权的效力不受减损，一般需要予以登记，分析不动产特别优先权竞合时，如果优先权在法定期限内已登记，此时以产生该优先权的行为或事实发生的日期为判断根据，而不是根据登记的日期来确定孰优孰劣，在这个层面上，不动产优先权与法定抵押权不同，后者的顺序系根据登记的先来后到进行判断。

在日本民法典中，维持不动产特别优先权的效力不受减损的途径一般也是去相关部门完成登记手续，但当比较多个均已完成保全手续的不动产优先权之间的顺位问题时，其顺位原则如下：其一，就同一不动产，特别先取特权之间产生冲突时，其优先权的顺位，按照债之起因予以确定，依次为不动产的保存、不动产的施工及不动产的买卖；其二，若出现了同一个不动产被多次买卖，不同卖方就该不动产上

① 罗结珍译：《法国民法典》，北京大学出版社 2010 年版，第 511 页。

② 郭明瑞、仲相、司艳丽：《优先权制度研究》，北京大学出版社 2004 年版，第 133 页。

的先取特权的顺位，和买卖的发生时间一致。①

（三）不同种类优先权的顺位

不同种类优先权的顺位，可以更为直接地表述成一般优先权与特别优先权的冲突问题，即同一财产既作为特别优先权的标的，又作为一般优先权的标的的一部分。但因各国社会基础和立法政策有所不同，各国对一般优先权与特别优先权竞合的问题的处理相去甚远。总的来说，法国立法认为在效力上一般优先权的效力高于特别优先权，日本民法规定则与之相反，意大利民法语焉不详仅规定一般优先权与特别优先权竞合时根据债权本身性质确定。立法认为特别优先权的效力为一般优先权所超越，其原因在于一般优先权所保护的债权更为基础，具体说来，一般优先权所保护的债权在日常市民生活中体现为更为重要的权益，更加需要予以保护，或是为了国家利益，抑或是为了债权人的共同利益，或者事关生存。

《法国民法典》第2325条（原第2096条）规定，优先受偿的顺序依其不同品质作分别处理。② 更为具体的规定为第2376条（原第2105条）：在没有动产的情况下，前条列举的优先权债权人（包括诉讼费、受雇人员过去一年以及当年的报酬因劳动关系产生的拖欠工资、健在配偶的债权、雇主对开始职业生活实习的年轻人的补贴、终止合同补偿金和因工作不稳定而应当给予的补偿金等），与其他不动产享有优先权的债权人一起就出卖该不动产的价金受偿时，先于后者并按照第2375条规定的不动产优先权的顺位清偿。

《日本民法典》第三节关于先取特权的顺位部分，第329条系关于一般先取特权的顺位的规定，其第二项的具体内容为“在一般先取特权与特别先取特权之间发生竞合时，特别先取特权先于一般先取特权。但共益费用的先取特权，对于受其利益的一切债权人具有优先效力”。③ 根据上述条文，在日本，特别优先权在一般意义上而言先于一般优先权受偿，但若一般优先权的产生乃系为全体债权人的共同利益，那么就应当优先于特别优先权受偿。

---

① 渠涛译：《最新日本民法》，法律出版社2006年版，第69、70页。

② 罗结珍译：《法国民法典》，北京大学出版社2010年版，第507页。

③ 渠涛译：《最新日本民法》，法律出版社2006年版，第70页。

在《意大利民法典》中，不存在一般意义上针对一般优先权与特别优先权竞合的情况的总领性的处理标准，因优先权背后体现了立法者保护债权的必要性的强弱，故立法者一般根据优先权发生的原因不同，规定不同的顺位。根据《意大利民法典》的规定，因特定动产或不动产进行诉讼所产生的费用的特别优先权优于一切一般优先权和特别优先权，其次是第 2751 条附加条规定的五项动产一般优先权（分别为：雇主报酬、工资、补偿金一般优先权；自由职业者和智力创造人的酬金一般优先权；代理人佣金和补偿金优先权；自耕农和分益佃农的一般优先权；手工业企业的一般优先权）。至于其他动产一般优先权和动产特别优先权并居上述两类优先权之后。①

究竟何者优先？笔者认为，一般优先权与特别优先权根本不是一个一般法与特别法的问题，都是同一法律规定的不同权利类型。一般来说，一般优先权应优先于特别优先权。理由是一般优先权所保护的债权所体现的社会关系比特别优先权的更重要。一般优先权的设立，或者是为了维护国家利益或债权人的共同利益，或者为了保护债权人的生存权，或者是推行保护劳工这一社会政策，较之特别优先权所保护的社会关系更有加以特别保护的理由，故其在效力上应优先于特别优先权。

对于几种具体的优先权而言：（1）基于默示的留置权而创设之优先权，应优先于因债务人财产之增值或增加而创设之优先权。有留置权之债权人，不论其留置权是由于明白或默示的设定，依“动产之善意占有人推定其为适法所有之权利人”之原则，均有优越地位，出租人对承租人置于其不动产上物之价金优先权，优先于物之出卖人之优先权。然若出租人对承租人置于其不动产上物之价金，明知承租人尚未清偿者，则其非善意占有人，其优先权应后于物之出卖人。（2）对于基于保存费用之理由而创设之优先权应当优先于因财产之增值或增加而创设之优先权（基于共有挂念设立的优先权），例如出卖人价金优先权。这是因为不论在出卖之前或出卖之后，若非保存费用之支付，则优先受偿权之标的物将不能存在。（3）但如保存费用优先权与基于默示的留置权而创设的优先权发生冲突时，则须视其债权发生之先后以定其位次。对于这种情况，主要应考虑两者设立的先后，宜适用倒序原则（Last in Time is First in Right）。基于默示的留置权而创设的优先权发生在后，优先受偿；

① 郭明瑞、仲相、司艳丽：《优先权制度研究》，北京大学出版社 2004 年版，第 137、138 页。

反之，保存费用优先权设立在后，则其为优先。例如，供应农夫牛马饲料债权人之优先受偿权，优先于不动产之出租人，盖保存优先权后于出租人优先权而发生。[①]

三、优先权与其他担保物权竞合的效力

优先权与质权、抵押权、留置权同属于担保物权，都具有物权性、价值权性和担保性，这是它们作为担保物权的共性。同时，优先权为不须公示之担保物权，不以占有或登记为要件，只要符合法律规定的条件便当然成立。优先权不以占有为要件，不同于质权和留置权；不以登记为要件，亦不同于抵押权。优先权为法定担保物权，区别于属于意定担保物权的质权和抵押权，与留置权相近。优先权可以以义务人的全部财产为权利客体，而其他担保物权一般只能以债务人的特定财产为权利客体。当然，优先权与其他担保物权的最根本区别在于优先权是为担保特殊债权而设定的，而其他担保物权是为担保一般债权，并无特别的理由。

优先权可分为一般优先权，动产优先权，不动产优先权。从具体优先权的标的物看，优先权又可分为动产上的优先权（包括动产优先权、一般优先权），不动产上的优先权（包括不动产优先权、一般优先权），权利上的优先权，即一般优先权。

不动产上的优先权具有担保物权的性质，不以占有标的物为要件，与抵押权有相似之处，优先权制度未明确规定的内容，可适用抵押权的有关规定。[②]日本学界也有较多论述。

动产上的优先权同样既具有担保物权的性质，又不以占有标的物为条件，与留置权有类似之处，可适用留置权的一些规定。权利上的优先权与动产优先权类似，也可适用留置权的一些规定。[③]

随着现代经济的发展，为了特定的民事主体的利益能够得到特别的保护，优先权制度的设立，似为现代民法发展的一般趋势。优先权的立法理由是国家试图通过积极干预在特殊经济关系中发生的债权和债务，为协调当事人利益关系提供的一种

① Paris，5 Mars 1872，D. p. 1873，2，812，sw. 1873，2，13.
② 参见《日本民法典》341 条。
③ 参见《日本民法典》370，374，296 条等的规定。

特殊的行为规则。[①] 由于优先权不以占有或登记为要件，而且其客体可以是动产、不动产或者债务人的总财产，所以优先权极易与其他担保物权发生竞合。以下分别就质权、抵押权和留置权与优先权的竞合进行分析：

（一）优先权与质权竞合的效力

动产质权系以动产为其标的物，而与优先权可能相竞合之情形只有：（1）动产优先权（以动产为其标的物）；（2）一般优先权（以债务人之动产、不动产或其他财产等总财产为其标的物，自得以动产为其标的物）。因为这两种情形均以动产为标的物或可以以动产为标的物。

1. 动产质权与动产优先权的竞合

关于动产质权与第一位次动产优先权相竞合之情形述有：若动产质权之出质人与质权人约定，出质人应以现实交付或简易交付之方法交付该动产而移转占有于质权人，则质权人于质权设定之后为该动产之占有人，其后质权人将该动产置于所承租之不动产上而对于该不动产之出租人员有因租赁关系所生之债务；或质权人于住宿旅店时，将该动产置于旅店中，而未支付住宿费及饮食费；或质权人将该动产委托运送人去运送而未支付运费；若不动产出租人或旅店主人或运送人误信该优先权或旅店住宿优先权或运送优先权（参见日本民法第312、311—319条）；而质权人对该动产又取得动产质权；故第一位次动产优先权必与该动产质权相竞合。

举数例如下：

（1）就动产质权与旅店住宿优先权或运送优先权相竞合：如出质人（甲）向质权人（乙）借款数千元而以自己动产为乙设定质权，乙于取得该动产后，因住宿旅店而将该动产置于旅店中，未支付住宿费及饮食费；或乙将该动产委托运送人运送而未支付运费；若该旅店主人（丙）或该运送人（丁）误信该动产为其（指乙）之所有物并无过失时，则丙或丁均可对该动产取得旅店住宿之优先权或运送优先权（参见日本民法317、319及318、319条）；而乙对该动产又可取得动产质权；故旅店住宿或运送优先权必与动产质权相竞合。

---

① ［日］我妻荣：《新订担保物权法》，申政武、封涛、郑芙蓉译，中国法制出版社2008年版，第45~53页。

（2）就动产质权与不动产租赁优先权竞合情形而言：如出质人（甲）向质权人（乙）借款数千元而以自己所有之动产为之设定质权；乙取得该动产之占有后，将之置于其（指质权人乙）向出租人（丙）承租之不动产上；若丙对该动产不知其为甲之动产并无过失时，则丙对该动产可取得不动产和租赁优先权（参见日本民法312、319条）；乙对该动产又可取得动产质权；故乙之动产质权必与丙之不动产租赁优先权相竞合。

日本民法规定在动产质权与优先权竞合的情况下，动产质权人与第一顺位的优先权人，有同一权利。所谓第一顺位的优先权与第一顺位的优先权人，是指日本民法第334条规定的不动产出租，旅店住宿及运送的优先权。

所谓同一权利，日本学者一般认为是指动产质权人的权利与不动产出租人、旅店主人、运送人等处于同一位次，动产质权人与这些优先权人按债权额的比例平等受偿。其理由为：第一顺位动产优先权乃基于当事人意思推测的担保默示，与作为约定担保物权的质权应具有相同的地位，所以不应有不同的待遇。此说被称为同一位次说。

但也有人主张，“同一权利”应理解为第一位次优先权应优先于动产质权，被称为“优先权优先说”。因所持理由的不同，该说又可分为两说：一是依优先权即时取得应优先说，该说依照《日本民法》第319条规定，认为第一位次优先权可适用动产的即时取得原则而成立，故承租人置于不动产租赁物上之动产或旅客及其随从现存于旅店之行李，或托运人因委托运送而交付之货物，若均非所有物而是其动产质权的标的物，但不动产出租人或旅店主人或运送人误信为其所有物且并无过失时，则对其物取得优先权，故优先权得对动产质权人占有的动产行使，并且优先于动产质权人而受偿。二是依诚信原则应优先说，一般情况下，动产质权与优先权发生竞合时，动产质权人就动产质权而言，虽为出质人之债权人，似对于第一位次之优先权人而言，则是其债务人，而优先权人为动产质权人之债权人，依照诚实信用原则，债务人的权利不得优于债权人；故第一位次之优先权应优先于动产质权。[①]

① 参见吴宗梁：《论优先受偿权与担保物权竞合之效力》，载郑玉波主编：《民法物权论文选辑》，五南图书出版公司1985年版，第923页。

我国学者采优先权优先说。[①] 理由为依诚信原则。笔者认为，优先权优先说为妥，但理由应当为这些优先权是基于“扩大的留置权”而设立的，在留置权与质权同时存在的情况下，留置权的效力应当优于质权。这是因为，标的物已由留置权人实际占有，质权人为间接占有人。留置权为法定担保物权，具有对抗其他担保物权的效力。[②] 而且，法律设立优先权制度之立法意旨，乃因某种债权有关于公益、共益或公平观念或基于社会政策之推行，使此类债权优先于其他债权受清偿，而所谓其他债权，不问其是否有担保物权之存在，如此方可符合优先权制度设立之总旨。

动产质权与第一位次以外的动产优先权竞合时，[③] 原则上动产质权优先于动产优先权，但有两种情形例外：（1）动产质权人于取得债权之时，知道已有第二或第三位次的动产优先权的存在，在此情形下，动产优先权优先于动产质权；（2）第一位次以外之动产优先权为动产质权人保存其物的，该动产优先权优先于动产质权。[④]

综上可知，动产质权与优先权发生竞合时，动产质权在效力上弱于不动产出租优先权、旅店住宿优先权、运送优先权，而强于动产保存优先权、动产买卖优先权、种苗肥料供给优先权及农工业劳动优先权。因为不动产出租优先权等三项优先权人一般占有标的物，而动产买卖等优先权人一般不占有标的物，根据“动产之善意占有人推定其为适法之权利所有人”的原则，[⑤] 对于动产物权，占有者效力优于未占有者，所以动产买卖等优先权在效力上弱于动产质权。而动产质权人虽然和不动产出租人，旅店主人、运送人一样也占有权利标的物，但二者发生竞合时动产质权人往往是不动产出租人等优先权人的债务人，根据债务人的权利不得优于债权人的原则，不动产出租等优先权应优先于动产质权。

2. 动产质权与一般优先权的竞合

有人根据《日本民法》的规定认为，除共益费用优先权外，动产质权原则上优

---

① 申卫星、傅穹、李建华：《物权法》，吉林大学出版社 1999 年版，第 427 页。

② 李国光、奚晓明、金剑锋、曹士兵：《关于适用〈中华人民共和国担保法若干问题的解释〉理解与适用》，吉林人民出版社 2000 年版，第 285 页。

③ 日本民法的第一位次之外的优先权是指“动产保存优先权、动产买卖优先权、种苗肥料供给优先权及农工业劳动优先权等”。

④ 参见吴宗梁：《论优先受偿权与担保物权竞合之效力》，载郑玉波主编：《民法物权论文选辑》，五南图书出版公司 1985 年版，第 931~932 页。

⑤ 张俊浩：《民法学原理》，中国政法大学出版社 2000 年第三版，第 531 页。

先于一般优先权，其推论的理由为：第一，《日本民法》规定，动产质权与第一位次的动产优先权有同一权利。第二，《日本民法》规定特别优先权优先于一般优先权。因此，与特别优先权有同一权利的动产质权自应优先于一般优先权。①

对于此一推理过程及结论，首先，是基于日本民法的规定所作的解释；其次，对有“同一权利”的理解是存在分歧的，前已述及，此不赘述。所以对于我们从立法论的角度来研究优先权，可以不受《日本民法》规定的约束，而应衡量各种权利所保护的社会关系的重要性，来决定其效力的高低。如前所述，一般优先权原则上优先于特别优先权，只不过一般优先权的行使应先就无担保、无优先权的财产进行，只有当这些财产不足以清偿优先权时，才对无担保权或优先权以外的其他财产行使一般优先权。此时一般优先权优于凌于其上的担保物权和特别优先权。依此原则，一般优先权在效力上应优于动产质权，同理可证一般优先权在效力上应优先于所有的一般担保物权。②

3. 不动产质权与优先权竞合的效力

由于《日本民法》有不动产质权适用抵押权的规定，所以不动产质权与优先权竞合的场合和抵押权与优先权竞合的场合同样对待。③我国不存在不动产质权，一般不会发生这种竞合的现象。

4. 权利质权与优先权竞合之效力

权利质权以可让与之债权及其他权利等财产权为标的物，而优先权中之一般优先权系以债务人之总财产为其标的物，亦即包括动产、不动产、债权及其他财产权，自亦包括债权或其他财产权，故权利质权与一般优先权有竞合之可能（而动产优先权以动产为其标的物，而不动产优先权系以不动产为其标的物，均无与权利质权相竞合之可能）；若权利质权与一般优先权相竞合时，其位次如何决定？有学者认为，当依权利发生先后来定，即依物权一般原则决定。④笔者认为，权利质权得准用动产质权之规定，⑤故其效力即有相当于动产质权的效力。所以，对于权利质权与优

---

① 参见郑玉波主编：《民法物权论文选辑》（下），五南图书出版公司 1985 年版，933~934 页。

② 申卫星、傅穹、李建华：《物权法》，吉林大学出版社 1999 年版，第 427 页。

③ ［日］远藤浩、川井健等著：《新版民法》（3），有斐阁昭和 59 年版，32 页、50~53 页、45~46 页。

④ ［日］柚木馨：《担保物权法》，有斐阁昭和 33 年版，第 177 页。

⑤ 《中华人民共和国担保法》第 81 条、《日本民法》第 362 条均有如此规定。

先权竞合时效力的确定问题可以参照动产质权竞合时的规则来确定。

（二）优先权与抵押权竞合的效力

1. 不动产优先权与抵押权竞合的效力

二者竞合的效力因不动产优先权种类不同而不同。一般地，不动产保存优先权和不动产施工优先权，如果进行了合法登记，不问登记之先后一律优先于抵押权而受清偿。其他不动产优先权，诸如不动产买卖优先权、共有不动产分割优先权、资金贷与人优先权等，如果进行了登记，与抵押权发生竞合时，按登记先后次序决定其效力。没有进行登记的不动产优先权在效力上弱于抵押权。[①]

对于不动产保存优先权、不动产施工优先权经登记后优先于抵押权的理由在于：因为不动产保存优先权人的保存行为，使债务人的全部债权人受到利益，抵押权人也受到其利益。不动产施工优先权因其优先权人之工作行为而产生不动产增值，甚至创造不动产的价值，使抵押权人能享受其利益。还有学者认为，不动产施工优先权还有"间接的亦保护人民住居生活；为了保护人民住居生活而限制金融业债权之效力，亦不外系一种社会政策"。[②]所以，基于以上考虑享受其利益的权利自然在效力上应让步于保存、创造该利益的权利。

其他一些不动产优先权因不具有此等特殊的利益基础，故不能明确规定其优先于抵押权，对这些权利所产生的社会关系，法律认为有特殊保护的必要，赋予其优先权，但此等优先权只能优先于普通债权，若想优先于抵押权，当事人可以履行相应的登记手续，这样规定既保护了特殊的社会关系，又防止优先权因其不公示性而对其他担保物权造成不测之损害，保持了一定的平衡。而且"个人创意的最大发挥乃人类文化发达之原动力，由自由有为之个人，循理性判断，以实现其生存发展，吾人不可得而略也"。[③]

2. 一般优先权与抵押权竞合的效力

二者竞合的效力，可因登记与否而不同：（1）二者都未登记。此时有三种观点：

---

① 参见郑玉波主编：《民法物权论文选辑》（下），五南图书出版公司 1985 年版，第 933~934 页。

② 吴宗梁：《论优先受偿权与担保物权竞合之效力》，载郑玉波主编：《民法物权论文选辑》（下），五南图书出版公司 1985 年版，第 937 页。

③ 梁阳升：《浅谈承揽人法定抵押权顺位问题》，载郑玉波：《民法物权论文选辑》（下），667 页。

一为一般优先权优先说；二为依权利成立先后而定说；三为同一位次说。其中第一说为通说。因为对于抵押权无论登记是成立要件还是对抗要件，只要未进行登记都不能对抗第三人，更不能对抗一般优先权人。（2）二者都已登记。此时有两种观点：一是依登记先后定之说；二为抵押权优先说。一般采前说。（3）二者有一方登记而另一方未登记，则以登记一方为优先。即登记的一般优先权优先于未登记的抵押权，登记的抵押权优先于未登记的一般优先权，但共益费用优先权除外，未登记的共益费用优先权可优先于已登记的抵押权。①

我们认为，一般优先权的设立目的或者是推行一定社会政策，或者是保障债务人的生存权，或者是维护债权人的共同利益或国家利益，具有很强的公益性，原则上应受优先保护。此外，一般优先权也难以进行登记，又可能损害其他依赖登记人员的利益。所以，应当适当平衡，笔者同意根据具体情况将一般优先权分为优于所有债权人的优先权和优于普通债权人的优先权两类，并分别规定与优先权竞合时的不同效力。②

共益费用优先权有利于全体债权人，包括有抵押权之债权人在内；若无共益费用之支出，则抵押人所担保之债权也无法受清偿，故认为未登记之共益费用优先权可对抗已登记之抵抗权人，这样也合于法律的公平原则。所以，应当认定，共益费用优先权优先于抵押权。

对于“基于留置权的扩大而设立的优先权”与抵押权的关系，此类留置权的标的一般为动产，可能与以动产为标的的抵押权相竞合。笔者认为，在这种情况下，“基于留置权的扩大而设立的优先权”效力应优先于抵押权。这是因为：

“基于留置权的扩大而设立的优先权”为法定担保物权，具有对抗其他担保物权的效力，抵押权为约定担保物权，法定担保物权优于约定担保物权，为物权法上的原则。③

留置性的担保权优于抵押权源于各国的海商立法和实践。留置性的担保权的产生与标的物价值的保存或者增加有关，有利于保全抵押权人的利益。我国台湾地区

① 郭明瑞：《担保法原理与实务》，中国方正出版社 1995 年版，第 683~700 页。

② 王利明主编：《中国物权法草案建议搞及说明》，中国法制出版社 2001 年版。

③ 李国光、奚晓明、金剑锋、曹士兵著：《关于适用〈中华人民共和国担保法若干问题的解释〉理解与适用》，吉林人民出版社 2000 年版，第 284 页。

的“动产担保交易法”规定，不论留置物上的抵押权是否已经先于留置权而设定，留置权具有对抗抵押权的优先效力。我国海商法规定，船舶优先权先于船舶留置权受偿，船舶抵押权后于船舶留置权受偿。船舶留置权，是指造船人、修船人在合同一方未履行合同时，可以留置所占有的船舶，以保证造船费用或者修船费用得以偿还的权利。因此，同一财产上抵押权与留置权并存时，留置权的效力优于抵押权。留置权人就拍卖、变卖抵押物所得的价款，优先于抵押权人受偿。

同一财产上抵押权与留置权并存的情况有两种，一是抵押权设定在先、留置权成立在后；二是抵押权设定在后、留置权成立在先。本条规定仅指抵押权设定在先、留置权成立在后的情况。因为留置权转移占有，债务人再设定抵押权的可能性很小。存在的问题是，当事人可以利用留置权的对抗效力，恶意串通成立留置权，排除在标的物上存在的抵押权。因此，应当对留置权的对抗效力予以限制。限制在善意的享有这类优先权的第三人。例如我国台湾地区“动产担保交易法”规定，“抵押权人实行占有抵押物时，不得对抗依法留置标的物的善意第三人”。[①]

法国民法对于不动产特别优先权与抵押权顺位作了独特的规定，[②]规定不动产特别优先权的顺位是以法律规定的日期为确定标准，其非以登记日期为准，而是以行为成立或产生该优先权的事实发生的日期为准（出卖日期、分割财产或公开拍卖的日期、继承开始之日等）。这样，自享有优先权的债权成立以后，其优先权就优先于登记的抵押权，即使抵押权的登记在优先权公告之先。如果优先权在法定期限届满后登记，其“退化”为抵押权，其顺位以登记的日期为确定日标准。

特殊情况下，建筑师和承揽人的优先权属于第一顺位，但这种优先权只能设定于有关工程对不动产所赋予的增值部分，且其行使不应使抵押权人受到损害。

《中华人民共和国海商法》第22条规定，具有船舶优先权的权利包括船长及船员的工资、其他劳动报酬、船员遣返费用和社会保险费用债权，船舶在营运中发生的人身伤亡赔偿金债权，船舶吨税、引航费、港务费和其他港口规费债权、海上救助费债权，船舶在营运中因侵权行为而产生的财产损害赔偿请求债权。我国法律对于船舶抵押权与船舶的优先受偿权问题未作规定，但依国外立法及通说，船舶特别

① 参见我国台湾“动产担保交易法”。

② 尹田：《法国物权法》，法律出版社1998年版，第502页。

优先权优于船舶抵押权。船舶拍卖后，应当按各优先权顺序从船舶变价价款中将上述各项债权扣除，对于剩余金额，再由抵押权人按顺序优先受偿。在我国，对于船舶抵押权与优先权的关系问题亦应作同样解释。

（三）优先权与留置权竞合的效力

由于留置权的客体为动产，所以留置权可能会与动产优先权、一般优先权（以动产为标的）发生竞合。

有学者认为，由于留置权本质上要求留置权人占有留置物才能成立，当留置权与动产优先权发生竞合时，标的物占有人为留置权人，故而当留置权所担保的债权未受清偿时，任何债权人均不能就留置物主张拍卖而优先受偿，所以留置权在事实上优先于就该留置物上存在的动产优先权。① 也有学者认为，同一财产上留置权和优先权并存时，优先权的效力优于留置权。②

笔者认为，对于一般优先权与留置权发生竞合时，基于一般优先权设立的社会基础，一般优先权在效力上应优先于留置权，只不过在适用时应先就其他没有担保物权的财产实行，只有在没有其他财产可供清偿时，才就留置物优先于留置权人受偿。

我们在讨论优先权与其他担保物权竞合的效力时，可以参考外国优先权制度的规定，但不能受其局限，而成为外国优先权制度的解释学。同时更不能受我国现行《中华人民共和国民事诉讼法》和《中华人民共和国破产法》的限制，因为现行法没有将优先权确立为一项独立的权利，更不要说成为一项担保物权，也正是因此才导致人们在讨论工资优先权与抵押权的关系时，会那么艰难。研究优先权与其他担

---

① 郭明瑞：《担保法原理与实务》，中国方正出版社 1995 年版，第 683~700 页。另外，从日本的情况看，日本民法尽管没有规定留置权有优先受偿权，在理论上，与优先权无竞合之可能；但实际上，依《日本拍卖法》第 2 条第 3 项之规定："应买人对于对拍卖人有留置权人、有优先权之质权人及对质权人有优先权人之债权人，非清偿不能受取标的物。"故对拍卖物有留置权之人，对于拍卖之应买人得主张其清偿留置权所担保之债权，始得受取标的物；换言之，若留置权所担保之债权未受清偿时，任何债权人均不能就拍卖物受偿；自包括有优先权之债权人在内，故在实际上，留置权人优先于优先权人受清偿。

② 李国光、奚晓明、金剑锋、曹士兵：《关于适用〈中华人民共和国担保法若干问题的解释〉理解与适用》，吉林人民出版社 2000 年版，第 285 页。

保物权的竞合问题上，笔者认为，应当“使竞存权利间的优先权规则的设计应避免某一债权人因其他债权人受损而不当地获利”；[①]“有一快速和高效的就担保物优先受偿的方式”；“设定、维持和实行动产担保权的费用被保持在一个合理的水平”。[②]应当体现立法价值的衡平。我们应该参考国外的立法经验，并照顾到我国现行法体系的融合性，但不能受其束缚。

所以基于一般优先权所保护的社会关系的重要性，一般确认其优先于特别优先权、优先于一切其他担保物权的权利。对于特别优先权，由于它们设立的社会基础不同，而且相对于一般优先权人，特别优先权人较容易采取其他担保措施来保护自己的债权，所以当特别优先权与其他担保物权发生竞合时，应区别所保护的社会关系性质，决定它们效力的高低。

---

① Roy Goode, “The Modernisation of Personal Property Security Law”,（1984）100L. Q. 234, p237.

② Duncan Fairgrieve, “Provision of Security in transition countries”, Law in Transition（Spring 1998）, pl.

6

CHAPTER

第六章

优先权的效力（二）

——优先权的效力的几个特殊问题

一、动产上优先权——追及力之限制

日本民法第333条规定：优先权人，于债务人交付其动产于第三人取得之后，则就该动产，不得行使优先权。亦即若债务人交付其动产于第三人取得之后，对该动产，不得行使优先权。所谓不得行使其优先权，即优先权归于消灭，不能继续行使权利，亦即对优先权追及效力之限制。

（一）动产上优先权追及力限制的法律意义

日本民法的这一规定是有深刻道理的，体现了优先权制度在保护优先权人利益的同时，兼顾第三人之利益，有利于维护社会交易安全。动产优先权无公示方法，原则上不以占有及登记为成立要件。优先权为法律规定所产生，不以契约和其他法律行为成立优先权。动产易于移转，且移转之后之动产上是否附有优先权不易为第三人所知，第三人根据表面合法、公示公信原则即可取得动产物权，没有义务去查清所取得物权的动产上是否有优先权负担，而且这样做事实上也没有可能。为保护第三人之利益及交易安全起见，规定债务人交付其动产于第三取得人后，不得对该动产行使优先权是非常有必要的，也是物权公示公信原则的体现。

对优先权人而言，为实现其优先权，还有其他救济方法，如可对债务人转让动产所取得的对价行使物上代位权。而且，债务人如果违反其法律义务，将动产交付于第三取得人后，即已构成诈害行为，债权人还可依债权之撤销权撤销之以为救济的方式获得救济。

对转移给第三人的动产不得行使优先权这种保护第三人利益、维护交易安全的做法，从客观上讲可以促进交易发展，加快动产之融通，促进物的充分利用，使财产在流动中增值，扩大社会财富。

（二）动产上优先权追及力限制的适用范围

1. 优先权人不得对动产优先权债务人转让动产和一般优先权债务人转让财产中的动产部分行使追及权

优先权人，于债务人交付其动产于第三人取得之后，则就该动产，不得行使优先权。从优先权制度的分类来看，各国一般分为一般优先权和特别优先权。一般优先权以债务人的全部财产作为优先权客体。特别优先权又可分为动产优先权和不动产优先权，前者以债务人财产中的动产部分为优先权客体，后者以债务人财产中的不动产为优先权的权利客体。动产上优先权追及效力之限制适用范围问题，应当理解为不只适用于动产优先权而已，享有一般优先权的优先权人对于债务人总财产中有关动产的部分亦可适用。

这一原则适用于一般优先权是因为一般优先权以债务人之总财产为标的物，债务人之总财产包括动产在内，因此若债务人总财产中的某些动产已交付于第三人取得后，一般优先权人就不得对该已交付给第三人的这些动产行使优先权时，只能就仍属于债务人的财产行使权利。

这一原则可适用于动产优先权，是因为动产优先权以债务人之动产为标的物，若债务人将设定有优先权的动产交付于第三取得人后，动产优先权人即不得对该动产行使优先权。

该原则不适用于不动产优先权。因不动产优先权系以不动产为标的物，不动产上权利的产生、变更有自己的公示方式，不会影响到其他人的利益和交易安全。债务人将自己所有的不动产转让给第三人时，如果受让人未经登记就不能取得不动产上的权利，不动产上的权利没有争议，优先权人当然可以对该不动产行使权利。

2. 债务人转让动产须以转移占有方式

考虑到动产一般以转移占有为公示方式，非转移占有型交付动产不能说明动产上的权利发生转让，所以，一般来言，第三人取得动产应主要限于现实交付方式，原优先权人才不能对其行使追及权。若优先权成立之时，优先权标的物属于债务人所有之物，其后若债务人将之让与第三人，若该转让一旦有效成立时即为优先权追及效力之问题。若依日本民法第 333 条之规定，债务人将为优先权标的物之动产让与第三人且已交付之时，则不得对该动产行使优先权，优先权即失其追及效力。但若债务人将动产交付第三取得人系用占有改定之方式为之，使第三取得人取得动产所有权而债务人仍占有该动产时，如何解决则成为问题。这种情况其实是一个动产交易安全与优先权人利益如何协调的问题，是一个优先保护哪方利益的问题。依日本通说及判例认为，若优先权人善意且无过失时，对于该动产仍可行使优先权。[①]

① ［日］柚木馨：《担保物权法》，有斐阁昭和 33 年版，第 67 页。

3. 须限于第三人取得优先权标的物动产所有权

若第三人仅仅占有标的物，优先权人仍然可以行使追及权。动产所有权之第三取得人亦即取得动产所有权的受让人之谓，若只占有动产而未取得其所有权的第三人，如承租人，质权人或受承租人、质权人委托保管动产人，优先权人不得行使追及权。

另外，日本有判例明确讲建筑物之原承租人委托新承租人保管其在建筑物上之动产，这里的新承租人也非所谓的取得动产所有权的第三人，从而也不适用该项规定。[①]

当然，对于动产上优先权追及效力的限制还有以下几个需要讨论的问题。

1. 第三人取得动产是否须为善意才能免受优先权人追及？

第三人之取得动产是否须为善意，始可免于受到优先权人的追及，对于这个问题，有不同的看法。[②]

限于善意取得说，认为若第三人恶意取得债务人动产可得到本条之保护；则债务常易与第三人通谋而交付其动产，以侵害有优先权人之利益，对优先权人保护不周，有违背或轻视法律特别保护优先权之立法意旨，故应限于善意之第三取得人始可得到本条之保护。

不限于善意取得说，认为取得动产所有权之第三取得人，不问其为善意或恶意，均可得到本条之保护。其理由法律条文未限制须为善意第三取得人，本条法文规定，“若债务人交付其动产于第三取得人后，不得对于该动产行使优先权。”只规定第三取得人，并未规定为善意第三取得人故恶意取得人亦应包括在内。对第三人取得标的物是否为善意之举证颇为困难，善意与否，属于内心之作用，在举证上颇为困难。故应解为不限制其是否善意或恶意均可受本条之保护，而较妥当。

日本通说采不限于善意取得说，与笔者意见相同，因为依日本民法424条第1项之规定：债权人得请求裁判所撤销债务人明知有害于其债权人而为之法律行为，但因其行为受利益者或转得人不知其行为或当转得时，不知有害债权事实时，不在此限。亦即在这种情况下，赋予了债权人以撤销权来保护自己的权利。引入日本优

① 大判昭和十八、三、六，转引自台湾大学法学研究所吴宗梁硕士论文，《我国民法增设优先权之一般规定》。

② ［日］柚木馨：《担保物权法》，有斐阁昭和33年版，第179页。

先权制度的我国台湾地区也有类似规定。[①] 换言之，债务人明知有害债权人之法律行为，而第三人亦知其行为有害债权事实者，则债权人可申请撤销债务人之法律行为；因此若债务人交付其动产于第三取得人之后，债务人财产因之减少而有害于债权人，第三取得人亦知其情事时（亦即为恶意时），有优先权之债权人即得依上述民法有关撤销权的规定请求法院撤销其法律行为以为救济；在未经撤销以前，虽第三取得人为恶意，仍不得对该动产行使优先权。既然法律已经赋予债权人撤销权而对自己加以保护，且对原动产之变形物上也可行使物上代位权（日本民法 304 条），本条即无再加保护之必要，故以不限于第三人善意取得说为当。

鉴于我国合同法中也已经建立起来了债权人撤销权、代位权等债的保全制度，如果将来引入优先权制度时，考虑与其相衔接，此处宜采用不必要求第三人需以善意为条件为佳。

2. 对于已交付给第三人但后又重新由原债务人占有的财产，优先权人是否可以行使优先权

至于已交付第三取得人之动产，优先权人固不能对之行使优先权，但嗣后该动产又归债务人所有或占有时，则优先权人是否可再对之行使优先权，学者意见不一。[②] 有学者认为在这种情况下，优先权人可再行使优先权，因为该动产原为优先权之标的物，既复归债务人所有或占有，则仍可对之行使优先权。可再行使优先权说为日本通说，也只有如此方可保护优先权人之利益并合于创立优先权之立法意旨。

笔者认为，嗣后该动产又归债务人所有或占有时，优先权人不可再行使优先权，因为若债务人交付其动产于第三取得人后，优先权人对该动产即不能行使优先权，亦优先权已归于消灭，嗣后虽该动产复归债务人所有或占有，优先权并不因此得到恢复。亦不得对之行使优先权。

3. 优先权的标的物为债权或其他财产权时，是否可准用动产上优先权追及效力限制的规定

也就是说，当债务人将作为优先权标的物之债权（其债权乃系债务人对第三债

---

① 台湾地区“民法”第 244 条第 1 项及第 2 项。

② ［日］中岛玉吉:《民法释义·物权卷》(下)，有裴阁 1980 年版，第 739 页。

务人之债权）或债务人之其他财产权让与第三取得人时，优先权人是否仍可对该债权或其他财产权行使优先权？关于此点，日本民法333条并未明文规定，日本学者一般均作否定之见解，认为只要受让债权或其他财产权之第三取得人，具备完全让与之对抗要件时，优先权人就不能对该债权或其他财产权行使优先权。也就是说，标的物为债权及其他财产权的情况也适用于该条的规定，不可对之再行使优先权。[①]

二、特殊动产优先权之即时取得

日本民法确立了特别动产优先权即时取得的制度。[②] 也就是说，对于承租人置于不动产租赁物上之动产，或旅客及其随从寄存于旅店之行李，或托运人因委托运送而交付之货物，尽管非其所有物，但若出租人、饭店主人或运送人误信为其所有物并无过失时，在承租人欠付租金、旅客欠付住宿费用、托运人欠付运费的情况下，相应的优先权人可对该置于不动产租赁物上之动产或行李或货物行使优先权。这些类型的优先权是“对留置制度的扩大运用”而规定的优先权。[③] 也有学者称之为“特殊留置权”。[④] 这些情况称为“优先权的即时取得制度”。

（一）特别动产优先权即时取得的法律意义

日本民法的这些规定确立了优先权人可对债务人占有动产可即时取得的制度。本来动产优先权人只能就债务人所有之动产行使优先权，但为了保护善意优先权人，维持优先权制度之作用，根据物权的公示公信原则，设立了优先权即时取得制度。也就是说，优先权人对于非属于债务人所有，但为其占有中的动产仍可行使优

① ［日］中岛玉吉：《民法释义·物权卷》下，有裴阁1980年版，第739~740页。

② 依日本民法第319条之规定：“第192条至第195条之规定，于前七条之优先权准用之。”此即特殊动产优先权即时取得的规定。所谓前七条之优先权之意义即指：a.不动产租赁优先权（第312~316条，指日本民法下同）；b.旅店住宿之优先权（第317条）；c.旅客或货物运送之优先权（第318条）；日本民法第192条至第195条之规定：若和平且公然占有动产，并且善意无过失，则可即时取得其行使于动产上之权利（日本民法192条）。

③ 参见本文有关优先权的立法理由部分。

④ 参见梁慧星、陈华彬：《物权法》，法律出版社1996年版，第389~390页；董开军：《债权担保》，黑龙江人民出版社1995年版，第197~198页。

先权，优先受偿。

（二）特别动产优先权即时取得的条件

按照日本民法的有关规定及日本学者的论述，特别动产优先权即时取得制度需要符合以下几个条件：①

1. 优先权的即时取得制度标的物为一定之动产。亦即在不动产租赁优先权的情况时，标的物须为不动产承租人或租赁权之受让人或次承租人置于该不动产上之动产；在旅店经营者行使旅店住宿优先权时，其标的物对象须为旅客或其随从现存于旅店之行李；在承运人行使运送优先权时，其标的物对象须为托运人所交付之货物。

2. 须动产为他人所有而为债务人合法占有。动产若为债务人所有，则优先权人自可行使优先权。但若动产非债务人所有而在其占有之中，并且优先权人所不知并无过失时，根据“动产的合法占有人推定为动产的权利人”的物权法原则，优先权人可对他人所有的动产行使优先权。

3. 须优先权人善意且无过失。所谓优先权人善意即不知动产非债务人所有之情事，所谓无过失即对于不知其情事并无过失。故若对不知其情事有过失时，则仍不得对该动产行使优先权。如钟表商常以修缮钟表为营业而占有他人之钟表，古董商常以古物买卖之媒介而占有他人之古董。这些情况为一般社会公众所了解，也应当为优先权人所应注意且能注意，如果没有注意，即为有过失。这种情况下，优先权人不能对钟表维修人和古董经纪商行使优先权。

在优先权的即时取得制度情况下，优先权人行使优先权的效力主要体现为，优先权人可处理该动产，以处置所得之价金，使自己之债权优先受清偿。

优先权即时取得制度类似于传统民法上的留置权善意取得制度。② 同留置权善意取得制度一样，优先权即时取得制度的确立有助于保护善意的优先权人。该制度也是从实际出发，考虑到动产易于流通，动产上的权利负担很难从外观上弄清，在债务人占有的动产是否为债务人所有不易为优先权人所知，并且很难调查清楚。法

---

① 吴宗梁：《我国民法增设优先权之一般规定》，台湾大学法学研究所硕士论文。

② 我国“担保法司法解释”也引入了“留置权善意取得制度”。参见李国光、奚晓明、金剑锋、曹士兵：《关于适用中华人民共和国担保法若干问题的解释理解与适用》，吉林人民出版社 2000 年版。

律直接赋予善意无过失的优先权人对债务人所占有的第三人的动产以优先权即时取得制度，符合物权法公示公信的原则，同时也有助于保护优先权人的利益。

对于动产优先权的善意取得制度，日本民法还规定了几种特殊情况。尽管其中有些内容与我国民法的有关规定不一致，但对于深入研究优先权制度却是有所裨益的。

若承租人置于不动产租赁物上之动产，或旅客及其随从现存于旅店之行李或托运人因委托运送而交付之货物，若为盗赃物或遗失物时，则被害人或遗失人，自盗窃发生或遗失之日起二年内可以请求占有人返还其物而否认该动产优先权之成立，但二年内未向占有人提出要求的，则优先权人可以对债务人（盗窃人或拾得遗失物的人）占有的盗赃物或遗失物行使优先权。若优先权人对债务人（盗窃人或拾得遗失物的人）占有的盗赃物或遗失物行使优先权发生在盗窃发生或遗失之日起二年内，并占有或取得该动产所有权的，原物所有人可以要求优先权人返还该动产。

对于承租人置于不动产租赁物上的动产、旅客及其随从存放于旅店之行李、托运人因委托运送而交付之货物，若承租人、住宿旅客或托运人是以善意的方式从拍卖，或公共市场或贩卖同种物之商人购买的盗赃物或遗失物的，则其被害人或原所有人非清偿承租人因不动产租赁关系所生之债务，或旅客及其随从之住宿费或饮食费或运送委托人（即托运人）所应支付之运费及附随费用不得请求返还其动产；优先权已实行而拍卖动产时，则原所有人非支付拍定人所支付之价金不得请求返还其物。[①]

而对于承租人置于不动产租赁物上之动产或旅客及其随从现存于旅店之行李或运送委托人（即托运人）因委托运送而交付之货物，若系他人饲养家畜以外之动物时（如宠物等），若该动物上之优先权人善意取得对该动物的控制，并且自该动物迷失之时起已经一个月，原动物主人未请求其返还的，则可对该动物行使优先权。

例如：

对于不动产租赁优先权之场合，若承租人置于不动产租赁物上之动产系属他人所有，出租人不知而误信为承租人所有且无过失而对该动产行使优先权，则优先权人行使优先权的行为仍为有效。但若出租人虽系善意，但有过失时，出租人不得对该动产行使优先权。

如旅客所携带之行李系盗赃物，若旅店主人误信其为旅客所有之行李（善意）

① 参见《日本民法典》第312条、第317条及第318条的规定。

且无过失，而对该行李行使优先权，若原物之所有人自盗窃发生之日起二年内未向优先权人请求返还其物的，则优先权人即可对该标的物行使优先权，而不必再受原物所有人追索。

如果旅客之行李系从公共市场所购买之盗赃物，而为旅店主人所不知且无过失，若旅店主人对之行使优先权，则被害人非清偿对旅店应支付之饮食费或住宿费，不得请求返还其物。

同样道理，如旅客在船中或车中所携带家畜以外之动物为他人所有，运送人不知其情事，且该动物从原主人处逃失已经超过一个月时，则运送人可对该动物行使优先权。

（三）动产上优先权追及效力限制与特殊动产优先权即时取得关系

若优先权成立之时，优先权标的物属于债务人所有之物，其后若债务人将之让与第三人，若该转让一旦有效成立时即为优先权追及效力之问题，而不是直接适用日本民法第319条之问题，即不属于动产优先权即时取得问题。若优先权成立之时，优先权标的物不属于债务人所有但为债务人占有，优先权人不知其为第三人所有，在法律规定的情况下对这些动产行使优先权，这种情况则是特殊动产优先权即时取得。若债务人将为优先权标的物之动产让与第三人且已交付之时，则不得对该动产行使优先权，优先权即失其追及效力。但若债务人将动产交付第三取得人系用占有改定之方式为之，使第三取得人取得动产所有权而债务人仍占有该动产时，依日本通说及判例认为，若优先权人善意且无过失时，对于该动产仍可行使优先权，即仍属于优先权的追及效力范畴。①

三、优先权的物上代位效力

所谓优先权的物上代位性是指优先权原来的标的物因出卖、出租、毁损、灭失等原因，变为他种变形物，优先权人对此变形物仍可行使权利。《日本民法典》第304条规定了优先权的物上代位性。

① ［日］柚木馨:《担保物权法》，有斐阁昭和33年版，第67页。

设立优先权的物上代位制度有利于优先权制度目的的实现，加强了优先权的担保功能，并可在一定程度上避免债务人危害优先权标的物的行为，也可防止债务人与第三人串通以交易或其他方式转移标的物，损害优先权人利益。

（一）物上代位物范围

1. 出卖标的物的价金。债务人转让标的物（动产、不动产、权利），其所得价金，为原标的物的物上代位物，优先权人可以对其行使优先权。出卖既包括私人出卖，也包括拍卖。如优先权标的物上设定有其他担保权利，担保权人申请拍卖债务人的财产清偿债权时，优先权人可就拍卖价款所得行使优先权优先受偿。①

2. 原标的物的互易物。至于优先权标的物的代位物是否包括债务人将原标的物与他人互易而得到的互易物，有不同看法。笔者认为优先权标的物的代位物应当包括互易物。因为互易与买卖从法律性质上看是一样的，即双方互相支付对价，转移标的物所有权。许多国家法律规定互易准用有关买卖的法律规定。②

3. 标的物的租金。优先权物上代位物也应当包括债务人将标的物出租所获取的租金。因为租金是法定孳息，担保权人有权收取孳息。③而优先权又可准用担保权的规定，故优先权人也应当可以在行使优先权的物上代位权时将租金作为标的物。

4. 原标的物毁损灭失得到的赔偿金。债务人因自己或他人的行为使优先权的标的物毁损或灭失而得到损害赔偿或返还利益是原标的物的变形物，仍担保原债权的履行，是原标的物的物上代位物。这里的毁损灭失既包括事实上的毁损灭失也包括法律上的毁损灭失。既包括因债务人本身原因造成的标的物毁损灭失也包括因债务人之外的第三人原因造成的优先权标的物毁损灭失。

5. 关于保险金问题。因保险合同所生的保险金是否属于物上代位物，即债务人将优先权标的物的财产向保险公司投保，因发生保险事故所得到的保险金是否属于“债务人因标的物毁损灭失所得到的金钱或其他补偿”，学者意见不一，但日本学说

---

① ［日］明治四·二·六·二·八·大阪控诉。

② 参见《德国民法典》第515条，《日本民法典》第586条，我国合同法将互易放在“买卖合同”一编。

③ 担保权人收取孳息的问题上，各国民法典规定有所不同，此处分析是基于我国担保法和我国台湾地区“民法典”的精神来说明的。

和判例认为包括保险金。[①] 即认为保险合同所规定的保险事故发生时，投保人（债务人）所受之保险金仍为代替原优先权标的物的变形物，仍可为物上代位物的标的，优先权应可对之行使优先权。

6. 设定物权的对价。债务人在优先权的标的物上设定物权所取得的对价（或对价的请求权），这些对价是原标的物的代替物，仍应当为优先权人优先权之担保，优先权人对此对价可行使物上代位权。当然这些物权对价一般来说只包括设定用益物权取得的对价，如设定地上权、地役权、永佃权所得之报酬或对价。另外，一般来说，只有在不动产上设定的物权的对价才有可能成为优先权标的物的物上代位物，因为动产上只能设定质权，质权的设定一般无对价物的产生。

此外日本法律中还规定土地征收所得的土地补偿金也可作为原优先权标的物的物上代位物。[②]

（二）物上代位权行使的限制

对于物上代位权行使的限制问题，日本民法有较明确的规定，即优先权人必须于次债务人交付原标的物之代位物于债务人之前，对该代位物为扣押，始可对之行使优先权。所谓扣押乃禁止第三人向债务人清偿或禁止债务人为债权之处分或收取或禁止第三人之交付有体物或移转给付之行为；就是说，若物上代位权人所扣押的是债务人对次债务人之金钱债权时，判决应禁止第三人向债务人清偿或禁止债务人为债权之处分或收取。[③] 若物上代位权人所扣押者为债务人对次债务人有体物之交付或移转给付之请求时，执行裁判所应以命令禁止债务人处分，并禁止第三人交付或移转。[④]

优先权人（抵押权人或质权人）行使物上代位权，必须在代位物兑付或交付前先为扣押；其理由依学者之意见，归纳约有下列数个理由：[⑤]a. 特定性之保全说：认为优先权（或抵押权或质权）均为担保物权，而担保物权之担保物必须特定始能发

① 大判大正二·七·五，大判大正五·六·二八。

② 参见《日本土地征用法》第68~94条。

③ 《日本民事诉讼法》第598条。

④ 《日本民事诉讼法》第614条及第589条。

⑤ 吴宗梁：《我国民法增设优先权之一般规定》，台湾大学法学研究所硕士论文。

挥其作用，因此对原标的物之代位物行使担保权亦须代位物为之特定始能行使物上代位权，故必须于代位物交付之前先为扣押以特定其物；否则将使代位物与债务人其他财产相混合而使法律关系趋于复杂。b. 保护其他债权人之利益说：物上代位制度系在保护优先权人（或抵押权人或质权人）之利益为目的，对其他债权人之利益损害限制优先权人必须于次债务人交付原标的物之代位物于债务人之前，对该代位物为扣押，始可对之行使优先权。c. 保护第三人之利益说：若有物上代位权人行使物上代位权时，对代位物不加扣押之限制，则第三人无法知悉该代位物是否有优先权（或抵押权或质权）之存在，则将有使第三人蒙受损害之虞，故加以须为扣押之限制。d. 优先受偿权保全说：认为优先权人（或抵押权人或质权人），对债务人将原标的物出卖或出租等原因所得之代位物，得行使优先受偿权，但为了保存优先受偿权，则必须履行一般强制执行扣押之程序，否则其优先受偿权，即无法行使；亦即扣押债务人对第三人代位物之请求权乃系保全优先受偿权之必经方法。①

日本学者除了优先受偿权保全说外，主张其他诸说者均有之；② 日本判例则有采保全优先受偿权说者；③有采特定性保全说及保护第三人之利益说者；④有专采保护第三人利益说者。⑤

笔者认为，优先受偿权保全说之理由较为充分。《日本民事诉讼法》第 594 条规定：就债务人对第三人（次债务人）之债权，系以金钱之给付或其他有体动产或有价证券之交付，或以给付为标的之强制执行，执行裁判所应以扣押命令为之。⑥物上代位权是就债务人对第三债务之债权为执行之权利，自应于次债务人代位物交付前，履行扣押之程序，是为了保全优先权（或抵押权或质权）优先受偿之执行的规定。

此外，日本民法第 304 条第一项但书规定：但优先权人于兑付或交付之前，应为扣押。所谓“扣押”是否包括假扣押（即保全扣押）在内？学者意见不一：有人

① 大判，大正，三，四，七。
② ［日］中岛玉吉：《民法释义·物权卷》（下），有裴阁 1980 年版，第 267 页。
③ 大判，大正，三，四，七。
④ 见大判，昭和五、九、二、三。
⑤ 大正，十五、十一号、四·法曹会决议。
⑥ 我国台湾地区“强制执行法”也是这样规定的，参见台湾“强制执行法”第 115、116 条。

认为不包括假扣押，认为此处扣押应作狭义之解释，即此扣押乃纯粹的扣押命令之执行行为，亦即限于债权已至清偿期之扣押行为，并不包括债权未至清偿期，为保全其债权强制执行所为之假扣押在内；因为日本民法第 147 条将扣押及假扣押分别明文列为时效中断之事由；[①] 而本条（指日本民法第 304 条）只规定应为扣押，并未规定为假扣押。故应认为不包括假扣押在内。有人认为包括假扣押：认为假扣押亦可防止代位物与债务人之其他财产相混合的弊端，并且物上代位权所担保的债权未至清偿期较已经到清偿期为多，从实际角度出发，也有认可假扣押（保全扣押）的必要。日本通说采用包括假扣押说。[②]

（三）物上代位权与追及权的关系

优先权效力中既存在物上代位权又存在物上追及性，两者关系如何，是一个值得思考的问题。笔者认为，两者不是互相排斥的，优先权人可以选择行使物上代位权或物上追及权，若优先权人行使物上代位权未能完全受偿，可就标的物行使追及权。因为无论追及权还是物上代位权都是法律赋予优先权人的权利，都是为保障优先权制度设定的目的而规定的。只要优先权人行使两个权利没有获取不当得利，应当准许权利人选择行使权利的方法。若优先权人行使物上代位权未能得到全部清偿，优先权本身并不消灭，而得到对原标的物行使追及权，不管原标的物流落到何人手中，仍为优先权的担保物。

先行使物上代位权可以免去行使追及权之繁杂程序，避免影响第三人利益，所以以先行使物上代位权为佳。当然，若优先权人行使物上代位权未得到足额清偿时，向第三人行使追及权时，若第三人代为清偿债权，则不宜对原物行使权利。

（四）物上代位权适用的限制

不动产优先权（包括不动产工作、不动产保存、不动产买卖）不经登记不能保存其效力，只有经过登记才能对抗第三人。如果经过登记，优先权人自可对标的物行使追及权，也可行使物上代位权，故对于不动产优先权，优先权人既可以行使追

---

① 日本民法第 147 条规定：时效因下列事由而中断：1. 请求 2. 扣押、假扣押 3. 承认。

② ［日］中岛玉吉：《民法释义 · 物权卷》下，有裴阁 1980 年版，第 65 页。

及权又可以行使物上代位权。

从优先权的一般分析可知，对于动产优先权，债务人交付动产与第三人之后不得对标的物行使优先权。[①] 此处应理解为不得对标的物行使追及权，而仍然可以行使物上代位权。

而对于一般优先权，由于一般优先权是以债务人总财产为标的物（包括动产、不动产、其他财产权利）而非以债务人的特定财产为对象，所以，一般来言，不能行使优先权的物上代位权或追及权。当然，对于债务人转让、出租自己财产，设定物权的所得对价或债务人财产因毁损灭失所得到的赔偿金，若该对价或赔偿金已经成为债务人总财产中的一部分，那么优先权人当然可对该部分财产行使权利。不过此时对该部分财产实际是作为债务人总财产中的一部分，而不是作为追及物或物上代位物被行使优先权的。

（五）动产上优先权追及力限制与优先权物上代位效力之关系

优先权人对于债务人因标的物出卖、出租、毁损、灭失时而应受之金钱或其他对价物亦可行使优先权。[②] 对于债务人因为优先权标的物之动产之出卖，出租而交付该动产于他人，相应由他人所支付的金钱或其他对价物，故优先权人可以行使优先权，这就是优先权的物上代位效力。

从代位权的基本概念可知，代位权的存在需要以代位物存在为条件。[③] 所以，优先权人行使代位权利须以代位物仍存在为条件，否则如债务人将优先权标的物无偿赠与第三人的情形，以及优先权标的物灭失但无赔偿物等情况下，优先权即归消灭，自无行使优先权之问题可言。[④]

四、一般优先权的限制

① 《日本民法典》第 333 条也有如此规定。

② 《日本民法典》304 条第 1 项前段;《法国民法典》2169 条都有优先权追及效力的规定。但是日本民法上物上代位物的范围十分广泛，德国民法、法国民法、瑞士民法以及我国台湾地区民法中有关代位物的范围都要小于日本民法的规定。

③ 刘得宽:《论抵押权之物上代位性》，载《民法物权论文选辑》（下），台湾五南图书出版公司 1984 年版。

④ ［日］中岛玉吉:《民法释义 · 物权卷》下，有裴阁 1980 年版，第 740 页。

《日本民法典》在对优先权效力的规定上是很有特色的，其中对一般优先权行使限制的规定，对我们研究优先权制度，深入探讨优先权的效力、限制，以及在设计优先权制度时都有相当的借鉴价值。

《日本民法典》第335条规定，一般优先权人，应先就不动产以外之财产受清偿，未得到足额清偿时，才能就不动产受清偿（第一项）；对于不动产，应先就未设定特别担保的不动产受清偿（第二项）；一般优先权人怠于依前二项规定加入分配的，则对于若加入分配可受偿的限度内，不得对已经登记参加分配的第三人行使其优先权（第三项）；不动产之价金，若先于不动产以外财产的价金受清偿的，或设定特别担保的不动产价金先于其他不动产之价金受清偿的，则不适用前三项之规定（第四项）。

上述日本民法335条之规定亦即：一般优先权人应先就不动产以外之财产受清偿，除尚有不足外，不得就不动产受清偿；若就不动产受清偿时，应先就未为特别担保之不动产受清偿；一般优先权人，在债务人的财产被其他债权人申请强制执行或破产清算时，怠于通过参加分配的方式主张权利的，则在如果加入分配可受清偿的范围之内，不得对于已经登记参加分配的第三人行使优先权；特殊情况下，如果需要先就不动产之价金受分配，再就不动产以外之财产价金受分配时；或需要先就设定特别担保的不动产的价金受分配，再就其他不动产价金受分配时，不适用前三项之规定。

一般优先权权利行使时须受以上之限制，这是因为一般优先权之标的物非常广泛，包括债务人之动产、不动产、债权及其他财产权，对于其他债权人之利益有很大的影响，故必须对其权利之行使加以限制，兹将这三种限制及其例外之情形，述之如下：

（一）先就不动产以外之财产先受清偿

优先权人应先就债务人不动产以外之财产先受清偿（除尚有不足外，不得就不动产受清偿）。就是说一般优先权人应先就债务人不动产以外之财产受清偿，除尚有不足外，不得就不动产受清偿（日本民法335条第一项）；亦即就不动产以外之财产受清偿而仍不能完全受清偿时，始得就不动产受清偿。兹说明如下：

这样做的理由是显而易见的，因为一般优先权之债权额少而标的物多（包括动产、不动产及其他财产权），不动产往往具有价值高，与债务人利益密切相关等特点。若先就不动产受清偿，有可能对债务人的利益造成较大损失。同时，有助于避免损害其他以不动产为标的物的担保权（如抵押权、不动产质权），因为现实中以不动产为标的物设定担保权的情况非常常见。这样做避免损害其他担保权人利益，有助于平衡优先权人和其他担保权人之间的利益，故不得先就不动产受清偿。另外，不动产拍卖之费用多，而且程序杂，不动产拍卖程序较动产或其他财产权之程序复杂，且其费用亦较多，处理起来费时费力，价值损失较大。故不宜先就不动产受清偿。

不动产以外财产之意义：所谓不动产以外之财产，包括动产、债权、无体财产权或其他财产权而言，所谓不动产不只限于不动产所有权，尚包括如地上权、永佃权等不动产物权。

一般优先权实现顺序的限制的适用范围应当包括所有一般优先权，共益费用。[①]

（二）先就未为特别担保之标的受清偿

一般优先权人若就不动产受清偿时，应先就未为特别担保之标的受清偿（日本民法335条第2项）亦一般优先权人应先就不动产以外财产受清偿，尚有不足时，得就不动产受清偿（日本民法335条第1项）；就不动产受清偿时，应就未为特别担保者先受清偿，换言之，不可先对已为特别担保之不动产先受清偿。说明如下：

同上述原因，若优先权人先就已经设定特别担保的不动产受清偿，则将有害于其他设立的特别担保权，平衡优先权人和其他担保人之间的利益，保护特别担保权之利益，有必要做这一限制。

这里的所谓特别担保，应当包括同一标的物上设定的抵押权及不动产质权而言，也包括同一标的物存在的其他不动产优先权。[②]

（三）一般优先权人应加入分配而怠于加入时的限制

一般优先权人，对于不动产以外财产或未为特别担保之不动产，应加入分配而怠于加入时的限制：

---

① ［日］中岛玉吉：《民法释义·物权卷》（下），有裴阁1980年版，第745页。

② 日本民法中有不动产质权制度，即质权的标的为不动产，质权人有取得不动产收益的权利。参见《日本民法典》第356条的规定。

一般优先权人怠于依日本民法335条第1项及第2项之规定加入分配者，则在加入分配所应受之利益限度内，不得对于已经登记之第三人行使优先权（日本民法335条第3项）；亦即一般优先权人明知其他债权人为强制执行时，对于不动产以外财产或未为特别担保之不动产，应加入分配而怠于加入时，其后在对特别担保之不动产为拍卖时，则在加入分配应受利益限度内，不得对已经登记之第三人行使优先权。登记参加执行程序的其他债权人通过执行程序获得的财产不受优先权人的追及。

举例如下：

如一般优先权人甲之债权额为五万元，于其他债权人对债务人之不动产以外财产或未为特别担保之不动产为强制执行拍卖时，若加入分配可得三万元而甲怠于加入，则其后对债务人有特别担保之不动产为执行拍卖时，则于甲应受之利益限度内即三万元，不得对已登记之第三人行使优先权，亦即只可以二万元行使优先权。

日本民法这样做的考虑是，一般优先权人既怠于行使加入分配权，即有抛弃其优先权之意思，法律即无加以保护必要，故有此限制。①

所谓已为登记之第三人，即已经为登记而取得所有权、地上权、永佃权、地役权或质权或抵押权或典权或其他权利之第三取得人。

怠于加入分配之意义，所谓怠于加入分配，即应加入分配且能加入分配而来加入分配之意；亦即因有过失而未加入分配；若无过失或因不可抗力而未加入分配则不包括在内。这条原则的适用范围：只适用于受雇人薪金优先权、丧葬费用优先权及日常用品供给费用之优先权，而不适用于共益费用之优先权。②

一般优先权行使顺序的原则也不是绝对的，存在着一些例外情形。

一般优先权人就不动产价金应先于不动产以外财产之价金受分配时，或就为特别担保标的不动产之价金，应先于其他不动产受分配时，不适用前三项之规定；亦即若一般优先权人应先就不动产受分配或应先就为特别担保标的之不动产受清偿时，则不受上述所谓三限制之拘束。③

即在下列情况下，不受这三项原则限制：

---

① ［日］中岛玉吉：《民法释义·物权卷》（下），有裴阁1980年版，第747页。

② ［日］中岛玉吉：《民法释义·物权卷》（下），有裴阁1980年版，第747页。

③ 《日本民法典》第335条第4项。

a. 若不先就不动产价金受分配，则不动产以外之财产（即动产、债权、无体财产权或其他财产权）不能使一般优先权人之债权额完全受清偿时，可就债务人之不动产先受清偿。

b. 若不先就为特别担保标的之不动产受分配，则其他未为特别担保之不动产或动产或其他财产，不能使一般优先权人之债权额完全受清偿时，可就对包括设定特别担保的不动产优先受清偿。

这样做的原因如下：

就不动产先受清偿而言，一般优先权人实现其优先权时，若不动产以外之财产（如动产、债权、无体财产权或其他财产），不能使一般优先权人之债权额完全受清偿时，若不使其先就不动产受清偿；则一般优先权人于其后，有不能完全受清偿之危险。此与一般优先权以债务人之总财产为标的物而受清偿之立法意旨相违背，故此时应使一般优先权人可直接就不动产受清偿。就为特别担保标的之不动产先受清偿而言，在前一种情况下，一般优先权人为实现其优先权，发现债务人不动产以外的财产不足以使自己全部受偿而对债务人的不动产受偿，若此时优先权人发现债务人未设定的非不动产财产和未设定特别担保的不动产财产仍无法完全清偿自己的优先权时，此时，若不先就为特别担保标的之不动产受分配，则其他不动产或动产或其他财产，就不能使一般优先权人之债权额完全受清偿。如此与一般优先权乃以债务人总财产为标的物之立法意旨有违，故在此情形下，一般优先权人可直接就债务人设定特别担保的不动产财产优先受到清偿。①

五、无登记的一般优先权效力问题

如前文所述，优先权的公示性较差，一些种类的优先权不以公示为要件，对于无登记的优先权的效力是一个值得深入研究的问题。《日本民法典》的规定和日本民法颁布以来有关日本优先权制度的判例和实践以及学者的论述，对我们研究这一问题，提供了一些有益的素材。

日本民法 336 条规定：一般优先权，对于不动产，虽未登记，仍对抗其他无特

① ［日］中岛玉吉：《民法释义·物权卷》（下），有裴阁 1980 年版，第 748 页。

别担保之债权人，但对于已经作出登记的第三者，不在此限。亦就是说一般优先权人对于受清偿之债务人不动产，虽未登记的，但仍可对抗无特别担保之债权人，但对于已经为登记之第三人则不能对抗。此乃一般优先权对债务人不动产之特别效力。

这样做的理由是因为不动产物权之产生、变更、消灭，非经法定登记，不得以之对抗第三人，这是为民法物权之一般原则。按照上述一般原则，优先权为物权之一种，而一般优先权又是优先权之一种，故一般优先权也应登记始得对抗第三人。一般来说，共益费用、丧葬费用、受雇人薪金及日用品供给费用等一般优先权担保的债权数额较少，但登记程序相当繁杂、登记成本较高，因此一般优先权若对债务人不动产进行登记，实无非常必要。并且，一般优先权以债务人之总财产为其标的物，一般优先权人可对总财产中各财产行使其优先权，但对债务人的总财产进行登记也是一件十分复杂的事情，操作起来难度很大。

一般优先权虽然不必登记，但亦不能因而否认其对标的物之优先受偿效果，否则即违反一般优先权之立法意旨，换句话说，一般优先权不必登记就可存在，也即法律规定：一般优先权虽未登记的，仍可对抗无特别担保之普通债权人。这也是物权登记原则的一种例外规定，也是优先权公示性较弱的体现。

对于未登记的一般优先权之对抗力，可以从以下方面理解。

1. 未登记的一般优先权可以对抗普通债权人。依日本民法 336 条前段之规定可知，一般优先权对受清偿之债务人不动产，虽未登记的仍可对抗无特别担保之债权人。所谓无特别担保之债权人即普通债权人。

未登记的一般优先权可以对抗普通债权人，这是优先权最基本的优先性的体现。否则，有违法律赋与一般优先权优先受偿效力之意旨。

2. 未登记的一般优先权不可对抗已经登记之第三人。依日本民法 336 条但书规定知：一般优先权对于受清偿之债务人不动产，未登记的，不得对抗已登记的第三人。所谓已经为登记之第三人是指就不动产所有权、地上权、永佃权、地役权等物权已经做了设定或移转登记；或就特别优先权、质权、抵押权等担保物权之设定、移转登记；或第三取得人对该不动产之所有权设定、移转登记。①

这样做的理由是，世界各国民法均规定不动产上的物权（如抵押权）的产生、变

① 参见［日］石田文次郎：《担保物权法论》，有裴阁 1980 年，第 762 页。

更、消灭，以物权登记簿所载是否已登记为其公示或社会公众、交易相对人所信赖之标准。若未登记的一般优先权可对抗已登记的其他不动产物权人，将严重损害物权公示公信原则，危害交易安全，极大损害信赖物权登记簿所为交易的其他人的利益，有给他们带来不测损害之虞。并且，这样做，过分保障优先权人利益，忽视了其他权利人的利益，在他们之间产生了新的利益失衡，不合乎基本的公平原则。

但是，对于未登记的共益费用优先权，是否可对抗已经登记的担保物权？对此问题，学者意见不一。①

有人认为，未登记的共益费用优先权人不可对抗已登记之第三人。此说认为依日本民法 336 条规定知：一般优先权对于受偿之债务人不动产未登记的时，不可对抗已登记之第三人。所谓一般优先权自包括共益费用之优先权，故未登记的之共益费用优先权，不可对抗已登记之第三人。

有学者认为未登记的共益费用优先权人可对抗已经登记之第三人。即认为共益费用之所以赋与优先权，是因其有利于受清偿之全体债权人，包括已登记之第三人在内，若无共益费用之支出，则包括已登记的第三人也无法受清偿。所以，共益费用优先权依其性质并无须登记以对抗第三人之必要，虽未登记的共益费用优先权依然可对抗已经登记的其他第三人，这是共益费用自身特点所决定的，合乎优先权立法意旨及公平原则。并且，共益费用往往发生于登记物权产生之后，是为了保障在其之前发生的各种权利，有利于其共同利益，其支出费用应当优先受到保护。另外，根据共益费用型优先权“后发生，先受偿”的一般原则，后发生的共益费用应当在其他权利之前优先受偿。

单单依日本民法 336 条之条文观之，似以未经登记的共益费用优先权不可对抗已登记的第三人说为当，但日本通说认为未登记的共益费用优先权人可对抗已经登记之第三人，认为日本民法 336 条之规定是一不完善的规定，需要借助其他规则才能确定未经登记共益费用优先权与经过登记的其他权利之间的优先关系，如此方合乎共益费用优先权之本质。在日本实际案例中，其优先权顺序也是如上所述的。②

---

① 参见［日］石田文次郎：《担保物权法论》，有斐阁 1980 年，第 763 页。

② 参见［日］石田文次郎：《担保物权法论》，有斐阁 1980 年，第 763 页。［日］中岛玉吉：《民法释义，物权卷》2，有斐阁 1980 年，第 749 页。

关于未登记的一般优先权是否可对抗未登记特别担保权，对此问题，学者意见不一。①

一些学者主张未经登记的一般优先权不可对抗未登记之特别担保权说。基本看法是认为，依日本民法 336 条前段规定：一般优先权人，对于受清偿之债务人不动产，虽未登记的，仍可对抗无特别担保之债权人。从反面解释可知，一般优先权人对于受清偿之债务人不动产，未登记的时，不可对抗有特别担保之债权人，而不问特别担保权是否已经登记，故仍不可对抗未登记之特别担保权。②

还有一些学者主张未经登记的一般优先权与未登记之特别担保权的关系应依照两者的权利成立先后顺序定之。即认为日本民法336条既然无确定的效力顺序规定，则应依照物权法关于物权的效力成立时间的一般原则来确定，即从两者的权利成立之先后定其受清偿之先后。③

日本通说采可对抗未登记之特别担保权，认为只有如此方可合乎日本民法 336 条之立法意旨。④

未登记的一般优先权可对抗未登记之特别担保权说以日本民法 177 条和 336 条为主要依据。日本民法 336 条为对未登记一般优先权之保护规定，而有特别担保权人未登记的，则依日本民法 177 条的原则，即物权产生、变更、消灭须经登记始可对抗第三人，如其他未登记的特别担保权人自不得以其特别担保权对抗一般优先权人。⑤且依日本民法 336 条之规定，一般优先权，对于受清偿之债务人不动产虽未登记的，仍可对抗无特别担保权之债权人，但对已经为登记之第三人，不在此限。依该条但书的反面解释可知：未登记之一般优先权仍可对抗未登记之第三人，自可对抗未登记之特别担保权人。

我国台湾地区的“民法典”规定与日本的规定相类似。台湾“民法”采物权登记生效主义，即不动产物权依法律行为而取得，设定、丧失及变更，非经登记不在

① ［日］中岛玉吉：《民法释义，物权卷》2，有裴阁 1980 年，第 750 页。

② 参见［日］山下博张：《担保物权法论》，第 162 页。转引自吴文梁，《我国民法是否应增设优先权之一般规定》（台湾大学硕士论文），第 251 页。

③ 参见［日］田岛顺：《担保物权法》，第 76 页。转引自吴文梁，《我国民法是否应增设优先权之一般规定》（台湾大学硕士论文），第 251 页。

④ ［日］中岛玉吉：《民法释义，物权卷》2，有裴阁 1980 年，第 750 页。

⑤ 参见《日本民法典》第 177 条的规定。

效力。[1]有特别担保者既为物权，如果没有登记，则其物权不生效力，仍为普通债权，而未经登记的一般优先权是由法律特别规定的物权，其产生、变更、消灭不以登记为条件，换言之，未经登记的一般优先权仍是物权，且是具有优先效力的特别物权，根据物权优先于债权的一般原理及优先权的优先物权性，未经登记的一般优先权自然优于未经登记的担保权。[2]

笔者认为，无登记的优先权与其他权利的优先性问题纯粹是一个立法政策选择的问题，在我国的物权立法或民法典起草中，应当按照优先权立法法定主义的原则，明确界定这一问题，避免无谓的争论与法律适用中的混乱。事实上，优先权的种类是法定的，对有限种类优先权的效力问题作出全面的规定，也是完全有可能的。

---

① 参见我国台湾地区“民法典”第758条的规定。

② 参见吴文梁:《我国民法是否应增设优先权之一般规定》，台湾大学硕士论文，1975年，第220页。

7

CHAPTER

第七章

优先权的限制

一、优先权的限制

一般来言，优先权是为保护特定的债权人或债务人，基于多种原因而设定的。优先权制度赋予了特定的债权人或债务人优于其他人受到清偿或受到保护的特权。这些特权赋予了优先权人其他人不具有的优势，这些权利甚至不需公示。如前所述，赋予特定债权人债务人这种法律上的优先权是必要的。但是这种“特权”“优势”应当是有限度的，否则就会形成一种新的不平等，就可能损害其他债权人或债务人的利益。正如日本著名学者柚木馨所说，“优先权，一方面修正物权法之原则，以有利于优先取偿权人，另一方面则考量第三人利益之保证，就优先取偿权之实行方面，课予特别之限制，以谋双方利益之衡平”。①

关于这一问题，国内学者讨论较少，理论上也没有给予充分的重视。笔者认为，要在立法上确立优先权制度，一定要对优先权的限制有清楚的认识，避免建立了对特别债权人或债务人以特别保护的优先权制度的同时，却使优先权涉及的当事人之间权利义务关系严重失衡，以致造成新的不公平。

在广东省高级人民法院审理的欧顺贤诉江门市新会区科博物业代理有限公司、江门新会农村商业银行股份有限公司、江门市新会区中联实业发展总公司、江门市冠鸿企业发展有限公司、江门市新会区冠鸿实业发展有限公司案外人执行异议一案中，法院认为根据最高院相关批复，建设工程承包人的优先受偿权不得对抗已履行主要义务的买受人。虽然原审法院认为根据最高人民法院关于执行的相关规定，第三人若对抗执行需满足三个要件，即“已经付款（一部或全部）”“实际控制”和“非出于自身过错而没有进行过户登记”，而涉案商铺未建成，未进行确权登记，欧顺贤未付清购房款，亦未实际占有使用，不符合上述规定中关于对抗执行的事实要件。欧顺贤就涉案商铺对中联公司享有债权，仅有权依合同请求中联公司承担责任。欧顺贤凭其与中联公司签订的上述合同书及支付部分款项的凭证不足以证明其享有涉案商铺的所有权或其他足以阻止执行的实体权利，其请求停止对涉案商铺的执行依据不足。但广东省高级人民法院认为由于已交付全部或大部分购房款的买受人享有

① 参阅柚木馨:《担保物权法》，有斐阁昭和33年版，第74页。

的债权优于建筑工程承包人的工程款优先受偿权，则举重以明轻，该买受人享有的债权亦应优于抵押权和普通债权。本案中，根据原审法院查明的事实，中联公司从欧顺贤处收到的购房款超过了总额的二分之一，应认定已支付大部分购房款，故其享有的债权应优于科博公司享有的债权。因此，无论欧顺贤对本案争议商铺是否享有所有权，其依法享有的特殊债权已足以阻止执行标的的转让和交付，对争议商铺的执行应当停止。关于欧顺贤是否拥有对争议商铺享有所有权的问题，因为不动产物权的设立采取登记生效主义，也即未经登记不发生物权设立的效力，截至该案二审开庭时，争议商铺所在建筑虽已封顶，但尚未进行竣工验收和物权初始登记，故欧顺贤对争议商铺尚不享有所有权，仅享有债权。①

二、优先权担保的债权范围的限制

优先权是指债权人的特定债权基于法律的直接规定而享有的就债务人的全部财产或特定财产优先受偿的权利。按照法律确定的权利之间的顺位，优先权要优先于其他权利优先得到保护，但为了平衡优先权人、债务人以及其他债权人之间的利益，要对这优先受偿的债权范围作出规定。

优先权担保的债权范围，实际上也就是优先权人得以从优先权标的物的变价中优先受偿的范围，在意定担保物权中，担保物权所作用的债权范围可以由当事人之间合意确定，只有在当事人没有约定或者约定不明时，才依照法律的规定确定被担保的债权的范围。具体到我国法律实践中，担保法对抵押担保、质押担保等可供选择的担保的债权范围均有所阐述，一般而言，根据担保物权在内容和范围上的从属性，担保物权担保的范围以主债务的范围为限（小于等于主债务）。与约定担保物权不同，法定担保物权的范围不能由当事人约定，如留置权所担保的范围由法律严格规定，民事行为主体不得任意约定，然而，当事人可以通过事先排除留置权的适用。但是，优先权系立法者出于保护特定债权的立法考量而在法律中直接规定其产生和效力，为保护特定债权而设定，突破当事人双方的平等，因此需要法定。优先权为法定担保物权，其所担保的债权范围也不能由当事人约定（根据优先权产生上

① 广东高院（2013）粤高法民一终字第 55 号判决书。

的法定性，事实上也不可能事先约定），而仅可以让法律直接规制。

一般而言，优先权所担保的债权包括以下几项：其一，主债权；其二，利息；其三，违约金、补偿金和损害赔偿金；其四，实现优先权的费用。[①]

显然，优先权所担保的债权范围应当以优先权成立时的债权状态为依据。因优先权担保的债权范围以主债务的范围为限，在实际中小于或等于主债务，故优先权所担保的主债权的数额并非一定覆盖债权人所享有的债权总额。因优先权体现着立法者一定的立法考量，故法律基于利益平衡的角度一般对主债权的范围加以限制。

各国立法例对于主债权的范围的限制方式琳琅满目，但抽象之进行分析不难看出异曲同工之处，大而化之，包括以下几种：

其一系时间上的限制，也即考虑着眼于债之发生的时间方面，如薪酬优先权对应的所担保的享有优先权担保的工资，仅为接近此时的特定期间发生的工资。诚如法国民法所言，第2332条规定的报酬优先权所担保的债权范围仅限受雇人员在过去一年及当年的薪酬、薪金雇员与学徒最近6个月的报酬，此外，第2332条第5款规定的农业方面的优先权担保的范围系“最后一年内向债务人及其家庭提供的货品，以及在相同时间内由农业生产者在经认可的跨行业长期协议范围内提交的产品”。若优先权的债务人为商人的，为加速商业社会交易发展的要求，也减少商业交易领域的债权人躺在权利上睡觉而怠于行使权利，优先权的行使期限缩减至六个月，如果当事人在该6个月期满前将优先权予以登记，则管理机关可在两年内继续维持该优先权的效力。如果由商事法院书记室（greffe）以公示登记簿（unregistre public）作成，其可予以展期。[②]上述情形，均考虑了优先权的限制问题，从优先权担保的债权所发生的时间上进行限制。

《日本民法典》中第308条的“工资”先取特权是指最后的6个月的工资相当额。供给了债务人或者其应该扶养同居的亲属以及其家用生活中必要的饮食品以及燃料（石油、煤气、电等）的情况下，承认最后6个月的部分的先取特权。[③]农工业劳动者的先取特权存在于其劳动产生出的收益或制作物体之中，它包括农业的劳动者

---

① 郭明瑞、仲相、司艳丽：《优先权制度研究》，北京大学出版社2004年版，第119页。

② 《法国社会保障法》第138条至140-1条。

③ 《日本民法典》第310条。

最后 1 年的薪金。也就是说，农工业劳动者先取特权指向的财产对象只能是其劳动产生出的收益或制作物体之中，其先取特权范围也只包括最后 1 年的薪金。[①] 我国台湾地区“劳动契约法”第 29 条规定：劳动报酬于雇方破产及其歇业前 1 年内已届给付期者，对于雇方财产有最先请求清偿之权。《德国破产法》第 61 条规定：于雇主破产时，破产前 1 年到期之工资、红利、退休金及基于劳工关系而生之损害赔偿请求权，概优先于一切债权及抵押权等受偿。《法国民法典》第 2104 条根据不同情况，分别规定为 1 年和 6 个月。

关于具有优先权的工资债权有无时间限制问题，我国现行法律对此没有规定。国家体改委 1992 年 5 月 15 日发布的《股份有限公司规范意见》曾有这方面的规定。该《意见》第 100 条规定：公司财产优先拨付清算费用后，清算组应按下列顺序清偿：（一）自清算之日起前 3 年所欠公司职工工资和社会保险费用……但该立法经验没有被后来的公司法所吸收，我国其他有关企业清算的立法也没有这方面的规定，这不能不说是立法上的一个空白点。

在王利明教授主持起草的《物权法草案建议稿》中则注意到了这个问题，该建议稿将具有优先于所有债权人的工资债权优先权的范围限定为“最近一年的工资”；将优先于普通债权人的债务人及抚养人的生活必需品费用的优先权范围限定于“最近六个月的生活必需品费用”。[②]

根据其他国家立法，笔者认为，我国法律应明确规定为于企业歇业或破产前 1 年工资有优先权。因为工资是具有绝对神圣性的生存权之保障，在我国，企业歇业或破产后，职工失业后再就业相对于西方国家要难一些，因此，为了有效地保护职工利益，规定限制时间为 1 年较为适当。

其二系从债权发生的具体情形和规模进行限制，诚如《意大利民法典》第 2751 条将丧葬费用优先权限缩至根据惯例必要的丧葬费，《日本民法典》第 309 条关于殡葬费用先取特权方面，规定殡葬费用的先取特权的对象，存在于为债务人举办殡葬费用中的相当额度，其第 2 款阐明前项的殡葬费用先取特权的对象，也包括

---

① 最判 1969.9.2 民集 23 卷 9 号 1641 页，转引自近江幸治：《担保物权法》，祝娅、王卫军、房兆融译，法律出版社 2000 年版。

② 参见王利明主持：《中国物权法草案建议稿》第 533 条和第 534 条。王利明主编：《中国物权法草案建议稿及说明》，中国法制出版社 2001 年版，第 136 页。

为债务人应抚养的亲族举办的殡葬的费用中的相当额度。[①]进一步讲，无论意大利还是日本，丧葬费仅限必要费用，即按照地方习俗或惯例而为一般人所通常接受的普遍的、必要的、有益的成本支出，而不得为奢侈费用，即使在性质上为必要的但在程度上超过了需求。

《法国民法典》中条列举的一系列优先权以及由此后特别法补充规定的其他优先权种类也大多考虑到了优先权的限制问题。诉讼费用优先权包括一般诉讼费用，还包括债权人为全体债权人利益而保存或清理债务人财产而支出的费用，但如果债权人支出的费用是为了实施执行证书，属于在自己个人利益范围内起诉，则对该费用不享有优先权。丧葬费用优先权仅在与债务人社会地位相称情况下才受法律保护。[②]

此外，优先权担保的债权范围一般包括利息，这是法定孳息的应有之义。当然，因为优先权担保的债权范围的严格法定性，即使是优先权所担保的利息的范围同样受到严格法定的限制。诚如《意大利民法典》第2749条关于先取特权的范围的规定中，阐明“给予债权人的先取特权及于实施该特权过程中的一般花费（如第2755条和第2770条分别规定的在动产或不动产上的假扣押行为或者强制转移的费用，换言之，在债权人共同利益范围内，为假扣押或者强制转移所花费的诉讼费用的债权，对被假扣押或者强制转移的动产享有先取特权），扩及于扣押成立那一年以及该年的前一年中该当取得的利息（法定利率被确定为年利的5%，在对前一年的12月15日前采用的利率，根据不超过12个月期的国家证券的年平均毛收益并鉴于年统计的通货膨胀率，通过在官方公报上发布自己政令的国库部得每年改变利率）享有先取特权”。[③]

关于优先权所担保的债权范围是否覆盖违约金、补偿金和赔偿金的问题，因各国立法考量和实践背景不同，往往只规定特定种类的优先权所担保的债权范围包括上述内容。意大利法律实践中，薪酬优先权的担保范围中，除了应当给予职工的所有样态的应给报酬，亦覆盖了职工被终止劳动合同该得到的所有补偿（如在未确定期限契约的解除中，通知义务若未被执行，另一方有权向解约方主张劳务工作者在

---

① 渠涛译:《最新日本民法》，法律出版社2006年版，第66页。

② 罗结珍译:《法国民法典》，北京大学出版社2010年版，第511页。

③ 费安玲、丁玫译:《意大利民法典》，中国政法大学出版社1997年，第721页。

提前通知期限内该享有的工资薪酬的补偿，在因提供劳务者死亡而终止劳动关系的情况下，雇佣者同样应当给予上述补偿），以及因雇主不完全支付报酬所遭损失、法定社会保障金和保险金的雇员的债权以及因无效的或者可撤销的解雇所产生的损害赔偿的债权。另一个担保的债权范围包括违约金或损害赔偿金的典型的优先权为不动产租赁优先权。根据日本民法的表述，不动产出租先取特权的被担保债权的范围规定中，在就承租人财产的全部进行清算时，出租人的先取特权的对象仅为，前期、本期及下期的租金及其他债务以及前期和本期已发生的损害赔偿债务。[①]

此外，优先权制度中往往将实现优先权的费用专门对待，实现优先权的花费本身就可归入诉讼或司法费用一栏，各国立法一般均将其设立成一类优先权，此处异曲同工，且该优先权在清偿顺序上往往优先于其他任何担保物权，如《法国民法典》的相关规定。当然，同样存在个别国家在法律实践中将实现优先权的费用附属规定于各类优先权之中。

在建设工程价款纠纷中，承包人就工程价款享有优先受偿权的构成要件包括：建设工程合同有效（也即不存在转包或者违法分包等导致建设工程合同无效的情形）、发包人不支付到期价款（也即债务已届清偿期）、经承包人催告后发包人在合理期限内仍未支付到期价款（合理期限的解释视具体情况而定）、建设工程不具有公益性而且在性质上适宜折价或拍卖。最高院于 2002 年针对建设工程纠纷出台相关批复，对承包人行使优先受偿权的效力和限制加以明确，其中，承包人的优先受偿权优先于普通债权甚至在建设工程上设定的抵押权，而且该优先权行使存在期限上的限制，也即 6 个月，起算节点为竣工之日，且明确建设工程价款优先权所担保的债权范围仅限实际损失，不包括承包人的间接损失如可得利益的损失，此举乃严格建设工程价款优先权所担保的债权范围，以防对其他权利主体的过度侵犯。

在浙江高院（2012）浙民终字第 14 号判决书中，法院认为，建设工程价款优先权所担保的债权范围仅限实际损失，不包括承包人的间接损失如可得利益的损失，本案前期工程遗留问题支付的费用，符合法律法规规定的建设工程价款优先受偿权的范围。但履约保证金是为保证工程顺利进行由施工方向业主提供的担保，不

① 费安玲、丁玫译：《意大利民法典》，中国政法大学出版社 1997 年，第 722 页。

属为建设工程应当支付的工作人员报酬、材料款等实际支出的费用，将履约保证金纳入建设工程价款优先受偿权的范围的主张缺乏法律依据，本院不予采纳。[①] 在杭州建工集团有限责任公司诉被告杭州豪立实业有限公司破产债权确认纠纷一案中，管理人认为，建工公司要求将履约保证金 10101000 元及停工损失费用等列入优先权范围，缺乏法律依据。[②] 在苏州建设（集团）有限责任公司与太仓宏盛置业发展有限公司建设工程施工合同纠纷案中，太仓市人民法院认为原告主张的利息属于因被告未按约付款所造成的损失，不属于实际支出，故原告对利息 402225 元不享有优先受偿权，仅对工程价款 39960000 元享有优先受偿权。[③]

三、优先权行使期间的限制

因优先权体现了立法者强制保护的立场，故对其他民事主体的权利义务会造成极大的影响，且优先权因缺乏公示性，其他民事主体根据权利外观判断是否存在优先权以对交易风险加以判断，从而使得交易安全存在潜在挑战，故优先权的行使期限必须在法律中明确规定，且其起算和终止必须具体，从而使得其他民事主体对其权利义务有所预期，以免被优先权过度侵犯。且优先权的行使期间因利益平衡的考量，该期间不得适用诉讼时效的规定，即不得中止、中断。

我国法律对建设工程价款优先受偿权规定六个月的行使期限，其起算起点为工程竣工之日，实践中应用颇广。在陕西巨立建筑工程有限责任公司与陕西格润置业有限公司建设工程施工合同纠纷中，法院认为优先受偿权的起算时间是以竣工日期计算，本案因被告原因，未能进行竣工验收，竣工日期无法确定，双方 2016 年 12 月 15 日进行结算，可视为合同终止履行之日，优先受偿权应以此为起点计算。原告起诉，在六个月以内，因此，原告请求享有优先受偿权符合法律规定。[④] 在乐清市城镇建设工程公司与被告乐清市亚通塑钢门窗有限公司建设工程合同纠纷一

① 浙江高院（2012）浙民终字第 14 号判决书。
② （2016）浙 0110 民初 04042 号判决书。
③ （2017）苏 0585 民初 4219 号判决书。
④ （2017）陕 0323 民初 674 号判决书。

案中，法院认为涉案工程未经最终竣工验收，而合同约定的竣工之日（原告自认2010年9月进场施工，合同约定工期300天）早于原告主张的实际停工之日（本案中按主体结构工程验收之日即2011年10月12日推定停工之日），故原告的优先受偿权应在2011年10月12日起的六个月内行使，其已丧失优先受偿权。[①]

在邯郸市邯三建筑工程有限公司、聊城聊韩房地产开发有限公司建设工程施工合同纠纷再审一案中，山东高院认为本案争议的焦点问题是邯三公司行使工程价款优先受偿权是否超过法定期限。从本案查明的事实看，本案工程未经竣工验收，聊韩房地产公司于2005年1月13日将本案部分工程对外出租，承租人于2005年7月开始占有聊韩房地产公司提供的涉案部分工程。上述事实能够证明聊韩房地产公司在本案工程未经竣工验收即擅自使用，原审认定2005年7月作为邯三公司行使工程价款优先受偿权期限的起算点并无不当。邯三公司为证明其在法定期限内向聊韩房地产公司主张过工程款优先受偿权，在原审期间提供了2005年9月29日其向聊韩房地产公司出具的书面函，以及其与聊韩房地产公司于2005年11月11日达成的协议，从2005年11月11日双方签订的协议内容看，聊韩房地产公司愿以所建韩国城项目部分房产担保，偿还所欠邯三公司的工程款。原审依据该协议内容，结合常理，推知在该协议达成之前，邯三公司向聊韩房地产公司主张过工程价款优先受偿权。原审对于上述事实的认定，符合最高院有关民事证据认定的相关司法解释，原审第三人程安宇、王国强、刘伟主张原审以推定代替证据，采信该函违反法律规定的理由不能成立。邯三公司行使工程价款优先受偿权并未超过六个月期限，其依法享有工程价款优先受偿权。[②]

此外，船舶优先权的行使期间为1年，民用航空器优先权的行使期间为3个月。以上期间是除斥期间，均不得中止、中断。《中华人民共和国海商法》第26条同时规定船舶优先权不因船舶所有权的转让而消灭，但船舶转让时，船舶优先权自法院应受让人申请予以公告之日起满60日不行使的除外，《中华人民共和国民用航空法》第20条规定了优先权经登记不受3个月的限制。可见，优先权的行使需受时间的

① （2016）浙0382民初11218号判决书。
② （2017）鲁民再67号民事判决书。

限制，因为优先权毕竟是建立在他人物上的权利，而且不经登记，其权利未经公示，他人并不知晓这一权利的行使，如不加以合理限制，必将造成权利的不明确和不确定状态，不利于交易安全。建设工程优先权也应当受到行使期间的限制，但法律尚未明确这一期间。笔者认为，建设工程优先权的行使期间可定为1年，自债权明确（如审计机构出具工程结算审计报告）之日起计算，中间也不得中止、中断。

在饶胜军与马鞍山市华远海运有限责任公司船员劳务合同纠纷一案中，武汉海事法院认为权利存续与权利实现是不同观念。根据我国海商法的规定，海船船员工资对从事劳务的船舶享有优先权，这是一种特殊的担保物权，具有法定性、依附性和期限性等特点，船舶优先权自产生之日起一年内没有行使则消灭。原告饶胜军就本人工资对“江夏华”轮曾享有船舶优先权，该优先权自2016年1月15日起满一年不行使则消灭，且应通过法院扣押该轮行使。原告饶胜军与被告华远公司因船员工资的债权债务关系2016年1月15日即产生，即使按2016年2月25日出具欠条的时间计算，原告饶胜军也没有在法定一年的时间内通过扣押涉案船舶行使优先权，故该权利已经消灭，关于确认船舶优先权的诉讼请求应予以驳回。①

在青海海事法院审理的XX光与盛海船务有限公司船员劳务合同纠纷一案中，法院认为对于原告主张就上述债权对被告所属的多哥籍“SHENGHAI”（盛海）轮享有船舶优先权，根据我国海商法相关规定，原告自2015年8月4日离职下船后未在船舶优先权的一年除斥期间内通过扣押涉案船舶行使其优先权，原告就上述债权对“SHENGHAI”（盛海）轮所享有的船舶优先权已然消灭，原告的相应诉请不能得到支持。②

四、优先权行使方式的限制

优先权行使的时候尽量考虑优先权标的物上其他权利人的权利，尽量以影响最小的方式来实现自己的权利。在这方面日本的规定很值得借鉴。

---

① （2017）鄂72民初934号判决书。

② （2017）鲁72民特240号之一民事裁定书。

首先，依日本民法第335条第1项之规定，一般优先权权应先就不动产以外之财产受清偿，如有不足，始得就不动产受清偿。[①]法国民法也有类似的规定。因为一般优先权所担保之债权，通常系小额债权，因此若不就其实行担保标的物之顺序加以限制，可能因拍实不动产之费用花费过多，而对其他债权人影响过大。

其次，一般优先权人就不动产受清偿时，须先就无特别担保之标的物受清偿，不能完全得到清偿的，才能就已设立其他担保权的不动产优先受偿。[②]

最后，在其他债权人执行债务人财产清偿债权时，若一般优先权人可以申报债权而怠于申报债权加入分配，在其如申请加入分配可得清偿的债权范围内，不得对取得债务人财产的第三人行使追及权。[③]

五、优先权公示性差特点的补救[④]

优先权之中心效力，是就其标的物为优先受偿，优先权不仅有权优先于一般债权受偿，甚至可以优先于其他一般担保物权受偿。但是，优先权为担保物权，其依法律规定而直接发生，无须当事人之间的特约，也不以占有或登记为要件，因其缺乏物权公示，第三人无法由外部知悉该标的物上是否存在优先权，则其他债权人的债权未免有受威胁和损害之虞。

为弥补优先权公示性差的问题，各国法律一方面用善意取得制度对动产优先权的追及力加以限制。日本民法规定，当作为优先权标的物的动产被第三人善意取得时，优先权人对该动产没有追及权。一般优先权以债务人的全部财产为标的物，但是债务人的动产一旦第三人取得，则一般优先权人就不得再就该动产行使优先权的追及权，只能对债务人转让动产所得的对价行使代位权。[⑤]动产优先权也是如此。也就是说，在这种情况下，法律对一般优先权对债务人的动产标的物追及效力作出

---

① 渠涛译:《最新日本民法》，法律出版社2006年版，第71页。

② 参阅日本民法第335条第2项。

③ 参阅日本民法第335条第3项。

④ 王全弟、丁洁:《物权法应确立优先权制度——围绕合同法第286条之争议》，载《法学》2001年4期。

⑤ 参阅日本民法第333条。

限制，让优先权的追及效力向物权的公示公信原则让步，维护社会交易安全和交易秩序。

另一方面，对优先权制度又在一定程度上采用物权公示原则，用登记制度对不动产行使的优先权加以限制，集中体现在优先权与其他担保物权竞合时的规定。《法国民法典》未区分一般优先权和不动产优先权，规定在优先权与抵押权竞合时，优先权优先于抵押权受偿，但是对不动产优先权又要求通过登记来保存其效力。[①] 还有，对于应完成登记手续的不动产优先权未依法定方式登记以保存其优先权者，在债权人间不发生优先权的效力，仅可保有抵押权。也就是说，未经登记的不动产优先权，仅可对抗一般债权人，而不能对抗抵押权人，其只能与其他抵押权依成立先后依次受偿。[②] 法国民法对一般优先权则未作任何限制，这也就意味着一般优先权与抵押权发生竞合时，一般优先权始终优先于抵押权受偿。[③] 另外，在20世纪对《拿破仑民法典》的修订中，法国1959年修正了的民法第2121条规定，新规定在民法第2101条所列之八种一般优先权中，除司法费及受雇工人之工资二种债权外，要产生优先权之效力，须经登记始及于债务人总财产中之类不动产。

《日本民法典》则明确区分一般优先权和不动产优先权，并用登记制度分别对之加以限制。有关不动产的一般优先权与已登记的抵押权竞合时，若一般优先权已登记，则与其他抵押权依登记先后依次受偿，若未经登记，则应由其他抵押权优先受偿；有关不动产的一般优先权与未登记的抵押权竞合时，无论其有否登记，均优先于其他抵押权受偿。此外须注意的是，法国民法关于一般优先权与抵押权竞合时的效力的规定，适用于公法上的一般优先权如司法费用优先权、税捐优先权，以及各种私法上的一般优先权。而日本民法关于一般优先权与抵押权竞合时的效力的规定，仅适用于私法上的一般优先权，但对于公法上的税捐优先权和私法上的劳工工资薪金优先权与抵押权发生竞合时，基于财政目的和社会正义，前者优先于抵押权受偿。[④] 对于不动产优先权与抵押权发生竞合的情形，《日本民法典》又加以进一

---

① 《法国民法典》第2324条（原第2095条）。

② 参见《法国民法典》第2377条（原第2106条）和第2386条（原第2113条）的有关规定。

③ 法国对抵押权的成立系采意思主义，双方当事人就设立抵押权协商一致，抵押权即告成立生效，故无须区分抵押权是否已经登记。

④ 陈本寒主编：《担保法通论》，武汉大学出版社1998年版，第359页。

步的区分对待，不动产保存人优先权和不动产修建人优先权，可经登记保存其效力，并优先于已登记的抵押权受偿，而不动产出卖人优先权与已登记的抵押权发生竞合时，则仅能依登记先后依次受偿；无论何种不动产优先权与抵押权发生竞合，若有未登记的权利，则已登记的权利优先于未登记的权利受偿。①

目前我国物权登记公示制度还不完善。② 我国设立独立统一的优先权制度，也必须对优先权缺乏物权公示性这一缺陷尽可能地加以补救。笔者认为应借鉴法、日规定之所长，并结合我国法律现状来确定具体的补救方法：

（1）一般优先权关乎国家利益、社会政策和社会公平正义，且法律对之的明确规定本身即具有较强的公示性，因此一般优先权应始终优先于其他担保物权受偿；但一般优先权的行使，应先就债务人的动产受偿，不足部分才能先就债务人的无担保的不动产受偿，再不足部分才能就债务人的有担保的不动产受偿；

（2）动产优先权以优先权人占有动产作为对抗其他担保物权的要件，占有标的物时，可对抗其他担保物权，未占有标的物时，只能优先于一般债权受偿，而无法对抗其他担保物权；当作为优先权标的物的动产被第三人善意取得时，优先权人对该动产没有追及权；

（3）不动产优先权，以登记作为对抗其他抵押权的要件，已登记的优先于其他抵押权受偿，未登记的则仅可优先于一般债权受偿，但却后于其他抵押权受偿。

这里有两点需要说明：一是上述我国优先权制度立法架构已经明确，我国民法中的一般优先权制度应统一规定公法债权的优先权和私法债权的优先权，因此，民法对优先权效力的规定也应统一适用于公法债权的优先权和私法债权的优先权；二是目前我国担保法对抵押权采取登记生效制度，且《中国物权法草案建议稿》亦采同一制度，故不存在日本民法上的优先权与未登记的抵押权竞合时何者优先的问题。③

---

① 日本对抵押权的成立系采登记对抗主义，双方当事人就设立抵押权协商一致，抵押权即告成立生效，但未经登记不得对抗第三人，故需区分抵押权是否已经登记。

② 参见北大法律信息网（www.chinalawinfo.com）“法律讲座”中关于登记制度的中美比较。

③ 考虑到《中华人民共和国担保法》第43条的规定，如果物权法采纳某些财产抵押，其抵押权自抵押合同生效之日设定，则上述日本民法的有关规定可资借鉴。

六、优先权标的物之限制

优先权的主要分类为一般优先权和特别优先权，前者是指债务人以自己的全部财产（或称为一般财产）作为优先实现债权的保障，优先权人得就债务人的一般财产优先受偿。后者包括动产优先权和不动产优先权，动产优先权是特别优先权下的一种，此种优先权针对的是特定动产，在此动产上享有优先权，亦即，在符合特定条件下，权利人可就该特定动产的价值主张优先清偿。不动产优先权是特别优先权下的另一子分类，债权人就债务人特定的不动产之价值享有优先主张之地位使自己的债权得到清偿。

首先，值得注意的是，优先权标的物不能随便扩大。如建设工程价款优先权中，承包人享有的优先权的标的物范围仅限建设工程，即使根据房地一体原则将在建工程进行拍卖，由于承包人对于土地价值并未有任何投入，所以基于公平正义原则导致承包人的优先权亦不包括土地价值。

在四川省蜀通建设集团有限责任公司诉四川千祥房地产开发有限责任公司建设工程价款优先受偿权纠纷一案中，法院认为关于建设工程价款优先受偿权的客体是否及于建筑物所占用的建设用地使用权的问题，根据合同法相关规定，建设工程价款优先受偿权不及于建筑物所占用的建设用地使用权部分，在将建筑物价值变现时，根据“房地一体处分”原则要将建筑物和建设用地使用权一起进行处分，但在一起处分时应区分开建筑物的价值和建设用地使用权的价值，建设工程价款优先受偿权只对建筑物的价值部分有优先受偿的效力。①

在大昌建设集团有限公司因与上诉人舟山润都置业有限公司及被上诉人许常平建设工程施工合同纠纷一案中，法院认为根据最高院相关批复第三条规定，建设工程价款优先权所担保的债权范围仅限实际损失，不包括承包人的间接损失如可得利益的损失，此举乃严格建设工程价款优先权所担保的债权范围，以防对其他权利主体的过度侵犯。大昌公司上诉认为违约金以支付利息形式计算，利息属于本金的法定孳息，与工程款本为一体，也属于优先权的受偿范围。本院认为，大昌公司该上

① （2016）川 0115 民初 4970 号民事判决书。

诉理由缺乏法律依据，无论违约金还是利息均不属于优先权的受偿范围。该《批复》第四条规定，行使优先权的期限为6个月，自建设工程竣工之日或者建设工程合同约定的竣工之日起计算。涉案工程2012年6月竣工，至2016年4月起诉，已超过6个月的行使期限，大昌公司已丧失工程价款优先受偿权，一审判决大昌公司享有工程价款优先权，依据不足，本院应予纠正。[①]

在吴三加与江苏前进建设工程有限公司、东台市标升贸易有限公司等执行分配方案异议之诉一案中，法院认为建筑工程系承包人将工作人员付出的劳动、建筑施工材料等施工资源通过建设工程进行物化后的产物，对于某一确定的建筑工程而言，其所需物化的施工资源是明确和固定的，其不会因为施工周期提前而减少，亦不会因为施工周期延后而增加，对于建筑工程本身的价值来说，也不会因为施工周期提前而贬值或施工周期延后而增值，故建筑工程价款所包括的承包人为建设工程应当支付的工作人员报酬、材料款等实际支出的费用仅指应当物化于建筑工程之上的施工资源的费用。而本案中，吴三加要求确认在优先受偿权范围的款项系停工损失，对此：首先，该部分费用系因相关公司未按照合同约定及时支付工程价款导致停工而产生的损失，属于上述法律规定的因发包人违约所造成的损失；其次，即便吴三加已经实际支出了该部分费用，但该部分费用所对应的施工资源并未实际物化于案涉建筑工程之上。故吴三加要求确认其优先受偿权包括停工损失，于法无据。[②]

其次，在考虑优先权标的物的性质时应结合优先权的不可分性加以判断。

在最高人民法院审理的平安银行股份有限公司重庆分行与重庆恒通房地产发展有限公司、重庆市德感建筑安装工程有限公司、重庆工业设备安装集团有限公司、重庆一建建设集团有限公司、重庆杰安消防设备安装有限公司、广东金刚玻璃科技股份有限公司、重庆润丰工业设备安装工程有限公司、重庆西南铝装饰工程有限公司执行分配方案异议之诉中，法院认为：关于一审判决对于工程款优先受偿部分的分摊问题的认定是否存在错误、侵害平安银行重庆分行的合法权益问题，平安银行

① （2017）浙09民终290号民事判决书。
② （2017）苏09民终411号民事判决书。

重庆分行主张，工程款债权应当及于建筑工程的全部，故优先权的范围也应当及于“重庆·中国西南商贸中心”的所有面积，原审判决仅以抵押面积作为工程款优先权的分摊基础，对包括平安银行重庆分行在内的抵押债权人严重不公。对此，本院认为，涉案的七笔工程款优先权虽然及于建设工程的整体，但除《执行分配方案》所涉及的抵押房产外，被执行人恒通公司已无其他财产可供执行，平安银行重庆分行主张以涉案工程所有面积分摊工程款优先权，没有事实基础。且深发展重庆分行已于2011年7月13日向执行法院发函，同意《执行分配方案》的内容。原审判决对于工程款优先受偿部分分摊问题的认定，并无不当，也不存在损害平安银行重庆分行合法权益的问题。平安银行重庆分行关于一审判决对于工程款优先受偿部分的分摊问题的认定存在错误、侵害平安银行重庆分行的合法权益的主张，不应支持。[①]

七、船舶优先权限制的特别规定

在优先权制度比较成熟的领域——船舶优先权，就充分考虑到了优先权的限制问题，突出的规定就是引入了“海事赔偿责任限制制度”。

责任限制制度的前身是在海商法领域为多数国家自古以来所认可的船舶所有人的有限责任。实际上，该制度是鉴于海商活动的特殊危险，以谋求对船舶所有人利益的保护而制定的，颇具实践特色。

责任限制制度一直在实践中不断被继受的原因，与船舶航运活动的特殊性有关：其一，船长的代理权限涉及范围广泛，从开航前检查船舶是否具备安全运行的能力、备置诸如船舶国籍证书等在船舶航运活动中必需的文书到在船舶航行过程中履行成就航海义务等，义务内容有时甚至事无巨细，若对其苛以无限责任难免有失偏颇。其二，船舶所有人对处于船籍港之外的船长及其他船员无法实施指挥监督，就船长及其他船员的侵权行为，即使其在选任或监督上不存在过失也要被承担责任，此举与民法上的使用人责任相比，有失公平。其三，船舶航运企业和其他非海上企业相比，接受着更特殊且危险系数较高的风险，同时其风险在破坏力上难以比拟，一旦遭遇风险将造成不可估量的损害。其四，船舶航运活动在非战时时期举足

① 最高人民法院（2014）民一终字第50号判决书。

轻重，同国民经济繁荣发展休戚与共，为了促进和扶助航运业的发展，首先应当在法律上予以保护，限制活动主体所承担的赔偿责任。①

举例而言，日本最高裁大法庭曾在船舶所有人责任限制法施行后不久，就其是否与宪法关于保障财产权的规定相悖做出了综合性的判断，其裁量依据包括认为航运业是一种投入巨额资本从事船舶运营、面对较大危险的企业。限制船舶所有人责任制度的存在，对维护其正当合理的运营及发展来讲是必需的，责任限制制度对维护航运业的正当合理的作业和发展而言举足轻重。暂不论其类型如何，该制度自古以来就为众多国家所采用。此外，船舶航运的国际法发展使得在外贸中活动积极而频繁的日本不得不采用与通用惯例或者为多数国家所普遍适用的船舶所有人责任限制制度。②

一般而言，上述制度的权利主体皆有各国立法者根据航海事业发展的惯例和实践需求加以明确和规范，能够依照责任限制制度的规定有权限制其面对海事赔偿请求人的赔偿责任的人通常包括船舶所有人等（因其义务范围颇广而应排除无限责任的关键主体）或救助人以及前两类的受雇人员等。

但是，各国立法均基于海事活动的实践而对限制性债权加以严格规制，以防责任限制的肆意扩大对其他海事行为主体的权利造成巨大影响。如在日本海商法的规定和实践中，船舶所有人等其中一类限制性债权规定为基于由船上发生的与船舶营运直接相关的人身伤亡或者该船舶以外的财产的灭失、损坏造成的损害所引起的索赔。

因此，海事赔偿责任限制，是海商法赋予某些海事索赔的责任人的一种特权。亦即在发生重大海损事故时，作为责任主体的船舶所有人、经营人、承租人等，可依据海商法的特别规定，将自己对某一特定事故产生的某些索赔的赔偿责任限制在一定范围内。显然，海商法规定海事赔偿责任限制的核心目的就在于保护某些海事债权的责任人或债务人。

船舶优先权是海商法赋予一些特殊的海事债权人的一种特权，享有这一特权的海事债权人在法定期限内，可通过司法程序扣押和拍卖与债权发生有关的当事船

① ［日］中村真澄、箱井崇史：《日本海商法》，张秀娟、李刚、朴鑫译，2015年版，第83~102页。
② 参见铃木竹雄：《新版商法行为法·保险法·海商法［全订2版］》，1993年版，第114页以后。

舶，并对船舶的拍卖价款享有优先于船舶抵押权及其他债权而受偿的权利。同时，这一特权不因船舶所有权的“私下”转让而消灭。可见海商法规定船舶优先权的根本目的就在于保护一些特殊的海事债权人。

1985 年国际海事委员会在《1993 年船舶优先权和抵押权国际公约》中增加了一个“公约的冲突条款”，规定“本公约不影响有关责任限制的国际公约或国内立法的适用”。[①] 亦即当优先权和赔偿责任限制的规定二者发生冲突时，应以责任限制的国际公约或国内法的规定为准。据此，可以认为，就国际立法的趋势来看，当船舶优先权与责任限制之间发生冲突时，应以责任限制的法律为准。[②]

由上可见，船舶优先权与海事赔偿责任限制的立法目的是不同的。从某种意义上讲，二者是对立的，前者是保护债权人的，而后者则是保护债务人的。

我国海商法中明文规定了船舶优先权，但海事赔偿责任背后亦有其价值博弈和实践基础，故我国海商法给予了海事赔偿责任更加优先的地位，以避免二者冲突时适用上的混乱无序。

在原告上海神 ×× 团 ×× 司（下称神源集团）为与被告厦门 ×× 船务有限公司（下称兴航宇公司）申请海事债权确权一案，法院认为原告货物因承运船舶“霞运 269”轮与被告所属的“兴航 168”轮发生碰撞而受损，原告作为货物所有人，有权向造成其损失的责任人提出索赔。该法院已通过另案生效判决，业已确定两船碰撞责任比例，原告货物损失应按该责任比例确定被告应承担的赔偿数额。由于被告已经就“兴航 168”轮与“霞运 269”轮碰撞事故责任依法设立海事赔偿责任限制基金，原告亦已依法申请债权登记。因此，原告向被告主张的货物损失系船舶营运中产生的财产赔偿请求，属于限制性债权，应在基金中清偿，不再对“兴航 168”轮具有船舶优先权。[③]

---

① 参见《1993 年船舶优先权和抵押权国际公约》第 15 条。

② CMI，1985，Lisboa，XXXIIIrd Conference，1985，p38.

③（2011）甬海法温权字第 1 号。

8

CHAPTER

第八章

民事优先权的消灭与实现

一、优先权之消灭

（一）优先权消灭之意义

优先权消灭即优先权人因某种原因之发生而不得再享有优先权。根据法定原则，法定事由的出现如清偿等导致优先权不复存在，从而使得其权能如优先受偿权不再对债务人具有约束力。[①]优先权消灭之后，除另有特殊原因外，优先权人对债务人之财产不再有优先于其他债权人受到清偿之效力。[②]优先权的消灭只是意味着优先权人“优先受到清偿”的地位的消灭，并不意味着优先权所担保的债权也消灭。当然，在特定情况下，优先权所担保的权利本身不复存在，优先权自然也不存在。

（二）优先权消灭之原因

1. 一般物权消灭的共通原因：

优先权为物权之一种。[③]所以优先权自然也可因一般物权的共通消灭原因之发生而归消灭。物权消灭的共通原因，一般来说有下列数种。

（1）标的物之灭失，物权的标的物灭失，物权就不再存在。这里的灭失，既包括标的物的物理灭失，也包括法律灭失。根据物权法上一物一权的原则或者称为物权客体特定原则（也即物权的设立和存在必须针对特定的客体，而且一物之上不能存在多个权能相斥的权利），当标的物不复存在，无论是物理上还是法律上不复存在，物权皆会因客体不复存在而消灭，当然因物权作为全面的统领的权利，可能存在物上代位性的原则以达到利益平衡。

优先权作为物权的一种，若优先权之标的物全部灭失而无法恢复，且债务人未因其灭失而获取代位物时（不问其为物理灭失或法律灭失），则优先权即归消灭。但若债务人因其标的物的灭失而获取金钱或其他代位物时，则优先权仍然存在，优

---

① 吴文梁：《我国民法是否应增设优先权之一般规定》，台湾大学法学研究所硕士论文，1975 年，第 293 页。

② 吴文梁：《我国民法是否应增设优先权之一般规定》，台湾大学法学研究所硕士论文，1975 年，第 293 页。

③ 参见本文有关“优先权性质”的论述。

先权人可对该代位物行使优先权。这是优先权的物上代位原则。[①] 特别优先权是以债务人的特定的某财产或某类财产为标的的，若该财产灭失而又无代位物时，则优先权因无标的，也就不会存在。但对于一般优先权来说，因为一般优先权系以债务人之总财产为标的物，债务人的总财产的形态、数量一般来说是一个不断变化的、动态的，若一般优先权人的债务人总财产之一部分发生灭失，则其优先权仍存在于未灭失标的物之上。

（2）标的物被没收或征用。虽物之所有系民事行为主体参与交易活动的前提且系其交易行为所欲追求之效果，但因私主体让渡部分权利至国家机器，公共利益代表了私人利益的集合。公共利益与个人权利相协调的首屈一指的是坚持公共利益优先于个人利益的原则，公共利益乃对个人利益的抽象集成并最终转化并体现为私人利益的实现，故在一定程度上来说公共利益与私人利益这一对矛盾相辅相成。不过公共利益一旦从个人利益中被抽象出来就具有相对独立性，与个体的私人利益无法完全对应和匹配，两者冲突时应当对公共利益进行必要程度的倾斜保护，如国家为实现特定目的而在特定情况下、按照法定之程序为了公共利益的需要而进行的征收征用。

若优先权之标的物（如作为不动产优先权标的物的土地），法律或行政法规的规定而被征用时，则优先权归于消灭。但对于债务人因土地或耕地被征收而得之补偿金，优先权人仍可行使物上代位权。

但是，若优先权之标的物因法院裁判被没收时，则优先权即归消灭，也不存在物上代位权问题。[②]

（3）添附，添附是附合、混合与加工的总称。添附之后成为一物，所有权仍为一个，需要确定所有权的归属。其中，不同所有人的物密切结合，构成不可分割的一物，称附合（如果动产附合在动产上，一般原则为共有，如果从作用可分“主物”和“从物”即不同于以前的主从物，归“主物”所有权人所有；如果是动产附合在不动产上，归不动产所有权人）；所有权不属同一人的动产，相互混杂，难以识别或分离，称混合；在他人之动产上进行改造或劳作，并生成新物的法律事实，称加

① 日本民法和法国规定了优先权的物上代位原则。

② 这实际也是物权因标的物灭失（因法律原因而不存在）致物权不复存在的一种情况。

工（在民国民法上，加工后物之所有权原则上属于材料所有权人，当加工改造后价值明显高于材料价值的，归加工人所有；在德国民法上，只要加工改造后物的价值没有明显低于材料的价值，加工改造后归加工人所有）。在添附发生后，失去权利之人的救济包括不当得利请求权或损害赔偿请求权择一适用。添附对应到民事优先权制度领域，即优先权之标的物因添附（即附合、混合及加工）而使债务人丧失该标的物之所有权时，则优先权人对该标的物的优先权亦归消灭。当然，优先权人对于债务人因添附所取得之补偿金请求权，则可主张物上代位权。[①]

（4）抛弃。近现代以来的法律发展更多以追求当事人行为空间和自由度为宗旨，民事行为主体之间的平等性系其关键部分，即使在物权领域，在尊重和信任民事行为主体理性认识能力和对自身权益的自主决定权利及对自己的行为结果独立负责的基础上，对优先权的行使方式给予充分自由行为的空间，而严格排斥国家任意侵入和强制性的干预。物权虽类型各异且内容不同，但在其对物的统领的效果上体现出直接支配的特点，也即依权利人对物的"意思力"在无须借助他人的意思和行为介入的情况下，对标的物可以仅凭自己的意思而实现物权之权能并且享受其具有排他性的利益，此与需相对人配合方得实现的债权而言明显不同。

优先权亦为财产权之一种，只要无害于第三人及其性质与公益无关之情形下，优先权人自亦可因抛弃而使优先权归于消灭。当然对于那些有关公平原则、公益之观念及特殊政策之推行为理由之法定优先权制度，应认为优先权不可因抛弃而归消灭，因为这些优先权性质与当事人意思自由原则毫无关系。

一般认为，下列优先权如果优先权人与他人约定放弃或自行抛弃也未尝不可：[②]

①为债权人特别利益说：认为若某种优先权系为债权人之特别利益所生之优先权，优先权人抛弃或约定不发生优先权的合意可使优先权消灭；其他依公益之理由所生之优先权，则不得因此消灭。

②公平原则以外之事由说：若系公平原则以外之事由所产生之优先权，优先权人可以通过抛弃使其效力消灭。对于基于公平原则产生的优先权，优先权人不可通过抛弃使其效力消灭。

---

① 参照日本民法第247、248、304条的有关规定。

② 参见本文有关"优先权人是否可以通过约定或单方抛弃放弃优先权"一部分内容。

③非保护弱者之事由说：认为对那些非以保护弱者之事由所产生之优先权，优先权人可以通过抛弃使其效力消灭。

④因意思推测原则所成立之优先权，则基于合同自由原则，优先权人可以通过其抛弃表示或排除优先效果的合意，使优先权消灭。对那些系因意思推测原则以外之事由所成立之优先权，则因涉及国家或社会之利益及法律公平妥当原则之维持，优先权人一般不得通过合意或抛弃行为来消灭优先权的效力。

（5）混同。民法上的混同既包括所有权与其他物权同归一人，其他物权因混同而消灭，亦包括主债务与保证债务同归一人，保证债务为主债务吸收而消灭。混同也即因特定原因导致权利义务归于一人。优先权是否可因混同而归消灭？就特别优先权及一般优先权分述之。[①]

对于特别优先权，若特别优先权标的物的所有权及优先权所担保债权同归于一人时，则债权自归消灭，而优先权亦归消灭。[②]

对于一般优先权时，一般优先权之标的物为债务人的总财产，若债务人总财产之债务与为优先权所担保之债权同归一人时（如在继承或公司合并等情况下），则债权自归消灭，而优先权亦随之归于消灭。[③]

但若优先权所担保之债权只与总财产之一部分债务相混同时，则该项债权未全部消灭，仍得对债务人的其他财产（未与该项债权混同之财产）行使与其未相混同的债权，于是存在于该未消灭债权上的优先权自然不归于消灭。

（6）时效。优先权是否因时效而归消灭。时效制度乃系一定的事实状态持续地达到特定期间就发生一定法律效果的制度，这里就取得时效、消灭时效以及诉讼时效分别予以说明。

取得时效，若第三人就优先权之标的物已具备取得时效或具备即时取得之要件而取得所有权，根据物权的排他性原则，同一物上不能同时存在两个互相排斥的物权。则对该标的物的原所有权即归消灭。[④] 根据民法的一般原理，通过时效取得物

---

① 参见［日］石田文次郎：《担保物权法论》，有裴阁 1980 年，第 770 页。

② 参见日本民法 520 条及我国台湾地区“民法”344 条。

③ 参见［日］石田文次郎：《担保物权法论》，第 770 页，及参见日本民法 520 条和我国台湾地区“民法”344 条。

④ 杨振山等：《中国民事与社会权利现状》，昆仑出版社 2001 年版，第 81 页。

权属于原始取得，权利取得人不必向原权利人支付对价或报酬。原所有人对该标的物的权利即行消灭，并且没有相应的代位物，所以，在该标的物上的优先权也将归于消灭。[①]

优先权是否适用消灭时效，《法国民法典》和《日本民法典》都有明确规定，都规定了动产优先权、不动产优先权的行使期间。[②]超过相应期限未主张优先权的，即不再享有优先受偿的权利。此外，日本民法还有优先权的效力可准用抵押权的之规定。[③]日本民法担保物权的行使期间是受消灭时效限制的，故优先权与担保物权一样因消灭时效之完成始归消灭。在立法上确定优先权的消灭时效是很有必要的，为优先权设置消灭时效也是对优先权的必要限制措施之一。因为优先权无公示性，是基于立法政策上的考虑为保护特定种类的债权依法规定的，因此优先权的存续期间不应与其他担保物权相同。这样做有助于平衡优先权人和其他非优先权人之间的利益，同时也有助于平衡优先权人和债务人之间的利益，避免因过于保护优先权人而导致他们之间利益失衡。

另外，优先权担保的债权的诉讼时效期间届满而消灭，优先权事实上也消灭。债权的诉讼时效期间届满，该债务已经成为自然债务，法律已不再强制债权人清偿其债务，权利人已经不能通过法院保护其民事权利。[④]优先权的行使一般要通过法院来实行，超过诉讼时效后，优先权人就不能向法院请求保护，实际上也就是不能行使优先权。所以优先权担保的债权的诉讼时效期间届满，优先权也就消灭。[⑤]

2. 与担保物权共通之消灭原因：

优先权系一种担保某种债权之担保物权。因此担保物权共通之消灭原因亦即优先权之消灭原因。被担保之债权消灭的，如被担保的债权因清偿、提存、抵销、免除、混同、契约之解除或履行不能等原因消灭，担保物权即消灭。[⑥]

债的消灭指债之本体不复存在，包括清偿以及其他清偿替代行为，除清偿、提

---

① 郭明瑞主编：《民法学》，北京大学出版社 2001 年版，第 201 页。

② 参见《法国民法典》和《日本民法典》有关优先权制度部分的规定。

③ 参见日本民法第 341、396 条。

④ 张俊浩主编：《民法学原理》，中国政法大学出版社 1997 年版，第 287 页。

⑤ 王利明主编：《中国物权法草案建议稿及说明》，中国法制出版社 2001 年版，第 515 页。

⑥ 张俊浩主编：《民法学原理》，中国政法大学出版社 1997 年版，第 624 页。

存、抵销、免除、混同（典型，但未穷尽）外，债务人死亡（依继承规则，若无继承人，又无财产）、给付不能等也可能是债消灭的原因，但并不必然是。

针对清偿而言，清偿乃系产生消灭债权效果的给付也即债务人依债之本旨履行债务（适时、适所、完全并以恰当的方式），清偿人包括债务人及其代理人或者第三人（原则上应允许第三人清偿）无论债务人是谁，对债权人的利益不影响时除非当事人另有约定或债务履行具有专属性的除外，如承揽合同的主要工作需承揽人亲自完成，此外，第三人清偿债务是否要征得债务人同意在不同国家有不同的立法例，但并存的债务承担不需债权人同意，且第三人清偿之后果上来说第三人清偿的对外效果与债务人清偿同，但会不会因为第三人清偿而在第三人与债务人之间构建新债权，即求偿权。清偿受领人一般系债权人、债权人的代理人或受领证书持有人等，向持有受领证书的表见债权人的给付也可清偿债务（表见制度在债权上仍成立）。清偿的客体可以是部分清偿或者代物清偿（即以他种给付代替原定给付的清偿）。并且，债务人在清偿地提出给付，才属于以债务本旨而为清偿；债权人应受领，否则构成债权人受领迟延。在清偿的效力上：①债务人于清偿期届至时不为清偿的，负迟延之责；②定有清偿期限者，债权人不能于期前请求清偿；③清偿期届至，债权得行使，故消灭时效起算；④抵销以双方债务均届清偿期为要件。

针对提存而言，提存是债务人将难以清偿的标的物交提存部门保存以消灭债的行为。代替清偿，提存的必要性系债权人受领迟延等并不使债务人免除给付义务，为避免债务人长期受债务困扰，而设此项制度。在提存的原因方面，包括债务人提出清偿，但由于债权人方面的原因不能实现清偿的目的，或者受领为债权人的不真正义务，可能会减损受领人的债权，包括债务人的风险由债权人承担，具体为债权人无正当理由拒绝受领、受领人不明（如债权人死亡未确定继承人、丧失民事行为能力未确定监护人）、债权人下落不明（债务人可以通过宣告失踪为其确定财产代管人，再履行）。提存机关多为法院，我国目前仅有公证提存，从比较法的视角上分析，其他国家多将提存机关设在法院，但我国行政权高度集中，若想提存，必须办理公证，而公证机关的性质也即其是否为以国家信用为支撑的公权力机关颇有争议。至于提存的效力，在债务人与债权人之间债的关系消灭且提存物的风险移转至债权人（孳息也归债权人享有），与此同时产生债务人的通知义务，在债权人与提存机关之间债权人有请求交付提存物的权利且债权人领取提存物的权利，其适用为

5 年的除斥期间（不需债权人知道或应当知道）。

针对抵销而言，抵销是当事人就互负种类相同的给付，按对等数额使其相互消灭的意思表示涉及两个债的关系全部消灭或部分消灭。抵销是一种存在对价的行为，实际效果同清偿，构成债的消灭原因。抵销的类型包括法律上的抵销和合意抵销，值得注意的是，破产法上的抵销条件比民法上的抵销更宽松，如未到期的债权亦可作为主动债权。破产法上规定即使是不同种类的给付，若债权人对破产人同时有一定义务时，可放宽抵销条件。唯有如此，才能使破产人的债权人的权利更好地救济。抵销的要件包括：其一，双方债权的存在也即债权在对待的当事人之间存在（互负债务）（注意双方债权的存在与双务合同的区别系双方债权的存在是基于两项交易关系或两法律行为发生）；其二，双方债权均届清偿期，此系基于清偿期背后的利益考量也即期限利益，如果债务未届清偿期而允许抵销，无异于强令债务提前清偿，牺牲其期限利益，实与债的本质相悖，当然，当事人自愿放弃期限利益而主张撤销的，应当允许。但也有例外，在破产程序中，债权人对破产人负有债务的，不论是否已届履行期，是否附期限或解除条件，均可抵销。抵销在金融交易中最常见，如证券交易结算。（可以作为期货的条件：有大量的品质相同的物质）；其三，同种类给付，通常为金钱之债（除了金钱之外，很难抵销。特定物之债很难，也很难发生两个特定人之间对同一种类之物互负债务），例外为破产法上的抵销允许不同种类的债务的抵销。抵销的效力为双方债权（对等数额）的消灭。

针对免除而言，免除为债权人以债之消灭为目的而抛弃债权的意思表示，其性质在各国立法例上存在契约说和单独行为说，前者强调被免除者的意思参与的必要性，后者重点强调放弃债权的债权人的意志，单独行为说较为合理。为尊重债务人之人格，可设类似如下之规定：债务人表示不欲享受免除之利益者，视为自始未有免除之表示。契约说易使债权人变成出尔反尔之人。

针对混同而言，混同指的是债权债务归于一人的法律事实，其以两个利益主体的存在是债的关系存在的前提，混同的原因包括继承、法人合并、债权转让、债务承担等。混同的效力为通常情况下，导致债的消灭，但在法律另有规定或债权属于他人权利标的时，债权不消灭，前者如未到期票据，其目的在于鼓励债权的流通性，后者如债权为他人质权标的。

当然，担保物权实现、担保期限届满等原因也是导致担保物权消灭的原因。在这些情况下，优先权亦归于消灭。

3. 优先权固有之消灭原因：

优先权本身亦有其消灭原因，约有下列数种：

（1）占有之丧失。对于以占有为基础的优先权，如动产优先权中之旅店住宿优先权、运送优先权或不动产租赁优先权，系以优先权人占有其动产为要件，若优先权人对优先权标的物丧失占有而无法恢复则优先权归于消灭。

在以动产为标的物之优先权中（如动产优先权及一般优先权），若债务人将为作为优先权标的物的动产交付第三取得人，则优先权人不得对该动产行使优先权，该优先权即为消灭。[①] 但对债务人因交付动产所受之金钱对价或其他之物，则优先权人仍可行使优先权的物上代位权。

（2）代位清偿。优先权之效力可准用有关抵押权之规定，抵押权可因第三人代债务人清偿而消灭。同样，买受优先权标的物所有权或地上权之第三人，因应优先权人之请求而为代位清偿时，优先权亦可因特定第三人提供代位清偿而归消灭。至于债务人和代为清偿人之间产生的代为清偿关系已与原优先权没有关系，本处不予讨论。

（3）涤除。优先权之效力可准用有关抵押权之规定，准用结果即为取得优先权标的物所有权的人、地上权人或永佃权人可以通过交付其所提供于优先权人而得其承诺之金额或提存之而涤除其优先权，故优先权亦可因特定第三人之涤除而归消灭。[②]

（4）拍卖。对于拍卖的性质，各国法律规定不一致。对于拍卖物上的权利承受，有些国家法律都规定拍卖行为有清除拍卖标的物上的权利负担的规定。在这种情况下，标的物上的优先权就会因拍卖而消灭。如日本拍卖就规定，优先权标的物在正式设立的拍卖场所拍卖的，或被国家机关强制拍卖的，拍卖标的上的优先权及抵押权，因拍卖的成交而归消灭。[③] 故优先权亦可因其标的物之拍定而归消灭。

---

① ［日］柚木馨：《担保物权法》，有斐阁昭和33年版，第182页；我妻荣：《担保物权法》（民法讲义3），第68页。

② 日本民法341条，法国民法都规定了涤除制度。

③ 日本《拍卖法》第2条第2项规定。

（5）怠于保存登记。某些不动产优先权、[1]船舶优先权等，需要登记而保存效力，故若未及时进行登记，即不能保存作为优先权的效力。即优先权因怠于保存登记失其效力而归消灭。

此外，有学者还认为，优先权因转让而消灭，优先权是担保特定种类债权的，其当然不能与所担保的债权分离，因此，优先权人转让优先权的，优先权也就消灭。[2]笔者认为，根据优先权的性质和设立原因，可以转让的优先权可因转让而消灭，对于不能转让的优先权类型，则不宜这样一概而论。

二、优先权实现的原则

优先权的实现，是指优先权人在债务人不履行到期债务时，就优先权标的物变价或与债务人签定合同取得优先权标的物，而使受担保债权得以满足的行为。优先权实行是优先权担保功能实现的重要环节，也是优先权制度的核心内容之一。当然，优先权的实现也是优先权消灭的方式之一。

各国法律对优先权的实现方式规定很少，只有《法国民法典》将优先权与其他担保物权放在一起，共同规定实现方式。因为优先权的主要目的是担保债权的实现，是担保方式的一种。我们可以通过其他担保物权的实现方式来研究优先权的实现方式。

（一）自救主义

与担保权实行性质有关的立法大体有两种模式，自救主义与司法保护主义。

担保权实行的自救主义（self—help）立法模式，主要通过担保权人与担保人协商决定担保权的实行问题，国家在通常情况下不予强制性干预。

在以英国法为基础的国家（English—based country），由于对契约自由的信奉，认为担保权的实行属于当事人自己的事情，应当由当事人自己解决，但为了保护担保人及债务人的利益，对担保权人实行担保权设置了公平实行的义务（duty of fair

---

① 如日本民法上规定的包括不动产保存、不动产工作及不动产买卖优先权等都需要登记。

② 王利明主编:《中国物权法草案建议稿及说明》，中国法制出版社2001年版，第515页。

realization)，担保权人应当对担保物获得合理的价格尽合理注意义务（reasonable care),[①] 担保权人在将担保物变价时，在通常情况下应通过适当的媒介予以广告。[②] 如果担保权人未尽合理注意义务，而使担保物以过低的价格出售，则提供担保的一方可以请求担保权人承担赔偿责任。但担保权人公平实行的义务可以由当事人通过合同而予以排除。进入 20 世纪以来，由于消费者运动的不断高涨，各国对于消费者信用合同的担保权的行使都从公法上对其进行了诸多限制。[③]

（二）司法保护

司法保护主义（judicial protectionism）立法模式，要求担保权的实行采取公法上的方法，担保权人实行担保权之前通常需要获得法院或其他国家机关签发的裁判或决定。而不能私自地实行担保权。

大陆法系的国家大多实行这种立法主义，如德国、日本、瑞士等。《德国民法典》第 1147 条规定，债权人就土地和担保权所及的其他标的物取得清偿，以强制执行的方法为之。第 1149 条规定，以债权对所有人尚未到期为限，所有人不得给予债权人请求转移土地所有权以抵冲债权的清偿的权利，也不得给予强制执行以外的其他方法让与土地的权利。可见，强制执行乃为担保权实行的唯一方法。采司法保护主义立法的基本价值取向是为了保护担保关系中债务人的利益，避免因担保权人不适当地行使担保权而使债务人或担保人受到不应有的损失。

总的来看，在这两种立法模式中，自救主义（self—help）立法模式强调交易便利和债权人的利益，对于交易安全与便捷甚为有利，但对于债务人来说则失去充分的保护。虽有合理注意义务对债权人行使担保权进行一定的限制，但担保权人违反这种义务，债务人只能通过诉讼方式才能使担保权人承担责任，即债务人的利益缺乏一般的制度上的保障。而司法保护主义（judicial protectionism）立法模式，则为债务人的利益提供了一种保护性的制度，使担保权的实行在一般情况下都能得到比较公正的结果，债务人及担保人的利益不会因为担保权人滥用权利而遭到侵害。但从另一方面来看，

---

① Bishop v. Bonbam［1981］1.

② Arflerican Express International Banking Corpnv. Hurley［1985］3 All ER 564.

③ Philip R Wood：Comparative Law Of Security and Guarantees，London，Sweet and Maxwall，1995，pp. 138.

制度的运行本身需要一定的成本，这种成本最终会落到债务人的身上，同时，通过公法手段实行担保权，往往需要较长的时间，这对于债权人及债务人都有不利。

随着经济的发展，这两种立法主义出现了相互融合的趋势。[①]笔者认为，优先权实行方式应当顺应法律的发展方向，兼采两者之长。因为优先权制度具有强烈的政策性、实现社会正义的特点，赋予了优先权人优先受偿的“特权”，并且，这种“特权”在设立上具有法定非合意和秘密性等特点，对债务人以及第三人的影响甚巨。为平衡优先权人、债务人以及第三人之间的利益，优先权的实现应当采司法保护主义的方式。当然，在优先权人与债务人他们之间的对优先权法律关系没有争议的情况下，也可以允许优先权人与债务人协议以优先权标的物折价或者以拍卖、变卖该标的物所得的价款受偿。协议不成的，优先权人必须向人民法院提起诉讼，通过司法手段实现优先权。采司法保护主义和当事人自救主义配合的方式。

实际上，我国有关建筑工程优先权的实现方式上，也未完全排除自力救济的存在。在建设工程价款优先权的实现方式上，不仅存在平等主体之间的意定和商议的选择性，亦规定了公力救济即通过司法手段申请法院进行拍卖以实现优先权，采司法保护主义和当事人自救主义配合的方式。

目前，我国司法实践中，优先权的实现方式在审判程序和执行程序中两种方式都有所应用。关于建设工程价款优先权是否必须依法应当经过诉讼程序予以认定而能否由执行法院迳行认定其可代位行使的问题，各地法院的意见颇具参考意义。

在张玉华、杨宝全劳务合同纠纷执行审查一案中，执行法院认为，建设工程承包人屹峰建材公司可以在工程竣工之后行使建设工程价款优先权，但其怠于行使自己的权利，宇通和谐家园项目的实际施工人，即为屹峰建材公司提供劳务的人员为保障自己的权利，可以代位行使建设工程价款优先受偿权。本案申请执行人即为屹峰建材公司提供劳务的人员，其行使建设工程价款优先受偿权的目的仍是主张受偿建设工程价款，其对被执行人的债权应优先于其他债权，本院执行实施机构采取的执行措施并未违反执行顺序。但复议申请提交后，复议法院认为执行异议、复议程序系执行程序的子程序，是在执行过程中对执行当事人、利害关系人的一种程序性

---

① 许明月:《抵押权制度研究》，法律出版社 1998 年版，第 328 页。

救济，而对所涉及的实体权利无权迳行作出裁判。本案中，本案所涉诸申请执行人对被执行人屹峰建材公司所享有债权是否优先于复议申请人正辉公司对本案被执行人屹峰建材公司所享有债权是本案的关键与焦点，而优先权问题系实体权利，依法应当经过诉讼程序予以认定，执行法院在异议审查中迳行认定本案诸申请执行人“可以代位行使建设工程价款优先受偿权”，没有法律依据和事实根据，显属不当。①

辽宁高院在审理江苏南通三建集团有限公司与被上诉人沈阳浑南新城碧桂园房地产开发有限公司建设工程施工合同纠纷时，认为江苏三建有权对本案工程拍卖或折抵的价款优先受偿。②

在最高人民法院审理的平安银行股份有限公司重庆分行与重庆恒通房地产发展有限公司、重庆市德感建筑安装工程有限公司、重庆工业设备安装集团有限公司、重庆一建建设集团有限公司、重庆杰安消防设备安装有限公司、广东金刚玻璃科技股份有限公司、重庆润丰工业设备安装工程有限公司、重庆西南铝装饰工程有限公司执行分配方案异议之诉中，法院认为，《执行分配方案》将七笔具有优先受偿权的工程价款列为分配第二顺位，并确定优于抵押权受偿，符合上述司法解释的规定。③

在湖南慈利农村商业银行股份有限公司与杨建新、于向东建设工程价款优先受偿权纠纷一案中，张家界中院认为根据最高院关于工程价款的相关批复和合同法相关规定，建筑工程的承包人的优先受偿权优于抵押权和其他债权。本案如果在执行过程中将拍卖所得优先用于偿还抵押权人的贷款，那么无形中是拿承包方的垫资款替债务人偿还债务，这不仅违背了合同法的公平原则，也损害了建设工程承包方的利益。建筑工程款优先受偿权的立法目的是保护劳动者的利益。因为在发包人拖欠承包人的工程款中，有相当部分是承包人应当支付给工人的工资和其他劳务费用。根据最高院相关批复，建设工程价款优先权所担保的债权范围仅限实际损失，不包括承包人的间接损失如可得利益的损失，此举乃严格建设工程价款优先权所担保的债权范围以使其体现与劳动者利益联系最密切的应保护价值，因此建设工程价款优先权应当予以优先保护。④

---

① （2017）豫01执复174号执行裁定书。

② 辽宁高院（2014）辽民一终字第00053号判决书。

③ （2014）民一终字第50号民事判决书。

④ （2017）湘08民276号民事判决书。

（三）优先权实行与财产执行的关系——选择主义与先行主义

本文将优先权定性为担保权，在这里我们借鉴一般担保权人实现担保权与财产执行的关系来研究优先权的实现与就债务人一般财产执行的关系。①

担保权人在债务人不履行债务时，可否不实行担保权而申请法院就债务人的一般财产强制执行？从各国立法来看，主要有两种立法主义——选择主义与先行主义。

依选择主义的立法，在债权存在担保的情况下，若债务人不履行债务，债权人既可以通过实行担保权而使债权获得优先的清偿，也可以不实行担保权而依法申请法院就债务人的其他财产为强制执行。

担保权实行先行主义的立法，担保权人在债务人不履行债务时，应先实行担保权，在实行担保权后，仍不能使债权获得全部清偿时，才能依法对债务人的其他财产申请强制执行。

在罗马法中，有所谓“财产执行的抗辩”制度，依此，一般的财产担保权和就债务人特定的财产设定的担保权，在此二种担保权重合时，担保权人应先就债务人的特定财产实行担保权，不足清偿时，才能以债务人的其他财产清偿。而在日尔曼法中，不动产担保权纯为一种物的责任，具有先行于人的责任的效力，人的责任的承担后位于物的责任而发生，故担保权人必须先实行担保权，在不能获得清偿时，才能对债务人的一般财产申请强制执行。②

在德国现行法中，则未继受罗马法和日尔曼法的立法思想，在人的债务与物的债务发生重叠的情况下，赋予权利人选择的权利。即担保权人既可就担保物实行担保权，也可以对债务人的其他财产申请强制执行。③

日本民法虽原则上承认担保权人可以对债务人的其他财产申请强制执行，但为保护一般债权人的利益，对担保权人的选择权的行使则进行了一定的限制。《日本民法典》第394条规定，担保权人只能就未能以担保不动产代价受清偿的债权部分，得以其他财产受清偿。但此项规定的目的在于保护一般债权人的利益，而非为保护

---

① 本部分主要参考许明月：《抵押权制度研究》，法律出版社1998年版，第329~330页。

② ［日］柚木馨：《担保物权法》，有斐阁昭和33年版，第302、145页。

③ Wolff: Sachenrecht, §139, S. 514. 参见史尚宽：《物权法论》，荣泰印书馆1979年版，第265页；柚木馨：《担保物权法》，有斐阁昭和33年版，第320页。

债务人，担保权人依法申请对债务人的一般财产强制执行时，债务人不得对此提出任何异议。[①] 此外，日本判例承认有一般债权人异议制度，在担保权人不实行担保权而对债务人的一般财产申请强制执行时，一般债权人得提出异议，要求担保权人先就担保物为清偿。同时，在一般债权人提出异议的情况下，担保权人对于不能就担保物获得清偿的部分债务，得参加对债务人的其他财产变价的分配，此即担保权人的参加分配权。

我国台湾地区“立法”对于这一问题未设明文，依史尚宽先生之见解，应承认担保权人享有一般的选择权。但担保权人申请对债务人的其他财产强制时，应先取得有效的执行名义。

依笔者之见，优先权的实施，应比照日本立法采有限制的选择主义，若对优先权人的选择权不作限制，则优先权人可以先对债务人的一般财产申请执行，在不能满足全部债权时，再对优先物实行优先权，此时，将对一般债权人极为不利。特别在债务人破产的情况下，优先权人可以以其债权的全额参加破产财产的分配，若优先债权人的债权金额较大，必然会对一般债权人就破产财产获得清偿的比例产生重大的影响。故应在承认优先权人的选择权的同时，为保护一般债权人的利益，赋予一般债权人以异议权，但此项权利仅可由一般债权人行使，债务人不得行使这一权利。同时，优先权人在行使优先权后，其债权不能完全获得清偿时，就未受清偿部分，得依据有效的执行根据对债务人的其他财产申请强制执行。

但是，优先权标的物具有不可分的性质。即优先权人，就债权之全部得对于标的物之全部受清偿。[②] 优先权人若是以债务人总财产中的不动产为其标的物行使权利时，则应对各个财产分别行使其权利。因为按照日本民法中的有关规定，一般优先权对债务人之不动产须为登记，始可对抗已登记之第三人；故若对债务人总财产中的不动产数个不动产行使优先权时，就各个不动产，均须为保存登记，始可行使其权利。优先权人若是以债务人总财产中的不动产以外之财产为其标的物时，则应将这些财产视为一体而总括行使权利。因为从优先权的公示要求来看，不动产以外

① ［日］我妻荣：《担保物权法》，第241~242页；［日］柚木馨：《担保物权法》，有斐阁昭和33年版，第320页。

② 参见《日本民法典》第305条。

之财产（如动产或债权是）并无公示方法，既不须以占有其标的物为要件，也不须为保存登记，无法也没有必要分开行使权利。故优先权人将债务人的其他财产视为一体而行使其优先权。

三、优先权实行方法的比较法考察[①]

担保权实行的方法在实行不同的立法主义的国家有重大差别，在英美法中担保权的实行方法根据当事人约定而决定，故而有多种形式，其中主要有：担保权人取消赎回权（fore closure），后担保协议（post mortgage agreetment），出卖担保物（private sale），占有担保物并以其孳息清偿债务（posseessory to collect the in—come），占有担保物并进行经营（possessory to oprate），担保物接管（appointment of are ceiver to manage the asset），公开拍卖（public auction）等。[②]

取消赎回权，是指按揭权人在债务人不履行义务时，将确定的取得按揭物上的权利。在英、美普通法中，取消按揭物赎回权曾是担保权实现的最主要的形式，后至查尔斯一世（Charles I）时代，对于债权人取消赎回的权利进行了限制，在衡平法中，甚至承认债务人在任何情况下都可以赎回担保物。[③] 到 1925 财产法，对于抵押权则实行清算主义原则，取消赎回权制度几乎失去存在的条件。[④] 在美国大部分的州，这种方式实行按揭权也几乎被废止。

后担保协议，是指在债权届清偿期后，担保权人与担保权设定人重新签定协议，对担保进行处理，由担保权人取得担保物，或对担保物进行折价，清偿债务。在我国法律中这种方法也得到法律的承认。

出卖担保物，又称私的出卖，是指担保权人在债权届清偿期后，将担保物出卖，以获得的价款清偿担保的债务，私的出卖在有些国家受到法律的禁止，但在当事人

① 本部分主要参考许明月：《抵押权制度研究》，法律出版社 1998 年版，第 331 页。

② Philip R Wood：Comparative Law Of Security and Guarantees. London，Sweet and Maxwall，1995，pp. 139~144.

③ E. H. Burn：Cheshere and Burn's：Modern Law of Real Property，13thed. Bertterworth，1982，pp.617~618.

④ Twe Kwong Law v. Wong Chit Sen（1983）1 WLRl349. See also Farrar v. Farrats Ltd（1888）40 Ch D 359，CA.

之间对担保物的出卖达成协议的情况下，对于双方当事人都不会带来不利益，故没有禁止的必要。但在出卖之前，当事人之间应就私的出卖达成协议，担保权人私自强行对取得占有后出卖在众多的国家都被禁止。

转移担保物占有并以担保物的孳息清偿债务，是指担保权人在担保物届清偿期后，取得对担保物的占有，通过担保物的自然孳息或法定孳息的收取而清偿债务。此种方式来源于古质中的活质，但作为担保权实行方式的一种，它是在担保权担保的债权届清偿期后，由担保权人取得对担保物的占有，而以其孳息清偿债务，在大陆法系国家中一般不再使用这种形式，但在英美法中，这种形式仍然经常被使用。[①]

担保物接管，是指担保权人在债务人不履行债务时，可以委托接管人对担保物进行接管，接管通常适用于企业担保或英美法中的浮动担保，但是对于担保也可以适用，例如，英美法中对于船舶、飞机等动产的担保和不动产担保，都可以委托接管人进行接管。

以上各种担保权的实行方式，各有其优势。笔者认为，优先权的实行，应根据具体情况，考虑实现效果，没有必要一概而论。一方面应当考虑到优先权实行中的正义，特别是程序上的正义，另一方面也应考虑优先物效用因优先权的实行而可能受到的影响、优先权实行的成本以及优先权实行的便利。例如，在优先物为一组相互配套的财产组成时，采用拍卖方式实行优先权就有可能破坏优先物群体的完整性，不利于物的经济效用的充分发挥。接管制度的优势之一就是能够使优先物不致因优先权的实行而破坏其完整性，并且可以使优先物的使用不会因优先权的实行而中断，于物的经济效用的发挥极为有利。对标的物的占有和营用具有相同的功能。此种英美法上的优先权的实行方式，对于我国颇有借鉴之价值。

四、优先权标的物拍卖

（一）拍卖与拍卖标的物上的担保权的关系

对于拍卖与拍卖标的物上的担保权的关系，大别有承受主义与涂消主义两种立法例。

---

① Philip R Wood：Comparative Law Of Security and Guarantees，London，Sweet and Maxwell，1995，pp.138.

涂消主义（Loschungs system），担保物拍卖后，担保物上的一切担保权及优先权消灭，买受人可以取得无担保权或其他优先权负担的所有权。担保物上的所有担保权人及其他优先权人应按照担保权及优先权的顺序对担保物变价进行分配。即便担保权担保的债权尚未届清偿期，担保权人也可以参加分配。[①]

而依承受主义，则担保权人在担保权担保债权届清偿期后，若债务人不履行债务，该担保权人仍可行使担保权而从担保物的变价中获得优先受偿，但担保物进行拍卖后，若担保物尚存在优先于实行担保权的债权人的担保权或其他优先权，担保权人实行担保权的结果对优先于其担保权的担保权或其他优先权不发生影响，买受人只能取得负担保权及其他优先权负担的所有权。[②]

涂消主义造端于普鲁士法，而承受主义则来源于罗马法及德国普通法。但目前各国立法都未将上述两种主义绝对化。

史尚宽先生认为，涂消主义可能导致先顺序担保权人受后次序担保权人及有执行名义的一般债权人的压迫的结果，此时，先顺序的债权人虽可受到清偿，但是，其可受相当利益的投资机会将因此而被剥夺，尤其在利息下落之时，更蒙受不利，故倡导实行承受主义。[③]

但是，采承受主义，将会使担保物上的关系过于复杂，实践中运作的难度较大。笔者认为，对于拍卖与优先权的关系，宜采涂消主义，使法律关系简洁明了。只是在同一标的物上存在多个优先权或担保权时，后顺位担保权人不得恶意行使担保权。担保物拍卖后，其所得价金应按照担保物上的担保权顺位及其他优先权顺位进行分配。在担保权消灭后，原为担保权所担保的债权中未受清偿的部分，将因担保权的消灭而失去担保，成为一般债权。

（二）担保物拍卖与权利转移

1. 依拍卖而获得财产行为的性质

担保物拍卖后，拍定人取得担保物的所有权或其他权利。买受人依拍卖而取得

① 史尚宽：《物权法论》，荣泰印书馆 1979 年版，第 262 页。

② 史尚宽：《物权法论》，荣泰印书馆 1979 年版，第 262 页。

③ 史尚宽：《物权法论》，荣泰印书馆 1979 年版，第 263 页。

的权利的行为的性质如何，理论上有以下两种看法：一为原始取得说，此说认为，通过拍卖而取得的所有权的取得方式，在性质上为原始取得，故适用于财产转让的善意取得规则，权利瑕疵担保规则等对于拍卖不能适用。二为继受取得说，认为拍卖取得财产同通过买卖取得财产具有相同的性质，为继受取得的一种行使，故适用于继受取得的一切规则同样适用于拍卖。笔者认为拍卖取得权利方式性质上为继受取得。[①] 债权即使存在，但担保权设定无效时，买受人不得取得标的物。所有人得请求返还标的物，债权在拍卖申请时不存在或于拍卖程序终结前因清偿或其他原因消灭时，买受人不得取得担保物，真实所有权人可以请求返还。[②]

2. 担保物权利转移的时间

担保物拍卖时，担保物的权利何时发生转移?

依日本拍卖法，买受人因拍定而取得对担保物的权利。日本判例曾以拍定许可决定作出时为担保物权利发生转移的时间，后又以拍卖价金的全部支付为担保物权利发生转移的时间，但通说仍认为应以前者为是。[③]

依德国《强制拍卖法》第 90 条规定，买受人因拍定取得土地之所有权。同法第 89 条规定，拍定因宣告而发生效力。但法院在买受人清偿价金后，才为嘱托登记，在此以前，买受人对担保物无从进行处分，但因拍定而转移所有权仅对土地适用，对于动产，拍定并不发生所有权转移的效力，仅发生买受人的所有权转移请求权。所有权转移仍按物权行为的规则，于合意及交付而发生转移。[④]

依我国台湾地区“立法”规定，拍卖不动产买受人自领得法院所颁发的权利转移证书之日起取得该不动产的所有权，拍卖不动产的买受人在交足价金后，执行法院将发给权利转移证书及其他书据。

我国法律对担保物权利转移时间未作明确规定，然在我国，担保物拍卖具有任意拍卖的性质。笔者认为，担保物权利转移时间法律既未作特别规定，理应适用关于财产权利转移的一般规定，根据《中华人民共和国民法通则》第 72 条规定，按照合同或其他方式取得财产的，财产所有权从财产交付时起转移，法律另有规定或

---

① 参见柚木馨:《担保物权法》，有斐阁昭和 33 年版，第 301 页。

② 史尚宽:《物权法论》，荣泰印书馆 1979 年版，第 270 页。

③ 柚木馨:《担保物权法》，有斐阁昭和 33 年版，第 299 页。

④《德国民法典》第 1224 条。

当事人另有约定的除外。故笔者认为，对于动产，担保物的权利应自该动产交付买受人时发生转移；对于不动产，为了保证担保物的价金能够及时支付，保障拍卖委托人的权利，可以买受人交付价金之时作为担保物权利发生转移的时间。[①]

3. 拍卖取得担保物的权利范围

就一般而言，买受人的权利范围应与担保权所及的范围相同，即包括担保物及其附合物、从物以及因担保物而生的对于他人财产的权利。但拍卖人对买受人事先另有声明的除外。动产拍卖时，担保物的范围应当与展示期间展示的动产或拍卖时拍卖人展示的动产保持一致，数动产作为同一物而展示的，买受人获得的权利所及的范围，应及于该数动产。担保标的为权利时，买受人获得的权利应与担保人对担保物的权利相当。当权利依其性质为可分时，可以为数人获得。

（三）关于担保物拍卖的瑕疵担保责任问题

拍卖人对担保物是否负瑕疵担保责任？对此各国立法有不同的规定，现就担保物拍卖中的权利瑕疵和物的瑕疵担保责任问题分别讨论如下：

1. 关于权利瑕疵担保责任

依日本法律规定，则拍卖担保物时，出卖人对于担保物仍负有权利瑕疵担保责任，买受人得对有过失者请求损害赔偿。[②]我国台湾地区“立法”也承认买受人有瑕疵担保请求权。史尚宽先生认为，瑕疵担保请求权应向担保人行使，请求权内容为价金全部或一部分的返还，担保物之所有人非为债务人时，买受人仍得向债务人求偿。

我国拍卖法规定拍卖人对于买受人负有瑕疵担保责任。[③]由于我国拍卖法规范的拍卖为任意拍卖，并且我国法律中缺乏德国拍卖法中的公示催告除权制度，故应认为担保物拍卖时，拍卖人对于担保的权利瑕疵负有担保责任。但拍卖人于拍卖时，对担保物的权利瑕疵进行声明时，其瑕疵担保责任免除。

2. 关于物之瑕疵担保责任

拍卖担保物时，拍卖人或债务人是否负有物的瑕疵担保责任？采司法保护主义

---

① 许明月：《抵押权制度研究》，法律出版社 1998 年版，第 365 页。

② 《日本民法典》第 568 条。

③ 《中华人民共和国拍卖法》第 27、35、61 条。

的国家，对担保物的拍卖一般不承认拍卖人或债务人对担保物有物之瑕疵担保责任。德国不仅否认担保物的权利瑕疵担保责任，同时，也否认担保物买受人有担保物的物之瑕疵担保请求权。在日本，法律虽然承认担保物的权利瑕疵担保责任，但不承认债务人对于担保物的物之瑕疵担保责任。[①]但债务人为恶意，即明知担保物存在瑕疵而不告知时，承担瑕疵担保责任。[②]我国台湾地区也不承认担保物买受人对于担保物的物之瑕疵，即买受人没有瑕疵担保请求权。[③]盖于强制拍卖时，担保物的拍卖非依担保人的意思而发生，担保物拍卖只能照现状进行，竞买人应对担保物的瑕疵自己为计算之故。[④]

但在我国担保物的拍卖以任意拍卖为原则，故不能套用上述立法例。根据我国拍卖法规定，委托人委托拍卖时，对拍卖人负有瑕疵告知义务，拍卖人拍卖标的物时，对于竞买人也负有同样的义务。拍卖标的物存在瑕疵而未声明，使买受人受到损失的，拍卖人应当承担瑕疵担保责任。属于委托人责任的，拍卖人在承担责任后，得向委托人追偿。由此可见，担保物拍卖时，拍卖人对于担保物的物之瑕疵负有担保责任。笔者认为，从我国担保物拍卖的性质来看，使拍卖人承担责任物之瑕疵担保责任是妥当的。

五、优先权涤除制度（purge）

（一）涤除权制度的基本法律构成

所谓担保权的涤除（purge），是指在实行担保权之前，担保标的之第三取得人以向担保权人支付一定的代价而对担保权人提出消灭担保权的要求，在担保权人同意这一要求时，担保权消灭，而在担保权人不接受要求时，由担保权人承担一定责任的制度。[⑤]

① 《日本民法典》第570条。
② 《日本民法典》第568条。
③ 参见我国台湾地区“强制执行法”第113条和第69条规定。
④ 史尚宽:《物权法论》，荣泰印书馆1979年版，第272页。
⑤ ［日］柚木馨:《担保物权法》，有斐阁昭和33年版，第335页。

涤除制度的基本构成包括以下几个要素：[①]1. 涤除应在担保权人实行担保权之前进行。担保物的第三取得人取得担保物后，在担保权人的债权获清偿前，可以随时提出涤除要求。[②]2. 须由第三取得人提出涤除代价。3. 增价拍卖。在担保权人不接受第三取得人提出的涤除代价时，担保权人必须通过担保物增价拍卖方式实行担保权，而不得以其他方式实行担保权。4. 担保权人高价承受担保物或承担不利后果。根据日本法规定，在担保权人增价拍卖而没有应买入时，必须自己以高于涤除代价十分之一的价格买下担保物。

在缺乏登记公示的情况下，第三人购买担保物时无法了解担保物上是否存在担保权，若不通过一定的方式使其获得的物上的担保权消灭，则第三人随时都处于担心自己获得的财产会因他人主张担保权而丧失的恐惧之中，故法律应当给予第三取得人一定的救济渠道，否则，财产关系便难以稳定。

涤除制度是在承认担保权的追及效力的前提下为了使担保物的第三取得人对担保物获得完善的所有权或其他用益物权而采用的一种制度，在承认担保权的追及效力时，担保物在设定担保权以后，担保人仍可将担保物转让或赠与其他人，担保权不消灭。为了阻却担保权人对担保物行使担保权，便需要赋予第三取得人以一定方式消除担保物上的担保权。

（二）涤除与其他制度的区别

从各国立法来看，第三取得人消除担保权的方式主要有三种形式：一为替代清偿，即由第三人替代债务人清偿其对担保权人的债务，而使担保权消灭；二为代价清偿，在代价清偿时，担保权人在得知作为担保标的之财产为第三人取得时，得要求第三人以一定的代价，消除担保物上的担保权，第三取得人在依担保权人的要求支付代价后，担保权消灭；三为担保权涤除。[③]

担保权涤除与替代清偿的区别在于，在替代清偿时，第三取得人必须全额支付债务人对担保物上享有担保权人的所有债务人的债务，才能取得无担保权负担的所

---

① 许明月：《抵押权制度研究》，法律出版社 1998 年版，第 409 页。

② 《日本民法典》第 381、382 条。

③ 许明月：《抵押权制度研究》，法律出版社 1998 年版，第 408 页。

有权或其他用益物权，而在涤除时，第三取得人却只要依估价支付一定的代价，故采用涤除方式时，第三人所作的支出通常比替代清偿要低。同时，替代清偿时，担保权人无权拒绝，第三人替代清偿与债务人清偿具有同等的效力，而采用涤除方式时，必须取得担保权人的同意。

涤除与代价清偿都不需要第三取得人清偿担保物担保的所有债权，但在代价清偿时，由担保权人向第三取得人出价，在第三取得人按担保权人的要求支付代价后，担保权消灭；而在涤除时，则由第三取得人向担保权人出价，在担保权人同意后，担保权消灭。但这两种方式可以转化，在担保权人出价后第三取得人不接受时，第三取得人可以自己的估价对担保权人提出涤除代价，此时，担保权人若同意时，则担保权涤除。故从广义上说，代价清偿也属于担保权涤除的一种形式，在瑞士民法中对涤除与代价清偿未进行区分，而在日本民法中则对二者进行了区别。[①]

（三）我国现行法律中是否存在担保权涤除制度

有人认为，我国现行法律中虽不存在外国立法中严格意义上的担保权涤除制度，但存在与担保权涤除相当的制度。并指出，《中华人民共和国担保法》第 49 条第 3 款的规定乃为我国担保权涤除制度的存在提供了立法依据。[②] 笔者认为，担保法的这一规定，根本不具备担保权涤除制度的基本内涵。

从本质上说，涤除制度的核心是赋予担保物的第三取得人涤除权，即担保物第三取得人可以在债务人清偿债务或担保权人行使担保权之前以一定的代价而请求担保权人放弃担保权，若担保权人不接受，便会承担一定的义务和责任。

（四）我国法律应否设立优先权涤除制度

涤除制度起源于罗马法。[③] 法国法中采用涤除制度是为了在登记制度不完善的情况下保护不动产交易的安全，防止因隐藏的担保权人主张权利而使不动产的取得

---

① 《日本民法典》第 377、378 条；《瑞士民法典》第 828 条。

② 肖峋、皇甫景山：《中华人民共和国担保法讲话》，中国社会出版社 1995 年版，第 150 页。另有一种观点认为，我国担保法第 49 条第 3 款的规定相当于外国立法中的涤除权制度，参见郭明瑞：《担保法原理与实务》，中国方正出版社 1996 年版，第 201 页。

③ 参见郭明瑞：《担保法原理与实务》，中国方正出版社 1996 年版，第 221 页。

人丧失已经获得的不动产。继法国之后，日本及瑞士也确立了相应的制度，其中，日本民法中的涤除与《法国民法典》中的涤除制度基本相同，而瑞士民法却对该项制度进行了重大的修改。

因为自古就有物权登记公示的传统，德国法律中从未确立过担保权的涤除制度，在完善的登记制度前提下，担保物购买人发现其欲购买的不动产上存在担保权时，可要求担保人将担保物上的担保权消除，或自己替代债务人偿还担保权担保的债务，而使该不动产上的担保权消灭，无须通过这种虚拟的拍卖来消除担保物上的担保权。

笔者认为，尽管优先权具有“秘密性”的特点，但是仍然不宜在建立优先权制度时引入涤除制度。这可以从担保权涤除制度产生的历史背景、价值取向、其在现代社会中的运作状况以及采用涤除制度的国家对其的一般评价中得到印证。

在不存在登记制度的情况下涤除制度还有一定的合理性，但是在设立登记制度以后，这种制度的存在便更没有必要了。但在存在登记制度的情况下，第三人作为一个理智的人，在就特定的财产进行交易时，本应对交易标的的权利状况进行了解，否则，便没有尽到一个理智的人应尽的注意义务，对其利益给予特别的保护便失去必要，尤其在因此而牺牲他人的利益时，就更失去公正性。涤除制度乃是对不完善的登记制度的一种救济，是担保物上的使用权与价值权冲突调和的产物，是特定的历史条件下的产物，本身便带有一定的历史局限。

我们国家在现在如果引入优先权制度，动产优先权以占有为公示方式，不动产优先权要充分考虑与不动产登记公示制度的衔接，实际上都是在公示制度的基础上建立的。至于以债务人全部财产为标的的一般优先权制度，要严格限定种类和优先权所担保的债权范围，从目前学界的看法一般优先权的种类如共益费用、拖欠工资债权等也不存在并无适用涤除制度的必要。

在法国，由于担保权登记制度的确立，涤除制度的使用便受到严格限制。虽然《法国民法典》中仍然规定了担保权涤除制度，但这不过是立法受法律文化的影响而产生的惰性罢了。[①] 日本学界对于涤除制度一直颇有微词，要求彻底废除涤除制度的呼声越来越高，“日本民法无批判地继受这种不合时宜的制度（涤除制度），使

---

① 许明月:《抵押权制度研究》，法律出版社 1998 年版，第 410 页。

担保制度出现重大的破绽，确实是一件令人遗憾的事情”。[①]

对于涤除制度采用独特的保护担保物的第三取得人的方式，我们国家素无这种做法，而且这种做法程序相当复杂，操作起来难度很大，对我们来说是一种全新的制度。尽管我们原来没有这种制度，但是我们已经建立起来了相应的保护担保物第三取得人利益的其他制度——基本上是建立在公示制度基础上的比较先进的制度。人们也以已经建立起来的规则预期自己和他人的行为。法律制度的引进移植要充分考虑稳定和确定性。[②]尽管我们时而也喜欢新鲜感，但实际上我们同样需要、甚至更需要确定和稳定。[③]没有必要单独引进一个可以为现有更先进的制度替代其功能的制度。

综上所述，笔者认为，我国法律中不存在担保权涤除制度，而且，不仅如此，我国未来的优先权立法中也没有必要设立这种制度。

① ［日］柚木馨：《担保物权法》，有斐阁昭和33年版，第336页。

② 参见波斯纳：《法理学问题》，苏力译，中国政法大学出版社1994年版，第58页。

③ 苏力：《法治及其本土资源》，中国政法大学出版社1996年版，第8页。

9

CHAPTER

第九章

税收优先权制度

一、税收优先权制度

国家征税，行使的是一种依法律而产生的金钱给付请求权。债的定义系特定主体得请求另一主体作为或者不作为的权利，则税收债权作为典型的公法之债在优先权体系中的地位自不待言，世界上许多国家在民事立法或者税收立法上对税收优先权作出了规定。

《中华人民共和国税收征收管理法》（2015 年修订）第 45 条规定："税务机关征收税款，税收优先于无担保债权，法律另有规定的除外；纳税人欠缴的税款发生在纳税人以其财产设定抵押、质押或者纳税人的财产被留置之前的，税收应当先于抵押权、质权、留置权执行。"此规定说明我国税法已经通过一般法的形式对税收优先权予以肯定。

（一）税收优先权的概念及性质

所谓税收的一般优先权，通常是指当国家征税的权利与其他债权同时存在时，税款的征收原则上应优先于其他债权，也有学者称为"税收债权的一般优先权"。[①] 税收优先权作为优先权之一种，税收优先权就特定税款基于法律的直接规定而享有的就债务人的全部财产或特定财产优先受偿的权利。

税收优先权制度历史可以追溯到罗马法时代。罗马法规定，国库对债务人的债权享有优先权。[②] 许多国家和地区也在普通民事优先权制度的基础上，都规定了税收优先权。

法国税法所规定的由法国国库享有的优先权属于特别法设定的一般优先权。美国《国内收入法典》第 6321 条规定："应纳税捐经催缴后仍不缴纳者，联邦政府对欠税人所有之全部财产包括动产、不动产及各种财产权享有留置权。"[③] 日本《国税

① 〔日〕金子宏：《日本税法原理》，第 112 页，刘多田等译，中国财政经济出版社 1989 年版，第 18 页。卞耀武主编的《税收征管法释义》中基本也是如此，参见卞耀武主编：《中华人民共和国税收征收管理法释义》，法律出版社 2001 年版。

② 周楠：《罗马法原论（上册）》，商务印书馆 2014 年版，第 450 页。

③ TaxMen 是美国税收优先权制度的主要形式，虽然译为税收留置权，但其内容却与大陆法系国家留置权的概念大相径庭，主要体现为一种以优先受偿为内容的担保物权。

征收法》第 8 条规定："除本章另有规定外，国税就纳税人之总财产优先于一切公课及其他债权征收之。"另外韩国《国税征收法》第 5 条规定："国税、加算金及滞纳处分费，优先于一切公课及其他债权征收之。"我国台湾地区"税捐征收法"第 6 条第 1 项也规定了类似的制度。《阿尔及利亚民法典》第 991 条规定："国库因税费及其他任何性质的负担应征收的金额，依相关法律和法令的规定被赋予优先权。无论负担了此种优先权的财产为何人占有，此等金额应以此等财产的价金先于其他任何债权受偿，即使它被置于优先地位或受抵押担保，同理，注意对诉讼费用的债权不在此列。"①

当讨论税收优先权的责任财产范围是债务人的所有财产抑或是仅限于特定的财产时，前者的呼声更高，也即税法上的优先权主要是一般优先权。我国台湾学者认为租税债权的优先受偿性与普通限制物权的优先受偿性不同，其并非依附于特定客体之上。②在泰国的民法中，其第 253 条第 3 项明确规定基于税金引起的债，债权人必然以债务人的全部财产作为责任财产范围以力使其优先权行使。③在《西班牙民法典》中，关于税收优先权的相关规定被置于第 1923 条和第 1924 条下，且均针对不动产而言，其中第 1923 条规定为"基于不动产应向国家缴纳的前一个年度赋税而未缴纳的，国家对该不动产具有优先权"，而第 1924 条则是针对应向省或市缴纳的前一个年度的赋税而未缴纳的情况。④日本《国税征收法》第 8 条规定："国税，除本章另有规定外，就纳税义务人之总财产，优先于一切公课及其他债权征收之。"韩国《国税征收法》第 5 条规定："国税、加算金及滞纳处分费，优先于一切公课及其他债权征收之。"日本地方税法第 14 条、韩国地方税法第 31 条也有相同的规定。⑤《中华人民共和国税收征收管理法》第 45 条确立的也是一种一般优先权。然而税法上也不是不可能出现特别优先权。特别优先权的设立与否并不是一个法学理论问题，而仅仅取决于立法政策的选择。事实上，《中华人民共和国海商法》规定

① 尹田译：《阿尔及利亚民法典》，厦门大学出版社 2013 年版，第 139 页。

② 刘剑文、熊伟著：《税法基础理论》，北京大学出版社 2004 年版，第 302 页。

③ 周喜梅译、谢尚果审校：《泰王国民商法典》，中国法制出版社 2013 年版，第 58 页。

④ 潘灯马琴译：《西班牙民法典》，中国政法大学出版社 2013 年版，第 469 页。

⑤ 参见郑玉波："论租税债权与优先权"，载《民商法问题研究（一）》，台湾三民书局 1984 年 8 月版，第 621 页。

的船舶优先权中，船舶吨税的优先权就是一种就船舶价值优先受偿的特别优先权。

（二）税收的债权性质

关于税收的性质历史上、理论上都有很多的阐释。主要是“债务关系说”与奥特马尔·彼由拉所持的“权力关系说”发生对立。[①] 相应地，也就分别存在把实体法上的税收权利视为行政权与视为债权两种观点。在德国《税收通则法》（1919 年）通过以后，把税收权利视为一种公法上的债权的观点逐渐占上风，并逐渐为一些大陆法系国家的学者所接受。[②]

把税收权利视为一种公法上的债权的观念实际上是构建在以现代西方租税理论对税收债权性质的认识之上的。在某些税法学家眼中，国家的征税权利不过是一种公法上的债权而已，或将其称为税收债权，并且，这种认识已体现在某些国家的立法之中。[③] 国家征税，行使的是一种依法律而产生的金钱给付请求权。[④] 如果债权的观念可以理解为特定主体之间一方请求另一方作为或不作为的权利的话，那么这种形式决非私法所独有，而应为公法、私法所共通。[⑤] 在这个意义上，税收即是一种公法之债。

而对于税收债权性质否认的理由，实际上是可以归结为税收债权的公法性质中的。若采否定说，姑不论其产生之负面影响，将使政府机关对其债务人怠于行使权利或为诈害行为、脱产行为时，无法循民法债权保全之规定，行使代位权、撤销权，以巩固自行权利，更不能为假扣押、假处分之保全程序，无异于鼓励债务人可安心违法，尽量脱产，危及公权力及政府威信，而且认为否定说与实务运作会发生矛盾，因为破产法所指之债权包括公法债权，强制执行法所指债权也包括公法债权。特别是当公法债权与私法债权在比较优先受偿之先后时，若不认为公法债权有私法债权

① 参见［日］金子宏：《日本税法原理》，刘多田等译，中国财政经济出版社 1989 年版，第 20 页。

② ［日］金子宏：《日本税法原理》，刘多田等译，中国财政经济出版社 1989 年版，第 351 页。

③ 参见张守文：《论税收的一般优先权》，载《中外法学》，1997 年第 5 期，第 44 页。

④ 实物缴付农业税是一个例外，如中国古代“缴皇粮”，但自明代张居正改革财税制度，实行“一条鞭法”后，实物交付税收就日见式微，清末正式废止实物交税。另外，遗产税实物抵缴制度也只是该税种的一个特别处理办法，其一般形式仍然是金钱给付。

⑤ 参见美浓部达吉：《公法与私法》，黄冯明译，台湾商务印书馆 1974 年版，第 84 页。

之性质，那么性质不同如何比较？[①]

税收虽然不像民法债权那样是当事人之间意思自治的结果，但是从宪法层面来看，税收是人民代表同意的结果。基于国家的职能的实现需要，人民代表同意对公民纳税义务的规定，从而确认了征税机关对于税收的征收权。如果我们否认税收的债权性质，那么就等于国家无须依照法律的规定，可以依职权任意确定征收的数额，这与现代的国家理论也是不相符的。同时税收具有相对性，只能向特定的人征收，也就说明它是有债权性质的。[②]

在我国，税收在立法上被明确或默示为一种债权，即企业所负担的一种债务。《中华人民共和国海商法》明确将船舶吨税规定为海事请求权（债权）的一种。虽然《中华人民共和国企业破产法》《中华人民共和国公司法》《中华人民共和国民事诉讼法》《中华人民共和国商业银行法》《中华人民共和国保险法》等没有明确将企业所欠税款规定为企业的债务，但是都将所欠税款与工资、劳保债权、破产债权等并列在一起，只不过存在着先后清偿顺序而已。

另外，在我国的一些经济立法中，尤其是在企业会计制度上，也把企业应纳税额记入“资产负债表”的“负债”项下。[③]

“税收债权”概念的提出，揭示了公法上的税收与私法上的债的行为的关系，拉近了税法学与私法的距离，也对我们研究公法债权与私法债权的竞合提供了概念前提和研究平台。我们甚至可以设想，尽管税收债权和私法债权性质上有不同之处，税收的实现保障借鉴民法债权的一些制度尤其是对私债权保障的制度，不仅可能，而且便于操作，具有现实意义。

尽管对公法债权进行私法保护的理论基础在于社会关系的复杂性，这种复杂性的解决也绝非一个法律部门能够圆满调整。但是，公法债权在本质上并不排斥私法的调整，并且运用私法方法（如可以行使债权人代位权、撤销权或者采取保全程序）对公法债权的保护更加周密，更重要一点在于通过对公法债权的私法保护，私法精神不断地向公法渗透，私法的自由、平等、人权的精神越来越多地体现在公法领域

① 吴光陆：《谈公法债权有无私法债权之性质》，载《法令月刊》（台湾），1992 年第 43 卷，第 10 期。

② 参见王晶：《论税收优先权》，资料来自“中国民商法律网”，网址：http://www.civillaw.com.cn/。

③ 参见财政部《企业财务会计准则》。

中，使公法运作更加符合现代法制的要求。[①]

税收优先权制度作为优先权法律制度的重要内容，相对于民事优先权发展更为成熟，世界上许多国家在民事立法或税收立法上对税收优先权作出了规定。税收具有的分配收入、配置资源（宏观调控）和促进稳定三大职能。[②] 由于税收与各类经济活动密不可分，且是国家在公共经济领域向社会提供公共物品的最重要的财源；而这部分财源又是来自私人经济领域，是参与市场主体分配的结果，因此，税收是联系公共经济与私人经济的桥梁。与此相适应，在分配过程中，须对获取税收收入的权利（即征税权利）同各类公法、私法上的权利加以协调，明确各类权利的实现何者优先，何者劣后的一般问题。

同时，由于税收的义务主体——纳税人多为从事生产经营活动的市场主体，所以，税收优先权涉及的义务主体多是民商事主体。税收优先权制度对于民商事主体的权利义务具有较大的影响。比如说，税收征收机关作为公法债权人对于纳税人享有税收债权，该债权的优先权基础是什么？与纳税人的其他无担保的私法债权和有担保的私法债权相较，彼此之间有什么关系，发生冲突时，优先保护什么权利？税收优先权制度对于一般担保制度以及优先权制度有什么影响？税收优先权制度对于破产、清算等民商事法律关系有什么影响？这些问题反映的主要是一个私法问题，是一个对私权和普通民商事关系影响的问题。所以，研究优先权制度必不可少的需要对税收优先权制度的一般问题及该制度对民商事主体担保权制度以及优先权等问题进行研究。

税收即是一种公法之债。尽管这种债相对于私法之债存在很多特殊之处，但是无论税收之债还是私法之债，都是以债务人的责任财产作为担保的。当债务人的财产面临数个请求权而不足以清偿所有债务时，即便是公法之债，同样也会遭受给付不能的风险。税收具有公益性，而税务机关与纳税人之间信息严重不对称，使得税收较之私法债权在风险性上有过之而无不及，因此，有必要设立税收优先权制度以为因应。与其他民事优先权一样，税收优先权中税收不但优先于普通债权，而且在一定的条件下优先于担保物权所保障的债权。它是一种独立的权利，具有担保物权

① 江平：《罗马法精神与当代中国立法》，载《中国法学》，1995 年第 1 期。

② 杨滨：《治税的效率和公平》，经济科学出版社 1999 年版，第 2 页。

的性质。它从属于税收债权，税收债权消灭，税收优先权自然随之消灭。同时税收优先权的指向按照法律的规定可以是债务人的全部财产，也可以是债务人的特定财产。税收并不因其公法上的性质而具有当然的优先性，税收的优先权必须基于法律的规定才能够产生并进一步实现。①

（三）税收债权优先的理由

1. 从税收的公益性角度看

人类不仅存在私人欲望，而且存在公共欲望。公共欲望只能经由公共经济，通过国家或政府的财政手段来得到实现。为了满足公共欲望和公共需要，必须由国家这个非营利的组织体向营利性的私人经济主体（企业、居民）课征税收，以此向社会公众提供公共物品。这使得税收成为满足公共需要的最主要的手段。②

此外，西方财政学在研究课税的理论依据时向来坚持是一种公共收入，它是进行公共支出、提供公共物品的物质基础，如果税收遭受给付不能的风险，则必然危及财政支出，并进而影响国家机关的正常活动，这种基于公共需要的公共物品提供过程其实是与私人需要相吻合的，是满足私人需要的一种特别的形式。③

因此税收具有很强的公益性。而税收的公益性正是在立法和学说上承认税收的一般优先权，或将优先权赋予税收债权而未赋予一般债权的理由。④国家征税，是为了向社会公众提供公共产品，用以满足社会公共需要。其他一般债权，属于个人、法人或其他组织，代表的是私人或团体利益。从这个意义上说，代表国家权力的征税权理应优先于代表私人权益的一般债权。⑤

2. 从政府债权的风险分担上看

税收是一种缺乏对待给付的债权，大部分的债权具有直接具体的对待给付，所以债务人履行给付义务的愿望自然强烈，但税收债权因符合法定课税要件而发

---

① 刘剑文、魏建国：《税法对国外税收优先权制度的借鉴》，载《法制日报》，2001年5月20日。

② 张守文主编：《财税法教程》，中国政法大学出版社1996年版，第8~13页。

③ 张馨著：《公共财政论纲》，经济科学出版社2000年版，第491~571页，转引自刘剑文、熊伟：《税法基础理论》，北京大学出版社2004年版，第303页。

④ 参见王泽鉴：《民法学说与判例研究》（四），台湾三民书局1982年版，第327页；［日］金子宏：《日本税法原理》，刘多田等译，中国财政经济出版社1989年版，第21页。

⑤ 王洪洲：《新〈税收征管法〉的税款优先原则》，载《中国税务报》，2001年8月1日。

生，纳税义务人在一定意义上根本无法区分是否存在与其所缴纳税收相当的对待给付。在无法明确感知税款相对应的对待给付时，纳税义务人的纳税积极性受挫，导致纳税人一边渴望享受国家提供的服务，一边又并不乐意根据个人纳税能力缴纳税款。①

从对税收债权的风险的预测和承受能力上讲，政府债权（税收债权）的风险不是由政府承担的，而是最终要转移到其他纳税人头上。从政府债权（税收债权）的风险转嫁角度看，如果不赋予其优先权，就意味着政府在特定破产案件中遭受的损失，最终会通过增加税率或税额等方式外化为其他纳税人的损失，也即由其他无辜的纳税人分摊了本应由破产人（及其债权人）承担的（政府）债务。这样做有两个方面的消极后果：一是对其他分摊损失的纳税人而言是无辜的；二是不利于化解风险。因为，由社会一般纳税人分摊风险，这种风险在某种意义上是微乎其微的，他们不会因为分摊了这些风险就会增大对特定债务人的监管力度或者做出特定的努力以通过某种方法规避这种风险。也就是说，风险的发生系数基本上是不变的甚至会增长。

如果将政府债权（税收债权）设定为优先的权利，则意味着特定破产案件中的政府债权（税收债权）的优先清偿所可能造成的财产缺口是由该破产案件中的一般债权人分摊的，由于有这种立法上的事先假定以及通过这种假定所增加的一般债权人的风险，反倒可能促使一般债权人增强对债务人的监管力度和预防风险的积极性，从而降低整个社会的债权损失概率。②

当然，也有国家在税制改革中废除了税收优先权。

例如，澳大利亚废除国家税款的优先权地位。《澳国公司法》第555条和第556条对公司债权的平等性和例外的优先权作了不同于往常的规定。按照规定，除非公司法另有规定，所有在公司清算程序中得到证实的债权和债务都应当得到平等的对待；当公司的财产不足以满足所有债权人的清偿要求时，各债权按比例获得平等分配。在一般无担保债权之前享受优先权的权利包括两类：一是破产清算费用和其他破产程序管理费用；二是包括雇员工资、退休金、工伤补偿等在内的劳动者财

---

① 刘剑文、熊伟著：《税法基础理论》，北京大学出版社2004年版，第304页。

② 韩长印：《破产优先权的公共政策基础》，载《中国法学》，2002年第3期。

产权益。[①] 在这里国家的税收债权并没有受到优待，给予“特权”地位，只能同其他债权一样按比例地受到清偿。

澳大利亚关于税收优先权的改革是有它的独特背景的，澳国的做法使税务署虽然失去了对公司所欠的一定范围内的税收（团体税）的优先权，却保留了对董事个人的一定权利，换句话说是在企业破产这个关键环节上引入了英国的董事个人责任制度，其结果是董事们为避免承担个人责任而尽量减少公司欠税，税务署的利益不需要借助于破产清算程序中的优先权即可得到保护。[②]

也就是说，事实上，尽管澳大利亚取消税收优先权制度，但仍然给税收债权以特别的保障手段，没有降低国家税收的地位。毕竟，公司董事不必为公司的其他欠债承担个人责任。

澳大利亚只是选择了另一种制度替代了税收优先权制度，实际上起到了异曲同工的效果，甚至在一定程度上改善了税收征缴的作用，提高了国家税款的征缴比率。在我国解决税收流失问题的法律手段的选择上，笔者认为，也不排除在条件具备的时候适当借鉴澳国的做法。

二、税收优先权的效力

（一）税收优先权针对的对象

按照我国现行法的规定，只是税收的一般优先权，因此税收优先权针对的对象应该是债务人的全部财产。既然是债务人的财产，就自然排除了其他人的财产，因此，在破产程序中规定的“取回权”所指的财产，就当然排除在税收优先权的对象之外。另外，与《中华人民共和国税收征收管理法》同时颁布的《中华人民共和国信托法》中的信托财产也应该与债务人的财产加以区分。

从理论上来讲，债务人的财产，是个流动的过程，欠缴税款的发生时债务人的财产在税务机关行使税收优先权时可能有较大的变化，根据一般优先权的原理，优先权人此时不能行使追及权。所以从实际来讲税收优先权针对的对象只能是税务机

---

① 载王卫国等主编：《中国证券法破产法改革》，中国政法大学出版社 1999 年版，第 105~106 页。

② 韩长印：《破产优先权的公共政策基础》，载《中国法学》，2002 年第 3 期。

关行使税收优先权时债务人的全部财产。至于纳税人为了逃避纳税义务，而转移财产的情况，可以用税务保全的相关手段，比如代位权和撤销权的行使来解决。

另外，如果新增财产中有设定抵押、质押的情况，那么，税收优先权和这些财产的担保物权人的关系如何？日本学者金子宏提到了这个问题：设定质权和抵押权的财产被转让时，为避免给私债权人造成损害，应当规定，受让人的税收债权常劣后于由质权和抵押权进行担保的债权。①

有学者提到："现在通过按揭担保买房的很多，比如，一个人按揭 20 年买房，这个房子的所有权实际上在银行手里，按日本法律的规定，如果纳税人欠税而其他财产不够偿还的，就可以用其按揭财产抵税，也就是说税收优先于银行按揭财产。我们也可以研究这一做法。"② 随着担保物权的发展，这种让与担保的形式可能会越来越多，"实质课税"的原则是否可以超越所有权的归属，作者认为主要是法律界定的问题。为保护购房人利益，在法律没有明确之前，我想按揭财产是不应作为税收优先权的针对的对象的。③

在佛山海关驻南海办事处与佛山市南海环宇铝业有限公司破产债权确认纠纷一案中，佛山中院认为：被告环宇公司将本应出口的加工货物，实际做内销处理，然后以假的报关单向海关申报，以核销其进口原材料时申领的进料加工复出口登记手册，形成偷漏税款的事实，海关部门经侦查后，确认环宇公司以假报关单申报的"该部分保税货物实际并未出口，且当事人无法说明该部分保税货物的实际去向，货物数量短少"的事实，并作出佛关缉违字［2010］020228 号行政处罚决定书。结合环宇公司申领进料加工复出口登记手册——进口保税货物——以虚假出口报关单核销登记手册（未实际出口）——海关查扣环宇公司保税货物——环宇公司保税货物短少无法说明货物去向的整个环节，可以形成环宇公司偷漏税款的完整链条。对环宇公司偷漏而应补交的税款，应由环宇公司在其财产中以在顺位上较普通债权更优的次序优先清偿。④

在我国破产案件的长期实践中，破产债务人的财产的确定标准（criteria of

① ［日］金子宏：《日本税法原理》，刘多田等译，中国财政经济出版社 1989 年版，第 354 页。

② 卞耀武主编：《中华人民共和国税收征收管法释义》，法律出版社 2001 年版，第 115 页。

③ 同上。

④（2016）粤 06 民初 188 号民事判决书。

admissibility）具有严格的规定，如其财产必须是破产债务人可以完全统领和自由处分的、在会计制度上的体现为债务人的所有者权益或者负债的财产。其次，基于“膨胀主义”的发展（与其分庭抗礼的学说“固定主义”系将用于清偿的价值范围局限于债务人在破产宣告时所拥有的财产，而将该时间界限后新增的财产和财产权利排除在财产范围以外），此种立法例因扩大了破产财产的范围而对破产债权人的清偿利益提供了较为充分的保障，将债务人在破产宣告后至破产程序终结前取得的财产排除在破产财产之外。具体而言，“膨胀主义”中财产范围的确定以破产申请受理为时间界限，出现于此确定节点前已经合法处分的财产或财产权利不能列入破产财产的范围；当然该时间界限后新增的财产和财产权利可归入财产范围，如在该时间节点后新归入的投资收益等。当然，上述破产债务人的财产的确定标准（criteria of admissibility）同样有其消极要件，与规定情形相一致的部分财产不得归入其中，如破产债务人虽保持控制物的状态但对物并不享有完全统领的权利，抑或在为担保买方履约而采取物之完全统领的权利与占有状态分离的交易模式中，债务人对买卖标的并未拥有所有权而在买受人或出卖人出现破产事由时呈现出不同的法律后果和逆向适用。与此同时，破产债务人的财产的确定标准（criteria of admissibility）亦不得与立法者为调整静态财产安全与动态交易秩序而制定的物之规范函矢相攻。

在确认债务人财产范围时，取回权制度因其系意欲解决管理人占有管理的现实财产，同可供分配的破产财产之间的不一致而设立的权利制度而具有举足轻重的地位。取回权适用于破产债务人虽保持控制物的状态但对物不享有所有权的情形，而不论其控制物状态的取得事由其合法性与否，且该权利据以存在的基础权利，应当在破产财产确定的起算时间节点前业已存在。在行使取回权虽与破产程序息息相关，但并不存在需要根据破产程序并与之衔接的要求，因为取回的对象非系破产财产而究其本质乃权利享有者自己的财产，该追回行为在性质上亦不同于接受债权清偿，因此不需要通过破产程序而由权利人直接向管理人行权，直接取回财产。仅当取回权的行使过程中遇到行权障碍而不得不以债权的形式参与破产程度时，权利人只能按照破产程序要求并且依破产财产分配方案接受比例分配以期实现权利救济。

在梁国尧、佛山市焕发排栅工程服务有限公司一般取回权纠纷执行审查一案中，广东高院认为该案争议的焦点在于复议申请人梁国尧能否根据民诉法对其涉案财产行使取回权的问题申请执行，根据我国相关法律和司法解释规定，取回权只能在破产程序中向管理人行使，不能通过民事执行程序解决。本案中，复议申请人梁国尧在焕发公司破产重整期间向佛山中院申请强制执行，佛山中院予以立案执行，后因该院查明焕发公司已进入破产重整的事实，遂根据上述法律规定作出（2016）粤06执59号执行裁定，驳回梁国尧的执行申请，符合上述法律和司法解释规定，并无不妥。现梁国尧以焕发公司管理人拒绝其取回涉案财产为由，请求根据《中华人民共和国民事诉讼法》申请执行，缺乏法律依据，广东高院不予支持。[①]

（二）税收优先权所担保的债权范围

简单说，税收优先权所担保的债权范围就是"欠缴的税款"。对于"欠缴的税款"的理解，把税收债权看作公法上的一种债权，则欠税的法律构成要件可作如下界定：（1）纳税人的纳税业务已经发生。纳税义务在纳税人的行为或发生的法律事实满足税法规定的课税要素时即发生或存在，即纳税人应当纳税。（2）纳税义务已经超过纳税期限。（3）纳税人未缴纳或未全部缴纳应纳税款。

此处"欠税"定义较宽，未将纳税人的主观意思纳入界定的概念中，即无论其是否故意、有无过失等情形，只要未按期缴纳税款即为欠税。也就是说，偷逃的税款也应包含在"欠税"定义中。[②]目前，我国司法实践中不认可滞纳金具有优先权。

在北京市西城区国家税务局与中国华阳金融租赁有限责任公司破产债权确认纠纷案中，法院明确税收优先权保障对象是所欠税款，不包括滞纳金。法院认为，在破产清算程序中，滞纳金的清偿顺序应当以企业破产法的相关规定为依据。《中华人民共和国企业破产法》第113条第1款第2项规定的第二顺序清偿的债权为"破产人欠缴的除前项规定以外的社会保险费用和破产人所欠税款"，未包含滞纳金，《最高人民法院关于审理企业破产案件若干问题的规定》亦未明文规定滞纳金属于优先清偿的债权，对此本院认为，滞纳金系因逾期不缴纳税款所形成，具有督促纳税人

---

① （2016）粤执复249号执行裁定书。

② 参见王晶：《论税收优先权》，资料来自"中国民商法律网"，网址：http://www.civillaw.com.cn/。

缴纳税款的作用。在企业正常存续的情况下，税款应与滞纳金一并征缴；但是对于已经进入破产清算程序的企业而言，民事债权难以全额受偿，法律规定将税款列为第二顺序、优于普通民事债权受偿，体现了税款债权具有一般优先权的属性，故对其优先保护，而将滞纳金列于普通债权清偿顺序之后，则更体现了法律对民事债权和交易安全的保护。综上所述，上述确认数额的滞纳金债权为劣后债权，于普通债权清偿顺序之后受偿。综上，西城区国税局关于将滞纳金确认为企业破产法所规定第二顺序受偿的破产债权的诉讼请求，缺乏法律依据，本院不予支持。[①]

税收优先权保障对象也不含城市建设配套费等所谓的各种“公益性”费用。

在重庆高院审理的重庆市城市建设配套费管理办公室诉中国工商银行股份有限公司重庆石桥铺支行、重庆劳达尔智能工程技术有限公司、重庆耀浦房地产开发有限公司执行分配方案异议之诉中，首先，法院认为，优先权系依照法律规定，某个特殊民事主体或者特种债权的债权人在债务人的全部财产或者特定财产上享有优先受偿的权利。该权利系依照法律的明确规定而享有的。从现有法律规定来看，目前尚未有关于城市建设配套费应当优先受偿的法律规定。

其次，配套办认为城市建设配套费属于耀浦公司基于开发工程项目而应缴的建设工程价款，因此应当根据《中华人民共和国合同法》第 286 条及最高人民法院《关于建设工程价款优先受偿权问题的批复》第 1 条的规定，享有优先受偿权。本院认为，最高人民法院《关于建设工程价款优先受偿权问题的批复》第 3 条规定：“建设工程价款包括承包人为建设工程应当支付的工作人员的报酬、材料款等实际支付的费用，不包括承包人因发包人违约所造成的损失。”配套办在建设工程施工合同中并非“承包人”，其所主张的城市建设配套费亦非其为修建涉案工程支付的人工报酬及材料款等。因此，配套办主张城市建设配套费系建设工程价款的理由不能成立。最后，配套办认为城市建设配套费是纳入财政预算、纳入地方国库的国家公益性收入，也应参照《中华人民共和国税收征收管理法》的规定优先受偿。本院认为，如前所述，优先权系根据法律的明确规定而享有，《中华人民共和国税收征收管理

① 北京一中院（2012）一中民初字第 1112 号判决书。

法》中仅对税收是否享有优先权作出了规定，但并未对城市建设配套费是否享有优先权作出规定，亦无其他法律规定城市建设配套费可以或者应当比照税收，享有优先受偿的权利。因此，配套办认为城市建设配套费应优先于工行石桥铺支行的抵押权受偿的上诉理由不能成立，本院不予支持。①

值得注意的是，我国台湾地区目前并无关于税收优先权的一般性条款，仅在“税捐稽征法”“关税法”“营业税法”“海商法”“奖励投资条例”中有一些特别的规定，其内容涉及土地增值税、关税、营业税、船钞，以及破产、重整过程中的税收。按我国台湾学者的理解，这些规定以外的税收，“现行税法”既然未设规定，就应当解释为仅具“普通债权”的性质，与其他普通债权立于平等地位，依比例受偿，而抵押权、质权等担保物权则应优先受偿。②

（三）税收优先权的产生时间

至于税收优先权产生的时间，既可以考虑与纳税义务同时发生，也可以考虑在税务机关核定税收时才发生。笔者认为，在研究解决这个问题，应当考虑维护税收债权征收保障和维护社会私法交易秩序与保护与欠税人进行交易的第三人的合法利益几方面因素的平衡。

一般情况下，当税法规定的税收要素满足时，纳税义务即时发生。但除了代扣代征等源泉征收方式以外，纳税义务一般经过一定的期间才届至清偿期。只有当纳税人在清偿期内未缴清税款造成滞纳时，税务机关才以行政行为核定税额，通知纳税人限期纳税。

不难看出，税收优先权与纳税义务同时产生对国家税收债权的保障最为有利，但对纳税人的交易相对方是最不公平的。在这种模式下，普通债权人即使想通过担保物权加强自己的债权效力也很难如愿以偿。因为在设定或行使担保物权时，债权人几乎不可能知道已经发生的税收数额。因此，一旦纳税人欠税超过纳税人提供的抵押物、质物，或债权人留置的物品的价值，这种担保物权就起不到任何作用。这

① 重庆高院（2012）渝高法民终字第00171号裁定书。

② 参见王泽鉴：《税捐、工资与抵押权》，载《民法学说与判例研究（4）》，中国政法大学出版社1998年版，第355~356页。

种做法，对正常的私法交易秩序冲击太大，不宜采用。

相比而言，税收债权从课税核定之时才享有优先受偿权，对私法上的普通债权人所提供的保护较为周到，同时对税收债权的实现也具有现实意义。①

依照该标准，税收发生之后至课税核定之前的这段时间里，税收不仅滞后于当时设定或行使担保物权的债权，甚至连优先于普通债权的效力都不存在。如美国《国内收入法典》就是这种做法的代表，该法第6321条规定："经通知缴纳税款后，纳税义务人怠于或拒绝缴纳时，就该应缴之额，联邦政府对属于该人之全部财产，不问动产或不动产，有留置权。"②而按第6322条："除法律别有规定外，此留置权，或自核课之日起，至履行核定税额之日止，或因罹于时效而消灭。"③这说明，该方案是有现实可行性的。

由于我国的税收优先权优先于担保物权是以纳税人欠缴的税款的"发生"时间来界定的。④因此有必要明确什么时间是税款的发生时间，这涉及第三人的权益大小。

税法上有纳税义务的发生时间，但是基于我们对税收债权债务关系说的认识，纳税义务的成立是以课税要件的成立为标准的，但是纳税要件的成立对于第三人来说，甚至对税务机关、纳税人自己来说都是很难确定的，因此，笔者认为欠税时间显然不应以此来确定。合适的方法应该是以法定纳税期限作为标准。即欠税的发生日期是法定纳税期限后的第1日。

但有个问题需要进一步的说明，就是对于偷漏税的情况，这里的欠税的发生日期应该是纳税义务"重新"确定后规定的缴纳期限后的第1日。⑤

（四）税收优先权与第三人利益的保护

尽管基于公共利益和公共需要，在法律上将优先权配置给了税收债权，但这

① 熊伟：《论税收优先权与担保物权的竞合》，载《法学评论》2002年第4期。

② TaxMen是美国税收优先权制度的主要形式，虽然译为税收留置权，但其内容却与大陆法系国家留置权的概念大相径庭，主要体现为一种以优先受偿为内容的担保物权。

③ 转引自许智诚：《租税债权之保全与强制执行》，台湾联经出版事业公司1986年版，第44、45页。

④ 《税收征管法》第45条第1款的规定。

⑤ 参见王晶：《论税收优先权》，资料来自"中国民商法律网"，网址：http://www.civillaw.com.cn/。

种优先权不能过分强调。事实上，过分强调税收债权的优先权，将损害私人交易的安全性，也不利于经济运行的效率，尤其在私债权由担保物权予以保障时，更是如此。[①] 既然税收的优先权主要是相对于一般的私法上的债权而言的，因此，有必要认真研究税收债权与私债权之间的协调问题，较为合理地配置税收的一般优先权，以求在解决个体营利性（私人债权）和社会公益性（税收债权）的矛盾、冲突的过程中，兼顾公平与效率，既充分地考虑到各方的权利，又有效地配置权利。

在经济流转日益复杂化的今天，同一主体同时负有多种债务或多个主体对同一主体同时享有债权的情况是较为普遍的。在多数债权同时存在的情况下，这些债权是同时还是按先后次序行使，直接关系到各方的权利和利益，直接体现着法律的宗旨、价值以及对各类法律所保护的法益的协调。事实上，当同一债务人不能足额清偿各个债权人的债权时，必须要确定清偿的顺序。如果说，公共利益是社会公众共同的、根本的利益，真正保障公共利益也就是在保护和满足每个债权人共有的利益，则税收作为满足这一公益的最重要手段，便应当优先予以保障。

然而，若片面地将优先受偿权全部配置给税收债权，则有时可能会严重损害某些私法上的债权人的利益。因此，在这两类不同性质的债权之间，确需作出权衡，以求尽量合理地、妥当地在立法上或司法上配置优先权。即国库的优先权及其行使的顺位应依有关法律的规定，同时，国库不得因取得优先权而损害第三人早先取得的权利。[②]

税收优先权具有优先权公示性较差的特点，但由于税收优先权使第三人的债权担保能力降低。在现实中，税务机关和纳税人存在着关于未缴或少缴税款信息的不对称问题，担保物权人和纳税人的关于欠税信息的不对称性更为严重，因为担保物权人在正常情况下比税务机关更缺乏获得欠税信息的渠道或手段。因此，保护债权人利益就显得非常必要。所以，在法律上应该提供一些规定，使债权人可以更好地预期自己债权的实现的可能性，以便更好地保护第三人的利益。目前我国的立法很缺乏这样的规定。在这个部分我主要讨论这个问题。

---

① 张守文：《论税收的一般优先权》，载《中外法学》，1997年第5期。

② 《法国民法典》第2098条。

我国仅在税收征收管理法第45、46条规定，税务机关应当对纳税人欠缴税款的情况定期予以公告。纳税人应当向抵押权人、质押权人说明其欠税情况。抵押权人、质权人可以请求税务机关提供有关的欠税情况。有学者认为，抵押权人、质权人可以在设定抵押、质押前请求税务机关提供有关纳税人的欠税情况。[①]

这里只是笼统地给欠税人和税务机关设定了一项法律义务，却没有规定公告的程序问题，相应地也缺乏法律责任的规定。这就使得第三人询问欠税状况的时候，不知向何机关如何询问，也不知道自己的等待期限会有多长。税务机关不履行相关的行为，责任的后果也是不透明的。欠税人未告知欠税情况，也没有相应的法律责任。

与此相关的一个问题是债务人的保护。因为这涉及第三人可以询问的欠税情况的范围问题，涉及知情权和保密义务的关系。是不是所有的人都可以向税务机关询问欠税的情况？因为如果抵押和质押已经设定，那么询问实际上就失去了意义（这也是我国法律规定的不足之处，只规定了抵押权人和质权人的询问资格），而未设定抵押和质押以前，税务机关是无法判断谁会成为真正的抵押权人和质权人的，最后的后果只能是任何人可以对任何纳税人的欠税情况询问。这样，是不利于对纳税人权利的保护的，很有可能会出现借此刺探纳税人经营状况的情形。我们应就应该明确可公布和查阅的具体内容的范围。

笔者认为，虽然有上述规定，但仍然存在不明确之处。法律虽然规定税务机关应定期公告欠税情况，但是未明确规定的法律性质和法律约束力。一方面，只要符合法定要件的情况下，纳税人的纳税义务即告成立，并不需要公示；另一方面，在实际征管中，税务机关面对成千上万的纳税人，关于纳税人的欠税情况，实际上只能根据纳税人日常申报的情况来定期公告。如果纳税人在主观上故意偷逃税款，不如实申报，税务机关在实施稽查之前难以获知纳税人欠税的情况。因此，税务机关根据纳税人的自行申报而对外发布的公告内容难免会存在错误，而纳税人合同相对人又善意信赖公告的内容，与纳税人交易形成担保物权。那么，此时税收债权是否能优先于担保物权保障的债权受偿就成为一个问题。此外，从技术层面讲，《中华人民共和国税收征收管理法》未明确定期是多长的时间跨度，从信息披露的角度看，

① 卞耀武主编：《中华人民共和国税收征收管法释义》，法律出版社2001年版，第115页。

信息披露的密度越大则信息越真实可靠，但税务机关的征税成本越高。

三、税收优先权的行使

（一）税收优先权行使的期限和对象

我国在船舶优先权中提到在船舶转让时，船舶优先权自法院应受让人申请予以公告之日起满 60 日，不行使的消灭。但就税收优先权的行使期限并没有特别的作出规定。作者认为这对于第三人的保护是不利的，同时也不符合法律对于效率的追求。法律赋予了税务机关以“税收优先权”这一特权，也就应当给其以适当的限制，以平衡与其他人的利益。[①] 同时，给以行使期限限制，也有利于提高税收执法效率。

我国税收优先权属于一般优先权，可以对债务人的所有财产行使权利。考虑到与其他担保物权的协调，可以参考一般优先权的行使的对象顺序。比如先就债务人之动产价金受偿，动产不足清偿优先受偿权之债权时，先就未曾提供担保之不动产受偿。[②] 这样有助于平衡其他有关相关人的利益。

（二）税收优先权行使的程序

优先权的行使是要通过法院进行。但是，税收优先权的行使具有一定的特殊性，不一定要通过法院行使。世界各国普遍规定税务机关（税务法院）具有裁判权和执行权，可以自行执行税收优先权。对于第三人来说，只能通过行政诉讼的程序来对这种权利的行使置疑。[③]

（三）税收优先权的追及力问题

对于作为一般优先权的税收优先权，可以对债务人的全部财产行使优先权，债务人的全部财产是动态的，所以，一般优先权不存在追及性问题，可以通过债权的

---

① 参见本文优先权的限制部分的内容。

② 参见《法国民法典》第 2104、2105 条，日本民法第 335 条的规定。

③ 参见王晶：《论税收优先权》，资料来自“中国民商法律网”，网址：http://www.civillaw.com.cn/。

保全措施（代位权、撤销权）来解决债务人转移财产的问题。[①]

当然，如果法律规定了特别优先权类型的税收优先权，比如我国台湾地区的土地增值税优先权、海商法的船舶吨位税优先权等，则可以根据特别优先权的特点，在债务人转移优先权标的物时行使追及权。例如，我国台湾地区的“法律规定”就关税债权对于该应征关税之进口货物具有追及效力。[②]我国台湾地区“实施都市平均地权条例”及“税捐征收法”还规定了土地增值税优先权。而对于营业税优先权，仍属于一般优先权性质。[③]

随着我国税收优先权制度的完善，如果出现特别税收优先权的规定，相应地也应该规定优先权的追及制度。

四、税收优先权的顺位

（一）税收优先权与私法优先权的竞合

与现行《中华人民共和国担保法》未规定优先权的做法相一致，《中华人民共和国税收征收管理法》也没有规定税收优先权与私法优先权竞合时的效力顺序。但是，在《中华人民共和国企业破产法》《中华人民共和国民事诉讼法》《中华人民共和国海商法》以及《中华人民共和国商业银行法》等法律中却已经存在私法优先权的实践，当前民法学界起草的“物权法建议稿”或“民法典建议稿”也大都将优先权在“担保物权”一节有较为详细的考虑，将来的物权法或民法典完全可能设立独立的优先权制度。这些优先权与税收优先权的关系如何，无疑是税法应当回答的问题。

由于优先权的形式繁多，设立的目的也不一样，在此，笔者主要以王利明教授主持起草的“物权法建议草案”中所设计的优先权类型为基础，来讨论其与税收优先权之间的关系。[④]

---

① 参见本文有关一般优先权特点部分的内容。

② 陈清秀:《税法总论》，三民书局民国 86 年版，第 530 页。

③ 参见我国台湾地区“关税法”第 55 条，“实施都市平均地权条例”第 32 条，“税捐征收法”第 6 条，《营业税法》第 55 条。

④ 以下优先权形式主要参考王利明主编:《中国物权法草案建议稿及说明》，中国法制出版社 2001 年 4 月版，第 134~141 页。

就一般优先权而言，为全体债权人利益而对债务人的财产实行保存、清偿、分配、诉讼等而发生的费用，劳动保险费用以及最近 1 年内的职工工资应优先于税收而受清偿。[①] 前者属于共益费用，后者属于生存费用。至于在我国的台湾地区就有船舶工人工资与矿工工资优先效力不同的争论，只不过是因为法律规定不同而已，从性质上讲并没有太大区别。[②]

此外，商业银行破产时，个人储蓄存款的本金和利息也可优先于税收，以保护处于弱势地位的个人利益，维护社会稳定。至于债务人及受其抚养的人的必要丧葬费用和最近 6 个月内的医疗费用、供给债务人及受其抚养的人最近 6 个月生活必需品的费用，出于人道主义的考虑也可以优先于税收受偿。[③]

值得一提的是，对于在为全体债权人的利益而对债务人的财产实行保存、清偿和分配过程中所发生之纳税义务，应当作为一种特殊的债权而列入共益费用，与其他共益费用平等受偿，并优先于其他一切优先权所担保的债权。如我国台湾地区“税法”规定，破产财团成立后的应纳税捐为财团费用，先于破产债权，随时由破产财团清偿；公司重整中所发生之税捐，为公司重整债务，优先于重整债权而为清偿。[④] 这即是一种值得学习的做法。

就特别优先权而言，动产、不动产或知识产权的保存费用，如修缮、改进、拍卖以及为防止其毁损、灭失而发生的债权，建筑物承包人因工程款拖欠所发生的债权等，或因共同受益，或因添附价值，无疑应优先于税收受偿。

对于税收优先权和船舶优先权之间的关系。如果船舶的所有人欠缴税款，按照法律的规定，享有一般的优先权，那么船舶作为船舶所有人的重要财产，是否是税收优先权所囊括的对象呢？如果作为受偿的对象，那么税款和船舶优先权所规定的优先受偿的项目之间的关系又如何呢？在理论中很少有讨论。从我国《海商法》的规定来看，船舶吨税是船舶优先权保护的债权，而且规定了它的受偿顺位，但其他

---

① 《企业破产法（试行）》和《民事诉讼法》规定所有的劳动保险费用与工资都无条件优先于税收，这不甚合理，所以应当限定工资享有最优优先权的期限，超过此期限的，则视为普通债权。

② 参见王泽鉴：《关于矿工工资优先受偿权之探讨》，载《民法学说与判例研究》（第一册），中国政法大学出版社 1998 年版，第 496~503 页。

③ 熊伟：《论税收优先权与担保物权的竞合》，载《法学评论》，2002 年第 4 期。

④ 参见我国台湾地区“税捐稽征法”第 7 条和第 8 条，“破产法”第 97 条，“公司法”第 312 条。

税收一般优先权与船舶优先权的关系就没有明确了。但在《中华人民共和国税收征收管法释义》中提到船舶优先权优先于税收优先受偿。① 我国台湾学者林进富基于我国台湾地区的规定认为基于鼓励海上运送的政策，船舶优先权的项目应该优先于税收。② 另外，从《海商法》《民用航空器法》所设定的船舶优先权、航空器优先权的情况来看，也因其标的物的特殊性质而可以考虑优先于一般的税收，但基于船舶、民用航空器而产生的税收，本身就是船舶优先权、航空器优先权的一部分，按相关请求权的分配顺序，在某些情况下，它可能优于其中特定的请求权。③

除此之外的其他优先权，如动产买卖优先权、不动产租赁优先权、不动产买卖优先权等，如果其发生在税务机关课税核定之前，其所担保的债权则优先于该核定的税收受偿；如果后于课税核定而发生，则税收享有更优的效力顺位。④ 至于优先权的产生时间，如果财产交易须履行登记手续，以登记日为准；未经登记的，则以标的物交付日为准，由优先权人负举证责任。

（二）税收优先权与其他担保物权的关系

若无税收优先权之制度，设有担保物权的债权应优先于税收债权，但税收债权因其本身的特殊作用或功能（如在适应财政公益上之需要）而使得不同法域在立法上施以不同的规范和顺位。税收优先权与担保债权的效力冲突主要有三种解决方式：其一为担保债权优先于税收债权。其二系特别列举集中税收债权优先于担保债权而其余的税收债权劣后，如《阿尔及利亚民法典》第 986 条第 2 款规定："担保国库应征收的金钱的不动产优先权不被强制公示。所有此等优先权在顺位上均优先于无论其登记日期如何的任何其他不动产优先权或担保物权。而在前述优先权中，担保国库应征收的金钱的优先权优先于一般优先权。"⑤ 其三为采取设立在先效力有限的规则，如我国目前税收征收管理法采取之态度。

---

① 参见卞耀武（主编）:《中华人民共和国税收征收管法释义》，法律出版社 2001 年版，第 112 页。

② 林进富:《租税法新论》，三民书局民国 88 年版，第 102 页。

③ 如我国海商法所规定的船舶吨税与海难救助费用的清偿顺序即属此种。一般情况下，船舶吨税优先于海难救助费用受偿，但如果海难救助费用发生在后，则正好相反。

④ 如果按照现行《税收征收管理法》的规定，则应表述为："如果其发生在纳税义务产生之前，其所担保的债权则优先于该核定的税收受偿；如果后于纳税义务而发生，则税收享有更优的效力顺位。"

⑤ 尹田译:《阿尔及利亚民法典》，厦门大学出版社，2013 年版，第 138 页。

1. 税收优先权与抵押权、质权的竞合

《中华人民共和国税收征收管理法》第45条规定，纳税人欠缴的税款发生在纳税人以其财产设定抵押、质押或者纳税人的财产被留置之前的，税收应当先于抵押权、质权、留置权执行。

在中国工商银行股份有限公司温州龙湾支行与温州市地方税务局龙湾税务分局、温州市龙湾区国家税务局一案中，法院认为，最高额抵押是为将来发生的债权提供担保，设定时不以主债权的存在为前提，是典型的担保将来债权的抵押权（在抵押期间，最高债权额限度内将要发生的债权）。原告与第三人浙江绿森林鞋业有限公司签订的最高额抵押合同均系各方当事人的真实意思表示，其设立经依法登记，即具有法律效力。第三人浙江绿森林鞋业有限公司所欠缴的税款发生在其与原告中国工商银行股份有限公司温州龙湾支行签订的《最高额抵押合同》之后，原告要求优先于所欠税款受偿，抵押担保的范围包括主债权及利息、违约金、损害赔偿金和实现抵押债权的费用，符合法律规定，本院予以支持。①

承认税收具有优先受偿权的理由，乃是因为税收是提供公共服务所需资金，具有强烈的公益性质，且税收债权并未如私人债权一样具有直接的对待给付，任意履行的可能性较低。②但是如果过分强调税收债权优先于私法上的债权受偿，也可能妨害交易安全。一般情况下，私法债权如需通过抵押权等担保物权加以保护，必须履行登记公示的程序，使第三人知悉其风险，并据以判断是否与债务人进行交易。而税收债权的存在与否并无类似物权登记之公示制度，再加之纳税义务可随时因某种所得或行为之发生而发生，第三人无从知悉这种优先权所保障的债权数额。③因此，私法交易安全应当成为协调税收优先权与抵押权、质权竞合时最重要的考虑因

① 温州龙湾区法院（2014）温龙执分初字第4号。

② 参见陈清秀:《税法总论》，台湾三民书局1997年版，第527页。

③ 有的学者即据此认为，如果是税收具有优先受偿的效力，甚至优先于具备公示方式的担保物权，不仅违反近代私法债权人平等原则及物权公示原则，杜绝担保物权人实行权利之途，在现实上更是威胁担保物权交易的基础，严重地破坏物权法秩序。参见刘春堂:《租税优先权研究》，台湾租税研究会1981年版，第35页。

素。在这方面，我国台湾地区税收优先权的立法颇具典型意义。严格来说，我国台湾地区目前并无关于税收优先权的一般性条款，仅在“税捐稽征法”“关税法”“营业税法”“海商法”“奖励投资条例”中有一些特别的规定，其内容涉及土地增值税、关税、营业税、船钞，以及破产、重整过程中的税收。按我国台湾学者的理解，这些规定以外的税收，“现行税法”既然未设规定，就应当解释为仅具“普通债权”的性质，与其他普通债权立于平等地位，依比例受偿，而抵押权、质权等担保物权则应优先受偿。①

日本税法重视税收优先权与抵押权、质权的协调有一个发展过程。明治 30 年（1897 年）制定的旧国税征收法曾规定：国税劣后于其法定缴纳期限 1 年前设定的质权或抵押权所保护的债权，但优先于此外所有的公租、公课及私债权。这条对税收债权保护极为周到的规定在当时遭到了私法学者的强烈反对，认为税收优先于其法定缴纳期限前 1 年以内所设定的抵押权有违物权公示原则，有害于私法秩序之安定。此外，相对于税收债权，对抵押权、质权以外的担保物权也要给予某种程度的保护。为了解决这个问题，昭和 34 年（1959 年）国税征收法全面修订，并自次年起施行。修订后的国税征收法原则上是以税收法定缴纳期限为基准来决定税收与有担保债权的优先顺序。②

从我国税收征收管理法第 45 条不难看出，我国是以纳税义务的发生时间作为基准，以判别税收优先权与质权、抵押权竞合时的效力顺序的。所谓纳税义务的发生时间，按我国税法的规定，既不是纳税期间，也不是纳税申报期限，更不是税款缴纳期限，而是指纳税人的行为或财产符合税收构成要素，并自动产生纳税义务之时。当纳税义务发生时，虽然在纳税期间之内，但一般纳税申报期限和税款缴纳期限都未届至，税务机关无法通过核定而确定税额，交易相对人更是无从了解。因此，从纳税义务发生至纳税申报或者至课税核定的期间，是税收债务无法公示的期间。如果以纳税义务发生时间为基准判别税收优先权与抵押权、质权竞合时的效力关系，对债权人将产生无法预测的风险。特别是对于流转税而言，由于纳税人的经营

① 参见王泽鉴：《税捐、工资与抵押权》，载《民法学说与判例研究（4）》，中国政法大学出版社 1998 年版，第 355~356 页。

② 参见（日）金子宏：《日本税法原理》，刘多田等译，中国财政经济出版社 1989 年版，第 351、352 页。

活动持续不断地进行，因此每天都可能发生纳税义务。当判别质权、抵押权的设定时间是否先于纳税义务发生时间时，就必须将纳税人所欠税款分解到每一笔交易，而这对税务机关也是烦不胜烦的。

如果主张将课税核定时间作为税收优先权的发生时间，当然同样也会赞同将其作为判别税收优先权与抵押权、质权竞合时效力顺序的标准。如果税收优先权先于质权或抵押权产生，则税收的效力更优；如果抵押权或质权先于税收优先权产生，则抵押权或质权所担保的债权更优。只有当抵押权、质权设定于课税核定之后时，该核定税额才优先于抵押权、质权所担保的债权受偿。

2. 税收优先权与留置权的竞合

留置权在民法中是一种效力最强的担保物权，它以直接占有担保物为前提，具有优先于抵押权的效力。① 按我国税收征收管理法第45条的规定，如果留置行为发生于纳税义务发生以前，留置权的效力也优于税收优先权，这与人们通常的理解是一致的。但是，对于纳税义务发生以后的留置行为，该法规定留置权所担保的债权劣后于税收受偿，这明显存在不合理之处，主要表现为没有充分考虑留置权所担保的债权的特殊性。

对于留置权，日本法律也做了不同于抵押权和质权的规定："如纳税人财产上设有留置权，因进行滞纳处分，而对该财产实行了换价时，对该换价款，税收债权劣后于有留置权作为担保的债权。"这里有很多执行上的实际考虑。②

同时，笔者认为留置权的性质和优先权的性质很相似。③ 都是基于法律的规定，虽然留置权可以通过约定来排除，而税收优先权则不可以，但就法律保护的出发点来讲，是有很多的共通性的，加上留置权的行使以留置物为留置权人占有时才得以

---

① 瑞士和日本民法认为留置权是一种独立的担保物权；德国民法不认为留置权是物权，而仅视其为债权的一种特别效力；法国民法也不承认留置权为物权，但将其视为双务契约中的同时履行抗辩权；意大利民法与法国的立场相同。我国法律对留置权的态度主要从瑞士的立法例，即赋予留置权人以留置、变价、优先受偿等具体权能，是法定的独立的担保物权。由于各国立法对留置权的态度不一，本文只能以中国的相关法律规定和学理观点作为讨论的出发点。最高人民法院颁布的担保法私法解释也是这样界定留置权与抵押权之间的关系的。

② 金子宏：《日本税法原理》，刘多田等译，中国财政经济出版社1989年版，第356页。

③ 实际上，法国和日本民法中规定的许多优先权种类与留置权非常类似，可以说是对留置权的一种补充。

行使，从执行的可行性上考虑，确应做特别的规定。[①]

（三）税收优先权与罚款和其他公债权之间的关系

我国的法律中已经明确了它们之间的关系，即税收优先于罚款等其他公法债权。这也是各国的共识。这主要是考虑到税收更具有公益性和非制裁性。[②]

（四）税收优先权与形成权的关系

由于债权是典型的请求权，而优先权定位为物权，也就是属支配权。这就引出我们关于税收优先权与形成权的关系的讨论。形成权是指权利人依自己的行为，使自己与他人间的法律关系发生变动的权利。[③] 比如抵销权、撤销权等。由于基于权利人单方的意思表示就可以是法律关系发生、消灭及变更，因此，其法律效力自然优先于债权，也就优先于税收债权。我国的破产法（试行）的第33条规定，债权人对破产企业负有债务的，可以在破产清算前抵销。但在其他清算程序的规定中以及税收征管法中并没有明确的规定，而破产法（试行）的适用范围又是很有限的。同时也缺乏理论上的阐述。

（五）税收内部的顺位[④]

1. 国税和地税之间的关系

原则上，国税和地方税之间不存在优先劣后的关系，而且国税之间和地方税之间也不存在优先劣后的关系。仅从保障国税收入的角度，将优先权无条件地配置给国税，而忽视地税机关的征收权益，轻视地税机关的博弈活动，在总体上肯定是不会取得预期的财政效益的，最终只能使国税也面临侵蚀。

2. 不同税种之间的关系

我国现行法律中只是船舶吨税由于属船舶优先权保护的范畴，可能会就有特殊

① 有关专家也认为留置权应优先于税收。参见卞耀武（主编）：《中华人民共和国税收征收管法释义》，法律出版社2001年版，第281页。

② 参见王晶：《论税收优先权》，资料来自“中国民商法律网”，网址：http://www.civillaw.com.cn/。

③ 梁慧星：《民法总论》，法律出版社1996年版，第65页。

④ 金子宏：《日本税法原理》，刘多田等译，中国财政经济出版社1989年版，第353页。

性，但也仅是可能性，对此并没有明确作出规定。但从我国台湾地区的相关规定可见，土地增值税和关税是和其他税种不同的。

3. 不同管辖税收之间的关系

国际层面上，多通过税收协定来解决，一般的，以收入来源国为管辖优先。国内层面上，从理论上讲，与国税和地税的关系是一致的，应该在同一顺位上。但现实中应作具体的分析。

4. 一般税收和税收担保税收保全之间的关系

前面我们探讨了税收优先权和一般债权的担保物权的关系，但是，由于我们认为税收内部是不存在顺位问题的，所以有必要单独的讨论税收优先权保护的一般税收和同样是税收优先权保护但进行了税收担保税收保全措施的税收之间的关系。

从现在的规定来看，由于作者在前面提到的清算程序和《中华人民共和国税收征管法》规定的不同，因此，在实践中，很可能担保了的税收优先于未担保的税收的现象会持续的存在。但是未来如果我们理顺了两法的关系，两者是否还存在顺位的问题呢？我个人认为还是可以承认这样的优先性的，否则我不知道税收担保制度还有什么意义，况且优先权只能针对欠税人的财产，但是税收担保中则可能有纳税担保人存在，这有可能增强税款的担保能力。还有就是随着优先权制度的细化，可能会区分执行财产的顺序，这也使得税收担保有独立存在的必要。

另外要说明的是理论上和实践上都承认执行上的扣押优先主义与交付要求优先主义。就是实施扣押的税收优先于对此进行交付要求的税收；同时，进行交付要求的税收相互之间，以先进行交付要求的税收优先。但是目前在法律上并没有这样明确的规定，因此也只是实践的惯例而已，没有法律上的约束力。

五、税收优先权的发展趋势

基于对基本人权特别是生存权的尊重、社会交易秩序安全的尊重与维护、对公共利益的重新认识与定位等考虑，“平等、自由、安全和公共利益都不应当被假设为绝对价值，因为，它们都不能孤立地、单独地表现为终极和排他的法律理想。我们必须将它们置于适当的位置上”。[①] 包括国家为了企业的竞争优势而不断地减税、退税和免税，包括降低税收债权的优先性等，税收优先权的发展呈现出不断弱化的趋势。[②] 体现在：

1. 税收优先权效力等级的弱化。第一，税收优先权位于基本人权之后。各个国家和地区普遍把职工工资作为破产清偿的第一顺序的债权。第二，税收优先权在担保物权之后。其他国家的税收优先权普遍位于担保物权之后，民法上的物权优先原则贯彻得比较彻底。第三，税收优先权的位次越来越低，如美国，税收优先权位列优先权的倒数第二。

2. 税收优先权的适用范围的弱化。第一，税种越来越窄。我国台湾地区现行法仅规定了土地增值税、关税和营业税三种税收的优先权，法国仅规定了直接税收和营业税的优先权，美国仅规定了公司税和财产所得税的优先权。第二，时间范围越来越小。一般规定为破产宣告前的 6 个月，最长不过 12 个月。超过此期限的税收不享有优先权。

3. 税收优先权的适用形式越来越严格。以法国为例，从登记与公示看，税款优先权原来不需要公示，但由于税款金额往往很高，第三人利益得不到保护，从 1966 年开始，法律规定税务机关必须就个人所得税、公司税、营业税、间接税和关税的税款进行登记，才能享有税款优先权。

4. 部分国家甚至废除了税收优先权，后者如澳大利亚和德国，把税收改为一般破产债权。[③]。

但是，需要指出的是，弱化税收优先权并不意味着国家对税收保障的弱化。例如，澳大利亚虽然废除国家税款的优先权地位。但《澳国公司法》规定，除非公司法另有规定，所有在公司清算程序中得到证实的债权和债务都应当得到平等的对待；当公司的财产不足以满足所有债权人的清偿要求时，各债权按比例获得平等分配。在一般无担保债权之前享受优先权的权利包括两类：一是破产清算费用和其他破产程序管理费用；二是包括雇员工资、退休金、工伤补偿等在内的劳动者财产权

---

① ［美］博登海默：《法理学：法律哲学与法律方法》，中国政法大学出版社 1999 出版。

② 侯作前：《我国税收优先权制度前瞻》，载《云南大学学报》2003 年 1 期。

③ 李永军：《破产法律制度》，中国法制出版社，2000。

益。[1] 国家的税收债权只能同其他债权一样按比例地受到清偿。

澳大利亚关于税收优先权的改革是有它的独特背景的，澳国的做法使税务署虽然失去了对公司所欠的一定范围内的税收（团体税）的优先权，却保留了对董事个人的一定权利，换句话说是在企业破产这个关键环节上引入了英国的董事个人责任制度，其结果是董事们为避免承担个人责任而尽量减少公司欠税，税务署的利益不需要借助于破产清算程序中的优先权即可得到保护。[2]

也就是说，事实上，尽管澳大利亚取消税收优先权制度，但仍然给税收债权以特别的保障手段，没有降低国家税收的地位。毕竟，公司董事不必为公司的其他欠债承担个人责任。澳大利亚只是选择了另一种制度替代了税收优先权制度，实际上起到了异曲同工的效果，甚至在一定程度上改善了税收征缴的作用，提高了国家税款的征缴比率。

① 载王卫国等主编:《中国证券法破产法改革》，中国政法大学出版社，1999年版。

② 韩长印:《破产优先权的公共政策基础》，载《中国法学》，2002年第3期。

10

CHAPTER

第十章

我国优先权制度的立法设想

一、民事优先权制度之存废

我国物权法未规定优先权制度，值得注意的是，物权法起草过程中，王利明教授主编的《中国物权法草案建议稿及说明》，对优先权制度则作了比较详细的规定。民法典物权编是否引入优先权制度仍然是一个值得探讨的问题。优先权是否具有担保物权无法实现的作用，这些利益的保护是不是必须通过优先权来实现，其他的担保物权是否能够实现相应的功能？也就是优先权制度独立存在的意义。①

有学者认为，罗马法为了保护弱势群体和社会公益，以实现公平正义，开排除债权平等原则之先河，创制出了法定担保制度。近代西方国家在继受罗马法上的这一制度时，形成了以法国法和日本法为代表的、以法定担保为手段的一元模式和以德国法和英美法为代表的、以法定担保加破产法规定为手段的二元模式。旧中国自清末修律时起继受的便是德国法传统，在排除债权平等原则的问题上，遵行的也是德国法的二元模式。我国担保法及其理论体系均是依德国法传统确立起来的，而法国法上的"优先权"与这种立法例和理论体系圆凿方枘，格格不入②。引入优先权制度会彻底解构我国现有的担保法体系，严重冲击我国的物权法体系和债法体系，甚至使破产法、民事诉讼法等程序法做出重大调整。这样一来，我国自改革开放以来所辛苦构建起来的现有法律体系将完全被打乱。可见，引入优先权制度风险大，成本甚高。而且我国破产法对优先受偿的债权的列举也不是封闭的，更不是穷尽的，完全可以根据社会需要予以添加和调整③，解决设立优先权制度所预期的目的。

也有学者认为，约定担保物权与法定担保物权都是为确保债权的实现，在这一点上两者具有一致性。但从它所担保的债权观察，就可以看出前者是为担保一般债权中的个别债权而设定的，后者却为担保特种债权而设定。至于哪些债权是"特种债权"，像前面所说的，就需要立法者从公平正义及社会政策的角度加以考量。因此，约定担保物权与法定担保物权在意义与作用上完全不同：前者以"信用"（Credit）为基础，在信用交易方面发挥机能；后者则采取对特种债权予以特别保全

① 参见王晶：《论税收优先权》，资料来自"中国民商法律网"，网址：http://www.civillaw.com.cn/。

② 孙新强：《论优先权的危害性》，载《法学论坛》2010 年 5 期。

③ 孙新强：《破除债权平等的两种立法体例辨析》，载《现代法学》2009 年 6 期。

的形式，以实现公平正义及特定社会政策为己任。优先权制度不是唯一选择，但是一种较好的选择[①]。

笔者认为，民法典应当规定优先权制度，其理由：第一，优先权制度是保护特殊债权人，维护实质公平的需要。[②]自罗马法以来，一些国家的民法设立优先权制度的目的，在于破除债权平等主义，通过赋予特殊债权人以优先于其他债权人，甚至其他享有担保物权的债权人，受偿的权利，以满足其生存利益的需要，从而维护实质上的公平正义。“特别是一般优先权，更是国家为体现公平，维护社会正义所必需”。[③]是一项极具社会使命任务的法律制度。[④]第二，优先权制度是完善我国担保物权法律体系的需要。尽管我国尚未确立优先权制度体系，但是，许多法律中已经规定了具体的优先权制度，如海商法中的船舶优先权、民用航空法中的民用航空器优先权等。此外，企业破产法和民事诉讼法规定的破产费用、税款、职工工资和劳动保险费用可以优先于破产债权受偿，也具有某些优先权的性质。还有担保法规定的“土地出让金”优先权。这些“优先权”，有的规定在民事实体法中（包括民事特别法），有的规定在民事程序法中；有的属于公法性质，有的属于私法性质；有的属于物权性质，有的属于债权性质，既不统一，也不完整，造成立法原意难以实现。因此有必要在实体法中赋予优先权以物权的效力，并明确其效力优先于一般担保物权，以实现立法宗旨，尽其社会功能。为整理并完善这些优先权制度，有必要在物权法中做出统一规定。第三，降低谈判成本，有效实现保护价值。担保物权在法律规定的基础上，需要当事人之间的特别约定，而优先权保护的债权中的债权人通常不具备更好的约定的条件。比如工资的拥有者就很难就自己的工资单独和工资的发放着进行担保的约定，共益费用债务的事先约定承担等。还有就是基于效率的考虑。担保物权的设定不仅需要定约时的谈判，而且需要登记机关的登记，对于向海难救助这样的费用就很难得到保障。而这样的费用如果无法得到保障，就可能没有人愿意进行这样的救助工作，那么最后危及的是所有债权人的利益。在法律上对

① 郭明瑞2005年在中国人民大学“民商法前沿”演讲资料。

② 王全弟、丁洁：《物权法应确立优先权制度——围绕合同法第286条之争议》，载《法学》，2001年第4期。

③ 季秀平：《优先权制度几个争议的问题》，载《法学》，2002年第5期。

④ 申卫星：《我国优先权制度立法研究》，载《法学评论》，1997年第6期。

未来发生的债权提前在法律上做出安排，也是对效率的一种追求。

二、设立优先权应遵循的原则

（一）优先权种类不宜过多①

由于优先权的法定性极强，不属于当事人意思自治的范围，因此，在现代法上应尽可能地减少规定。也就是说，能够由当事人自治解决的，尽量由当事人自己的意思决定。②优先权乃是对那些处于弱势地位的债权或者具有重要意义的债权的一种特殊保护，它破除了债权平等原则这一铁律，诚如日本法所称它是一种特权。既是特权，作为特例，就不能太多。优先权种类太多的话，大家都享有优先权，就没有什么特殊性而言；优先权种类太多的话，优先权与其他担保物权的效力冲突、众多优先权之间顺位如何协调，这会使立法变得非常复杂。

（二）注意与物权公示、公信原则衔接

我国设立独立统一的优先权制度，也必须对优先权缺乏物权公示性这一缺陷尽可能地加以补救。笔者认为应借鉴法、日规定之所长，并结合我国法律现状来确定具体的补救方法③。对于由法律行为引起的物权变动一般以占有或登记为公示方法，依法律规定而发生的物权，不经占有或登记即直接发生效力，因为授予权利人该权利的是法律，而法律当然具有与登记等相同的公示效力。④

（1）一般优先权关乎国家利益、社会政策和社会公平正义，且法律对之的明确规定本身即具有较强的公示性，因此一般优先权应始终优先于其他担保物权受偿；但一般优先权的行使，应先就债务人的动产受偿，不足部分才能先就债务人的无担保的不动产受偿，再不足部分才能就债务人的有担保的不动产受偿；

（2）动产优先权以优先权人占有动产作为对抗其他担保物权的要件，占有标的

---

① 申卫星：《信心与思路：我国设立优先权制度的立法建议》，载《清华大学学报》，2005 年第 2 期。

② 郭明瑞：2005 年在中国人民大学“民商法前沿”演讲资料。

③ 申卫星：《信心与思路：我国设立优先权制度的立法建议》，载《清华大学学报》，2005 年第 2 期。

④ 孙宪忠：《论不动产物权登记》，载《中国法学》，1996 年第 5 期。

物时，可对抗其他担保物权，未占有标的物时，只能优先于一般债权受偿，而无法对抗其他担保物权；当作为优先权标的物的动产被第三人善意取得时，优先权人对该动产没有追及权；

（3）不动产优先权，以登记作为对抗其他抵押权的要件，已登记的优先于其他抵押权受偿，未登记的则仅可优先于一般债权受偿，但却后于其他抵押权。

（三）与其他担保物权类型的协调

仔细翻阅《法国民法典》《日本民法典》会发现，关于优先权的规定中有一些属于留置权的内容。在日本，虽有留置权的规定，但是，留置权的效力仅限于留置，留置权人并无优先受偿权，所以，尚须借助优先权来实现。

而我国民法总则和担保法不仅不同于法国，有着关于留置权的完整规定，而且该留置权的效力也不同于日本，既有留置效力，又有优先受偿效力。所以，在我国这样的立法背景下，很多法国和日本的优先权类型，在我国已经通过留置权加以解决，自然不必归入优先权中。

三、简评既有关于优先权的立法建议

国外优先权的种类概括起来主要有两大类，一般优先权和特殊优先权。一般优先权，是指依照法律规定，就债务人的全部财产优先受偿的权利。其又可分为保护国家利益而在公法或相关法律中规定公法上的优先权，包括各种税捐优先权和有关司法费用优先权。为保护私人利益而规定在民事法律规范中的私法上的优先权。主要包括：（1）为共益费用而设的优先权，如破产费用的优先拨付；（2）为民法上特定债权人利益而设的优先权，如职工工资和劳动保险费用的优先支付；（3）为民法上债务人利益而设的优先权，如债务人及其所扶养家属的生活必需费用的优先保留；等等。

特别优先权，是指依法律规定就债务人特定的动产或不动产优先受偿的权利。包括动产优先权和不动产优先权：动产优先权是指以债务人的特定动产为标的优先权。诸如：不动产出租人对承租人置于其不动产上的动产之优先权，旅馆主人对顾客携带之物品的优先权，运送人对其所运送的动产之优先权，动产保存人对其所保存的动产之优先权，动产出卖人对其所出卖的动产之优先权，因公职人员渎职的被害人对担保基金之优先权，耕地出租人对收获物之优先权，种子、肥料、农药提供人对收获物之优先权，农工业劳役人员就其报酬对收获物之优先权，责任保险赔偿金之优先权，等等。不动产优先权是指债权人得就债务人的特定不动产的价值优先受偿的权利。诸如：不动产保存人优先权，不动产修建人优先权，不动产出卖人优先权，不动产资金贷与人优先权，共同继承人就补偿金对其他继承人取得的不动产之优先权，共有物分割人就补偿金对原共有的不动产之优先权，等等。①

在国内各学者的意见中，笔者认为王利明教授主持的《中国物权法草案建议稿》（以下简称《建议稿》）影响深远。该《建议稿》借鉴各国民法的规定和国内学者的研究成果，对优先权作了许多有创新性的规定。

该《建议稿》第四章把优先权作为担保权做了规定，明确了优先权的定义，将优先权的标的、效力范围、取得和行使方式、消灭原因都做了较为系统的规定。在优先权的种类选择上，该《建议稿》将优先权分为一般优先权和特别优先权两大类。一般优先权又进一步分为优先于其他所有债权人的优先权和优于普通债权人的优先权两小类。前者包括为全体债权人利益而对债务人的财产实行保存、清偿、分配、诉讼而发生的费用优先权、劳动保险费用优先权以及最近1年职工工资优先权三种；后者包括债务人及受抚养的人必要的丧葬费用及最近6个月的医疗费用优先权、供给债务人及受其扶养的人最近6个月生活必需品的费用优先权以及最近1年以外的职工工资和其他劳务费用优先权三种。特别优先权进一步分为特别动产优先权、特定不动产优先权以及知识产权优先权三小类。特别动产优先权包括不动产租赁优先权、动产保存优先权、动产买卖优先权以及责任保险金优先权四种；特定不动产优先权包括不动产保存优先权、不动产建设优先权和不动产买卖优先权三种；知识产权优先权包括技术合同优先权、著作权优先权、商标权和商标使用权优先权以及职务发明人和职务作品作者的优先权四种。②

就优先权的种类而言，上述《建议稿》有很多值得称道之处。对优先权的类型化便于对其进行体系化的把握，对优先权种类的选择也比较切合中国实际，并有创

① 本文此处所列的优先权种类主要参考《法国民法典》和《日本民法典》的规定。

② 参见王利明主编：《中国物权法草案建议稿及说明》，中国法制出版社，2001年版。

新精神。比如规定了知识产权优先权。同时该《建议稿》将一般优先权分为优先于其他所有债权人的优先权和优于普通债权人的优先权两小类，使一般优先权与其他担保物权之间的关系的得以简化，便于适用。[①]

但是，笔者认为上述《建议稿》对优先权的规定也有一些问题值得进一步探讨：

（一）有关动产买卖优先权、种苗和肥料优先权、不动产买卖优先权

上述《建议稿》规定了动产买卖优先权、种苗和肥料优先权、不动产买卖优先权。上述的几种类型的优先权以及外国法中规定的不动产借贷优先权的设立理由是由于债权人的劳务或财物加入债务人财产而使其增值或增加而设定优先权。然而，债法中除不当得利和侵权之债外，几乎所有的债权都可以解释为因债权人的劳务或财物加入而成立，尤其是在常见的买卖关系中。若赋予动产、不动产出卖人优先权，则将使大部分债权成为优先权，如此以来作为特殊担保的优先权也将失去其特殊性，沦为普遍意义的担保。

并且，由于动产、不动产出卖人的优先权未经公示不具有追及力，与债权本身所具有的一般担保（以债务人的一般财产为担保）相比，并不具有优越性，没必要作为一种优先权而设。且优先权的本质在于基于社会正义或特殊社会政策依法律规定直接打破债权平等原则，属平等原则和自愿原则的例外，优先权的这样设立宗旨与普遍赋予动产、不动产出卖人以优先权无疑是相悖的。

况且，动产、不动产买卖人之间并不存在必然的强者—弱者的地位关系，动产、不动产出卖人的利益完全可以通过买卖双方自由设定定金、抵押、质押等其他担保的方式来实现减少交易风险的目的。而且通过设定定金、抵押、质押等其他担保的方式来实现减少交易风险是我国当代社会商业活动中成熟的商业惯例，而且，实务中新出现的非典型约定担保物权如所有权保留、让与担保等担保方式，完全可以通过当事人平等协商弥补动产、不动产出卖人优先权的阙如造成的不足。实在没有必要引入缺少公示性并可能会影响到第三人利益的优先权来达到这种目的。

与上述的动产买卖优先权、种苗和肥料优先权、不动产买卖优先权不同，不动

① 季秀平：《优先权制度几个争议的问题》，载《法学》，2002 年第 5 期。

产优先权保存不动产剩余价值，有利于全体债权人的共同利益而设立的，也是全体债权人实现其债权的先决条件。并且，设立不动产保存费用优先权也有助于鼓励其他人积极实施对不动产的保存和救助行为，有利于全体债权人的共同利益。所以，笔者认为,《建议稿》中规定的不动产保存优先权是适当的。

（二）关于优先权与留置权

笔者认为，我国可以设立统一的优先权制度，并用优先权吸收留置权，使优先权成为与质权、抵押权对应的法定担保物权。具体来说，就是适当放宽优先权的适用范围，用特别优先权吸收留置权，使留置权成为特别优先权中的一项权能。对于不动产出租人优先权、旅店主人的优先权、承运人的优先权这些国外法中规定的优先权类型也是基于扩大的留置权观念设立的；[①]留置权的本意是赋予占有债务人财产的债权人有扣留其物继续占有，以促使债务人清偿，保障权利人优先受偿的权利，成立留置权成立的情况也可以设立特别优先权，优先权的范围包含留置权。留置权是占有性担保物权共有的权能，在无优先权的规定时赋予留置权以优先受偿权是符合法理的，而在设有优先权制度时，留置权可以成为某些占有标的物的特别优先权的一项权能。

（三）关于职工工资优先权

《建议稿》中规定了职工工资优先权。笔者认为，可以将《建议稿》中的职工工资优先权改为工资优先权，使这种优先权覆盖的面更广一些，既将职工工资也将农业劳役人员报酬都赋予优先权，不依是否是职工的身份而论。因为，从理论上看，农业劳役人员报酬与职工工资具有相同性质，而且在实践中，不少地方（如农场）在雇用了农民工以后，拖欠工资乃至不发工资的现象非常普遍，影响了农民工的生计，将职工工资优先权改为工资优先权，有助于充分保护各种劳动所得。

（四）关于生活费用和医疗费用优先权的定性

《建议稿》将一般优先权进一步划分为优先于所有债权人的优先权和优先于普通债权人的优先权，将一般优先权和其他担保物权的关系简单化了，便于理

---

① 参见本文有关“优先权的立法理由”部分的论述。

解和适用。在优于所有债权人的优先权中规定了：（一）为全体债权人利益而对债务人的财产实行保存、清偿、分配、诉讼等而发生的费用；（二）劳动保险费用及最近1年内的职工工资。《建议稿》认为，劳动保险费用和职工近期内的工资是保证职工的最基本生活需要的，应当先于有担保物权的人清偿。而《建议稿》将债务人及受其扶养的人的必要的丧葬费用及最近六个月内的医疗费用，和供给债务人及受其扶养的人最近6个月生活必需品的费用债权规定为“优于普通债权人的优先权”，只能优先于普通债权人但不能先于有其他担保物权的债权人优先受偿。

笔者认为，债务人及受其扶养的人的必要的丧葬费用及最近6个月内的医疗费用和供给债务人及受其扶养的人最近6个月生活必需品的费用对债务人来说重要性、紧迫性甚至超过工资的重要性。按照各债权对当事人急需的程度，为保障债务人的利益，笔者认为可以将其也规定为优先于所有债权人的优先权。

此外，笔者认为，在金融机构破产时，可以赋予个人储蓄存款本息，人寿保险受益人以一般优先权。这是由于在市场经济的环境下，这类债权不仅仅是金融投资工具，还具有一定的个人风险承载功能。如个人储蓄存款对于养老、医疗、失业具有明显的保障作用，它对保障个人基本的生活、健康需要有重要意义。并且在商业银行、保险公司破产时，个人存款户或人寿保险受益者往往都是大量的社会公众，这种不特定的多数人的利益受损害时，往往就不仅仅是一个具体的经济或法律问题，而可能成为严重的社会问题。所以，基于社会稳定的考虑，再让他们的债权处于优先的受偿地位也是有一定意义的。

四、我国优先权种类的立法建议

鉴于本文以上论述，笔者建议优先权立法可采取以下方式：

（一）一般优先权

1. 共益费用（包括诉讼费用、清算费用、保存费用等）

共益费用优先权是为了全体债权人的共同利益而设立的，它是全体债权人实现其债权的先决条件，自然应优先受偿。赋予共益费用的优先权，是各国民商事立法的共同价值取向，成为各国立法者的公识。我国的破产法、海商法、公司法、民用航空法等均对此有规定。

同时，设立共益费用优先权有助于将“不良债权”限定在一定范围，避免将可能难以得到全部清偿的“清算费用不良债权”扩大到为债务人共同利益服务的其他人身上。导致没有人愿意从事“善后工作”，从而引起更大的损失。

2. 工资、劳动报酬、社会保险金

在劳动关系中，职工和劳动者一般处于相对弱势地位，而且职工很难就自己的工资单独和工资的发放者进行担保的约定，世界各国劳动法、破产法等普遍规定工资优先权，保护劳动者合法权益。

需要指出的是，在许多发达国家如德国、奥地利、澳大利亚等国已将职工的工资从优先权中取消，改由社会保障体系来承担，但鉴于我国的实际国情，工资和社会保险费用纳入优先权仍有很强的社会价值。同时，可借鉴我国台湾地区有关规定，医师、律师、会计师等专业人员及公司董事、监事、经理人人员不享有工资优先权。

3. 债务人及其家属的丧葬费用、最后医疗费用

“法是善和正义的艺术”，自罗马法时代，法律就设立丧葬费用优先权，也有利于维护社会的善良风俗。债务人的最后医疗费用优先保护，也成为近代立法的普遍价值取向。债务人或其家属能够及时得到治疗，对于保障人身健康，维护社会正义具有重要价值。

4. 税金（应明确必要的限制）

我国税收优先权属于一般优先权，可以对债务人的所有财产行使权利。顺应税收优先权弱化的趋势，并考虑到与其他担保物权的协调，应当给予税收优先权适当的限制，以平衡与其他人的利益。一方面可以参考一般优先权的行使的对象顺序。比如先就债务人之动产价金受偿，动产不足清偿优先受偿权之债权时，先就未曾提供担保之不动产受偿。另一方面明确税收优先权行使期限限制，也有利于提高税收执法效率。

（二）特别优先权

建议参照目前一些法律的规定，将不动产共有人之共有不动产分割补偿金和国家对土地出让金享有优先权、施工人针对所修建不动产之工程费用优先权继续保

留，将保险法中有关被保险人对保险赔偿金享有优先权予以明确。此外，船舶优先权和航空器优先权继续保留，针对航空和航运领域的特殊情况给予特别保护，维护共同利益或者航行安全。

附录　优先权立法例

一、日本民法典

注：本译文摘录的版本为平城16（2004）年第147号法律修改[①]

【※说明：截至本书付梓，日本民法典的最新修订为平成29年6月2日号外法律第44号法律修改，实施日期为自公布日起不超三年范围内以政令决定之日，也即该修订于2017年6月2日公布并于2020年4月1日开始施行，但该修订后版本中涉及“先取特权”的部分对本书内容影响甚微，故不予摘录。[②]】

第二编　物权

第八章　先取特权

第一节　总则

第三百零三条　先取特权的内容

先取特权人，依本法及其他法律的规定，可以就自己的债权对其债务人的财产享有优先于其他债权人受偿的权利。

第三百零四条　物上代位

先取特权，对债务人因其标的物变卖、租赁、灭失或毁损而应受的金钱或其他

---

① 渠涛译：《最新日本民法》，法律出版社2006年版，第65~72页。

② 参见刘士国，牟宪魁，杨瑞贺译：《日本民法典——2017年大修改》，中国法制出版社2018年版，第3页。

物，亦可行使。但是，先取特权人于支付或交付前，应实行扣押。

关于债务人于先取特权标的物上设定物权的对价，亦同。

第三百零五条 不可分性

第二百九十六条（留置权的不可分性）的规定，准用于先取特权。

第二节 先取特权的种类

第一款 一般先取特权

第三百零六条 有一般先取特权的债权

有因下列原因产生的债权者，于债务人的总财产上先取特权：

1. 公益费用；

2. 受雇人的报酬；

3. 殡葬费用；

4. 日用品的供给。

第三百零七条 共益费用的先取特权

（一）共益费用的先取特权的对象，指为各债权人共同利益而从事的对债务人财产的保存、清算或分配等相关的费用。

（二）前款费用中，不属于对于全体债权人都有益的费用，先取特权的对象，仅为因其费用而得到利益的债权人。

第三百零八条 雇用关系的先取特权

雇用关系的先取特权的对象为，存在于基于工资等其他债务人和雇主之间的雇用关系而发生的债权。

第三百零九条 殡葬费用的先取特权

（一）殡葬费用的先取特权的对象为，存在于为债务人举行的殡葬仪式的费用中的相当额度。

（二）前项的先取特权的对象，也包括为债务人应抚养的亲族而举行的殡葬仪式的费用中的相当额度。

第三百一十条 日用品供给的先取特权

日用品供给的先取特权的对象为，债务人或其应抚养的同居亲属及其家事使用人生活必需的最后六个月的饮食品、燃料及电气的供给。

第二款 动产先取特权

第三百一十一条　有动产先取特权的债权

有因下列各项原因产生的债权者，于债务人的特定动产上有先取特权：

1. 不动产租赁；

2. 旅店的宿泊；

3. 旅客或货物的运送；

4. 动产的保存；

5. 动产的买卖；

6. 种苗或肥料（包括蚕种以及供养蚕用的桑叶，以下亦同）的供给；

7. 农业劳务；

8. 工业劳务。

第三百一十二条　不动产出租的先取特权

不动产出租的先取特权，涉及该不动产承租或其他租赁关系而产生的承租人的债务，其对象为承租人的动产。

第三百一十三条　不动产出租先取特权的标的物的范围

（一）土地出租人的先取特权的对象为，在该项租用土地中或为使用该土地而修建的建筑物中备置的动产、供该土地使用的动产及承租人所占有该项土地上的孳息。

（二）建筑物出租人的先取特权的对象为承租人于该建筑物中备置的动产。

第三百一十四条　不动产出租先取特权的标的物的范围

出租人在承租权让与或转租中的先取特权，及于受让人或次承租人的动产。对于出让人或转租人应得金额，亦同。

第三百一十五条　不动产出租先取特权的被担保债权的范围

于承租人的财产进行总清算情形，出租人的先取特权，只就前期、当期及次期的租金和其他债务、以及于前期及当期产生的损害赔偿而存在。

第三百一十六条　不动产出租先取特权的被担保债权与押金的关系

于出租人收取押金情形，只就未以押金受清偿的债权部分，有先取特权。

第三百一十七条　旅店宿泊的先取特权

旅店宿泊的先取特权，涉及旅客应负担的住宿及饮食费用，其对象为旅客寄存在旅店的随身行李。

第三百一十八条 运输的先取特权

运输的先取特权，涉及旅客或货物的运费及附属费用，其对象为运送人占有的货物及行李。

第三百一十九条 即时取得的适用

第一百九十二条至第一百九十五条（动产的即时取得）的规定，准用于第三百一十二条至前条规定的先取特权。

第三百二十条 动产保存的先取特权

动产保存的先取特权，涉及动产保存所需的费用以及动产权利的保存、追认或实行动产权利所支出的必要费用，其对象为该项动产。

第三百二十一条 动产买卖的先取特权

动产买卖的先取特权，涉及动产代价及其利息，其对象为该动产。

第三百二十二条 种苗或肥料供给的先取特权

种苗或肥料供给的先取特权，涉及种苗肥料的代价及其利息，其对象为使用该种苗或肥料后一年内由其土地所产生的孳息（包括使用蚕种以及供养蚕用的桑叶所生之物）。

第三百二十三条 农业劳务的先取特权

农业劳务的先取特权，涉及从事农业劳务的人最后一年的工资，其对象为因其该项劳务而产生的孳息。

第三百二十四条 工业劳务的先取特权

工业劳务的先取特权，涉及从事工业劳务的人最后三个月的工资，其对象为因其该项劳务所生的制作物。

第三款 不动产先取特权

第三百二十五条 有不动产先取特权的债权

有因下列各项原因产生的债权者，于债务人的特定不动产上有先取特权：

1. 不动产的保存；

2. 不动产的施工；

3. 不动产的买卖；

第三百二十六条 不动产保存的先取特权

不动产保存的先取特权，涉及不动产保存所需的以及不动产权利的保存或承诺、实行所需费用时，其对象为该项不动产。

第三百二十七条　不动产工程的先取特权

（一）不动产工事的先取特权，涉及工程中承担设计、施工或负责监理的人在债务人的不动产上因工程发生费用时，其对象在于该不动产上。

（二）前项先取特权，由工程所生的不动产价格的增加，其对象仅为现存的增加额。

第三百二十八条　不动产买卖的先取特权

不动产买卖的先取特权，就不动产的代价及利息，存在于该不动产上。

第三节　先取特权的顺位

第三百二十九条　一般先取特权的顺位

（一）一般先取特权相互竞合时，其优先权的顺位，按第三百零六条所列顺序。

（二）一般先取特权与特别先取特权竞合时，特别先取特权优先于一般先取特权。但共益费用的先取特权，对于受其利益的一切债权人均有优先的效力。

第三百三十条　动产先取特权的顺位

（一）特别先取特权就同一动产相互竞合时，其优先权的顺位按下列顺序。此时，第二号所列关于动产保存的先取特权，在保存人为复数时，后保存人先于前保存人：

第一，不动产租赁、旅店宿泊及运送的先取特权；

第二，动产保存的先取特权；

第三，动产买卖、种苗肥料供给及农业劳务和工业劳务的先取特权。

（二）于前项，第一顺序的先取特权人，如于债权取得当时，知有第二顺位或第三顺位的先取特权人时，则不得对其行使优先权。对于为第一顺序人保存其物者，亦同。

（三）关于孳息，第一顺位为农业劳役人，第二顺位为种苗或肥料的供给人，第三顺位为土地出租人。

第三百三十一条　不动产先取特权的顺位

（一）特别先取特权就同一不动产相互竞合时，其优先权的顺位，从第三百二十五条所列顺序。

（二）同一不动产逐次买卖时，出卖人相互间的优先权的顺位，依时间先后而定。

第三百三十二条 同一顺位的先取特权

就同一标的物。同一顺位的先取特权有数人时，按其各债权额比例受清偿。

第四节 先取特权的效力

第三百三十三条 对第三取得人的追及力

先取特权，于债务人将其动产交付于第三人之后，不得就该动产行使。

第三百三十四条 与动产质权顺位的关系

先取特权及动产质权竞合时，动产质权人与第三百三十条所载第一顺位的先取特权人有同一权利。

第三百三十五条 一般先取特权的效力

（一）一般先取特权人，应先就不动产以外的财产受清偿，除仍有不足外，不得就不动产受清偿。

（二）一般先取特权人对于不动产，须先就其中未被设定为特别担保的标的物开始接受清偿。

（三）一般先取特权人，怠于依前二款规定参加分配时，于因其参加分配而应受的限度内，不得对已进行登记的第三人行使其先取特权。

（四）前三款的规定，不适用于应先于不动产以外财产的代价分配不动产的代价、或应先于其他不动产代价分配作为特别担保标的不动产的代价情形。

第三百三十六条 一般先取特权的对抗力

一般先取特权，未就不动产而言，虽未履行登记也可以对抗没有特别担保的债权人。但对于已进行登记的第三人，不在此限。

第三百三十七条 不动产保存先取特权的登记

为保存不动产保存的先取特权的效力，须在保存行为完结后立即登记。

第三百三十八条 不动产工程先取特权的登记

（一）为保存不动产工程先取特权的效力，须在工程开始前就其费用的预算额登记。但是，工程费用超过预算额时，先取特权不及于其超出额。

（二）因工程而产生的不动产增加额，于先取特权人参加分配时，应由法院选任的鉴定人予以估价。

第三百三十九条 登记后的不动产保存或不动产工程的先取特权

依照前两条规定登记的先取特权，可以先于抵押权行使。

第三百四十条　不动产买卖先取特权的登记

为保存不动产买卖先取特权的效力，须于买卖契约订立同时，将尚未清偿不动产价金或其利息的内容一并登记。

第三百四十一条　抵押权规定的准用

关于先取特权的效力，除本节规定外，准用有关抵押权的规定。

二、法国民法典

注：本译文摘录的版本为平城是在法国 Dalloz 出版社 2009 年版“Code Civil”的原文基础上翻译并按照“legifrance”2009 年 11 月 20 日发布的条文修订而成的《法国民法典》。

【※ 说明：《法国民法典》自 1804 年问世以来在体系上一直保持着“人法”、“物法”、“债法”三卷的整体构架。法典第二卷的标题为“财产及所有权的各种限制”，而在第三卷“取得财产的各种方法”中归入了有关契约、继承、赠与、遗赠、担保、时效、占有等多方面的内容，但这部法典仅有很少条文提及“物权”，该法典更多使用的概念是“财产”而不是“物权”，“担保物权”始终没有独立成卷。但是，2006 年 3 月 23 日第 2006-346 号法令对《法国民法典》再次进行了修改，将法典原来的三卷改为五卷，原第三卷第 14 编“保证”、第 17 编“质押”、第 18 编“优先权与抵押权”等三编被移到第四卷，编章安排与内容都有所修改和增加，卷名定为“担保”。2006 年 4 月 21 日的法令又废止了旧《民事诉讼法典》第 673 条至第 779 条关于不动产扣押的全部条文。】

第十八编　优先权与抵押权

第一章　共同规定

原第 2092 条见新第 2284 条。

原第 2092-3 条见新第 2205 条。

原第 2093 条见新第 2285 条。

第二章　优先权

原第 2095 条至第 2099 条见新第 2324 条至第 2328 条。

第一节　对动产的优先权

原第 2100 条至第 2102 条见新第 2330 条至第 2332 条。

原第二节　对不动产的特别优先权

原第 2103 条见新第 2374 条。

第三节　对不动产的一般优先权

原第 2104 条与第 2105 条见新第 2375 条与第 2376 条。

第四节　如何保持优先权

原第 2106 条至第 2113 条见新第 2377 条至第 2386 条。

第三章　抵押权

原第 2114 条之第 2120 条见新第 2393 条至第 2399 条。

第一节　法定抵押权

原第 2121 条与第 2122 条见新第 2400 条与第 2401 条。

第二节　裁判抵押权

原第 2123 条见新第 2412 条。

第三节　约定抵押权

原第 2124 条至第 2129 条见新第 2413 条至第 2418 条。原第 2134 条见新第 2425 条。

第五节　有关夫妻间法定抵押权的特别规则

原第 2136 条至第 2142 条见新第 2402 条至第 2408 条。

第六节　受监护人的法定抵押权的特别规则

第七节　原第 2143 条至第 2145 条见新第 2409 条至第 2411 条。

第四章　优先权与抵押权的登录方式

第五章　原第 2146 条至第 2156 条见新第 2426 条至第 2439 条。

第五章　登录的注销与缩减

第一节　一般规定

原第2157条至第2162条见新第24440条至第2445条。

第二节　有关夫妻抵押权以及受监护的人的抵押权的特别规定

原第2163条至第2165条见新第2446条至第2448条。

第六章　优先权与抵押权对占有优先权与抵押权标的物的第三人的效力

原第2166条至第2179条见新第2461条至第2479条。

第七章　优先权与抵押权的消灭

原第2180条见新第2488条。

第八章　清除所有权上负担的优先权与抵押权的方式

原第2181条至第2192条见新第2476条至第2487条。

第九章　在对夫与监护人的财产未进行登录的情况下，清除抵押权的方式

原第2193条至新第2195条废止。

第十章　登录簿的公告与登录员的责任

原第2196条至第2203-1条见新第2449条至第2457条。

第二编　物的担保

（2006年3月23日第2006-346号法令）

第一副编　一般规定

（2006年3月23日第2006-346号法令）

第2323条（原第2094条） 优先受偿的合法原因是指优先权与抵押权。

第2324条（原第2095条） 优先权是指因债权的品质而给予债权人先于其他

债权人，甚至先于抵押权人受清偿的权利。

第2325条（原第2096条） 在优先权债权人之间，优先受偿的顺序按照各自的优先权的不同品质处理。

第2326条（原第2097条） 同一顺位的诸优先权债权人按各自债权的数额平等受偿。

第2327条（原第2098条） 国库权益享有的优先权及其行使顺序，按照与之有关的法律确定。

但是，国库不得损害第三人此前已经取得的权利而取得优先权。

第2328条（原第2099条） 优先权得设立于动产或不动产。

第2328-1条 （2007年2月19日第2007-211号法律第16条）任何物的担保，均可由受担保债务的各债权人在确认该债务的文书中就此指明的人为债权人的利益进行登录、管理与兑现。

第二副编　动产担保

(2006年3月23日第2006-346号法令)

第2329条 动产担保是指：

1. 动产优先权；

2. 有体动产质权；

3. 无形动产质权；

4. 以担保的名义留置或让与的财产所有权。

第一章　动产优先权

第2330条（原第2100条） 动产优先权，或者是对一般动产的优先权，或者是对特定动产的特别优先权。

第一节　一般优先权

(2006年3月23日第2006-346号法令)

第2331条（原第2101条） 对（债务人）一般动产享有优先权的债权是指以下所述并按下列顺位行使的债权：

1. 诉讼费。

2. 丧葬费。

3.（1892 年 11 月 30 日）最后一次生病引起的任何费用，无论生病的最后结果如何，就此费用应受清偿的各人有平等受偿权。

4.（1979 年 1 月 3 日第 79–11 号法律）在不影响可能适用《劳动法典》第 143–10 条、第 143–11 条、第 742–6 条与第 751–15 条之规定的情况下：

受雇人员在过去一年以及当年的报酬；

由 1939 年 7 月 29 日“关于法国家庭与出生率”的法令第 63 条设立的因劳动合同引起的推迟支付的工资；

（以下部分删减）

5.（1964 年 7 月 6 日第 64–678 号法律）“最后一年内向债务人及其家庭提供的货品，以及在相同时间内由农业生产者在经认可的跨行业长期协议范围内提交的产品”，（1980 年 7 月 4 日第 80–502 号法律）“以及由农业经营者的任何合同当事人根据经认可的标准合同而应当获得支付的款项”。

（1898 年 4 月 9 日法律）“6. 事故受害人或其权利继受人有关医疗费、药费、丧葬费的债权，以及由于暂时丧失劳动能力而应当取得的补偿金债权，受《民法典》第 2331 条的优先权担保，并归入其第 6 项”。

（1932 年 3 月 11 日法律）7. “由补偿金管理处和其他经认可的家庭补贴管理机构拖欠的工人与雇员的补贴费，或者由依据《劳动法典》第 1 卷第 74 条之规定免于加入此种机构的雇主所欠的工人与雇员的补贴费”。

8. 补偿金管理处以及其他经认可的家庭补贴金管理机构对其参加成员为享受家庭补贴的支付以及由此种给付的支付所引起的费用而应当承担义务交纳份额款所产生的债权。

第二节　特别优先权

（2006 年 3 月 23 日第 2006–346 号法令）

第 2332 条（原第 2102 条） 对特定动产享有优先权的债权是指：

1. 出租不动产的地租与房租，对（承租人）当年收获的果实与其在租用的房屋或农场里配备的一切物品以及用于农场经营的一切物品的价金享有优先权；即是说，如租赁契约是用公证书作成，或者租赁契约虽为私署文书但有确定的日期，已经到期与将要到期的全部租金均享有此种优先权；并且，在此两种情况下，其他债权人有权在土地或房屋的租约或租赁期满之前，将其出租给其他人，从而获得土地或房屋出租的租金利益，但应当向土地或房屋的所有权人支付尚欠的全部款项。

在租约不是用公证文书作成时，或者租约是以私署文书作成且没有确定的日期，自当年年终开始一年之内，（1948 年 8 月 25 日第 48–1311 号法律）

“租赁性质的修缮费用以及与履行租约有关的全部费用，均产生相同的优先权；对无论以何名义占用场所而引起的利于所有权人或出租人的任何债权，亦产生此种优先权。”

（1936 年 3 月 24 日法律）“但是，因种子、肥料和改良土壤而应付的款项，因灭菌、灭虫药剂，用于消灭植物害虫与伤害庄稼的动物的药剂应付的款项，或者因当年收获庄稼的费用而应付的款项，用出卖当年收成所得的价款偿还；因器具、用具而应付的款项，用出卖此种器具、用具的价款偿还，在此两种场合，（对这些款项享有优先权的人）均优先于（土地与房屋的）所有权人受偿。”

在未经所有权人同意，承租人将房屋与农场配备的动产物品搬走的情况下，所有权人得扣押这些动产物品，并且在涉及农场配备的动产物品时，只要所有权人在 40 天期限内提出追还请求，或者在涉及房屋内配备的动产物品时，只要所有权人在 15 天内提出追还请求，所有人对这些动产物品均可保有优先权。

2. 债权人对其占有的动产质物（担保）的债权（得就该物出卖时的价金优先受偿）。

3. 为物的保存而支出的费用（得就该物出卖时的价金优先受偿）。

4. 购买动产物品尚未支付的价金，如该动产仍为债务人占有，无论其属于现金买卖还是赊账购买，出卖人对该动产物品（在出卖时所得的价金）有优先权。

如买卖不是赊账交易，只要出卖的动产物品仍为债务人占有，出卖人甚至可以请求追还该物品，并且只要此种追还请求是在交付物品之后 8 天内提出，物品仍然处于交付时的原状时，出卖人（如愿意）得阻止债务人转卖该物品。

但是，出卖人的优先权只能在房屋所有人或农场所有人的优先权之后行使，但如出卖人能证明房屋所有人或农场所有人知道其房屋或农场配备的家具与其他动产物品不属于承租人时，不在此限。

以上规定不改变商事方面的法律与习惯有关追还所有权的规定。

5. 旅馆经营人就其提供的服务，对旅行者带入其旅馆的物品有优先权。

6.（由 1998 年 2 月 6 日第 98-69 号法律废止：运输费用与附加费用，就所运输的物品有优先权）。

7. 因公务员在履行职责中滥用权力或渎职而产生的债权，就公务员保证基金及该基金可得的利息有优先权。

8.（1913 年 5 月 28 日）“因事故而产生的利于受到事故损害的第三人或其权利继受人的债权，对民事责任保险人承认由其负担的赔偿金或者依保险契约经法院裁判民事责任保险人作为债务人给予的赔偿金，有优先权。

只要优先权债权人的债权尚未得到全数清偿，向被保险人进行的任何支付均不解除保险人的责任”。

（1941 年 8 月 1 日法律，1943 年 6 月 28 日法律）“9. 按照《劳动法典》第 721-1 条的定义，由家庭劳动者负责的领取薪金的助手的劳动合同产生（该助手）的债权，对来料加工人拖欠该家庭劳动者的款项有优先权。”

第三节　优先权的排列顺序

（2006 年 3 月 23 日第 2006-346 号法令）

第 2332-1 条　（2006 年 3 月 23 日第 2006-346 号法令）除另有规定之外，（动产）特别优先权优先于一般优先权。

第 2332-2 条　（2006 年 3 月 23 日第 2006-346 号法令）一般优先权按照第 2331 条规定的顺序行使，但国库与社会保险金管理处的优先权除外；国库优先权的顺位由与之相关的法律规定，社会保险金管理处的优先权与薪金雇员的优先权按同一顺序受偿。

第 2332-3 条　（2006 年 3 月 23 日第 2006-346 号法令）不动产出租人、动产保管人与出卖人的特别优先权按照以下顺序行使：

1. 保管费后于其他优先权产生时，保管人的优先权（最先行使）；

2.（然后是）（出租时）不知道存在其他优先权的不动产出租人的优先权；

3. 保管费先于其他优先权产生时，保管人的优先权；

4. 动产出卖人的优先权；

5.（出租时）知道存在其他优先权的不动产出租人的优先权。

同一动产的所有保管人之间，优先受偿权给予最近的保管人；在同一动产的先后出卖人之间，优先受偿权给予最早的出卖人。

就适用上述规则而言，旅馆经营者的优先权视同不动产出租人的优先权；家庭劳动者的领取薪金的助手的优先权视同动产出卖人的优先权。

第三副编　不动产担保

（2006 年 3 月 23 日第 2006–346 号法令）

第 2373 条 （2006 年 3 月 23 日第 2006–346 号法令）不动产担保是指优先权，不动产质权和抵押权。

不动产所有权也可以被留置或让与作为担保。

第一章　不动产优先权

（2006 年 3 月 23 日第 2006–346 号法令）

第一节　特别优先权

（2006 年 3 月 23 日第 2006–346 号法令）

第 2374 条（原第 2103 条） 对不动产享有优先权的债权人是：

1. 出卖人就价金的支付，对其出卖的不动产享有优先权。

在连续多次买卖的价金全部或一部未得到支付时，第一次的出卖人先于第二次的出卖人受偿，第二次的出卖人先于第三次的出卖人受偿，依此类推。

（1994 年 7 月 21 日第 94–624 号法律第 34 条）“1 B．共同所有权业主联合会与房产出卖人，以及在相应场合，与下列第二项所指的钱款的贷与人，就 1965 年 7 月 10 日关于确定建筑不动产共同所有权规则的第 65–557 号法律第 10 条与第 30 条所指的费用与工程款的支付，其中涉及当年和最近 4 年已到期款项的支付，对出卖的建筑不动产共同所有权区分份额有优先权。

但是，共同所有权业主联合会对当年和最近 2 年已经到期的费用与工程款，先于不动产出卖人与钱款贷与人受偿。”

2.（1971 年 7 月 16 日第 71–579 号法律第 47 条）“即使没有代位权，为取得某项不动产而提供资金（贷款）的人，只要经公证认定，从借贷契约来看，其借出的款项是用于取得该项不动产，并且出卖人出具的收据也可以确认价金的支付是用该项借款所为，对该不动产有优先权。”

3. 共同继承人，为担保他们之间进行的遗产分割，担保分配尚欠的差额或者返还多分配的份额，对遗产中的不动产有优先权；为了保证依第924条之规定应当给予的补偿金，已经赠与或者遗赠的不动产视为遗产的不动产。

4.建筑师、承包人、建筑工人与其他受雇建筑、重建或修理楼房、管道或其他任何工程施工的工人，只要楼房、建筑物所在辖区的大审法院依职权任命的鉴定专家事先作成的笔录确认所有权人宣告打算实施的工程有关的场地的状况，并且工程完工后最迟6个月内已由同样依职权任命的鉴定专家验收，即对该工程有优先权。

但是，此种优先权的数额不得超过第二份笔录确认的价值，并且以转让不动产时已经进行的工程的增加值为限。

5.出借钱款用于支付或偿还上述工人费用的人，只要经公证确认从借贷文书与工人出具的收据来看，其出借的款项确实被用作此种用途，即如同上述为取得不动产提供借贷的人一样，享有相同的优先权。

（2006年6月23日第2006-728号法律第29-33条）"6.已去世的人的债权人和金钱款项的受遗赠人以及继承人的个人债权人，为保证他们依第878条的规定而产生的权利，分别对遗产中的不动产或继承人本人的不动产享有优先权。"

（1984年7月12日第84-595号法律）"7.持有1984年7月12日关于通过租赁方式取得（租赁—取得）不动产所有权的第84-595号法律规定的'租赁—取得不动产合同'的人，为担保其依此合同产生的权利，对作为合同标的的不动产有优先权。"

（2007年1月11日第2007-42号法令）"8.国家或者市镇行政区，为担保适用《公共卫生法典》第1331-30条、《建筑与住宅法典》第123-3条或者该法典第129-4条、第511-4条和第521-3-2条之规定而产生的债权，在此种债权涉及如不执行'以禁止居住或使用场所或最终关闭机构论处'的措施时，享有优先权。"

第二节 一般优先权

（2006年3月23日第2006-346号法令）

第2375条（原第2104条） 对一般不动产享有优先权的债权是指：（1955年5月10日第55-678号法令）

1.诉讼费；

2.（1979年1月3日第79-11号法律）"在不影响可能适用《劳动法典》第143-10条、第143-11条、第742-6条与第751-15条之规定的情况下：

受雇人员过去一年以及当年的报酬；

由 1939 年 7 月 29 日 '关于法国家庭与出生率' 的法令第 63 条所设立的因劳动合同引起的推迟支付的工资"；

（1989 年 12 月 31 日第 89–1008 号法律第 14–3 条）"由 1989 年 12 月 31 日 '关于发展工、商企业、手工业企业以及改善它们的经济、法律及社会环境' 的第 89–1008 号法律第 14 条设立的健在配偶的债权，（1999 年 7 月 9 日第 99–574 号法律第 36 条）' 以及《农村法典》第 321–21–1 条设置的健在配偶的债权"；

（1989 年 7 月 10 日第 89–488 号法律第 6 条）"薪金雇员与学徒最近 6 个月的工资报酬以及按照《劳动法典》第 980–11–1 条的规定由雇主对开始职业生活实习的青年人的补贴"；

（1982 年 2 月 5 日第 82–130 号法令）"《劳动法典》第 122–3–4 条（1990 年 1 月 2 日第 90–9 号法律）规定的终止合同补偿金以及同一法典第 124–4–4 条规定的因工作不稳定而应当给予的补偿金；

因没有遵守《劳动法典》第 122–8 条规定的解雇预先通知期限而应当给予的补偿金以及同一法典第 122–32–6 条所规定的补偿性赔偿金"；

（1979 年 1 月 3 日第 79–11 条）"带薪假期应当给予的补偿金"；

"因执行集体劳动协定、机构集体劳动协议、劳动规章、劳动习惯、《劳动法典》第 122–9 条，（1981 年 1 月 7 日第 81–3 号法律）' 第 122–32–6 条 '、第 761–5 条与第 761–7 条之规定应当给予的解雇补偿金"（1990 年 1 月 2 日第 909 号法律）；（2004 年 6 月 24 日第 2004–602 号法令第 13–2 条废止："以及《劳动法典》第 321–6 条规定的对低于或等于该法典第 143–10 条指的最高限额之部分以及对高于此限额的部分的 1 / 4，应当给予的补偿金"）；

（1982 年 2 月 5 日第 82–130 号法令）"相应场合，因适用《劳动法典》（1990 年 1 月 2 日第 90–9 号法律）' 第 122–3–8 条第 2 款、第 122–14–4 条、第 122–14–5 条第 2 款、第 122–32–7 条与第 122–32–9 条之规定 '，应当给予薪金雇员的补偿金"。

第 2376 条（原第 2105 条）（1955 年 1 月 4 日第 55–22 号法令）在没有动产的情况下，前条列举的优先权债权人与其他对不动产享有优先权的债权人一起就出卖该不动产的价金受偿时，先于后者并按前一条规定的顺位受偿。

第三节　优先权应当登录的情况

（2006 年 3 月 23 日第 2006–346 号法令）

第 2377 条（原第 2106 条）（1955 年 1 月 4 日第 55–22 号法令）在债权人之间，优先权只有按照以下条款以及第 2426 条与第 2428 条确定的方式在抵

押权登记处进行登录依此得到公示时，才能对不动产产生效力。

第 2378 条（原第 2107 条）（1955 年 1 月 4 日第 55–22 号法令）第 2375 条列举的债权以及第 2374 条列举的建筑不动产共同所有权业主联合会的债权免除登记手续。

第 2379 条（原第 2108 条）（1955 年 1 月 4 日第 55–22 号法令）享有优先权的（不动产）出卖人或者为取得不动产提供借贷的人，由其负责在买卖文书作成之日起 2 个月期限内按照第 2426 条与第 2428 条规定的形式进行登录，即保持其优先权。此项优先权，自买卖文书作成之日产生顺位。

在出卖人的优先权消灭之后；或者如在以上规定的期限内没有进行此项优先权登录，不得损害因财产取得人的原因已经对不动产取得权利并且进行了公示的第三人的利益，行使第 1654 条规定的解除买卖之诉权。

第 2380 条（原第 2108–1 条）（1967 年 7 月 7 日第 67–547 号法律）在按照第 1601–2 条的规定订立待建不动产买卖契约的情况下，不动产出卖人或者为买受人提供金钱借贷的出借人的优先权，如果在经公证书确认建筑物完工之日起 2 个月期限内进行登录，自买卖契约作成之日起即产生顺位。

第 2381 条（原第 2109 条）（1955 年 1 月 4 日第 55–22 号法令）共同继承人或财产共同分割人，自财产分割或拍卖之日起或者自本法典第 924 条所指的补偿金确定之日起 2 个月期限内，由其负责按照第 2426 条与第 2428 条规定的形式就每一宗不动产进行优先权登录，即可就结算余额或者份额的返还或者就拍卖的价金，对每一份财产或者拍卖的财产保持其优先权。此种优先权于上述分割行为或拍卖之日起即产生顺位。

第 2382 条（原第 2110 条） 建筑师、承包人、工人与其他受雇实施建筑、重建或修缮楼房、渠道或其他工程的工人，以及为支付或偿还这些人的款项而提供金钱借贷并且借款用途得到确认的贷与人，通过以下两项登录：

1. 确认现场状况的笔录；

2. 工程验收笔录；

自第一份笔录登记之日起保持其优先权。

第 2383 条（原第 2111 条）（2006 年 6 月 23 日第 2006-728 号法令第 29-34 条）已去世的人的债权人和金钱款项的受遗赠人以及继承人本人的债权人，在继承开始后 4 个月内，按照第 2426 条与第 2428 条规定的形式，就第 2374 条第 6 项所指的每一宗不动产进行登录，即可保持其优先权。此项优先权于继承开始之日产生顺位。

第 2384 条（原第 2111-1 条）（2006 年 3 月 23 日第 2006-346 号法令）通过租赁取得所有权的人，由其负责在“租赁—取得”所有权的合同签订之日起 2 个月期限内，按照第 2426 条与第 2428 条规定的形式，就作为合同标的的不动产进行登录，保持其优先权；此项优先权于合同签订之日产生顺位。

第 2384-1 条 债权持有人通过以下所指的两次登录保持其优先权：

1. 由当事人登记按照《公共卫生法典》第 1331-28 条、《建筑与住宅法典》第 123-3 条或该法典第 129-2 条、第 129-3 条、第 511- 条或第 511-3 条之规定出具的保险单。前两项条文规定，如其未得到遵守，即以禁止居住或使用场所或者最终关闭机构论处”，而《建筑与住宅法典》第 129-2 条、第 129-3 条、第 511-2 条或第 511-3 条的规定中则包含有待采取的措施或待实施的工程的费用有大体估计；或者，由当事人登记按照《公共卫生法典》第 1331-26-1 条或第 1331-29 条第 2 项、《建筑与住宅法典》第 123-3 条或该法典第 129-2 条或第 511-2 条第 4 项之规定提出的催告书。前 3 项条文规定的相应措施如未遵守即以禁止居住或使用场所或者最终关闭机构论”，而《建筑与住宅法典》第 129-2 条或第 511-2 条的规定中包含有待采取的措施或待实施的工程的费用有大体估计；

2. 由当事人登录收取债权的凭证。

对于因适用《建筑与居住法典》第 521-3-2 条、第 511-2 条或者因适用《公共卫生法典》第 1331-28 条第 1 项之规定而产生的债权，在已经命令拆除被宣告不卫生或者有倒塌之危险的建筑物，优先权在债权估计的数额或收取凭据所载数额的限度内自第 1 次登录或者就收取凭据所载数额超过第 1 次登录之数额的部分进行第 2 次登录时，取得顺位。其他债权，在评估的债权数额限度内，或者如收取凭证写明的数额低于评估的数额，则在收取凭证所写名的数额限度内保留其清偿顺位。

第 2384-2 条（2007 年 1 月 11 日第 2007-42 号法令第 1-2 条）尽管有第

2384-1 条的规定，优先权也可以通过唯一登录债权收取凭证，而在其价值限度内得到保持。

在此情况下，对于依据《建筑与住宅法典》第 521-3-2 条、第 511 条第 1 项以及《公共卫生法典》第 1331-28 条第 1 项之规定产生的债权，在已经命令拆除被宣告不卫生或者有可能倒塌的建筑物时，优先权如在证书签发起 2 个月内进行了登录，即自该证书签发之日产生清偿顺位。

第 2384-3 条 （2007 年 1 月 11 日第 2007-42 号法令第 1-2 条）登录费用由债务人负担。

第 2384-4 条 （2007 年 1 月 11 日第 2007-42 号法令第 1-2 条）如果所有权人或者经营者执行了第 2384-1 条第 1 项所指的凭据或催告书中规定的措施，在该条第 2 项所指的收取凭证登录之前自费公示撤销凭单，自第一次登录起即失去效力，由所有权人或者经营者负担费用在登录记载的备注栏内写明由此种失效引起的登录的注销。

注销第二次登录，只能按照第 2440 条及随后条文的规定进行。

第 2385 条（原第 2112 条） 以上各种优先权债权的受让人，得取代出让人，行使与其相同的各项权利。

第 2386 条（原第 2113 条） 在用于担保优先权债权的不动产上登记的抵押权，在第 2379 条、第 2381 条与第 2383 条给予的申请优先权登录的期限内，不得损害优先权债权人的利益。

应当进行登记的任何优先权债权，在为保留优先权而规定的上述各项条件未成就时，并不停止其保有抵押权，但是，抵押权仅自登记之日起对第三人产生顺位。

第四章 优先权与抵押权的登录

（2006 年 3 月 23 日第 2006-346 号法令）

第一节 优先权与抵押权的登录方式

（2006 年 3 月 23 日第 2006-346 号法令）

第 2426 条（原第 2146 条）（1955 年 1 月 22 日第 55-22 号法令）以下所列优先权与抵押权，在财产所在地的抵押权登录处进行登录：

1. 对不动产的优先权，但第 2378 条所指的例外不在此限；

2. 法定的抵押权、裁判上的抵押权或约定的抵押权。

登录员在任何时候均不得依职权进行登录；只能按照第 2428 条规定的条件，就确定的数额以及确定的不动产进行登录。

任何情况下，除其他一般性指示以外，即使指明了不动产有特定界限的地理范围，凡是要求对其登录抵押权或优先权的不动产，均应当单项指明，并且应指明每一宗不动产所在的市镇行政区。

第 2427 条（原第 2147 条）（1955 年 1 月 22 日第 55-22 号法令）享有优先权或抵押权的债权人，自进行利于第三人的变动公告起，不能再针对财产的原所有人进行有效登录；但是，尽管进行了此项公告，财产出卖人、为取得该财产提供借贷资金的贷与人以及财产的共同分割人，在第 2108 条与第 2109 条所指的期限内，仍可有效地登录按照第 2103 条之规定赋予他们的优先权。

在（2006 年 6 月 23 日第 2006-728 号法律第 29-36 条）“仅以遗产的净资产为限接受继承”的情况下或者在宣告无人继承遗产的情况下，如遗产债权人之一仅在被继承人死亡以后才进行抵押权登录，此项登录在遗产的所有债权人之间均不能产生任何效力。但是，财产出卖人、为取得该财产提供了借贷资金的贷与人以及遗产的共同分割人、死者的债权人与受遗赠人所享有的优先权，仍可在第 2379 条、第 2381 条与第 2383 条规定的期限内进行登录，即使是（2006 年 6 月 23 日第 2006-728 号法律第 29-36 条）“仅以遗产的净资产为限接受继承”或者无人继承遗产之情形，亦同。

（2006 年 3 月 23 日第 2006-346 号法令第 22 条）“在不动产扣押或者实行破产保护程序或裁判重整或裁判清偿程序，或者在实施个人超额负债处理程序的情况下，优先权与抵押权的登录产生由本法典（2006 年 4 月 21 日第 2006-461 号法令）第三卷第十九编以及《商法典》第六卷第二、第三或第四编之规定产生的效力。”

在上、下莱茵省、莫塞尔省，不动产强制执行之情况下，优先权与抵押权的登录，产生 1924 年 6 月 1 日法律之规定的效力。

第五章　优先权与抵押权的效果

（2006 年 3 月 23 日第 2006-346 号法令）

第 2458 条（2006 年 3 月 23 日第 2006-346 号法令第 30 条）除了按照抵押协议不得违反的有关民事诉讼程序的法律所规定的方式诉请出卖用于抵押的财产之外，没有得到清偿的抵押债权人可以向法院请求将不动产留其用于清偿债权，但是，当不动产是债务人的主要居所时，不得为债权人设置此项选择权力。

第 2459 条 （2006 年 3 月 23 日第 2006–346 号法令第 30 条）可以在抵押协议中约定债权人成为抵押不动产的所有权人，但是，该项条款对作为债务人的主要居所的不动产不产生效力。

第 2460 条 （2006 年 3 月 23 日第 2006–346 号法令第 30 条）在前两条所指的两种情况下，应当由当事人协商或者法院指定的鉴定人对不动产进行评估作价。

如果不动产的价值超过受担保的债务的数额，债权人应当向债务人退还差额；如果有其他债权人，多余的款项应予提存。

第 2461 条（原第 2166 条）（1959 年 1 月 7 日第 59–89 号法令）就某一不动产享有已登录的优先权或抵押权的债权人，无论该不动产转入何人之手，均得追随保持其权利，并按照债权顺位与登录顺序（2006 年 4 月 21 日第 2006–461 号法令废止：“与排列顺位”）受偿。

第 2462 条（原第 2167 条） 如持有不动产的第三人不履行以下规定的手续以便清除加在其不动产上的负担，仅仅因为原来进行的各项登录的效力，仍将作为不动产持有人对该不动产上承担的享有抵押权的全部债务承担义务；同时享有给予原债务人的清偿期限与延缓期限之利益。

第 2463 条（原第 2168 条） 持有不动产的第三人在相同情况下有义务：或者支付可追偿的债务的本金与全部利息，无论其上升至何数额；或者不带任何保留地抛弃负担抵押权的不动产。

第 2464 条（原第 2169 条）（2006 年 4 月 21 日第 2006–461 号法令）如持有不动产的第三人没有全部履行这些义务中的任何一项义务，对该不动产享有追及权的每一个债权人，均有权按照本法典第三卷第 19 编规定的条件诉请扣押并出卖该不动产。

第 2465 条（原第 2170 条） 如果用于担保同一债务的设定抵押权的其他不动产仍然为主债务人或各主债务人占有，持有不动产的第三人本人并不负有债务时，得反对出卖已向其转移、现由其持有的负担抵押权的不动产，并且可以要求债权人按照“保证”编规定的形式首先就主债务人仍然占有的不动产追偿债务。在进行此种追偿期间，应暂缓出卖第三人持有的仍然负担抵押权的不动产。

第 2466 条（原第 2171 条） 不得对享有优先权的债权人或者享有特别抵押权的债权人提出首先向主债务人进行追偿之抗辩。

第 2467 条（原第 2172 条） 持有不动产的任何第三人在其本人不负债务并且有转让能力时，可以抛弃其持有的负担抵押权的不动产。

第 2468 条（原第 2173 条） 在持有不动产的第三人承认其负担债务或者仅仅是以此种身份受到判决时，仍可抛弃其持有的不动产；抛弃不动产，至（2006 年 4 月 21 日第 2006–461 号法令）不动产被“强制拍卖”为止，不妨害持有不动产的该第三人在清偿全部债务与费用后，重新取回不动产。

第 2469 条（原第 2174 条） 抛弃负担抵押权的不动产，向财产所在地的法院书记员提出；法院对抛弃不动产进行确认。

法院应当事人中最积极要求者的请求，对已经抛弃的不动产设置一名指定的财产管理人。不动产的出卖，应当按照对（2006 年 4 月 21 日第 2006–461 号法令）“不动产扣押”（原规定为：“剥夺不动产所有权”）规定的方式进行。

第 2470 条（原第 2175 条） 由于持有不动产的第三人的行为致使该不动产受到毁损，给享有抵押权或优先权的债权人造成损失时，得产生针对该第三人的赔偿请求权；但是，如持有不动产的第三人对不动产进行了改善并使其价值有所增加，得在增值范围内请求返还其为此而支出的费用。

第 2471 条（原第 2176 条） 负担抵押权的不动产产生的孳息、收益，仅自持有不动产的第三人受到清偿催告之日起始应予返还；如债权人放弃原已开始的追偿并已过 3 年，仅自提出新的催告之日起，始应返还前述孳息、收益。

第 2472 条（原第 2177 条） 持有不动产的第三人在其占有不动产之前即享有的物权和役权，在抛弃不动产之后，或者在（不动产被）（2006 年 4 月 21 日第 2006–461 号法令）“强制拍卖”之后，得重新回复。

持有不动产的第三人个人的债权人，在对前所有人已登录抵押权的各债权人之后，按照他们各自的顺位，对抛弃的不动产或（2006 年 4 月 21 日第 2006–461 号法令）“卖出的不动产”，行使抵押权。

第 2473 条（原第 2178 条） 持有不动产的第三人在清偿受抵押权担保的债务之后，或者在抛弃负担抵押权的不动产之后，或者（2006 年 4 月 21 日第 2006–461 号法令）“被强制拍卖”该不动产之后，得对主债务人当然行使有关担保的请求权。

第 2474 条（原第 2179 条） 持不动产的第三人欲通过支付不动产的价金清除不动产所有权上的负担时，应当遵守本编第八章的规定。

第六章　优先权与抵押权的清除

（2006 年 3 月 23 日第 2006-346 号法令）

第 2475 条　（2006 年 3 月 23 日第 2006-346 号法令第 31 条）如果在设置抵押权的不动产出卖时已登录的所有债权人与债务人约定将买卖的价金用于清偿他们的债权或其中特定债权之全部或一部，这些债权人可以就该项价金行使优先受偿权，并且可据以对抗该价金的任何受让人以及任何对价金债权实行扣押的债权人。

由于前款所指的清偿产生的效果，不动产上即清除与抵押权相关联的追及权。

在没有达成第 1 款所指协议的情况下，按照以下条文的规定履行清除抵押权的手续。

第 2476 条（原第 2181 条）（1959 年 1 月 7 日第 59-71 号法令）持有不动产的第三人欲清除不动产上负担的抵押权或优先权时，应当按照有关地产公告的法律和规章在财产所在地的抵押权登录处公告转移该不动产所有权或不动产物权的合同。

第 2477 条（原第 2182 条）（1959 年 1 月 7 日第 59-71 号法令）仅仅是在抵押权登录处公告转移所有权的证书，不足以清除不动产上负担的抵押权与优先权。

出卖人只能向买受人转移其本人对出卖物享有的所有权与权利。

出卖人在转移其享有的所有权与权利时，出卖物上原来负担的优先权与抵押权一并转移。

第 2478 条（原第 2183 条）　如财产的新所有人欲保障自己不受本卷第六章所准许的追偿，应当在受到追偿之前，或者最迟在其第一次受到催告之日起 1 个月内，向债权人进行登记时选定的住所通知：

1. 其证书的节本。该节本仅需写明证书的日期与性质、财产出卖人或赠与人的姓名以及具体说明出卖或赠与的财产的性质及所在地；如果出卖或赠与的是一批财产，仅需写明该批财产所在地段与行政区，价金内包含的费用与价款；如果是赠与的财产，仅需写明对该财产的估价；

2. 买卖证书的（1959 年 1 月 7 日第 59-71 号法令第 25 条）“公告”的节录；

3.（2006 年 3 月 23 日第 2006-346 号法令第 32 条）“能够显示不动产上的物权负担的各项手续的大体状况”（原条文规定：“分为三个栏目的表格，第一栏写明抵押权设定的日期以及登录日期，第二栏写明诸债权人的姓名；第三栏写明已登录的债权的数额”)。

第 2479 条(原第 2184 条) 买受人或受赠与人应在同一文书中声明其准备立即清偿债务及抵押权费用，但以财产的价金为限，(2006 年 3 月 23 日第 2006-346 号法令第 32 条)“或者，如其是因接受赠与而取得不动产，仅以宣告的价值为限”，且不分债务是否为可追偿债务。

第 2480 条(原第 2185 条) 如新的所有人在确定的期限内进行了上述通知，债权证书已经登录的任何债权人，均可请求将不动产公开拍卖或者公开竞价拍卖，但应当：

1. 在依新所有人的请求进行通知之日起最迟 40 天期限内，向新所有权

人送达拍卖不动产的请求(2006 年 3 月 23 日第 2006-346 号法令第 32 条废止原条文的以下规定：“前述期限，在提出拍卖请求的债权人的实际住所与其

登录时选定的住所不一致时，距离每增加 50 公里，期限增加 2 日”)；

2. 提出拍卖不动产的请求，应当写明请求人投标或由他人投标的出价

可以超过契约或者新所有人声明的价金的 1 / 10；

3. 应在相同期限内向作为主债务人的前所有人送达同一通知；

4. 送达文书的原本或副本，应有提出拍卖请求的债权人的签字，或者由其明文授权的人签字；在此情况下，经授权的委托人应当提交其授权证书的抄本；

5. 提出拍卖请求的债权人应当提供担保，其数额为财产的价金加上各种费用负担的总额。

不符合以上各项规定，所提请求无效。

第 2481 条(原第 2186 条) 如债权人没有按照规定的期限与形式提出拍卖不动产的请求，不动产的价金按照原合同的规定或者按新所有人所做的申报确定；在此情况下，新所有人按照债权人受领价款的顺序向债权人进行清偿，或者将不动产的价金提存，不动产上负担的任何优先权与抵押权即告清除。

第 2482 条(原第 2187 条) 将不动产再次拍卖，由提出拍卖请求的债权人负责或者由新的所有人负责，按照不动产扣押实行的(2006 年 4 月 21 日第 2006-461 号法令)“强制拍卖”确定的形式进行。

提出拍卖请求的人应在公开张贴的告示中写明原契约规定的价金数额，或者写明申报的价金数额，并且写明债权人对拍卖的出价或他人提议的出价。

第 2483 条（原第 2188 条）（1959 年 1 月 7 日第 59–71 号法令）竞价得标人除支付其买定财产时确定的价金之外，还应向因财产被拍卖而被剥夺占有的前买受人或受遗赠人偿还买卖契约的费用以及正当的手续费用，同时偿还为在不动产登录处进行登录、通知以及为实现拍卖所支付的费用。

第 2484 条（原第 2189 条） 如不动产的原买受人或受遗赠人成为最后的得标人因而仍然保有不动产时，无需（1959 年 1 月 7 日第 59–71 号法令）"公告"其得标判决。

第 2485 条（原第 2190 条） 如请求公开拍卖不动产的债权人撤回其请求，仍然不能阻止对财产进行公开拍卖，即使债权人已经支付竞价投标的价金，亦同；但是，如其他所有抵押权债权人均表示同意，不在此限。

第 2486 条（原第 2191 条） 如财产取得人成为得标人，该人对超过财产证书所定价金的部分以及对此超过部分每次支付之日起已经计算的利息，对出卖人有求偿权。

第 2487 条（原第 2192 条） 如新的所有人的财产证书包括某些不动产与动产，或者包括数个不动产，其中有的负担抵押权，有的不负担抵押权，这些财产位于同一登录处或不同登录处所在的行政区内，以单一价金转让或者以不同价金转让，并且这些财产属于或不属于同一经营者或不同的经营事业时，分开进行特别登录的每一项财产的价金均应在新所有人的通知中公开写明，并且如有必要，应当分别写明在证书内表示的总价金数额。

提出加价拍卖的债权人在任何情况下均不受强制将其竞卖投标扩张至动产以及为担保其债权并位于同一行政区的抵押不动产以外的其他不动产，但新的所有权人因其取得的物件的分割或者经营事业的分割而受到的损失请求赔偿，对出卖人有求偿权。

第七章 优先权与抵押权的消灭

（2006 年 3 月 23 日第 2006–346 号法令）

第 2488 条（原第 2180 条） 优先权与抵押权因以下事由消灭：

1. 主债务消灭，（2006 年 3 月 23 日第 2006–346 号法令第 33 条）"但第 2422 条规定的情况除外"；

2.（2006 年 3 月 23 日第 2006–346 号法令第 33 条）"按照相同保留条件"，享有抵押权的债权人抛弃其抵押权；

3. 持有财产的第三人为清除其取得的财产上的负担而完成其应当完成的手续与条件；

4. 时效完成。

对于在债务人手中的财产，经过产生抵押权与优先权的诉讼的时效期间，即告债务人完成时效。

（1959年1月7日第59-71号法令）“在作为持有人的第三人手中的财产，为其利益规定的所有权时效期间经过，即告其完成时效。在时效完成应当有证书的情况下，时效期间仅自该证书在不动产所在地的抵押权登录处进行公示之日起计算。”

由债权人进行的登录并不中断法律为债务人或持有财产的第三人的利益而规定的时效的进行。

5.（2006年3月23日第2006-346号法令第33条）“因第2423条最后一款所准许且在该条规定的限度内取消抵押权。”

三、中国物权法草案建议稿

（王利明　起草）[①]

第四章　担保物权

第四节　优先权

一、一般规定

第五百二十六条　［优先权的定义］

优先权，是指由法律直接规定的特种债权的债权人享有的优先受偿的权利。

依法律规定就债务人的全部财产优先受偿的优先权为一般优先权；就特定财产优先受偿的优先权为特别优先权。

第五百二十七条　［优先权的取得］

优先权依法律的直接规定取得，不以占有或者登记为要件。对于有法定登记机关的财产，优先权因登记而取得对抗第三人的效力。

① 参见王利明主编：《中国物权法草案建议稿及说明》，第136页，中国法制出版社，2001年版。

第五百二十八条　［优先权的标的］

优先权的标的以债务人所有的物和财产权利为限。除有对抗第三人效力的优先权外，优先权的标的被转让第三人后，不得对之行使优先权。

第五百二十九条　［优先权的效力范围］

优先权的效力及于因优先权标的转让所取得的对价。

优先权的标的物毁损、灭失或者被征用、征收而受有赔偿金或者补偿金等代位物的，优先权的效力及于该代位物。

债务履行期限届满，债务人不履行债务致使优先权的标的被人民法院依法扣押的，自扣押之日起优先权人有权收取优先权标的的孳息。但优先权人未将扣押优先权标的物的事实通知应当清偿法定孳息的义务人的，优先权的效力不及于该孳息。

第五百三十条　［优先权的担保范围］

优先权担保的范围包括主债权、利息、违约金、损害赔偿金以及优先权人因保全和实现优先权所支出的费用。

第五百三十一条　［优先权的消灭］

有下列情形之一的，优先权消灭：

（一）优先权担保的债权已受清偿；

（二）优先权担保的债权的诉讼时效期间届满；

（三）优先权人以书面形式抛弃优先权；

（四）优先权人转让优先权；

（五）特别优先权的标的灭失又无代位物。

第五百三十二条　［特别法上的优先权］

其他法律中对优先权有特别规定的，从其规定。

二、一般优先权

第五百三十三条　［优于所有债权人的优先权］

下列债权的债权人于债务人的财产上享有优先于其他所有债权人而受清偿的权利：

（一）为全体债权人利益而对债务人的财产实行保存、清偿、分配、诉讼等而发生的费用；

（二）劳动保险费用及最近一年内的职工工资。

前款规定的优先权并存的，依所列顺序确定其顺位。

优先权人应先就债务人未设定担保的动产受清偿，不足部分以债务人其他非特别担保标的的财产清偿。若债务人非特别担保的财产不足以清偿，则依法律规定的优先权与其他担保物权的效力关系实现优先权。

第五百三十四条 ［优于普通债权人的优先权］

下列债权的债权人于债务人的全部财产上享有优先于普通债权人而受清偿的权利：

（一）债务人及受其扶养的人的必要的丧葬费用及最近六个月内的医疗费用；

（二）供给债务人及受其扶养的人最近六个月生活必须品的费用；

（三）前条第一款第（二）项规定外的职工工资和其他劳务费用。

前款规定的优先权并存的，依所列的顺序确定其顺位。优先权人应当先就债务人未设定特别担保的动产受偿，不足部分以债务其他未设定特别担保的财产受偿。

三、特别动产优先权

第五百三十五条 ［不动产租赁优先权］

因不动产租赁或者其他相关租赁关系而发生的承租人的债务，出租人对承租人置于该不动产上的动产享有优先权。

于承租人转让承租权或者转租的情形时，前款规定的出租人的优先权及于受让人或者次承租人置于该不动产上的动产。

前二款规定的优先权及于承租人因占有该不动产而产生的孳息。

第五百三十六条 ［不动产租赁优先权的保全］

承租人迟延履行义务时，出租人有权阻止承租人或者第三人搬走置于不动产上的动产。承租人或者第三人强行搬走的，出租人于该动产搬走后十日内向人民法院起诉的，出租人的优先权继续存在。

第五百三十七条 ［承租权让与人或转租人对不动产租赁优先权规定的准用］

承租权让与人或者转租人对于受让人或者次承租人的债权准用关于出租人享有优先权的规定，并按照租赁合同生效的先后时间确定优先权行使的顺序。

第五百三十八条 ［动产保存优先权］

因特定动产的修缮、改进、拍卖以及防止其毁损、灭失而发生的债权，就该动产享有优先权。

第五百三十九条　［动产买卖优先权］

出卖的设备的价格超过一万元的，出卖人得在一年内就该买卖产生的债权对该项设备享有优先权。

第五百四十条　［责任保险金优先权］

因事故发生对加害人有债权的受害人，就加害人因该事故取得的责任保险金享有优先权。

第五百四十一条　［动产优先权的顺位］

同一动产上存在两个以上动产优先权的，其顺位依以下顺序确定：

（一）不动产租赁优先权；

（二）动产保存优先权；

（三）动产买卖优先权。

四、《民法典物权篇（草案）》（征求意见稿）

第一编　物权

第一章　一般规定

第一条　因物的归属和利用而产生的民事关系，适用本编。

第二条　国家在社会主义初级阶段，坚持公有制为主体、多种所有制经济共同发展的基本经济制度。

国家巩固和发展公有制经济，鼓励、支持和引导非公有制经济的发展。

国家实行社会主义市场经济，保障一切市场主体的平等法律地位和发展权利。

第三条　国家、集体、私人的物权和其他权利人的物权受法律平等保护，任何组织或者个人不得侵犯。

第四条　不动产物权的设立、变更、转让和消灭，应当依照法律规定登记。动产物权的设立和转让，应当依照法律规定交付。

第二章　物权的设立、变更、转让和消灭

第一节　不动产登记

第五条　不动产物权的设立、变更、转让和消灭，经依法登记，发生效力；未经登记，不发生效力，但法律另有规定的除外。

依法属于国家所有的自然资源，所有权可以不登记。

第六条　不动产登记，由不动产所在地的登记机构办理。

国家对不动产实行统一登记制度。统一登记的范围、登记机构和登记办法，由法律、行政法规规定。

第七条　当事人申请登记，应当根据不同登记事项提供权属证明和不动产界址、面积等必要材料。

第八条　登记机构应当履行下列职责：

（一）查验申请人提供的权属证明和其他必要材料；

（二）就有关登记事项询问申请人；

（三）如实、及时登记有关事项；

（四）法律、行政法规规定的其他职责。

申请登记的不动产的有关情况需要进一步证明的，登记机构可以要求申请人补充材料，必要时可以实地查看。

第九条　登记机构不得有下列行为：

（一）要求对不动产进行评估；

（二）以年检等名义进行重复登记；

（三）超出登记职责范围的其他行为。

第十条　不动产物权的设立、变更、转让和消灭，依照法律规定应当登记的，自记载于不动产登记簿时发生效力。

第十一条　当事人之间订立有关设立、变更、转让和消灭不动产物权的合同，除法律另有规定或者合同另有约定外，自合同成立时生效；未办理物权登记的，不影响合同效力。

第十二条　不动产登记簿是物权归属和内容的根据。

不动产登记簿由登记机构管理。

第十三条　不动产权属证书是权利人享有该不动产物权的证明。不动产权属证书记载的事项，应当与不动产登记簿一致；记载不一致的，除有证据证明不动产登记簿确有错误外，以不动产登记簿为准。

第十四条　权利人、利害关系人可以申请查询、复制登记资料，登记机构应当提供。

第十五条　利害关系人不得非法使用、公开权利人的登记资料。

第十六条　权利人、利害关系人认为不动产登记簿记载的事项错误的，可以申请更正登记。不动产登记簿记载的权利人书面同意更正或者有证据证明登记确有错误的，登记机构应当予以更正。

不动产登记簿记载的权利人不同意更正的，利害关系人可以申请异议登记。登记机构予以异议登记的，申请人在异议登记之日起十五日内不起诉，异议登记失效。异议登记不当，造成权利人损害的，权利人可以向申请人请求损害赔偿。

第十七条　当事人签订买卖房屋或者签订其他不动产物权的协议，为保障将来实现物权，按照约定可以向登记机构申请预告登记。预告登记后，未经预告登记的权利人同意，处分该不动产的，不发生物权效力。

预告登记后，债权消灭或者自能够进行不动产登记之日起三个月内未申请登记的，预告登记失效。

第十八条　当事人提供虚假材料申请登记，给他人造成损害的，应当承担赔偿责任。

因登记错误，给他人造成损害的，登记机构应当承担赔偿责任。登记机构赔偿后，可以向造成登记错误的人追偿。

第十九条　不动产登记费按件收取，不得按照不动产的面积、体积或者价款的比例收取。

第二节　动产交付

第二十条　动产物权的设立和转让，自交付时发生效力，但法律另有规定的除外。

第二十一条　船舶、航空器和机动车等物权的设立、变更、转让和消灭，未经登记，不得对抗善意第三人。

第二十二条　动产物权设立和转让前，权利人已经占有该动产的，物权自民事法律行为生效时发生效力。

第二十三条 动产物权设立和转让前，第三人占有该动产的，负有交付义务的人可以通过转让请求第三人返还原物的权利代替交付。

第二十四条 动产物权转让时，双方又约定由出让人继续占有该动产的，物权自该约定生效时发生效力。

第三节 其他规定

第二十五条 因人民法院、仲裁委员会的法律文书或者人民政府的征收决定等，导致物权设立、变更、转让或者消灭的，自法律文书或者人民政府的征收决定等生效时发生效力。

第二十六条 因继承取得物权的，自继承开始时发生效力。

第二十七条 因合法建造、拆除房屋等事实行为设立或者消灭物权的，自事实行为成就时发生效力。

第二十八条 依照本法第二十五条至第二十七条规定享有不动产物权的，处分该物权时，依照法律规定需要办理登记的，未经登记，不发生物权效力。

第三章 物权的保护

第二十九条 物权受到侵害的，权利人可以通过和解、调解、仲裁、诉讼等途径解决。

第三十条 因物权的归属、内容发生争议的，利害关系人可以请求确认权利。

第三十一条 无权占有不动产或者动产的，权利人可以请求返还原物。

第三十二条 妨害物权或者可能妨害物权的，权利人可以请求停止侵害、排除妨碍或者消除危险。

第三十三条 造成不动产或者动产毁损的，权利人可以依法请求修理、重作、更换或者恢复原状。

第三十四条 侵害物权，造成权利人损害的，权利人可以依法请求损害赔偿，也可以依法请求承担其他民事责任。

第三十五条 本章规定的物权保护方式，可以单独适用，也可以根据权利被侵害的情形合并适用。

侵害物权，除承担民事责任外，违反行政管理规定的，依法承担行政责任；构成犯罪的，依法追究刑事责任。

第四章 所有权一般规定

第三十六条 所有权人对自己的不动产或者动产，依法享有占有、使用、收益和处分的权利。

第三十七条 所有权人有权在自己的不动产或者动产上设立用益物权和担保物权。用益物权人、担保物权人行使权利，不得损害所有权人的权益。

第三十八条 法律规定专属于国家所有的不动产和动产，任何组织或者个人不能取得所有权。

第三十九条 为了公共利益的需要，依照法律规定的权限和程序可以征收集体所有的土地和组织、个人的房屋及其他不动产。

征收集体所有的土地，应当依法足额支付土地补偿费、安置补助费、地上附着物和青苗的补偿费等费用，安排被征地农民的社会保障费用，保障被征地农民的生活，维护被征地农民的合法权益。

征收组织、个人的房屋及其他不动产，应当依法给予征收补偿，维护被征收人的合法权益；征收个人住宅的，还应当保障被征收人的居住条件。

任何组织或者个人不得贪污、挪用、私分、截留、拖欠征收补偿费等费用。

第四十条 国家对耕地实行特殊保护，严格限制农用地转为建设用地，控制建设用地总量。不得违反法律规定的权限和程序征收集体所有的土地。

第四十一条 因抢险、救灾等紧急需要，依照法律规定的权限和程序可以征用组织、个人的不动产或者动产。被征用的不动产或者动产使用后，应当返还被征用人。组织、个人的不动产或者动产被征用或者征用后毁损、灭失的，应当给予补偿。

第五章 国家所有权和集体所有权、私人所有权

第四十二条 法律规定属于国家所有的财产，属于国家所有即全民所有。

国有财产由国务院代表国家行使所有权；法律另有规定的，依照其规定。

第四十三条 矿藏、水流、海域属于国家所有。

第四十四条 城市的土地，属于国家所有。法律规定属于国家所有的农村和城市郊区的土地，属于国家所有。

第四十五条 森林、山岭、草原、荒地、滩涂等自然资源，属于国家所有，但法律规定属于集体所有的除外。

第四十六条 法律规定属于国家所有的野生动植物资源，属于国家所有。

第四十七条 无线电频谱资源属于国家所有。

第四十八条 法律规定属于国家所有的文物，属于国家所有。

第四十九条 国防资产属于国家所有。

铁路、公路、电力设施、电信设施和油气管道等基础设施，依照法律规定为国家所有的，属于国家所有。

第五十条 国家机关对其直接支配的不动产和动产，享有占有、使用以及依照法律和国务院的有关规定处分的权利。

第五十一条 国家举办的事业单位对其直接支配的不动产和动产，享有占有、使用以及依照法律和国务院的有关规定收益、处分的权利。

第五十二条 国家出资的企业，由国务院、地方人民政府依照法律、行政法规规定分别代表国家履行出资人职责，享有出资人权益。

第五十三条 国家所有的财产受法律保护，禁止任何组织或者个人侵占、哄抢、私分、截留、破坏。

第五十四条 履行国有财产管理、监督职责的机构及其工作人员，应当依法加强对国有财产的管理、监督，促进国有财产保值增值，防止国有财产损失；滥用职权，玩忽职守，造成国有财产损失的，应当依法承担法律责任。

违反国有财产管理规定，在企业改制、合并分立、关联交易等过程中，低价转让、合谋私分、擅自担保或者以其他方式造成国有财产损失的，应当依法承担法律责任。

第五十五条 集体所有的不动产和动产包括：

（一）法律规定属于集体所有的土地和森林、山岭、草原、荒地、滩涂；

（二）集体所有的建筑物、生产设施、农田水利设施；

（三）集体所有的教育、科学、文化、卫生、体育等设施；

（四）集体所有的其他不动产和动产。

第五十六条 农民集体所有的不动产和动产，属于本集体成员集体所有。

下列事项应当依照法定程序经本集体成员决定：

（一）土地承包方案以及将土地发包给本集体以外的组织或者个人承包；

（二）个别土地承包经营权人之间承包地的调整；

（三）土地补偿费等费用的使用、分配办法；

（四）集体出资的企业的所有权变动等事项；

（五）法律规定的其他事项。

第五十七条 对于集体所有的土地和森林、山岭、草原、荒地、滩涂等，依照下列规定行使所有权：

（一）属于村农民集体所有的，由村集体经济组织或者村民委员会依法代表集体行使所有权；

（二）分别属于村内两个以上农民集体所有的，由村内各该集体经济组织或者村民小组依法代表集体行使所有权；

（三）属于乡镇农民集体所有的，由乡镇集体经济组织代表集体行使所有权。

第五十八条 城镇集体所有的不动产和动产，依照法律、行政法规的规定由本集体享有占有、使用、收益和处分的权利。

第五十九条 集体经济组织或者村民委员会、村民小组应当依照法律、行政法规以及章程、村规民约向本集体成员公布集体财产的状况。集体成员有权查阅、复制相关资料。

第六十条 集体所有的财产受法律保护，禁止任何组织或者个人侵占、哄抢、私分、破坏。

集体经济组织、村民委员会或者其负责人作出的决定侵害集体成员合法权益的，受侵害的集体成员可以请求人民法院予以撤销。

第六十一条 私人对其合法的收入、房屋、生活用品、生产工具、原材料等不动产和动产享有所有权。

第六十二条 私人的合法财产受法律保护，禁止任何组织或者个人侵占、哄抢、破坏。

第六十三条 国家、集体和私人依法可以出资设立有限责任公司、股份有限公司或者其他企业。国家、集体和私人所有的不动产或者动产，投到企业的，由出资人按照约定或者出资比例享有资产收益、重大决策以及选择经营管理者等权利并履行义务。

第六十四条　营利法人对其不动产和动产依照法律、行政法规以及章程享有占有、使用、收益和处分的权利。

营利法人以外的法人，对其不动产和动产的权利，适用有关法律、行政法规以及章程的规定。

第六十五条　社会团体法人、捐助法人依法所有的不动产和动产，受法律保护。

第六章　业主的建筑物区分所有权

第六十六条　业主对建筑物内的住宅、经营性用房等专有部分享有所有权，对专有部分以外的共有部分享有共有和共同管理的权利。

第六十七条　业主对其建筑物专有部分享有占有、使用、收益和处分的权利。业主行使权利不得危及建筑物的安全，不得损害其他业主的合法权益。

第六十八条　业主对建筑物专有部分以外的共有部分，享有权利，承担义务；不得以放弃权利不履行义务。

业主转让建筑物内的住宅、经营性用房，其对共有部分享有的共有和共同管理的权利一并转让。

第六十九条　建筑区划内的道路，属于业主共有，但属于城镇公共道路的除外。建筑区划内的绿地，属于业主共有，但属于城镇公共绿地或者明示属于个人的除外。建筑区划内的其他公共场所、公用设施和物业服务用房，属于业主共有。

第七十条　建筑区划内，规划用于停放汽车的车位、车库的归属，由当事人通过出售、附赠或者出租等方式约定。

占用业主共有的道路或者其他场地用于停放汽车的车位，属于业主共有。

第七十一条　车位、车库应当首先满足业主的需要。

第七十二条　业主可以设立业主大会，选举业主委员会。业主大会、业主委员会成立的具体条件和程序，依照法律、法规的规定。

地方人民政府有关部门应当对设立业主大会和选举业主委员会给予指导和协助。

第七十三条　下列事项由业主共同决定：

（一）制定和修改业主大会议事规则；

（二）制定和修改管理规约；

（三）选举业主委员会或者更换业主委员会成员；

（四）选聘和解聘物业服务企业或者其他管理人；

（五）筹集和使用建筑物及其附属设施的维修资金；

（六）改建、重建建筑物及其附属设施；

（七）改变共有部分的用途或者利用共有部分从事经营活动；

（八）有关共有和共同管理权利的其他重大事项。

业主共同决定事项，应当由专有部分占比三分之二以上的业主且人数占比三分之二以上的业主参加表决。决定前款第五项至第七项规定的事项，应当经参加表决专有部分面积四分之三以上的业主且参加表决人数四分之三以上的业主同意。决定前款其他事项，应当经参加表决专有部分面积过半数的业主且参加表决人数过半数的业主同意。

第七十四条　业主不得违反法律、法规以及管理规约，将住宅改变为经营性用房。业主将住宅改变为经营性用房的，除遵守法律、法规以及管理规约外，应当经有利害关系的业主一致同意。

第七十五条　业主大会或者业主委员会的决定，对业主具有约束力。

业主大会或者业主委员会作出的决定侵害业主合法权益的，受侵害的业主可以请求人民法院予以撤销。

第七十六条　建筑物及其附属设施的维修资金，属于业主共有。经业主共同决定，可以用于电梯、屋顶、外墙、无障碍设施等共有部分的维修、更新和改造。维修资金的筹集、使用情况应当公布。

第七十七条　建设单位、物业服务企业或者其他管理人等利用业主的共有部分产生的收益，在扣除合理成本之后，属于业主共有。

第七十八条　建筑物及其附属设施的费用分摊、收益分配等事项，有约定的，按照约定；没有约定或者约定不明确的，按照业主专有部分所占比例确定。

第七十九条　业主可以自行管理建筑物及其附属设施，也可以委托物业服务企业或者其他管理人管理。

对建设单位聘请的物业服务企业或者其他管理人，业主有权依法更换。

第八十条　物业服务企业或者其他管理人根据业主的委托管理建筑区划内的建筑物及其附属设施，并接受业主的监督。物业服务企业或者其他管理人应当及时答复业主对物业服务情况提出的质询。

第八十一条 业主应当遵守法律、法规以及管理规约。

业主大会和业主委员会，对任意弃置垃圾、排放污染物或者噪声、违反规定饲养动物、违章搭建、侵占通道、拒付物业费等损害他人合法权益的行为，有权依照法律、法规以及管理规约，请求行为人停止侵害、消除危险、排除妨碍、赔偿损失。

第八十二条 业主对建设单位、物业服务企业或者其他管理人以及其他业主侵害自己合法权益的行为，有权请求其承担民事责任。

第七章　相邻关系

第八十三条 不动产的相邻权利人应当按照有利生产、方便生活、团结互助、公平合理的原则，正确处理相邻关系。

第八十四条 法律、法规对处理相邻关系有规定的，依照其规定；法律、法规没有规定的，可以按照当地习惯。

第八十五条 不动产权利人应当为相邻权利人用水、排水提供必要的便利。

对自然流水的利用，应当在不动产的相邻权利人之间合理分配。对自然流水的排放，应当尊重自然流向。

第八十六条 不动产权利人对相邻权利人因通行等必须利用其土地的，应当提供必要的便利。

第八十七条 不动产权利人因建造、修缮建筑物以及铺设电线、电缆、水管、暖气和燃气管线等必须利用相邻土地、建筑物的，该土地、建筑物的权利人应当提供必要的便利。

第八十八条 建造建筑物，不得违反国家有关工程建设标准，妨碍相邻建筑物的通风、采光和日照。

第八十九条 不动产权利人不得违反国家规定弃置固体废物，排放大气污染物、水污染物、噪声、光、电磁波辐射等有害物质。

第九十条 不动产权利人挖掘土地、建造建筑物、铺设管线以及安装设备等，不得危及相邻不动产的安全。

第九十一条 不动产权利人因用水、排水、通行、铺设管线等利用相邻不动产的，应当尽量避免对相邻的不动产权利人造成损害。

第八章 共有

第九十二条 不动产或者动产可以由两个以上组织、个人共有。共有包括按份共有和共同共有。

第九十三条 按份共有人对共有的不动产或者动产按照其份额享有所有权。

第九十四条 共同共有人对共有的不动产或者动产共同享有所有权。

第九十五条 共有人按照约定管理共有的不动产或者动产；没有约定或者约定不明确的，各共有人都有管理的权利和义务。

第九十六条 处分共有的不动产或者动产以及对共有的不动产或者动产作重大修缮、变更性质或者用途的，应当经占份额三分之二以上的按份共有人或者全体共同共有人同意，但共有人之间另有约定的除外。

第九十七条 对共有物的管理费用以及其他负担，有约定的，按照约定；没有约定或者约定不明确的，按份共有人按照其份额负担，共同共有人共同负担。

第九十八条 共有人约定不得分割共有的不动产或者动产，以维持共有关系的，应当按照约定，但共有人有重大理由需要分割的，可以请求分割；没有约定或者约定不明确的，按份共有人可以随时请求分割，共同共有人在共有的基础丧失或者有重大理由需要分割时可以请求分割。因分割对其他共有人造成损害的，应当给予赔偿。

第九十九条 共有人可以协商确定分割方式。达不成协议，共有的不动产或者动产可以分割并且不会因分割减损价值的，应当对实物予以分割；难以分割或者因分割会减损价值的，应当对折价或者拍卖、变卖取得的价款予以分割。

共有人分割所得的不动产或者动产有瑕疵的，其他共有人应当分担损失。

第一百条 按份共有人可以转让其享有的共有的不动产或者动产份额。其他共有人在同等条件下享有优先购买的权利。

第一百零一条 按份共有人转让其享有的共有的不动产或者动产份额的，应当将转让条件及时通知其他共有人。其他共有人应当在合理期间内行使优先购买权。

两个以上其他共有人主张行使优先购买权的，协商确定各自的购买比例；协商不成的，按照转让时各自的共有份额比例行使优先购买权。

第一百零二条 因共有的不动产或者动产产生的债权债务，在对外关系上，共有人享有连带债权、承担连带债务，但法律另有规定或者第三人知道共有人不具有连带债权债务关系的除外；在共有人内部关系上，除共有人另有约定外，按份共有人按照份额享有债权、承担债务，共同共有人共同享有债权、承担债务。偿还债务超过自己应当承担份额的按份共有人，有权向其他共有人追偿。

第一百零三条 共有人对共有的不动产或者动产没有约定为按份共有或者共同共有，或者约定不明确的，除共有人具有家庭关系等外，视为按份共有。

第一百零四条 按份共有人对共有的不动产或者动产享有的份额，没有约定或者约定不明确的，按照出资额确定；不能确定出资额的，视为等额享有。

第一百零五条 两个以上组织、个人共同享有用益物权、担保物权的，参照本章规定。

第九章 所有权取得的特别规定

第一百零六条 无处分权人将不动产或者动产转让给受让人的，所有权人有权追回；除法律另有规定外，符合下列情形的，受让人取得该不动产或者动产的所有权：

（一）受让人受让该不动产或者动产时是善意的；

（二）以合理的价格转让；

（三）转让的不动产或者动产依照法律规定应当登记的已经登记，不需要登记的已经交付给受让人。

受让人依照前款规定取得不动产或者动产的所有权的，原所有权人有权向无处分权人请求赔偿损失。

当事人善意取得其他物权的，参照前两款规定。

第一百零七条 所有权人或者其他权利人有权追回遗失物。该遗失物通过转让被他人占有的，权利人有权向无处分权人请求损害赔偿，或者自知道或者应当知道受让人之日起二年内向受让人请求返还原物，但受让人通过拍卖或者向具有经营资格的经营者购得该遗失物的，权利人请求返还原物时应当支付受让人所付的费用。权利人向受让人支付所付费用后，有权向无处分权人追偿。

第一百零八条 善意受让人取得动产后，该动产上的原有权利消灭，但善意受让人在受让时知道或者应当知道该权利的除外。

第一百零九条 拾得遗失物，应当返还权利人。拾得人应当及时通知权利人领取，或者送交公安等有关部门。

第一百一十条　有关部门收到遗失物，知道权利人的，应当及时通知其领取；不知道的，应当及时发布招领公告。

第一百一十一条　拾得人在遗失物送交有关部门前，有关部门在遗失物被领取前，应当妥善保管遗失物。因故意或者重大过失致使遗失物毁损、灭失的，应当承担民事责任。

第一百一十二条　权利人领取遗失物时，应当向拾得人或者有关部门支付保管遗失物等支出的必要费用。

权利人悬赏寻找遗失物的，领取遗失物时应当按照承诺履行义务。

拾得人侵占遗失物的，无权请求保管遗失物等支出的费用，也无权请求权利人按照承诺履行义务。

第一百一十三条　遗失物自发布招领公告之日起一年内无人认领的，归国家所有。

第一百一十四条　拾得漂流物、发现埋藏物或者隐藏物的，参照拾得遗失物的有关规定。文物保护法等法律另有规定的，依照其规定。

第一百一十五条　主物转让的，从物随主物转让，但当事人另有约定的除外。

第一百一十六条　天然孳息，由所有权人取得；既有所有权人又有用益物权人的，由用益物权人取得。当事人另有约定的，按照约定。

法定孳息，当事人有约定的，按照约定取得；没有约定或者约定不明确的，按照交易习惯取得。

第一百一十七条　因加工、附合、混合而产生的物的归属，有约定的，按照约定；没有约定或者约定不明确的，依照法律规定；法律没有规定的，按照充分发挥物的效用以及保护无过错的当事人的原则确定。因一方当事人的过错或者确定物的归属给另一方当事人造成损失的，应当给予赔偿或者补偿。

第十章　用益物权一般规定

第一百一十八条　用益物权人对他人所有的不动产或者动产，依法享有占有、使用和收益的权利。

第一百一十九条　国家所有或者国家所有由集体使用以及法律规定属于集体所有的自然资源，组织、个人依法可以占有、使用和收益。

第一百二十条　国家实行自然资源有偿使用制度，但法律另有规定的除外。

第一百二十一条 用益物权人行使权利，应当遵守法律有关保护和合理开发利用资源的规定。所有权人不得干涉用益物权人行使权利。

第一百二十二条 因不动产或者动产被征收、征用致使用益物权消灭或者影响用益物权行使的，用益物权人有权依照本法第三十九条、第四十一条的规定获得相应补偿。

第一百二十三条 依法取得的海域使用权受法律保护。

第一百二十四条 依法取得的探矿权、采矿权、取水权和使用水域、滩涂从事养殖、捕捞的权利受法律保护。

第十一章 土地承包经营权

第一百二十五条 农村集体经济组织实行家庭承包经营为基础、统分结合的双层经营体制。

农民集体所有和国家所有由农民集体使用的耕地、林地、草地以及其他用于农业的土地，依法实行土地承包经营制度。

第一百二十六条 土地承包经营权人依法对其承包经营的耕地、林地、草地等享有占有、使用和收益的权利，有权从事种植业、林业、畜牧业等农业生产。

第一百二十七条 耕地的承包期为三十年。草地的承包期为三十年至五十年。林地的承包期为三十年至七十年；特殊林木的林地承包期，经国务院林业行政主管部门批准可以延长。

前款规定的承包期届满，由土地承包经营权人按照国家有关规定继续承包。

第一百二十八条 土地承包经营权自土地承包经营权合同生效时设立。

登记机构应当向土地承包经营权人发放权属证书，确认土地承包经营权。

第一百二十九条 实行家庭承包的土地承包经营权人依照农村土地承包法的规定，有权将土地承包经营权互换、转让或者出让土地经营权。出让的期限不得超过承包期的剩余期限。未经依法批准，不得将承包地用于非农建设。

第一百三十条 土地承包经营权人将土地承包经营权互换、转让或者出让土地经营权，当事人可以向登记机构申请登记；未经登记，不得对抗善意第三人。

第一百三十一条 土地经营权人有权根据合同约定在一定期限内占有农村土地，自主开展农业生产经营并取得收益。

第一百三十二条　承包期内发包人不得调整承包地。

因自然灾害严重毁损承包地等特殊情形，需要适当调整承包的耕地和草地的，应当依照农村土地承包法等法律规定办理。

第一百三十三条　承包期内发包人不得收回承包地。农村土地承包法等法律另有规定的，依照其规定。

第一百三十四条　承包地被征收的，土地承包经营权人有权依照本法第三十九条第二款的规定获得相应补偿。

第一百三十五条　通过招标、拍卖、公开协商等方式承包荒地等农村土地，依照农村土地承包法等法律和国务院的有关规定，其土地承包经营权可以转让、入股、抵押或者以其他方式流转。

第一百三十六条　国家所有的农用地实行承包经营的，参照本法的有关规定。

第十二章　建设用地使用权

第一百三十七条　建设用地使用权人依法对国家所有的土地享有占有、使用和收益的权利，有权利用该土地建造建筑物、构筑物及其附属设施。

第一百三十八条　建设用地使用权可以在土地的地表、地上或者地下分别设立。

第一百三十九条　设立建设用地使用权应当符合节约资源、保护生态环境的要求，应当遵守法律、行政法规关于土地用途的规定，不得损害已设立的用益物权。

第一百四十条　设立建设用地使用权，可以采取出让或者划拨等方式。

工业、商业、旅游、娱乐和商品住宅等经营性用地以及同一土地有两个以上意向用地者的，应当采取招标、拍卖等公开竞价的方式出让。

严格限制以划拨方式设立建设用地使用权。

第一百四十一条　采取招标、拍卖、协议等出让方式设立建设用地使用权的，当事人应当采取书面形式订立建设用地使用权出让合同。

建设用地使用权出让合同一般包括下列条款：

（一）当事人的名称和住所；

（二）土地界址、面积等；

（三）建筑物、构筑物及其附属设施占用的空间；

（四）土地用途、规划条件；

（五）使用期限；

（六）出让金等费用及其支付方式；

（七）解决争议的方法。

第一百四十二条 设立建设用地使用权的，应当向登记机构申请建设用地使用权登记。建设用地使用权自登记时设立。登记机构应当向建设用地使用权人发放权属证书。

第一百四十三条 建设用地使用权人应当合理利用土地，不得改变土地用途；需要改变土地用途的，应当依法经有关行政主管部门批准。

第一百四十四条 建设用地使用权人应当依照法律规定以及合同约定支付出让金等费用。

第一百四十五条 建设用地使用权人建造的建筑物、构筑物及其附属设施的所有权属于建设用地使用权人，但有相反证据证明的除外。

第一百四十六条 建设用地使用权人有权将建设用地使用权转让、互换、出资、赠与或者抵押，但法律另有规定的除外。

第一百四十七条 建设用地使用权转让、互换、出资、赠与或者抵押的，当事人应当采取书面形式订立相应的合同。使用期限由当事人约定，但不得超过建设用地使用权的剩余期限。

第一百四十八条 建设用地使用权转让、互换、出资或者赠与的，应当向登记机构申请变更登记。

第一百四十九条 建设用地使用权转让、互换、出资或者赠与的，附着于该土地上的建筑物、构筑物及其附属设施一并处分。

第一百五十条 建筑物、构筑物及其附属设施转让、互换、出资或者赠与的，该建筑物、构筑物及其附属设施占用范围内的建设用地使用权一并处分。

第一百五十一条 建设用地使用权期间届满前，因公共利益需要提前收回该土地的，应当依照本法第三十九条的规定对该土地上的房屋及其他不动产给予补偿，并退还相应的出让金。

第一百五十二条 住宅建设用地使用权期间届满的，自动续期。续期费用的缴纳或者减免，依照法律、行政法规的规定。

非住宅建设用地使用权期间届满后的续期，依照法律规定办理。该土地上的房屋及其他不动产的归属，有约定的，按照约定；没有约定或者约定不明确的，依照法律、行政法规的规定办理。

第一百五十三条 建设用地使用权消灭的，出让人应当及时办理注销登记。登记机构应当收回权属证书。

第一百五十四条 集体所有的土地作为建设用地的，应当依照土地管理法等法律规定办理。

第十三章 宅基地使用权

第一百五十五条 宅基地使用权人依法对集体所有的土地享有占有和使用的权利，有权依法利用该土地建造住宅及其附属设施。

第一百五十六条 宅基地使用权的取得、行使和转让，适用土地管理法等法律和国家有关规定。

第一百五十七条 宅基地因自然灾害等原因灭失的，宅基地使用权消灭。对失去宅基地的村民，应当重新分配宅基地。

第一百五十八条 已经登记的宅基地使用权转让或者消灭的，应当及时办理变更登记或者注销登记。

第十四章 居住权

第一百五十九条 居住权人有权按照合同约定，对他人的住宅享有占有、使用的权利，以满足生活居住的需要。

设立居住权，当事人应当采取书面形式订立居住权合同。

设立居住权的，应当向登记机构申请居住权登记。居住权自登记时设立。

第一百六十条 居住权不得转让、继承。居住权涉及的住宅不得出租，但当事人另有约定的除外。

第一百六十一条 居住权人死亡，居住权消灭，但当事人另有约定的除外。

第一百六十二条 以遗嘱方式设立居住权的，参照本章规定。

第十五章 地役权

第一百六十三条 地役权人有权按照合同约定，利用他人的不动产，以提高自己的不动产的效益。

前款所称他人的不动产为供役地，自己的不动产为需役地。

第一百六十四条 设立地役权，当事人应当采取书面形式订立地役权合同。

地役权合同一般包括下列条款：

（一）当事人的姓名或者名称和住所；

（二）供役地和需役地的位置；

（三）利用目的和方法；

（四）利用期限；

（五）费用及其支付方式；

（六）解决争议的方法。

第一百六十五条 地役权自地役权合同生效时设立。当事人要求登记的，可以向登记机构申请地役权登记；未经登记，不得对抗善意第三人。

第一百六十六条 供役地权利人应当按照合同约定，允许地役权人利用其不动产，不得妨害地役权人行使权利。

第一百六十七条 地役权人应当按照合同约定的利用目的和方法利用供役地，尽量减少对供役地权利人物权的限制。

第一百六十八条 地役权的期限由当事人约定，但不得超过土地承包经营权、建设用地使用权等用益物权的剩余期限。

第一百六十九条 土地所有权人享有地役权或者负担地役权的，设立土地承包经营权、宅基地使用权时，该土地承包经营权人、宅基地使用权人继续享有或者负担已设立的地役权。

第一百七十条 土地上已设立土地承包经营权、建设用地使用权、宅基地使用权等权利的，未经用益物权人同意，土地所有权人不得设立地役权。

第一百七十一条 地役权不得单独转让。土地承包经营权、建设用地使用权等转让的，地役权一并转让，但合同另有约定的除外。

第一百七十二条 地役权不得单独抵押。土地承包经营权、建设用地使用权等抵押的，在实现抵押权时，地役权一并转让。

第一百七十三条 需役地以及需役地上的土地承包经营权、建设用地使用权部分转让时，转让部分涉及地役权的，受让人同时享有地役权。

第一百七十四条　供役地以及供役地上的土地承包经营权、建设用地使用权部分转让时，转让部分涉及地役权的，地役权对受让人具有约束力。

第一百七十五条　地役权人有下列情形之一的，供役地权利人有权解除地役权合同，地役权消灭：

（一）违反法律规定或者合同约定，滥用地役权；

（二）有偿利用供役地，约定的付款期间届满后在合理期限内经两次催告未支付费用。

第一百七十六条　已经登记的地役权变更、转让或者消灭的，应当及时办理变更登记或者注销登记。

第十六章　担保物权一般规定

第一百七十七条　担保物权人在债务人不履行到期债务或者发生当事人约定的实现担保物权的情形，依法享有就担保财产优先受偿的权利，但法律另有规定的除外。

第一百七十八条　债权人在借贷、买卖等民事活动中，为保障实现其债权，需要担保的，可以依照本法和其他法律的规定设立担保物权。

第三人为债务人向债权人提供担保的，可以要求债务人提供反担保。反担保适用本法和其他法律的规定。

第一百七十九条　设立担保物权，应当依照本法和其他法律的规定订立担保合同。担保合同是主债权债务合同的从合同。主债权债务合同无效，担保合同无效，但法律另有规定的除外。

担保合同被确认无效后，债务人、担保人、债权人有过错的，应当根据其过错各自承担相应的民事责任。

第一百八十条　担保物权的担保范围包括主债权及其利息、违约金、损害赔偿金、保管担保财产和实现担保物权的费用。当事人另有约定的，按照约定。

第一百八十一条　担保期间，担保财产毁损、灭失或者被征收等，担保物权人可以就获得的保险金、赔偿金或者补偿金等优先受偿。被担保债权的履行期未届满的，也可以提存该保险金、赔偿金或者补偿金等。

第一百八十二条　第三人提供担保，未经其书面同意，债权人允许债务人转移全部或者部分债务的，担保人不再承担相应的担保责任。

第一百八十三条 被担保的债权既有物的担保又有人的担保的，债务人不履行到期债务或者发生当事人约定的实现担保物权的情形，债权人应当按照约定实现债权；没有约定或者约定不明确，债务人自己提供物的担保的，债权人应当先就该物的担保实现债权；第三人提供物的担保的，债权人可以就物的担保实现债权，也可以要求保证人承担保证责任。提供担保的第三人承担担保责任后，有权向债务人追偿。

第一百八十四条 有下列情形之一的，担保物权消灭：

（一）主债权消灭；

（二）担保物权实现；

（三）债权人放弃担保物权；

（四）法律规定担保物权消灭的其他情形。

第十七章 抵押权

第一节 一般抵押权

第一百八十五条 为担保债务的履行，债务人或者第三人不转移财产的占有，将该财产抵押给债权人的，债务人不履行到期债务或者发生当事人约定的实现抵押权的情形，债权人有权就该财产优先受偿。

前款规定的债务人或者第三人为抵押人，债权人为抵押权人，提供担保的财产为抵押财产。

第一百八十六条 债务人或者第三人有权处分的下列财产可以抵押：

（一）建筑物和其他土地附着物；

（二）建设用地使用权；

（三）海域使用权；

（四）生产设备、原材料、半成品、产品；

（五）正在建造的建筑物、船舶、航空器；

（六）交通运输工具；

（七）法律、行政法规未禁止抵押的其他财产。

抵押人可以将前款所列财产一并抵押。

第一百八十七条 企业、个体工商户、农业生产经营者可以将现有的以及将有的生产设备、原材料、半成品、产品抵押，债务人不履行到期债务或者发生当事人约定的实现抵押权的情形，债权人有权就抵押财产确定时的动产优先受偿。

第一百八十八条 以建筑物抵押的，该建筑物占用范围内的建设用地使用权一并抵押。以建设用地使用权抵押的，该土地上的建筑物一并抵押。

抵押人未依照前款规定一并抵押的，未抵押的财产视为一并抵押。

第一百八十九条 乡镇、村企业的建设用地使用权不得单独抵押。以乡镇、村企业的厂房等建筑物抵押的，其占用范围内的建设用地使用权一并抵押。

第一百九十条 下列财产不得抵押：

（一）土地所有权；

（二）耕地、宅基地、自留地、自留山等集体所有的土地使用权，但法律规定可以抵押的除外；

（三）学校、幼儿园、医疗机构等以公益为目的的组织的教育设施、医疗卫生设施和其他公益设施；

（四）所有权、使用权不明或者有争议的财产；

（五）依法被查封、扣押、监管的财产；

（六）法律、行政法规规定不得抵押的其他财产。

第一百九十一条 设立抵押权，当事人应当采取书面形式订立抵押合同。

抵押合同一般包括下列条款：

（一）被担保债权的种类和数额；

（二）债务人履行债务的期限；

（三）抵押财产的名称、数量、质量、状况、所在地、所有权归属或者使用权归属；

（四）担保的范围。

第一百九十二条 抵押权人在债务履行期届满前，不得与抵押人约定债务人不履行到期债务时抵押财产归债权人所有。

第一百九十三条 以本法第一百八十六条第一款第一项至第三项规定的财产或者第五项规定的正在建造的建筑物抵押的，应当办理抵押登记。抵押权自登记时设立。

第一百九十四条 以动产抵押的，抵押权自抵押合同生效时设立；未经登记，不得对抗善意第三人。

第一百九十五条 以动产抵押的，不得对抗正常经营活动中已支付合理价款并取得抵押财产的买受人。

第一百九十六条 抵押权设立前抵押财产已出租并转移占有的，原租赁关系不受该抵押权的影响。

第一百九十七条 抵押期间，抵押人转让抵押财产的，应当通知抵押权人。当事人另有约定的，按照其约定。

抵押财产转让的，抵押权不受影响。抵押权人能够证明抵押财产转让可能损害抵押权的，可以请求抵押人将转让所得的价款向抵押权人提前清偿债务或者提存。转让的价款超过债权数额的部分归抵押人所有，不足部分由债务人清偿。

第一百九十八条 抵押权不得与债权分离而单独转让或者作为其他债权的担保。债权转让的，担保该债权的抵押权一并转让，但法律另有规定或者当事人另有约定的除外。

第一百九十九条 抵押人的行为足以使抵押财产价值减少的，抵押权人有权要求抵押人停止其行为。抵押财产价值减少的，抵押权人有权要求恢复抵押财产的价值，或者提供与减少的价值相应的担保。抵押人不恢复抵押财产的价值也不提供担保的，抵押权人有权要求债务人提前清偿债务。

第二百条 抵押权人可以放弃抵押权或者抵押权的顺位。抵押权人与抵押人可以协议变更抵押权顺位以及被担保的债权数额等内容，但抵押权的变更，未经其他抵押权人书面同意，不得对其他抵押权人产生不利影响。

债务人以自己的财产设定抵押，抵押权人放弃该抵押权、抵押权顺位或者变更抵押权的，其他担保人在抵押权人丧失优先受偿权益的范围内免除担保责任，但其他担保人承诺仍然提供担保的除外。

第二百零一条 债务人不履行到期债务或者发生当事人约定的实现抵押权的情形，抵押权人可以与抵押人协议以抵押财产折价或者以拍卖、变卖该抵押财产所得的价款优先受偿。协议损害其他债权人利益的，其他债权人可以请求人民法院撤销该协议。

抵押权人与抵押人未就抵押权实现方式达成协议的，抵押权人可以请求人民法院拍卖、变卖抵押财产。

抵押财产折价或者变卖的，应当参照市场价格。

第二百零二条 依照本法第一百八十七条规定设定抵押的，抵押财产自下列情形之一发生时确定：

（一）债务履行期届满，债权未实现；

（二）抵押人被宣告破产或者被撤销；

（三）当事人约定的实现抵押权的情形；

（四）严重影响债权实现的其他情形。

第二百零三条 债务人不履行到期债务或者发生当事人约定的实现抵押权的情形，致使抵押财产被人民法院依法扣押的，自扣押之日起抵押权人有权收取该抵押财产的天然孳息或者法定孳息，但抵押权人未通知应当清偿法定孳息的义务人的除外。

前款规定的孳息应当先充抵收取孳息的费用。

第二百零四条 抵押财产折价或者拍卖、变卖后，其价款超过债权数额的部分归抵押人所有，不足部分由债务人清偿。

第二百零五条 同一财产向两个以上债权人抵押的，拍卖、变卖抵押财产所得的价款依照下列规定清偿：

（一）抵押权已登记的，按照登记的时间先后确定清偿顺序；

（二）抵押权已登记的先于未登记的受偿；

（三）抵押权未登记的，按照债权比例清偿。

其他登记的担保物权，清偿顺序参照前款规定。

第二百零六条 同一财产既设立抵押权又设立质权的，拍卖、变卖该财产所得的价款按照登记、交付的时间先后确定清偿顺序。

第二百零七条 动产抵押担保的主债权是抵押物的价款，标的物交付后十日内办理抵押登记的，该抵押权优先于其他担保物权受偿，但留置权除外。

第二百零八条 建设用地使用权抵押后，该土地上新增的建筑物不属于抵押财产。该建设用地使用权实现抵押权时，应当将该土地上新增的建筑物与建设用地使用权一并处分，但新增建筑物所得的价款，抵押权人无权优先受偿。

第二百零九条 以土地承包经营权、土地经营权抵押的，或者以乡镇、村企业的厂房等建筑物占用范围内的建设用地使用权一并抵押的，实现抵押权后，未经法定程序，不得改变土地所有权的性质和土地用途。

第二百一十条 抵押权人应当在主债权诉讼时效期间行使抵押权；未行使的，人民法院不予保护。

第二节 最高额抵押权

第二百一十一条 为担保债务的履行，债务人或者第三人对一定期间内将要连续发生的债权提供担保财产的，债务人不履行到期债务或者发生当事人约定的实现抵押权的情形，抵押权人有权在最高债权额限度内就该担保财产优先受偿。

最高额抵押权设立前已经存在的债权，经当事人同意，可以转入最高额抵押担保的债权范围。

第二百一十二条 最高额抵押担保的债权确定前，部分债权转让的，最高额抵押权不得转让，但当事人另有约定的除外。

第二百一十三条 最高额抵押担保的债权确定前，抵押权人与抵押人可以通过协议变更债权确定的期间、债权范围以及最高债权额，但变更的内容不得对其他抵押权人产生不利影响。

第二百一十四条 有下列情形之一的，抵押权人的债权确定：

（一）约定的债权确定期间届满；

（二）没有约定债权确定期间或者约定不明确，抵押权人或者抵押人自最高额抵押权设立之日起满二年后请求确定债权；

（三）新的债权不可能发生；

（四）抵押权人知道或者应当知道抵押财产被查封、扣押；

（五）债务人、抵押人被宣告破产或者被撤销；

（六）法律规定债权确定的其他情形。

第二百一十五条 最高额抵押权除适用本节规定外，适用本章第一节一般抵押权的规定。

第十八章 质权

第一节 动产质权

第二百一十六条 为担保债务的履行，债务人或者第三人将其动产出质给债权人占有的，债务人不履行到期债务或者发生当事人约定的实现质权的情形，债权人有权就该动产优先受偿。

前款规定的债务人或者第三人为出质人，债权人为质权人，交付的动产为质押财产。

第二百一十七条　法律、行政法规禁止转让的动产不得出质。

第二百一十八条　设立质权，当事人应当采取书面形式订立质押合同。

质押合同一般包括下列条款：

（一）被担保债权的种类和数额；

（二）债务人履行债务的期限；

（三）质押财产的名称、数量、质量、状况；

（四）担保的范围；

（五）质押财产交付的时间、方式。

第二百一十九条　质权人在债务履行期届满前，不得与出质人约定债务人不履行到期债务时质押财产归债权人所有。

第二百二十条　质权自出质人交付质押财产时设立。

第二百二十一条　质权人有权收取质押财产的孳息，但合同另有约定的除外。

前款规定的孳息应当先充抵收取孳息的费用。

第二百二十二条　质权人在质权存续期间，未经出质人同意，擅自使用、处分质押财产，给出质人造成损害的，应当承担赔偿责任。

第二百二十三条　质权人负有妥善保管质押财产的义务；因保管不善致使质押财产毁损、灭失的，应当承担赔偿责任。

质权人的行为可能使质押财产毁损、灭失的，出质人可以要求质权人将质押财产提存，或者要求提前清偿债务并返还质押财产。

第二百二十四条　因不能归责于质权人的事由可能使质押财产毁损或者价值明显减少，足以危害质权人权利的，质权人有权要求出质人提供相应的担保；出质人不提供的，质权人可以拍卖、变卖质押财产，并与出质人通过协议将拍卖、变卖所得的价款提前清偿债务或者提存。

第二百二十五条　质权人在质权存续期间，未经出质人同意转质，造成质押财产毁损、灭失的，应当向出质人承担赔偿责任。

第二百二十六条　质权人可以放弃质权。债务人以自己的财产出质，质权人放弃该质权的，其他担保人在质权人丧失优先受偿权益的范围内免除担保责任，但其他担保人承诺仍然提供担保的除外。

第二百二十七条 债务人履行债务或者出质人提前清偿所担保的债权的，质权人应当返还质押财产。

债务人不履行到期债务或者发生当事人约定的实现质权的情形，质权人可以与出质人协议以质押财产折价，也可以就拍卖、变卖质押财产所得的价款优先受偿。

质押财产折价或者变卖的，应当参照市场价格。

第二百二十八条 出质人可以请求质权人在债务履行期届满后及时行使质权；质权人不行使的，出质人可以请求人民法院拍卖、变卖质押财产。

出质人请求质权人及时行使质权，因质权人怠于行使权利造成损害的，由质权人承担赔偿责任。

第二百二十九条 质押财产折价或者拍卖、变卖后，其价款超过债权数额的部分归出质人所有，不足部分由债务人清偿。

第二百三十条 出质人与质权人可以协议设立最高额质权。

最高额质权除适用本节有关规定外，参照本编第十七章第二节最高额抵押权的规定。

第二节 权利质权

第二百三十一条 债务人或者第三人有权处分的下列权利可以出质：

（一）汇票、支票、本票；

（二）债券、存款单；

（三）仓单、提单；

（四）可以转让的基金份额、股权；

（五）可以转让的注册商标专用权、专利权、著作权等知识产权中的财产权；

（六）取得应收账款、不动产收益的权利；

（七）法律、行政法规规定可以出质的其他财产权利。

第二百三十二条 以汇票、支票、本票、债券、存款单、仓单、提单出质的，质权自权利凭证交付质权人时设立；没有权利凭证的，质权自办理出质登记时设立。

第二百三十三条 汇票、支票、本票、债券、存款单、仓单、提单的兑现日期或者提货日期先于主债权到期的，质权人可以兑现或者提货，并与出质人协议将兑现的价款或者提取的货物提前清偿债务或者提存。

第二百三十四条　以基金份额、股权出质的，质权自办理出质登记时设立。

基金份额、股权出质后，不得转让，但经出质人与质权人协商同意的除外。出质人转让基金份额、股权所得的价款，应当向质权人提前清偿债务或者提存。

第二百三十五条　以注册商标专用权、专利权、著作权等知识产权中的财产权出质的，质权自办理出质登记时设立。

知识产权中的财产权出质后，出质人不得转让或者许可他人使用，但经出质人与质权人协商同意的除外。出质人转让或者许可他人使用出质的知识产权中的财产权所得的价款，应当向质权人提前清偿债务或者提存。

第二百三十六条　以取得应收账款、不动产收益的权利出质的，质权自办理出质登记时设立。

取得应收账款、不动产收益的权利出质后，不得转让，但经出质人与质权人协商同意的除外。出质人转让取得应收账款、不动产收益的权利所得的价款，应当向质权人提前清偿债务或者提存。

第二百三十七条　权利质权除适用本节规定外，适用本章第一节动产质权的规定。

第十九章　留置权

第二百三十八条　债务人不履行到期债务，债权人可以留置已经合法占有的债务人的动产，并有权就该动产优先受偿。

前款规定的债权人为留置权人，占有的动产为留置财产。

第二百三十九条　债权人留置的动产，应当与债权属于同一法律关系，但企业之间留置的除外。

第二百四十条　法律规定或者当事人约定不得留置的动产，不得留置。

第二百四十一条　留置财产为可分物的，留置财产的价值应当相当于债务的金额。

第二百四十二条　留置权人负有妥善保管留置财产的义务；因保管不善致使留置财产毁损、灭失的，应当承担赔偿责任。

第二百四十三条　留置权人有权收取留置财产的孳息。

前款规定的孳息应当先充抵收取孳息的费用。

第二百四十四条 留置权人与债务人应当约定留置财产后的债务履行期间；没有约定或者约定不明确的，留置权人应当给债务人两个月以上履行债务的期间，但鲜活易腐等不易保管的动产除外。债务人逾期未履行的，留置权人可以与债务人协议以留置财产折价，也可以就拍卖、变卖留置财产所得的价款优先受偿。

留置财产折价或者变卖的，应当参照市场价格。

第二百四十五条 债务人可以请求留置权人在债务履行期届满后行使留置权；留置权人不行使的，债务人可以请求人民法院拍卖、变卖留置财产。

第二百四十六条 留置财产折价或者拍卖、变卖后，其价款超过债权数额的部分归债务人所有，不足部分由债务人清偿。

第二百四十七条 同一动产上已设立抵押权或者质权，该动产又被留置的，留置权人优先受偿。

第二百四十八条 留置权人对留置财产丧失占有或者留置权人接受债务人另行提供担保的，留置权消灭。

第二十章 占有

第二百四十九条 基于合同关系等产生的占有，有关不动产或者动产的使用、收益、违约责任等，按照合同约定；合同没有约定或者约定不明确的，依照有关法律规定。

第二百五十条 占有人因使用占有的不动产或者动产，致使该不动产或者动产受到损害的，恶意占有人应当承担赔偿责任。

第二百五十一条 不动产或者动产被占有人占有的，权利人可以请求返还原物及其孳息，但应当支付善意占有人因维护该不动产或者动产支出的必要费用。

第二百五十二条 占有的不动产或者动产毁损、灭失，该不动产或者动产的权利人请求赔偿的，占有人应当将因毁损、灭失取得的保险金、赔偿金或者补偿金等返还给权利人；权利人的损害未得到足够弥补的，恶意占有人还应当赔偿损失。

第二百五十三条 占有的不动产或者动产被侵占的，占有人有权请求返还原物；对妨害占有的行为，占有人有权请求停止侵害、排除妨碍或者消除危险；因侵占或者妨害造成损害的，占有人有权请求损害赔偿。

占有人返还原物的请求权，自侵占发生之日起一年内未行使的，该请求权消灭。

参考文献

中文著作

1.《马克思恩格斯选集》，第 2 卷，人民出版社 1964 年版。

2.《马克思恩格斯全集》，第 26 卷，人民出版社 1964 年版。

3. 江平主编:《民法学》，中国政法大学出版社 2000 年版。

4. 江平:《江平文集》，中国法制出版社 2000 年版。

5. 江平、方流芳主编:《新编公司法教程》，法律出版社 1994 年版。

6.《民商法纵论——江平教授七十华诞祝贺文集》，中国法制出版社 2000 年版。

7. 曹守晔:《物权效力研究》，法律出版社，2010 年出版。

8. 王利明:《物权法论》（修订二版），中国政法大学出版社 2008 年版。

9. 王利明:《物权法研究》（上、下卷），中国人民大学出版社 2007 年版。

10. 王利明:《民法典体系研究》，中国人民大学出版社 2008 年版

11. 崔建远、申卫星:《我国物权法立法难点问题研究》，清华大学出版社 2005 年版。

12. 申卫星:《物权法原理》（第二版），中国人民大学出版 2016 年版。

13. 高圣平:《物权法担保物权编》，中国人民大学出版社 2007 年版

14. 高圣平:《物权法原理规则案例》，清华大学出版社 2007 年版

15. 高圣平:《动产担保交易制度比较研究》，中国人民大学出版社 2008 年版。

16. 高圣平:《担保法论》，法律出版社 2009 年版。

17. 高圣平:《物权法与担保法：对比分析与适用》，人民法院出版社 2010 年版。

18. 王轶:《民法原理与民法学方法》，法律出版社 2009 年 11 月版。

19. 林文学:《建筑工程合同纠纷司法实务研究》，法律出版社 2014 年版。

20. 王旭光:《建筑工程优先受偿权制度研究》，人民法院出版社 2010 年 5 月版。

21. 杨振山主编:《中国民法教程》，中国政法大学出版社 1995 年版。

22. 杨振山主编:《民商法实务研究》(物权卷)，山西经济出版社 1993 年版。

23. 杨振山、桑德罗 · 斯奇巴尼主编:《罗马法 · 中国法与民法法典化——物权和债权之研究》，中国政法大学出版社 2001 年版。

24. 郑成思、杨振山等著:《中国民事与社会权利现状》(法学家访谈丛书)，昆仑出版社 2001 年版。

25. 沈宗灵著:《比较法研究》，北京大学出版社 1994 年版，第 4 页。

26. 张文显:《当代中国二十世纪西方法哲学思潮研究》，法律出版社 1996 年版。

27. 中国物权法研究课题组(课题负责人: 梁慧星):《中国物权法草案建议稿》，社会科学文献出版社 2000 年版。

28. 梁慧星主编:《中国物权法研究》，法律出版社 1998 年版。

29. 梁慧星主编:《民商法论丛》(第 7 卷)，法律出版社 1997 年 7 月版。

30. 梁慧星:《民法总论》，法律出版社 1996 年版。

31. 王利明主编:《中国物权法草案建议稿及说明》，中国法制出版社 2001 年版。

32. 王利明:《物权法论》，中国政法大学出版社 1998 年版。

33. 王利明主编:《物权法专题研究》，吉林人民出版社 2002 年版。

34. 沈达明:《法国、德国担保法》，中国法制出版社 2000 年版。

35. 沈达明、冯大同:《国际资金融通的法律与实务》，对外经济贸易大学出版社 1985 年版。

36. 沈达明:《国际金融法上的抵销权》，对外经济贸易大学出版社 1999 年版。

37. 沈达明、郑淑君:《比较破产法初论》，对外贸易教育出版社。

38. 张俊浩:《民法学原理》(修订版)，中国政法大学出版社 1997 年版。

39. 张俊浩:《民法学原理》(修订第三版)，中国政法大学出版社 2000 年版。

40. 申卫星、傅穹、李建华:《物权法》，吉林大学出版社 1999 年版。

41. 许明月:《抵押权制度研究》，法律出版社 1998 年版。

42. 孙鹏、肖厚国:《担保法律制度研究》，法律出版社 1998 年版。

43. 蔡福华:《民事优先权研究》，人民法院出版社 2000 年版。

44. 蔡福华:《民事优先权新论》，人民法院出版社 2002 年版。

45. 尹田:《法国物权法》，法律出版社 1998 年版。

46. 尹田编著:《法国现代合同法》，法律出版社 1995 年版。

47. 马育民译:《法国民法典》，北京大学出版社 1982 年版。

48. 沈宗灵主编:《法理学》，高等教育出版社 1994 年版。

49. 孙宪忠:《德国当代物权法》，法律出版社 1997 年版。

50. 陈华彬:《物权法原理》，国家行政学院出版社 1998 年版。

51. 王闯:《让与担保法律制度研究》，法律出版社 2000 年版。

52. 孙礼海主编:《中华人民共和国担保法条文释义》，法律出版社 1995 年版。

53. 孔祥俊主编:《担保法例解与适用》，人民法院出版社 1996 年版。

54. 毛亚敏:《担保法论》，中国法制出版社 1997 年版。

55. 郭明瑞:《担保法原理与实务》，中国方正出版社 1995 年版。

56. 张乃根:《西方法哲学史纲》，中国政法大学出版社 1993 年版。

57. 何勤华:《西方法学史》，中国政法大学出版社 1996 年版。

58. 邹海林、常敏:《债权担保的方式和应用》，法律出版社 1998 年版。

59. 胡宝海:《现代金融担保法研究》，中国社会科学出版社 1999 年版。

60. 董开军:《债权担保》，黑龙江人民出版社 1995 年版。

61. 邓曾甲:《中日担保法律制度比较》，法律出版社 1999 年版。

62. 陈本寒主编:《担保法通论》，武汉大学出版社 1998 年版。

63. 赵许明、杜文聪主编:《担保法通论》，中国检察出版社 1996 年版。

64. 佘国华:《抵押权法专论》，经济科学出版社 2000 年版。

65. 肖峋、皇甫景山:《中华人民共和国担保法讲话》，中国社会出版社 1995 年版。

66. 曹仕斌:《中国担保法诸问题的解决与展望》，中国法制出版社 2001 年版。

67. 何志:《担保法审判实务研究》，人民法院出版社 2002 年版。

68. 高圣平:《担保法新问题与判解研究》，人民法院出版社 2001 年版。

69. 李国光、奚晓明、金剑锋、曹士兵:《关于适用“中华人民共和国担保法若干问题的解释”理解与适用》，吉林人民出版社 2000 年版。

70. 许明月:《英美担保法要论》，重庆出版社 1998 年版。

71. 贺绍奇:《国际金融担保法律理论与实务》，人民法院出版社 2001 年版。

72. 吴志忠:《美国商事法研究》, 武汉大学出版社 1998 年版。

73. 吴兴光:《美国统一商法典概要》, 华南理工大学出版社 1997 年版。

74. 董安生:《民事法律行为——合同、遗嘱和婚姻行为的一般规律》, 中国人民大学出版社 1994 年版。

75. 徐武生:《担保法理论与实践》, 工商出版社 1999 年版。

76. 李开国:《民法基本问题研究》, 法律出版社 1997 年版。

77. 马俊驹、余延满:《民法原论》, 法律出版社 1998 年版。

78. 李双元、温世扬主编:《比较民法学》, 武汉大学出版社 1998 年版。

79. 彭万林主编:《民法学》(修订本), 中国政法大学出版社 1999 年修订版。

80. 郭明瑞、唐广良、房绍坤:《民商法原理》(二), 中国人民大学出版社 1999 年版。

81. 李景丽:《物权法新论》, 西苑出版社 1999 年版。

82. 刘凯湘主编:《民法学》, 中国法制出版社 2000 年版。

83. 周林彬:《物权法新论》, 北京大学出版社 2002 年版。

84. 钱明星:《物权法原理》, 北京大学出版社 1994 年版。

85. 佟柔主编:《中华法学大辞典 · 民法学卷》, 中国检察出版社 1995 年版。

86. 法学教材编辑部:《西方法律思想史资料选编》, 北京大学出版社 1983 年版。

87. 董开军:《债权担保》, 黑龙江人民出版社 1995 年版。

88. 郭明瑞主编:《民法学》, 北京大学出版社 2001 年版。

89. 苏力:《法治及其本土资源》, 中国政法大学出版社 1996 年版。

90. 李海:《船舶物权之研究》, 法律出版社 2002 年版。

91. 董保华:《社会法原论》, 中国政法大学出版社 2001 年版。

92. 潘静成, 刘文华:《经济法》, 中国人民大学出版社 1999 年版。

93. 中国海商法协会主办:《中国海商法年刊》, 大连海运学院出版社 1990 年版。

94. 交通部政策法规司、交通部交通法律事务中心编:《海商法条文释义》, 人民交通出版社 1993 年版。

95. 杨滨:《治税的效率和公平》, 经济科学出版社 1999 年版。

96. 卞耀武主编:《中华人民共和国税收征收管法释义》, 法律出版社 2001 年版。

97. 王卫国等主编:《中国证券法破产法改革》, 中国政法大学出版社 1999 年版。

98. 柳经纬主编:《物权法》，厦门大学出版社 2000 年版。

99. 王丽萍:《债法总论》，上海人民出版社 2001 年版。

100. 叶孝信主编,《中国民法史》，上海人民出版社 1993 年版。

101. 孔庆明、胡留元、孙季平主编:《中国民法史》，吉林人民出版社 1996 年版。

102.《宋刑统》卷 26,《杂律 · 受寄财物辄费用门》引唐《杂令》。

103. 郭成伟:《中华法系精神》，中国政法大学出版社 2001 年版。

104. 徐国栋:《民法基本原则解释》，中国政法大学出版社 1992 年版。

105. 刘溶沧主编:《中国：走向 21 世纪的公共政策选择》，社会科学文献出版社 1999 年版。

106. 柴发邦主编:《民事诉讼法学》，法律出版社 1987 年版。

107. 中国大百科全书编辑委员会编:《中国大百科全书 · 法学卷》，中国大百科全书出版社 1984 年版。

108. 郭明瑞:《担保法原理与实务》，中国方正出版社 1995 年版。

109. 孟勤国:《物权二元结构论》，人民法院出版社 2002 年版。

110. 卓泽渊:《法律价值》，重庆大学出版社 1994 年版。

111. 郭明瑞、仲相、司艳丽:《优先权制度研究》，北京大学出版社 2004 年版。

112. 曹艳芝:《优先权论》，湖南人民出版社 2005 年版。

113. 刘剑文、熊伟:《税法基础理论》，北京大学出版社 2004 年版，第 302 页。

114. 张辉:《船舶优先权研究》，武汉大学出版社 2005 年版。

115. 王泽鉴:《债法原理》，中国政法大学出版社 2000 年版。

116. 王泽鉴:《民法学说与判例研究》(第一册)，中国政法大学出版社 1998 年版。

117. 王泽鉴:《民法物权》，中国政法大学出版社 2001 年版。

118. 史尚宽:《物权法论》，荣泰印书馆 1979 年版。

119. 史尚宽:《物权法论》，中国政法大学出版社 2000 年版。

120. 谢在全:《民法物权论》，中国政法大学出版社 1999 年版。

121. 谢在全:《民法物权论》，三民书局 1992 年版。

122. 郑玉波:《民法物权》，三民书局 1988 年版。

123. 陈清秀:《税法总论》，三民书局 1997 年版。

124. 林进富:《租税法新论》，三民书局 1999 年版。

125. 陈荣宗:《破产法》，三民书局 1986 年版。

126. 郑玉波:《民法物权》(修订第十三版)，三民书局股份有限公司 1989 年版。

127. 许智诚:《租税债权之保全与强制执行》，台湾联经出版事业公司 1986 年版。

128. 苏永钦:《经济法的挑战》，五南图书出版公司 1994 年版。

129. 何美欢:《香港担保法》，北京大学出版社 1995 年版。

罗马法著作

1. 周楠:《罗马法原论》(上册)，商务印书馆 2014 年版。。

2. 江平、米健:《罗马法基础》，中国政法大学出版社 1991 年版。

3. 谢邦宇主编:《罗马法》，北京大学出版社 1990 年版。

4. 查士丁尼:《法学总论》，商务印书馆 1990 年版。

5. 周楠主编:《民法》(国外法学知识译丛)，知识出版社 1981 年版。

6. [意] 彼德罗·彭梵得:《罗马法教科书》，黄风译，中国政法大学出版社 1992 年版。

西方学者著作

1. 罗结珍译:《法国民法典》，北京大学出版社 2010 年版。

2. 尹田译:《阿尔及利亚民法典》，厦门大学出版社 2013 年版。

3. 潘灯马琴译:《西班牙民法典》，中国政法大学出版社 2013 年版。

4. 周喜梅译、谢尚果审校:《泰王国民商法典》，中国法制出版社 2013 年版。

5. [英] 戴维·M. 沃克:《牛津法律大辞典》，北京社会与科技发展研究所组织翻译，光明日报出版社 1988 年版。

6. Bryan A. Garner，Editor in chief，BLACK LAW DICTIONARY，the 7th EDITION。

7. [德] K. 茨威格特、H. 克茨:《比较法总论》，潘汉典等译，贵州人民出版社 1992 年版。

8. 费安玲、丁玫、张宓译:《意大利民法典》，中国政法大学出版社 2004 年版。

9. 赵秉志总编:《澳门民法典》(澳门法系列丛书),中国人民大学出版社 1999 年版。

10. M. 魏因贝格尔:《制度法论》,周叶谦译,中国政法大学出版社 1994 年版。

11. [美] 迈克尔 · D. 贝勒斯:《法律的原则———一个规范的解释》,中国大百科全书出版社 1996 年版。

12. [英] P. S. 阿蒂亚:《合同法概论》,程正康等译,法律出版社 1982 年版。

13.F. H. 劳森、B. 拉登:《财产法》(第二版),施天涛、梅慎实、孔祥俊译,中国大百科全书出版社 1998 年版。

14. [美] 伊伯格、史密斯:《现代劳动经济学——理论与公共政策》(中译本),中国人民大学出版社 1999 年版。

15. [英] 梅因:《古代法》,沈景一译,商务印书馆 1984 年版。

16. [英] 艾哈德:《来自竞争的繁荣》,商务印书馆 1987 年版。

17. [美] 博登海默:《法理学——法哲学及方法》,中国政法大学出版社 1999 年版。

18. 波斯纳:《法理学问题》,苏力译,中国政法大学出版社 1994 年版。

19. 波斯纳:《法律的经济分析》,中国大百科全书出版社 1994 年版。

20. 美浓部达吉:《公法与私法》,黄冯明译,台湾商务印书馆 1974 年版。

21. Philip R Wood: Comparative Law Of Security and Guarantees, Sweet and Maxwell, 1995.

22. Roger A. Cunningham William B. Stoebuck Dale A. Whitman: The Law of Property, West Publiching Co. 1984.

23. Robert N. Corley William J. Robert: Principle of Business Law, Prentice Hall, 1979.

24. Thomas Hobbes, De Cive, ed.S.P. Lamprecht, Pt.II.xiii.2, New York, 1949.

25. The Theory of Legislation, ed, C.K. Ogden (London, 1981).

26. Abraham H. Maslow, Motivation and Personality, 2d ed. (New York, 1970).

27. Erik H. Erikson, Childhood and Society, 2d ed. (New York, 1963).

28. Andrew S. Watson, Psychology for Lawyers (New York, 1968).

29. James S. Plant, “A Psychiatrist’s Views of children of Divorced Parents”, 10 Law and Contemporary Problems 807, at 812—814 (1984) .

30. Arflerican Express International Banking Corpnv. Hurley [1985] 3 All ER 564.

31. E. H. Burn: Cheshere and Burn’s: Modern Law of Real Property, 13thed. Bert—terworth, 1982, pp.617—618.

32. Twe Kwong Law v. Wong Chit Sen (1983) 1 WLR1349. See also Farrar v. Far—rats Ltd (1888) 40 Ch D 359, CA.

33. Roy Goode, “The Modernisation of Personal Property Security Law”, (1984) 100L. Q. 234, p237.

34. Duncan Fairgrieve, “Provision of Security in transition countries”, Law in Transition (Spring 1998), pl.

35. Daniel Kleman, Earth First? CERCLA Reimbursement Claims and Bankruptcy, The University of Chicago. Rev. Y. 58. (1991) .

36. Henry Campbell Black: Black’s Law Dictionary, West Publishing CO. 1979.

37. D. R. Thomas, “Maritime Lien”, Stevens & Sons Limited. London. 1980.

38. J M. : The limits of liberty, University of Chicago Press, 1975. Posner, R A: op. cit, 1979, 1981.

39. Hayek, FA. : op. c1, The Constitution of Liberty, University of Chicago Press, 1960. Buchanan.

40. W. Hohfeld, Fundamental Legal Conceptions as Applied in Judicial Reasoning and Other Essays, Yale University Press.

日本学者著作

1. [日] 我妻荣:《日本物权法》, 中国法制出版社 2008 年版。

2. 陈国柱译:《日本民法典》, 吉林大学出版社 1993 年版。

3. [日] 石田文次郎:《投资抵当权研究》, 有斐阁昭和 7 年。

4. [日] 林良平:《注释民法》(八), 有斐阁。

5. [日] 我妻荣:《债权在近代法中的优越地位》, 中国大百科全书出版社 1998

年版。

6. [日] 我妻荣:《日本物权法》，有泉亨修订，李宜芬校订，台湾五南图书出版公司 1999 年版。

7. [日] 高岛平藏:《担保物权法论》(1)，成文堂。

8. [日] 近江幸治:《担保物权法》，祝娅、王卫军、房兆融译，法律出版社 2000 年版。

9. [日] 星野英一:《民法论集》(第 2 卷)，有斐阁 1970 年版。

10. [日] 柚木馨:《担保物权法》，有斐阁昭和 33 年版。

11. [日] 远藤浩、川井健等:《新版民法》(3)，有斐阁从书。

12. [日] 中岛玉吉:《民法释义 · 物权卷》(下)，有裴阁 1980 年版。

13. [日] 金子宏:《日本税法原理》，刘多田等译，中国财政经济出版社 1989 年版。

14. [日] 我妻荣:《新订担保物权法》，申政武、封涛、郑芙蓉译，中国法制出版社 2008 年版。

15. [日] 中村真澄、箱井崇史:《日本海商法》，张秀娟、李刚、朴鑫译，法律出版社 2014 年版。

引注论文

1. 恩格斯:《费尔巴哈和德国古典哲学的终结》，载《马克思恩格斯选集》(中文版) 第 4 卷，人民出版社 1964 年版。

2. 江平:《罗马法精神与当代中国立法》，载《中国法学》1995 年第 1 期。

3. 曹守晔等:《关于适用合同法若干问题的解释（一）的理解和适用》，载《人民司法》2000 年第 3 期。

4. 曹守晔:《从先刑后民到刑民并用的嬗变（三）》，载《法制日报》2006 年 3 月 21 日。

5. 曹守晔:《代付权的解释与适用》，载《法律适用》2000 年第 3 期。

6. 曹守晔:《执行款的清偿抵偿顺序》，载人民法院报 2009 年 7 月。

7. 曹守晔:《担保物权与劳动报酬优先的协调》，载《法制日报》2006 年 3 月。

8. 王利明:《我国民法典物权编中担保物权制度的发展与完善》,载《法学评论》2017 年第 3 期。

9. 王利明:《关于劳动债权与担保物权的关系》,载《法学家》2005 年第 2 期。

10. 王利明:《试论物权法的平等保护原则》,载《中国法律》2006 年第 3 期。

11. 王利明:《论他物权的设定》,载《法学研究》2005 年第 6 期。

12. 王利明:《担保物权的发展与我国物权法草案》,载《山西大学学报》2006 年第 4 期。

13. 王利明:《我国〈物权法〉制定对民法典编纂的启示》,载《清华法学》,2008 年第 3 期。

14. 王轶:《物权保护制度的立法选择》,载《中外法学》2006 年第 1 期。

15. 王轶:《论物权法的规范配置》,载《中国法学》2007 年第 6 期。

16. 王轶:《物权请求权与诉讼时效制度适用》,载《当代法学》2006 年第 1 期;

17. 王轶:《论所有权保留的法律构成》,载《当代法学》2010 年第 2 期。

18. 王轶:《物权法的任意性规范及其适用》,载《法律适用》2007 年第 5 期。

19. 申卫星:《信心与思路:中国设立优先权制度的立法建议》,载《清华大学学报(社会科学版)》2005 年第 2 期。

20. 申卫星:《物权法的基本原则与结构原则》,载《中国社会科学报》2009 年 12 月 22 日。

21. 申卫星:《物权法定与意思自治——解读我国物权法的两把钥匙》,载《法制与社会发展》2013 年第 5 期。

22. 申卫星:《中国物权立法中论争焦点问题探讨》,载《法学杂志》2006 年第 4 期。

23. 高圣平:《大陆法系动产担保制度的法外演进与中国物权法》,载《政治与法律》2006 年第 5 期。

24. 高圣平:《不动产抵押物转让规则的解释论》,载《法律科学》2011 年第 5 期。

25. 高圣平:《担保物权的行使期间研究》,载《华东政法大学学报》2009 年第 1 期。

26. 高圣平:《中国担保物权制度的发展与非典型担保的命运》,载《中国人民大学学报》2010 年第 5 期。

27. 高圣平:《纳税担保登记制度研究》，载《求索》2010 年第 5 期。

28. 孙新强:《论优先权的危害性》，载《法学论坛》2010 年第 5 期。

29. 孙新强:《破除债权平等的两种立法体例辨析》，载《现代法学》2009 年 6 期。

30. 杨振山:《作为民法财产权体系的核心，物权与债权的关系》，载《中国民事与社会权利现状》，昆仑出版社 2001 年版，第 81 页。

31. 杨振山:《从劳动论到民法本体论和立法思想》，载《中国民事与社会权利现状》(法学家访谈丛书)，昆仑出版社 2001 年版。

32. 杨振山:《社会主义市场经济与中国物权法的制定》，载《法学杂志》2001 年第 2 期。

33. 杨振山:《民法法治中的公平与效率》，载《中国民事与社会权利现状》，昆仑出版社 2001 年版。

34. 杨振山:《社会主义初级阶段理论与我国民法学》，载《中国法学》1988 年第 5 期。

35. 杨振山、龙卫球:《民事救济制度简论》，载《法学研究》1993 年第 3 期。

36. 沈宗灵:《法律社会学的几个基本理论问题》，载《法理学研究》1991 年第 4 期。

37. 方流芳:《民事诉讼收费考》，载《人大法律评论》(2000 年卷第 1 辑)，中国人民大学出版社 2000 年版。

38. 王利明:《抵押权若干问题的探讨》，载《法学》2000 年第 11 期。

39. 梁慧星:《合同法第二百八十六条的权利性质及其适用》，载《山西大学学报(哲学社会科学版)》2001 第 24 卷第 3 期。

40. 崔建远:《抵押若干问题之我见》，载《法律科学》1991 年第 5 期。

41. 崔建远:《我国物权法应选取的结构原则》，载《法制与社会发展》1995 年第 3 期。

42. 申卫星:《我国优先权制度立法研究》，载《法学评论》，1997 年第 6 期。

43. 金世鼎:《民法上优先受偿权之研究》，载《现代民法基本问题》，(台湾)汉林出版社 1981 年版。

44. 蒋人文:《论优先权》，载《广西师范大学学报(哲社版)》1999 年第 2 期。

45. 郭明瑞:《关于我国物权立法的三点思考》，载《中国法学》1998 年第 2 期。

46. 王全弟、丁洁:《物权法应确立优先权制度——围绕合同法第 286 条之争议》，载《法学》2001 年 4 期。

47. 季秀平:《优先权制度几个争议的问题》，载《法学》2002 年第 5 期。

48. 刘云生、宋宗宇:《中国古代优先权论略》，载《重庆大学学报（社科版）》2002 年第 3 期。

49. 肖玉明:《论社会公平的重建》，载《党政干部论坛》1999 年第 3 期。

50. 吴茂见:《市场经济立法要首倡民法的平等原则》，载《现代法学》1994 年第 3 期。

51. 韩长印:《破产优先权的公共政策基础》，载《中国法学》2002 年第 3 期。

52. 杨继绳:《为什么凯恩斯在中国水土不服》，载《经济学茶座》第 1 辑，山东人民出版社 2000 年版，第 8 页。

53. 柳经纬、邓小荣:《从契约到身份——现代民法之重要课题》，载《民商法纵论——江平教授七十华诞祝贺文集》，中国法制出版社 2000 年版。

54. 史际春、邓峰:《合同的异化与异化的合同》，载《法学研究》第 19 卷第 3 期。

55. 曹诗权:《对合同法第 286 条的定位》，载《法制日报》2000 年 10 月 22 日。

56. 参见王晶:《论税收优先权》，资料来自“中国民商法律网”，网址: http://www.civillaw.com.cn/。

57. 董开军:《论担保物权的性质》，载《法学研究》1991 年第 3 期。

58. 戴孟勇:《物权的优先效力: 反思与重构》，载《中美物权法国际研讨会论文集》。

59. 李锡鹤:《物权优先之所在》，载《法学》2002 年第 3 期。

60. 孙鹏:《交易安全及其民商法保护论略》，载《法律科学》1995 年第 5 期。

61. 熊伟:《论税收优先权与担保物权的竞合》，载《法学评论》2002 年第 4 期。

62. 张守文:《论税收的一般优先权》，载《中外法学》1997 年第 5 期第 44 页。

63. 刘剑文、魏建国:《税法对国外税收优先权制度的借鉴》，载《法制日报》2001 年 5 月 20 日。

64. 王洪洲:《新《税收征管法》的税款优先原则》，载《中国税务报》2001 年 8 月 1 日。

65. 韩长印:《破产优先权的公共政策基础》，载《中国法学》2002 年第 3 期。

66. 钟淑健、李霞:《简析优先权的种类——兼及我国的立法选择》，载《政法论丛》2001 年 5 期。

67. 刘光:《优先权制度的历史考证与分析》，载《法学论坛》2002 年 5 期。

68. 左平良:《优先权立法构想》，载《当代法学》2001 年 4 期。

69. 王泽鉴:《捐税工资与抵押权》，载《民法学说与判例研究》，三民书局 1984 年版，第 337 页。

70. 王泽鉴:《关于矿工工资优先受偿权之探讨》，载《民法学说与判例研究》(第一册)，中国政法大学出版社 1998 年版。

71. 王泽鉴:《动产担保制度与经济发展》，载梁慧星主编:《民商法论丛》(第 2 卷)，法律出版社 1994 年版。

72. 吴光陆:《谈公法债权有无私法债权之性质》，载《法令月刊》(台湾) 1992 年第 43 卷，第 10 期。

73. 吴文梁:《我国民法是否应增设优先权之一般规定》，台湾大学法学研究所硕士论文，1975 年。

74. 吴宗梁:《论优先受偿权与担保物权竞合之效力》，载郑玉波主编，《民法物权论文选辑》第 923 页，五南图书出版公司 1985 年版。

75. 郑玉波:《论租税债权与优先权》，载《民商法问题研究（一)》，台湾三民书局 1984 年 8 月版。

76. 刘得宽:《论抵押权之物上代位性》，载《民法物权论文选辑》(下)，台湾五南图书出版公司 1984 年版。

77. 王志诚:《优先受偿制度之研究》，载自苏永钦主编，《法律学研究》第 7 辑(民法论文选辑)。

78. 苏永钦:《民事财产法在新世纪面临的挑战》，载《法令月刊》第 52 卷。

79. [日] 尾崎三芳:《德国关于法定担保确的展开过程》，载《早大大学院法研论集》，第 19 号。

80. [日] 星野英一:《私法中的人——以民法财产法为中心》，载《民商法论丛》第 8 卷。

81. L.M. 弗里德曼:《法治: 现代化和司法》，傅郁林译，北大法律评论，1998，2（1)。

82. J. V. Hedemann，Sachenrecht des Brgedichen Gesetzbuch l950s. 328f. 参见刘得宽：“担保物权之附从性与特定性”，郑玉波主编：《民法物权论文选辑》(下)。

83. The Ripon City，Lloyd’s Law Rep. 1897，p. 226.

84. Lloyd’s Law Rep. 1980，2，p. 332.

85. The Ioannis Dasklelis，Lloyd’s Law Rep. 1974，1，P. 174.

86. Alan Schwartz，A contract theory approach to business bankruptcy，The Yale Law Journal. v. 107 no 6 Apr. 98.

87. Amcrican Journal of Comparative Law，vol. 39.

88. Sacco，“Lega1 Formants：A Dynamic Approach to Comparative Law”，in “American Journal of comparative Law” 1991，vol. 39.

89. “International Encyclopedia of Social Sciences ”(1978) vol. 9.

90. International Encyclopedia of the Social Siences，The Macmillan Publishing Company & The Free Press，1967，vol. 8.

后　记

选定“民事优先权研究”作为题目时，是面临着巨大的风险和挑战的。我国《物权法》立法时未采纳优先权制度，本书的研究究竟是否还有意义，这成为一个始终萦绕挥之不去的问题。

经过反复思考，决定抛开浮华，深入法日两国优先权基本理论和立法背景，探寻其背后的逻辑和考量，思考其到底是大陆法系民法上一个过时的制度，还是一个仍有价值的组成部分。换句话说，我选择了一条艰难之路。当然，我知道以我自己的功底，本书绝不是可以轻易挥就的。这几年来，本书占据了我的大部分精力，让我殚精竭虑，尽享其中的酸甜苦辣。

感谢曹守晔老师对我的谆谆教导和热情鼓励！我深切地感受到，许多时候，没有老师的督促、鞭策就不可能有继续研究下去的动力和勇气！有幸追随曹老师学习民商法，可谓一朝承教，终生受益。

感谢社科院法学所陈甦研究员和诸位导师，在理论和方法上的教育、在学术境界上的示范以及耐心的指导！

感谢最高人民法院博士后工作站的各位老师，给我在研究期间提供了许多具体的帮助和指导，并创造了很好的研究学习条件！

为本书写后记的时候，一方面，欣喜之情自不待言；另一方面，我也深知由于自己资质愚鲁、学艺不精，虽然也付出了艰辛的努力，还是远不能达到令人满意的效果，仍然是“农夫献曝”，羞于出手。我真诚地希望得到诸位老师和专家的批评指正！

2017 年中秋于北京

图书在版编目（CIP）数据

民事优先权研究 / 孙东雅著 .—北京：中国法制出版社，2018.12

ISBN 978-7-5093-9498-4

Ⅰ . ①民…　Ⅱ . ①孙…　Ⅲ . ①民法—研究—中国

Ⅳ . ① D923.04

中国版本图书馆 CIP 数据核字（2018）第 105019 号

策划编辑 / 责任编辑：黄会丽　　　　封面设计：杨泽江

民事优先权研究

MINSHI YOUXIANQUAN YANJIU

著者 / 孙东雅

经销 / 新华书店

印刷 / 北京京华虎彩印刷有限公司

开本 / 710 毫米 ×1000 毫米　16 开　　　　印张 / 22.25　字数 / 361 千

版次 / 2018 年 12 月第 1 版　　　　2018 年 12 月第 1 次印刷

中国法制出版社出版

书号 ISBN 978-7-5093-9498-4　　　　定价：69.00 元

北京西单横二条 2 号　邮政编码 100031　　　　传真：010-66031119

网址：http://www.zgfzs.com　　　　**编辑部电话：010-66070084**

市场营销部电话：010-66033393　　　　**邮购部电话：010-66033288**

（如有印装质量问题，请与本社印务部联系调换。电话：010-66032926）